Neue Technologien in der Verhandlungsarena

SCHRIFTENREIHE INDUSTRIELLE BEZIEHUNGEN

Band 12 herausgegeben von Walther Müller-Jentsch

Walther Müller-Jentsch
Hans Joachim Sperling
Irmgard Weyrather

Neue Technologien in der Verhandlungsarena

Schweden, Großbritannien und Deutschland im Vergleich

Rainer Hampp Verlag München und Mering 1997

Die Deutsche Bibliothek - CIP-Einheitsaufnahme

Müller-Jentsch, Walther:
Neue Technologien in der Verhandlungsarena : Schweden, Großbritannien und Deutschland im Vergleich / Walther Müller-Jentsch ; Hans Joachim Sperling ; Irmgard Weyrather. - München ; Mering : Hampp, 1997
(Schriftenreihe Industrielle Beziehungen ; 12)
ISBN 3-87988-257-6

Schriftenreihe Industrielle Beziehungen: ISSN 0937-6445

Liebe Leserinnen und Leser!
Wir wollen Ihnen ein gutes Buch liefern. Wenn Sie aus irgendwelchen Gründen nicht zufrieden sind, wenden Sie sich bitte an uns.

Vorwort des Herausgebers

Die *Schriftenreihe Industrielle Beziehungen* versammelt Texte über einen Gegenstand, dessen empirische Erforschung und theoretische Reflexion in den deutschen Sozial- und Wirtschaftswissenschaften bisher keinen hohen Stellenwert einnahmen. Gemeint sind die wirtschaftlichen Austauschverhältnisse und sozialen Konfliktbeziehungen zwischen Kapital und Arbeit im gesellschaftlichen Kontext, die - in Anlehnung an die englische Terminologie - als Industrielle Beziehungen bezeichnet werden (andere sprechen von Arbeitsbeziehungen, Sozialpartnerschaft, Arbeitgeber-Arbeitnehmer-Beziehungen oder dergleichen). Im Brennpunkt dieses Gegenstandsbereichs stehen die Auseinandersetzungen und Kompromisse der beteiligten Akteure über die faktische Gestaltung und normative Regelung von Arbeitsverhältnissen abhängig Beschäftigter sowie die aus diesen Prozessen hervorgehenden Normen, Verträge, Institutionen und Organisationen. Da das Forschungsgebiet zentrale gesellschaftliche Konflikte und widerstreitende Interessen einschließt, ist schon aus diesem Grunde eine geschlossene und allseits akzeptierte Theorie des Gegenstandsbereichs nicht zu erwarten. Ein anderer Grund ergibt sich aus der Interdisziplinarität des Zugangs. Theoretischer Pluralismus und Eklektizismus herrscht auch in jenen Ländern vor, die - wie die angelsächsischen - bereits auf eine lange und bemerkenswerte Forschungstradition zurückblicken können.

Freilich kann es nicht Aufgabe dieser Schriftenreihe sein, die Gründung einer (in Deutschland fehlenden) Disziplin nachzuholen. Aber unstreitig fordert der globale Strukturwandel eine intensivere Beschäftigung mit der Rolle der Industriellen Beziehungen in den gegenwärtigen, weltweiten Umbrüchen des Systems der gesellschaftlichen Produktion und Arbeit. Für verschiedene Wissenschaftszweige (z.B. Industrie- und Techniksoziologie, Betriebs- und Personalwirtschaftslehre, Arbeitsökonomik und Arbeitsrecht) haben die Industriellen Beziehungen erheblich an Bedeutung gewonnen. Forschergruppen an verschiedenen Hochschulen und Instituten arbeiten seit einigen Jahren intensiv über den Strukturwandel der Industriellen Beziehungen. Einige ihrer Untersuchungen sind in dieser Schriftenreihe bereits veröffentlicht worden.

Der vorliegende Band besteht aus dem überarbeiteten und aktualisierten Text des Abschlußberichts eines unter Leitung des Herausgebers durchgeführten und von der Deutschen Forschungsgemeinschaft geförderten international vergleichenden Forschungsprojekts. Sein Thema sind die Einführungsprozesse der - zum Zeitpunkt des Beginns der Forschungsarbeiten (Ende der achtziger Jahre) noch durchaus „neuen“, aber heute bereits alltäglichen - Informations- und Kommunikationstechnologien und deren Auswirkungen auf die historisch gewachsenen Systeme der Industriellen Beziehungen.

Zu den zentralen Fragen des abgeschlossenen Forschungsvorhabens zählen die folgenden: Vor welche Herausforderungen stellt die Einführung dieser Technologien in Betrieben und Unternehmen die in den etablierten Institutionen- und Akteurssystemen eingelassenen Interessenarrangements? Wie lernfähig sind die Akteure, wie flexibel und anpassungsfähig die Institutionen und Organisationen, welche die neuen technologischen Herausforderungen zu bewältigen haben? Welche Veränderungen erzwingen und welche sozialen Innovationen induzieren sie in den überkommenen Systemen der kollektiven Arbeitsregulierung? Schließlich, kommt es zu einer Neujustierung des prekären Machtverhältnisses zwischen den Parteien des Interessenkompromisses?

Das komparative Forschungsdesign ist auf einen doppelten Vergleich zwischen drei Ländern und zwischen drei Branchen ausgelegt. Es bedarf keiner besonderen Erklärung, daß die dem zwiefachen Vergleich geschuldete Komplexität der Untersuchung die Verwendung qualitativer Verfahren und sekundäranalytischer Methoden nahelegte. Die Recherchen wurden überdies zu einer Zeit heftigsten Umbruchs in allen drei Ländern durchgeführt. Und weil die Dynamik der Veränderungen nahezu ungebrochen ist, könnte die Untersuchung morgen schon historischen Charakter haben. Aber die Systeme Industrieller Beziehungen, wie Institutionen generell, entwickeln sich in der Regel pfadabhängig, radikale Zäsuren sind die Ausnahme; daher beanspruchen die nachfolgenden Beschreibungen und Analysen der technologisch induzierten Veränderungsprozesse wie der neuen institutionellen Arrangements und Beteiligungsmuster in den drei Branchen dreier europäischer Länder Geltung über den Tag hinaus.

Bochum, im Juli 1997 Walther Müller-Jentsch

Inhalt

Vorbemerkung

Die vorliegende Studie basiert auf dem Forschungsprojekt „Neue Techniken als Konflikt- und Verhandlungsgegenstand im System der industriellen Beziehungen", das an der Universität/Gesamthochschule Paderborn mit Förderung der Deutschen Forschungsgemeinschaft durchgeführt wurde. Eine Überarbeitung für die Buchpublikation erfolgte mit Unterstützung der Hans-Böckler-Stiftung an der Ruhr-Universität Bochum. Beiden Einrichtungen, der Deutschen Forschungsgemeinschaft und der Hans-Böckler-Stiftung, danken wir für die gewährte Unterstützung.

Im Verlaufe der Untersuchung haben zahlreiche Experten und Vertreter von Gewerkschaften, Arbeitgeberverbänden und Unternehmen sowie mit der Materie vertraute Sozialforscher uns für zum Teil recht ausführliche Gespräche zur Verfügung gestanden und mit wichtigem Material versorgt. Ihnen möchten wir an dieser Stelle unseren Dank aussprechen.

Zu danken haben wir auch den Kolleginnen und Kollegen, die zur Forschungsarbeit in unterschiedlichen Phasen beigetragen haben: Katharina Rehermann, Detlef Jahn, Claudius Riegler, Matthias Otto, Thomas Sandberg und Michael Stahlmann.

Für die technische Einrichtung des Textes und die vielfältigen Korrekturen danken wir Kornelia Henke, Maciej Dabrowski und Jörgen Wolf.

Bochum, im Juli 1997 W.M.-J., H.J.S., I.W.

I. Einleitung

Die Thematik dieser Studie steht im Kontext der in der wissenschaftlichen Diskussion und politischen Öffentlichkeit in den achtziger Jahren breit geführten Debatte über die gesellschaftlichen Implikationen des technisch-organisatorischen Wandels , welche mit der fortschreitenden Diffusion der Mikroelektronik als einer Schlüssel- und Querschnittstechnologie eine zunehmende Aktualität und Relevanz erhielt. Gezielter interessierten wir uns für das Wechselverhältnis zwischen der Einführung neuer Techniken und den Veränderungstendenzen der Institutionen und Akteure der industriellen Beziehungen. Wir gingen davon aus, daß die im Zuge der Einführung neuer Informations- und Kommunikationstechnologien ausgelösten Umstrukturierungs- und Modernisierungsprozesse der Organisation der Arbeit auch die Regelungssysteme der industriellen Beziehungen vor Herausforderungen stellen und fragten: Können sie den technischen Wandel bewältigen, ohne die ökonomische Effizienz und die sozialen Interessen der Beschäftigten zu gefährden? Indem wir die neuen Techniken als Konflikt- und Verhandlungsgegenstand im Rahmen der industriellen Beziehungen ins Zentrum unserer Untersuchung stellten, erwarteten wir Aufschlüsse über die Steuerungsleistungen von Institutionen und die Lernprozesse der Akteure.

Um unserer Frage im Rahmen der *Industrial Relations*-Forschung nachzugehen, wählten wir einen komparativen Ansatz, indem wir drei Länder mit jeweils drei Branchen in die Untersuchung einbezogen. Bei der Auswahl der Länder entschieden wir uns, neben der Bundesrepublik Deutschland, für Schweden und Großbritannien. Von einem Vergleich der drei Länder mit differierenden, historisch gewachsenen Institutionen- und Akteurssystemen der industriellen Beziehungen erwarteten wir Aufschlüsse über die unterschiedlichen Verarbeitungsformen der technisch-organisatorischen Umstrukturierungen, die wir zugleich jeweils auf Länderebene in drei verschiedenen Wirtschaftszweigen untersucht haben. Die Auswahl der drei Branchen erfolgte unter dem Gesichtspunkt, organisatorische und institutionelle Verarbeitungsformen der im Prinzip unspezifischen Informations- und Kommunikationstechnologien unter unterschiedlichen ökonomisch-technischen Konstellationen vergleichend zu erfassen. Neben der Druckindustrie, als einem klassischen Industriezweig, haben wir mit der Elektro/nik/industrie eine Branche mit hoher Innovationsdynamik und schließlich mit dem Bankgewerbe ein Segment des an Bedeutung wachsenden Dienstleistungssektors ausgewählt.

Mit unserer Untersuchung verfolgten wir im wesentlichen zwei Hauptziele. Zum einen wollten wir für die ausgewählten Branchen und Länder die arbeitspolitischen Auseinandersetzungen um die Einführung und Anwendung neuer Techniken rekonstruieren und ihre inhaltlichen Ergebnisse (Vereinbarungen) wie prozeduralen Innovationen (institutioneller Wandel) dokumentieren. Zum anderen wollten wir die differierenden Systeme industrieller Beziehungen im Hinblick auf die Verarbeitung der technischen Herausforderungen unter den Kriterien von ökonomischer Effizienz (*Efficiency*) und sozialer Rationalität (*Equity*) evaluieren.

Methodisch war das Forschungsprojekt im wesentlichen sekundäranalytisch angelegt: In die Analyse einbezogen wurden neben bereits veröffentlichten Fallstudien graue Forschungsliteratur und die in Recherchen bei den relevanten Verbänden gesammelten Materialien (programmatische Dokumente, Vereinbarungen, Darstellungen). Diese Recherchen wurden ergänzt durch Expertengespräche, in denen die interessenbezogenen Einschätzungen von Verläufen und Resultaten der technisch-organisatorischen Veränderungen und ihre Auswirkungen auf Unternehmen und Beschäftigte sowie auf die Interessenvertretungen thematisiert wurden. Daneben haben wir uns durch intensive Kontakte zu Sozialwissenschaftlern an Universitäten und Forschungsinstituten detaillierte Ergebnisse aus laufenden Studien und Untersuchungen erschließen können.

Insgesamt wurden in Großbritannien und Schweden im Rahmen von mehrwöchigen Forschungsaufenthalten von Projektbearbeitern jeweils ca. 60 Expertengespräche geführt; in Deutschland wurden, aufgrund der aus bisherigen Forschungsarbeiten bereits vorliegenden Erkenntnissen, ca. 30 Expertengespräche geführt. Die Ergebnisse der Sekundäranalysen von empirischen Studien, der Auswertung von Dokumenten und Materialien sowie der Expertengespräche sind jeweils in Branchen- und Länderberichten aufbereitet worden. In der Schlußphase des Forschungsprojektes haben wir in Thesenform die wichtigsten Befunde aus unseren Untersuchungen zusammengefaßt und zum Gegenstand von Gesprächen und Diskussionen mit Wissenschaftlern aus Großbritannien und Schweden gemacht; die uns dabei vermittelten Korrekturen und Anregungen sind in die Fassung des Schlußberichtes eingegangen.

In der vorliegenden Publikation haben wir die im Verlauf der Forschungsarbeiten jeweils für die Länder und Branchen erstellten Materialberichte zusammengefaßt und zu vergleichenden Darstellungen verdichtet.

Im folgenden Kapitel II wird das theoretische Konzept der Untersuchung dargestellt. Nach einer kritischen Aufarbeitung der industriesoziologischen und *Industrial Relations*-Literatur zur Rolle der Technik im System industrieller Beziehungen werden unsere Annahmen und Hypothesen im Rahmen eines mehrstufigen „Verhandlungsmodells“ expliziert.

Im anschließenden Kapitel III werden zunächst auf der Ebene der drei Länder für den Zeitraum von Mitte der siebziger bis Ende der achtziger Jahre die ökonomischen, sozialen und technischen Rahmenbedingungen vergleichend dargestellt und im Anschluß daran die Interdependenz von technisch-organisatorischem Wandel und industriellen Beziehungen unter der Fragestellung erörtert, inwieweit es den Institutionen und Akteuren gelang, im Verlauf der ökonomisch-technischen Entwicklung der letzten Jahrzehnte gleichermaßen ökonomische Effizienz (*Efficiency*) und soziale Rationalität (*Equity*) zu realisieren.

Die folgenden Kapitel IV (Druckindustrie), V (Elektro/nik/industrie) und VI (Bankensektor) präsentieren die vergleichenden Darstellungen der branchenspezifischen Verlaufsformen der Einführung neuer Techniken und ihrer Verarbeitung durch die Institutionen und Akteure der industriellen Beziehungen. Nach einer Darstellung der jeweiligen Tendenzen der ökonomischen, organisatorischen und Beschäftigungsentwicklung und der Implementationsmuster der Informations- und Kommunikationstechnologien werden die jeweiligen Akteure und Verhandlungssysteme der industriellen Beziehungen vorgestellt und schließlich herausgearbeitet, wie die neuen Techniken in den jeweiligen Branchen und Ländern zum Gegenstand von Konflikten, Verhandlungen und Vereinbarungen wurden und welche Partizipationsformen sich dabei herausbildeten und dominierten.

Unter der Generalfrage nach Konvergenz und Divergenz der Systeme industrieller Beziehungen resümieren und interpretieren wir im abschließenden Kapitel VII die Ergebnisse unserer Untersuchung. Aus einer komparativen Perspektive werden die Lernprozesse der Akteure, die Aushandlungsmodi, die spezifischen Verhandlungsgegenstände sowie Formen und Reichweite der Arbeitnehmerpartizipation systematisch gegenübergestellt.

II. Technik als Rahmenbedingung und Gestaltungsoption industrieller Beziehungen

Begriffe sind ein Netz, das die Wissenschaften über ihre Gegenstände werfen. Das Netz der Sozialwissenschaften für den Realkomplex Technik ist geknüpft aus drei Komposita: *Technikfolgen, Technikgenese, Technikgestaltung*. In eben dieser Reihenfolge spiegelt sich der sozialwissenschaftliche Erkenntnisprogress wider. Zuerst fragten die Soziologen und Ökonomen nach den Folgen des technischen Wandels für Wirtschaft und Gesellschaft, ohne dessen Grundlagen und innere Dynamik weiter zu hinterfragen; dies blieb anderen, den Technik- und Naturwissenschaften überlassen. Später interessierten sich die Sozialwissenschaften für die spezifischen wirtschaftlichen und gesellschaftlichen Bedingungen, die technischen Fortschritt stimulieren und generieren. Und seit einiger Zeit fragen sie auch nach den Wahl- und Gestaltungsmöglichkeiten technischer Innovationen beziehungsweise nach dem Korridor, den industrielle und wirtschaftliche Nutzung für Alternativen offen lassen. Mit der erweiterten Fragestellung korrespondiert ein Paradigmenwechsel von strukturlogisch-deterministischen Technikanalysen zu handlungs- und akteursbezogenen Interpretationen des Verhältnisses von Technik, Organisation und Arbeitspolitik, sowie eine deutlichere Differenzierung zwischen Makro- und Mikroperspektive des technischen Wandels.

Die *black box* Technik und Technologie - zwischen beiden Termini trennscharf zu unterscheiden, fällt heute immer schwerer[1]- haben zwar schon früher so unterschiedliche Geister wie Marx und Gehlen aufzubrechen versucht, aber erst im Sog der dritten technologischen oder industriellen Revolution[2], richten die Wirtschafts- und Sozialwissenschaften ihre volle Aufmerksamkeit auf das gesamte Feld (Folgen, Genese, Gestaltung) von Technik und Technologie. Insbesondere drei Argumente werden in diesem Zusammenhang häufig genannt: 1. Im Vergleich zur Atom- und Gentechnologie ist die Mikroelektronik eine relativ „offene" Schlüsseltechnologie, die sie universell verwendbar und elastisch einsetzbar macht. 2. Eine neue Stufe der Automation resultiert aus ihren spezifischen Verwendungsmöglichkeiten als Organisations- und Kontrolltechnologie - im Sinne informationeller Kontrolle von Transformations- und Transmissionsprozessen. 3. Die auf der Grundlage dieser neuen Qualität der Automation sich vollziehende Entkopplung von Produktions- und Arbeitsprozeß vergrößert die arbeitspolitischen Interventionsmöglichkeiten im Hinblick auf Arbeitsstrukturierung und Organisationsgestaltung.

Im folgenden werden die Befunde der industriesoziologischen und *Industrial Relations*-Literatur über die Rolle der Technik im System industrieller Beziehungen in fünf

---

[1] Früher wurde mit Technologie die Wissenschaft von der Technik bezeichnet, aber mit zunehmender Verwissenschaftlichung der Technik ging auch die terminologische Differenz verloren; heute werden beide Termini als Synonyme benutzt.

[2] Von *technologischer* Revolution spricht Bell 1990, während Hack 1987, Müller-Jentsch/Stahlmann 1988 und Müller-Jentsch 1994 den Terminus *industrielle* Revolution bevorzugen.

Hauptthesen zusammengefaßt: (1) Technik als exogene Variable oder technologischer Determinismus; (2) Technik zwischen Produktions- und Subsumtionslogik; (3) Technik als strategische Variable oder ökonomischer Determinismus; (4) Technik als managerielle Gestaltungsvariable; (5) Technik als politischer Aushandlungsprozeß.

1. Technik als exogene Variable oder Technologischer Determinismus

In der traditionellen *Industrial Relations*-Literatur figuriert die Technik als Rahmenbedingung und gesellschaftlich exogene Variable, mit deren Einfluß auf Akteure und Prozesse industrieller Beziehungen zu rechnen sei, die selbst aber durch diese kaum zu beeinflussen ist. Beispielhaft dafür ist Dunlops (1958) konzeptueller Bezugsrahmen für Systeme industrieller Beziehungen. Der Technik kommt darin - neben dem Markt und der Machtverteilung - der Status einer Kontext- oder Umweltvariablen zu. Als solche nimmt sie beispielsweise Einfluß auf Größe und Struktur von Belegschaften, auf deren Konzentration oder Verteilung, auf die Dauer der Beschäftigung, die Zusammensetzung nach Qualifikation und Geschlecht sowie auf Sicherheit und Gesundheit am Arbeitsplatz. Sofern technischer Wandel Veränderungen der Arbeitsorganisation erforderlich macht, kann dies die Akteure industrieller Beziehungen, die „rule-making bodies“, zu einer normativen Anpassung an die technologisch bedingten Veränderungen der Produktions- und Arbeitsbedingungen veranlassen, indem sie die Regeln für die Arbeitsorganisation erneut verhandeln. Generell bleibt jedoch die Technik im Dunlopschen Bezugsrahmen ein exogener Faktor, den das Management kaum beeinflußen kann. Offenbar bleibt diesem nur die (Schein-) Option, den technischen Wandel zu implementieren oder es sein zu lassen.

Auch in der (retrospektiv gesehen: ersten) Automationsdebatte der fünfziger und sechziger Jahre figurieren Technik und technischer Wandel als exogene Variablen. Die Industriesoziologie widmete sich in jenen Dekaden der Erforschung der organisatorischen und qualifikatorischen Implikationen produktionstechnischer Neuerungen. In der angelsächsischen industriesoziologischen Forschung löste der „technology implications approach“ (Rose 1975, S. 176) das bis dato vorherrschende *Human Relations*-Paradigma ab. Die Technik wurde in einer Reihe von englischen und amerikanischen Untersuchungen „the favourite variable for explaining industrial behaviour“ (ebd., S. 175).

Die Annahme, daß Technik und technischer Wandel ihre Verwendungszwecke und Anwendungsbedingungen gleichsam zwingend vorschreiben, war ein verbreitetes Paradigma, das als *technologischer Determinismus* in sozialwissenschaftlichen Theorien Eingang gefunden und einigen wichtigen industriesoziologischen Untersuchungen als analytischer Leitfaden gedient hat.

(a) Walker/Guest; Blauner

Als determinierende Variable für Arbeitsverhalten und Deprivationserfahrungen figuriert die Technik (genauer: die Produktionstechnik) in den „Klassikern“ der amerikanischen Industriesoziologie „The Man on the Assembly Line" (Walker/Guest 1952) und „Alienation and Freedom" (Blauner 1964).

„Die technologischen Faktoren der Automontagearbeit", schreiben Walker und Guest, „beeinflussen den Arbeiter sowohl direkt wie indirekt. Sie beeinflussen ihn direkt durch die unmittelbare Arbeitsstrukturierung und indirekt, indem sie die grundlegenden Strukturen der sozialen Organisation der Fabrik bestimmen." (1952, S. 20; eigene Übers.) Die Autoren identifizierten sechs charakteristische Merkmale der Massenproduktions-Technologie: *mechanical pacing, repetitiveness, minimum skill requirement, no choice of tools or methods, minute subdivision of product, surface mental attention.* Als direkte Konsequenzen technisch determinierter Arbeitsstrukturierung konstatierten die Autoren enge Grenzen sozialer Interaktion während der Arbeit und erhöhte menschliche Belastungen durch maschinengetaktete, repetitive Arbeitsvorgänge. Überdies wurden an Arbeitsplätzen mit diesen Merkmalen merklich höhere Absentismus-Raten festgestellt als an Arbeitsplätzen, die diese Merkmale nicht aufwiesen. Als arbeitsorganisatorische Maßnahmen, die Erleichterung bringen sollten, empfahlen die Autoren Arbeitsplatzwechsel (*job rotation*) und Arbeitserweiterung (*job enlargement*). Technische Alternativen zum Montageband traten ihnen noch nicht ins Blickfeld. In einem jüngeren Beitrag, der die Untersuchungsergebnisse im Lichte von zwei Folgestudien neu reflektierte, resümierte einer der beiden Autoren (Guest 1983), daß die Imperative der Produktionstechnologie und ihre Agenten, die Techniker und Ingenieure, weiterhin den Charakter der Arbeit am Montageband bestimmen, wenn auch durch die *Quality of Work Life*-Bewegung Anfang der siebziger Jahre die Arbeiter stärker in Problemlösungsprozesse einbezogen würden.

Auch in Blauners einflußreicher Studie hat die Produktionstechnik den theoretischen Status einer determinierenden Variablen:

> „Mehr als jeder andere Faktor determiniert die Technik den Charakter der Arbeitsaufgaben, die die Handarbeiter auszuführen haben, und mehr als jeder andere nimmt sie Einfluß auf zahlreiche Aspekte der Entfremdung. Einer der wichtigsten Aspekte ist der technische Produktionsapparat mit seinem Einfluß auf die Machtlosigkeit des Arbeiters und auf das Ausmaß von Autonomie und Kontrolle, das er über seine Arbeitsumgebung ausüben kann. Technische Faktoren sind ebenfalls von größter Bedeutung in ihren Auswirkungen auf die Selbstentfremdung, da das Maschinensystem weitgehend darüber entscheidet, ob der Arbeiter direkt von der Arbeit gefesselt wird oder ob Gleichgültigkeit und Monotonie das allgemeine Ergebnis sind. Da technische Überlegungen häufig die Betriebsgröße bestimmen, beeinflussen sie auch darüber merklich das soziale Klima und den Grad des Zusammenhalts in der Belegschaft. Die Technik strukturiert auch die Existenz und Form von Arbeitsgruppen und beeinflußt damit den Zusammenhalt. Sogar der Charakter von Disziplin und Aufsicht hängt bis zu einem gewissen Grad von technischen Faktoren ab. Und schließlich determiniert die Technik weitgehend die Berufs- und Qualifikationsstruktur innerhalb eines Unternehmens sowie die Grundbedingungen für Aufstiegsmöglichkeiten und normative Integration." (1964, S. 8; eigene Übers.)

Unter dem technischen und ökonomischen Zwang, die effizienteste Produktionsmethode anzuwenden, entscheide letztlich der Charakter des hergestellten Produkts, welche Technik angewandt werde. Auf diese Annahme gründete Blauner seine bekannte Typologie und sein Phasenmodell der Produktionstechnik. Die für seine Untersuchung ausgewählten Industriezweige - Druck-, Textil- und Automobilindustrie sowie Petrochemie - lassen sich durch ihre je spezifische Produktionstechnik unterscheiden:

Handwerk (*craft technology*), Maschinenarbeit (*machine-tending technology*), Fließbandfertigung (*assembly-line technology*) und kontinuierliche Fertigungsverfahren (*continuous-process technology*). Im großen und ganzen variiert ihr Charakter mit dem Maß der Produktstandardisierung. Die vier Industrien mit ihren spezifischen Technologien repräsentieren, Blauner zufolge, zugleich „stages in the long-run trend toward increased mechanization" (1964, S. 8). Auf der Annahme, daß die vier Industrien auf allgemeinere historische Tendenzen des technischen Fortschritts verweisen, beruhte Blauners technologischer Optimismus. Die Entwicklung der menschlichen Entfremdung im Arbeitsprozeß (gemessen an den Indikatoren Machtlosigkeit, Bedeutungslosigkeit, Isolierung und Selbstentfremdung) koppelte er an die Entwicklung der Produktionstechnik, die ihm zufolge nach dem Muster einer inversen U-Kurve verläuft: Unentfremdete handwerkliche Arbeit wird abgelöst durch entfremdete Maschinenarbeit und Massenfertigung, die in Zukunft wiederum abgelöst wird durch nichtentfremdete Arbeit in der automatisierten Industrie, für die kontinuierliche Prozeßproduktion ein fortschrittliches Beispiel darstellt (ebd., 1964, S. 182f.). Trotz einiger Mentalreservationen[3] verdanken sich die Ergebnisse und Schlußfolgerungen der Blaunerschen Studie einem theoretischen Verständnis von Technik, das zum einen ihre Genese und Formgestaltung unberücksichtigt läßt und zum anderen ihren Einflüssen auf Produktions- und Arbeitsprozeß einen sozial determinierenden Charakter zuschreibt.

(b) Tavistock-Institut; Woodward

In den Untersuchungen britischer Industriesoziologen jener Zeit nahm die Technik ebenfalls eine wichtige Rolle ein. Aber im Gegensatz zu den oben referierten amerikanischen Untersuchungen schrieben die Forscher des *Tavistock Institute of Human Relations* und Joan Woodward der Produktionstechnik keinen direkt determinierenden Einfluß auf das Arbeitsverhalten zu, sondern einen indirekten durch das Medium der ihr assoziierten Arbeitsorganisation, wobei die Arbeitsorganisation als mehr oder weniger variabel begriffen wird. Dies tritt insbesondere im sozio-technischen Ansatz des Tavistock-Instituts hervor.

Entwickelt wurde der sozio-technische Ansatz im Verlauf zweier großer Untersuchungen, die erste in den Kohlegruben in Durham/Großbritannien, die zweite in einer Textilfabrik in Ahmedadad/Indien durchgeführt. Schon im Titel der Publikation der ersten Untersuchung machten die Forscher programmatisch deutlich, worauf es ihnen ankam: „*organizational choice*"[4]. Ihr Hauptargument lautet: die Ablösung der traditionellen Methoden durch mechanische Kohleförderung ist vereinbar mit verschiedenen Formen der Arbeitsorganisation. Oder genereller: Technische Systeme setzen Grenzen für die

---

3 „The technology sets limits on the organization of work, it does not *fully* determine it" (1964, S. 9); „this study does not follow a *totally* deterministic approach." (1964, S. 11) (Unsere Hervorhebungen)

4 Der volle Titel lautet: Organizational Choice: Capabilities of Groups at the Coal Face Under Changing Technologies. The Loss, Rediscovery and Transformation of a Work Tradition (Trist u.a. 1963).

Form der Arbeitsorganisation, determinieren sie aber nicht; soziale Systeme haben soziale und psychologische Eigenschaften, die unabhängig von technischen Systemen sind.

Wenn der sozio-technische Ansatz auch kein technologisch deterministischer ist, dann ist er dennoch insoweit deterministisch, als er von der Annahme ausgeht, daß es möglich sei, jeweils „the best fit" zwischen den Anforderungen des technischen Systems und den Bedürfnissen des sozialen Systems, unter Berücksichtigung der Wirtschaftlichkeit, zu finden. Die Tavistock-Forscher zogen daraus die Konsequenz, daß ein effektives sozio-technisches System nicht in vollem Maße die jeweiligen Anforderungen und Bedürfnisse der beiden Subsysteme erfüllen könne; die Optimierung im Gesamtsystem mache vielmehr die Suboptimierung in den beiden Teilsystemen erforderlich. In diesem Zusammenhang wird von den Tavistock-Forschern erstmals das Konzept der *teilautonomen Arbeitsgruppe* entwickelt: zusammengesetzt aus Arbeitern mit verschiedenen Qualifikationen, soll sie selbstverantwortlich (*responsible autonomy*) die Arbeitsaufgaben innerhalb eines bestimmten Aufgabenbereichs verteilen.

Stärker in der Tradition des technologischen Determinismus stehen die Arbeiten von Joan Woodward (1965; 1970), die auch die Entwicklung der Organisationssoziologie (*Contingency Approach* beziehungsweise *Situativer Ansatz*) beeinflußten. Ihre Untersuchungen in hundert englischen Unternehmen mit verschiedenen Produktionstechnologien werden auch häufig mit dem sozio-technischen Ansatz des Tavistock-Instituts in Verbindung gebracht.

Woodward unterstellte einen engen Zusammenhang zwischen Produktionstechnologie, manageriellem Kontrollsystem und wirtschaftlichem Erfolg. In ihren empirischen Untersuchungen identifizierte sie elf verschiedenartige Varianten von Produktionssystemen, die sie nach dem Grad ihrer technischen Komplexität auf einem Kontinuum anordnete und in drei Hauptgruppen zusammenfaßte:

1. Einzelprodukt- und Kleinserienfertigung,
2. Großserien- und Massenfertigung,
3. Kontinuierliche oder Prozeßproduktion.

Die wenig komplexe Einzelproduktfertigung liegt am Nullpunkt des Kontinuums, die sehr komplexe Prozeßproduktion am Endpunkt; dazwischen liegt die Serien- und Massenfertigung. Bei der Überprüfung der Variabilität der organisatorischen Strukturen ergab sich, daß Firmen mit ähnlichen Produktionssystemen auch ähnlich organisiert waren. Mit der Komplexität der Technik verlängert sich die Befehlskette und nimmt die Zahl der Managementebenen zu; desgleichen steigt der Anteil der in der indirekten Produktion und im Management Tätigen. Insbesondere zwei Thesen sind für den hier diskutierten Zusammenhang von Bedeutung:

(1) Für jedes technische Produktionssystem gibt es eine bestimmte, ihm angemessene Organisationsform, die den wirtschaftlichen Erfolg wahrscheinlich macht.[5]

(2) Die nach technischer Komplexität geordneten Produktionssysteme repräsentieren gleichzeitig eine chronologische industrielle Entwicklung.

Unter „Organisation" verstand Woodward im engeren Sinne das managerielle Kontrollsystem mit den Aufgaben der Planung, der Koordinierung, der Überwachung und der Rückmeldung über den Produktionsprozeß. Woodwards Typologie der Kontrollsysteme basiert auf zwei Parametern: erstens dem Ausmaß der persönlichen oder unpersönlichen Kontrolle und zweitens dem Ausmaß ihrer Integration oder Fragmentierung innerhalb der Organisation (vgl.Abb. 1).

Abbildung 1:Typologie managerieller Kontrollsysteme (Woodward 1980, S. XXI)

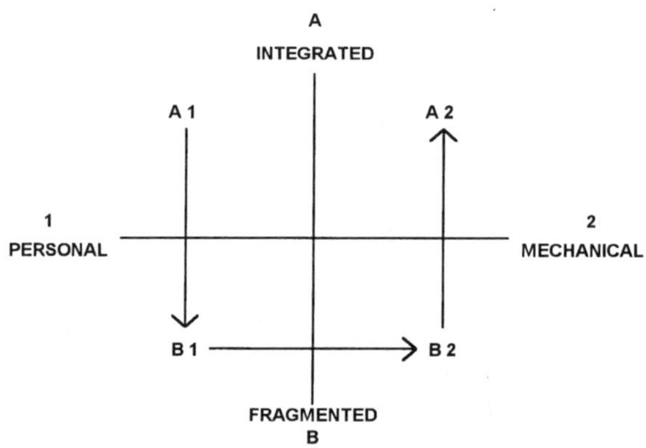

Es war Woodwards Überzeugung, daß der wirtschaftliche Erfolg sich am wahrscheinlichsten einstellen würde, wenn Firmen mit Einzelfertigung und Kleinserienproduktion Kontrollsystem A1, Firmen mit Serien- und Massenproduktion die Kontrollsysteme B1 und B2, schließlich Firmen mit Prozeßproduktion das Kontrollsystem A2 anwenden würden. Gemäß ihrer Evolutionsthese von der anwachsenden technischen Komplexität glaubte Woodward, daß der technische Wandel die unternehmerischen Organisationen dazu veranlassen würde, ihre Kontrollsysteme in Richtung der durch die in der Abbildung eingezeichneten Pfeile zu entwickeln. Damit gelangte Woodward zu ähnlichen Schlußfolgerungen wie Blauner (vgl. dazu Gallie 1978, S. 13-16).

(c) Westdeutsche Industriesoziologie

Auch unter den westdeutschen Industriesoziologen herrschte in den fünfziger und frühen sechziger Jahren die Neigung vor, „Technik und technologische Entwicklung als

---

[5] „It ... became apparent that there was a particular form of organization most appropriate to each technical situation." (Woodward 1980, S. 72)

primäre Bestimmungsmerkmale menschlicher Arbeit in der Industrie zu sehen" (Lutz/Schmidt 1977, S. 189). Eine der einflußreichsten industriesoziologischen Studien dieser Zeit brachte dies schon im Titel zum Ausdruck: „Technik und Industriearbeit" (Popitz/Bahrdt/Jüres/Kesting 1957). Gefragt wird darin nach der „technischen Bedingtheit der Arbeit" (ebd., S. VI) beziehungsweise den „technischen Bedingungen der Arbeitsvollzüge" (ebd., S. 27) und dem sich daraus ergebenden „Leistungsanspruch", den technische Industriearbeit an den Arbeiter stellt (ebd., S. 37). Man geht wohl nicht fehl in der Annahme, daß Fragestellung und Anlage dieser Untersuchung in bewußter Weise konzipiert worden waren gegen jene Forschungstradition, die - unter dem Einfluß der amerikanischen *Hawthorne*-Studien - eher die „subjektiven" und „weichen" Phänomene der industriellen Arbeitswelt, vor allem die informellen Gruppen, als Untersuchungsgegenstand der Industriesoziologie bevorzugten.

Gruppen, ihre Strukturen und Merkmale sind in der industriellen Arbeitswelt - dies die Haupthese der Untersuchung - vor allem technisch bedingte Phänomene. In ihrer Analyse der *teamartigen* und *gefügeartigen* Kooperationsformen bemühten sich die Forscher um den Nachweis, daß Chancen und Formen der Gruppenbildung abhängig sind von den technischen Gegebenheiten des Arbeitsprozesses. In teamartig kooperierenden Arbeitsgruppen (das sind jene, die aufgrund einer lockeren Bindung an technische Anlagen über sachliche und zeitliche Dispositionschancen verfügen) kann sich der einzelne das wechselseitige Unterstützungsverhältnis und die gemeinsame Dispositionchance nur zunutze machen, wenn er er sich „als Arbeitskraft und als Individualität in einem sozialen Zusammenhang" (ebd., S. 182) einordnet und dem Leistungsanspruch der Gruppe nachkommt, den diese durch „zusätzliche Soziierung" (ebd., S. 183) und „informelle Überformungen" (ebd., S. 184) durchzusetzen vermag. In solchen Arbeitsgruppen trifft man fast immer auf das für die Gruppensoziologie so entscheidende Merkmal eines „Wir"-Bewußtseins (ebd., S. 183). In gefügeartig operierenden Arbeitsgruppen (das sind jene, deren Arbeitsaufgaben durch enge Bindung an technische Abläufe und feste Systematik der Arbeitsplätze bis ins Detail vorgegeben werden) beruht hingegen die menschliche Zusammenarbeit „völlig auf der technischen Bedingtheit der Arbeit" (ebd., S. 185). Zwar verstärkt sich in dieser Kooperationsform die Abhängigkeit der einzelnen Arbeitskräfte voneinander, aber zur sozialen Verpflichtung wird die Erfüllung der Leistungsansprüche der technischen Anlage, weil andernfalls Belastungen und Gefährdungen der anderen entstehen. Eine „über den unmittelbaren Zusammenhang der Arbeitskräfte hinausgehende Soziierung" (ebd., S. 185) wird nicht erforderlich; „die Versachlichung der Zusammenarbeit macht (...) jedes persönliche Engagement des Einzelnen unnötig" (ebd., S. 189).

Die von Popitz u.a. akribisch durchgeführte Untersuchung technisch bedingter Arbeitsprozesse in der Hüttenindustrie kommt zu einigen vorsichtig formulierten, aber für die westdeutsche Industriesoziologie in dieser Periode sehr wichtigen, ja paradigmatischen Schlußfolgerungen. Als Tendenz wird die „Ablösung der teamartigen durch die gefügeartige Kooperation" (ebd., S. 209) konstatiert und damit die „Auflösung der Gruppe innerhalb des Arbeitsgefüges" (ebd., S. 210). Mit der Konvergenz der technischen und sozialen Anforderungen an den einzelnen im Arbeitsgefüge werde die Eigenverantwortlichkeit des einzelnen Arbeiters gestärkt und die Befugnisse der Vorgesetzten reduziert (ebd., S. 212). *Versachlichung der Herrschaft* und *Funktionsverlust der Vorgesetzten,* waren die Schlußfolgerungen, die als historische Tendenzen der technischen Entwicklung auch in anderen industriesoziologischen Untersuchungen dieser Zeit (vgl. dazu Lutz/Schmidt 1977, S. 189) eine prominente Rolle spielten. Daraus erklärt sich auch der damals vorherrschende „latente Optimismus der westdeutschen Industriesoziologie" (ebd., S. 192); die Hochmechanisierung wurde gleichsam „als Vehikel einer quasi-naturwüchsigen Emanzipation" (ebd., S. 193) begriffen.

Auf eine weitere wichtige Implikation dieses Technikverständnisses hat rückblickend insbesondere Burkart Lutz verwiesen. Mehr oder minder selbstverständlich sei die Technik als eine gesellschaftlich *exogene*, also außer- und übergesellschaftliche Größe begriffen worden. Mehr oder minder selbstverständlich sei unterstellt worden, „daß die Entwicklung industrieller Arbeit (...) durch die Eigenlogik technischer Innovationen determiniert ist" (Bechtle/Lutz 1989, S. 11). Diese retrospektive Deutung, von Lutz erstmals 1967 vorgetragen, relativierend, haben Brandt und Papadimitriou zur Ehrenrettung der Autoren eingewandt, daß diese die Technik „weniger als äußerliche Determinante industrieller Arbeitsformen verstanden, denn als Herausforderung, die demjenigen, der mit ihr konfrontiert ist, eine 'Antwort' abverlangt" (Brandt 1990, S. 191). Gleichwohl knüpften sich die Hoffnungen der frühen westdeutschen Industriesoziologie an das Rationalitätspotential der technischen Entwicklung, nachdem ihre politischen Erwartungen in den ersten Nachkriegsjahren enttäuscht worden waren. „Von einer bewußt und planvoll vollzogenen Erweiterung der technischen und arbeitsorganisatorischen zu einer sozialen Rationalisierung versprach man sich den 'Abbau traditionaler Herrschaftsformen', den die politische Entwicklung schuldig geblieben war." (Brandt 1990, S. 190 f.) Endgültig zu Grabe getragen wurden solche Hoffnungen, Lutz und Schmidt zufolge, als die Automationsdebatte Themen wie technologische Arbeitslosigkeit und technisch bedingten Qualifikationsverlust auf die Tagesordnung setzte. Eine Revision der optimistischen Annahme über sich verstärkende Wechselwirkungen von technischer und sozialer Rationalisierung zeichnete sich in den sechziger Jahren ab; sie ging einher mit der Renaissance marxistischer Ansätze in der industriesoziologischen Analyse; getragen wurde sie vor allem von den Forschungsinstituten in München, Göttingen und Frankfurt.

2. Technik zwischen Produktions- und Subsumtionslogik

Der Gegenstand mutierte von Technik schlechthin zur „kapitalistischen" Technik, das heißt zu einer im Dienste der Kapitalverwertung instrumentalisierten Technik. Ins Blickfeld gerieten nun stärker die formbestimmenden Einflüsse der gesellschaftlichen Produktionsverhältnisse auf die Entwicklung von Produktionstechnik und Arbeitsorganisation. Mit der Wende zur gesellschaftlich *endogenen* Erklärung des technischen Fortschritts wurde die aktuelle Entwicklung der industriellen Arbeit unter kapitalistischen Produktionsverhältnissen „als längerfristig angelegte *Reorganisation des Produktionsprozesses* mit dem Ziel erhöhter Prozeßtransparenz, flexibler Anpassung an 'externe' (marktökonomische) Veränderungen und der Berechenbarkeit und Kontrolle menschlicher Arbeitsleistung" (Beckenbach 1984, S. 250) gedeutet.

Die industriesoziologische Forschung in der Bundesrepublik, die nach der produktiven Gründerphase kurz nach dem Kriege gegen Ende der fünfziger Jahre in eine Latenzphase eingetreten war, erlebtc ab Ende der sechziger Jahre einen neuerlichen Aufschwung[6]. Im Vordergrund standen dabei die Rationalisierungs- und Krisenthematik sowie Fragen der „Humanisierung der Arbeit" und der Verwissenschaftlichung der Produktion; in allen drei Komplexen nahm die Technik einen zentralen Stellenwert ein. Kennzeichnend für diese Phase war, daß die Renaissance der Industriesoziologie einherging mit einer Aktualisierung der Marxschen Theorie. Gerhard Brandt hat darauf hingewiesen, daß zwar schon in der frühen Nachkriegsphase die Gründergeneration der westdeutschen Industriesoziologie, wenn auch teilweise in kritischer Absicht, die Marxsche Theorietradition zum Bezugspunkt hatte, die jüngste Phase jedoch gekennzeichnet sei durch eine „Engführung von industriesoziologischer Forschung und marxistischem Wissenschafts- und Gesellschaftsverständnis" (1990, S. 259). Im gleichen Kontext traf Brandt die Unterscheidung zwischen *Produktionsmodell* und *Subsumtionsmodell*, denen er die wichtigsten industriesoziologischen Forschungsstätten und Untersuchungen zuordnete.

„Produktionsmodell meint dabei in erster Annäherung, daß die Produktivkraftentwicklung und insbesondere die Entwicklung der menschlichen Arbeit das zentrale Thema der Marxschen Theorie und damit auch das einer an dieser Theorie orientierten Industriesoziologie bilden. Das Subsumtionsmodell dagegen unterstellt, es sei die Unterwerfung, die Subsumtion der Produktivkräfte und insbesondere wiederum die der menschlichen Arbeit unter das Kapital, die das zentrale Thema der Kritik der politischen Ökonomie als Kern der Marxschen Theorie ausmacht." (1990, S. 255)

Die große Untersuchung von Horst Kern und Michael Schumann über „Industriearbeit und Arbeiterbewußtsein" (1970), die am Beginn der intensiven Phase neuerer industriesoziologischer Forschung in der Bundesrepublik steht, ist zweifellos dem *Produktionsmodell* verpflichtet. Die Entwicklung der Produktionstechnik und ihre arbeitssoziologischen Implikationen stehen im Zentrum der Untersuchung, wie gleich zu Beginn der Forschungspublikation angezeigt wird:

„Die vorliegende Untersuchung beschäftigt sich in ihrem ersten Teil mit typischen Erscheinungsformen industrieller Arbeit und deren Veränderungen unter dem Einfluß des technischen Wandels. Sie geht dabei von der Annahme heterogener Arbeitssituationen in der industriellen Produktion aus und versucht empirisch zu belegen, daß in der modernen Industrie unterschiedliche technische Systeme mit jeweils spezifischen Arbeitertätigkeiten existieren." (1979, Bd. 1, S. 22)

Aufgenommen wurde von den Autoren die Diskussion über die „Arbeitsfolgen des technischen Wandels" (ebd., S. 27). Gegen die Phasenmodelle von Blauner, Touraine und Bright machten sie „Ungleichzeitigkeiten der technischen Entwicklung" (ebd., S. 24) und folglich auch Differenzierungen der „technisch induzierten Arbeitsveränderungen" (ebd., S. 137) geltend. Jedenfalls schrieben die Autoren der Entwicklung der technischen Produktivkräfte keine eindeutige Entwicklungsrichtung zu: „In manchen Fällen zeigt sich eine sehr starke Tendenz zur Aufhebung restriktiver Arbeitssituatio-

6 Zur Periodisierung vgl. Brandt 1978; zuletzt Beckenbach 1991

nen. (...) Diesen Entwicklungen stehen technische Veränderungen gegenüber, durch die die Existenz restriktiver Arbeitsformen in der Industrie bekräftigt wird." (ebd., S. 163) Statt eines klaren Entwicklungsschemas konstatierten sie die Tendenz zur Polarisierung der Tätigkeitsgruppen und der ihnen abgeforderten Qualifikationen in Verlauf der technischen Entwicklung.

Mit der über die Grenzen der industriesoziologischen Profession hinaus populär gewordenen These der Qualifikationspolarisierung argumentierten die Autoren zwar gegen den „technologischen Ansatz" einer - sei's optimistisch (Blauner, Touraine), sei's pessimistisch gedeuteten (Bright) - Entwicklungsrichtung der Technikfolgen für die Arbeit. Einem technologischen Determinismus bleiben sie insofern verhaftet, als sie die konstatierten „Ungleichzeitigkeiten" wiederum als technisch induzierte Folgen verstanden. „Humanisierung der Arbeit", heißt es in den abschließenden Überlegungen, „ist nach den Ergebnissen der vorliegenden Studie kein 'automatisches' Beiprodukt der aktuellen technischen Entwicklung, sondern nur eine Folgeerscheinung spezifischer Mechanisierungssprünge, denen in anderen Bereichen technische Veränderungen mit dehumanisierender Wirkung entgegensteht." (ebd., S. 279)

Die Feldarbeiten der Untersuchung waren noch vor der Marx-Renaissance abgeschlossen worden; ihr zollten die Autoren in den Schlußbemerkungen allerdings kurzen Tribut, indem sie darauf hinwiesen, daß „die fortdauernde Inhumanität der Industriearbeit (...) keine produktionstechnische Notwendigkeit, sondern Resultat und Ausdruck einer gesellschaftlichen Verfassung" (ebd.) sei. Ein nach Profitinteressen organisiertes Produktionssystem werde sich nur in Ausnahmefällen Maßnahmen zur Humanisierung der Arbeit leisten, wenn andernfalls restriktive Arbeitssituationen ökonomisch rentabler sind.

Dem *Produktionsmodell* rechnete Brandt auch die Untersuchungen der Berliner „Projektgruppe Automation und Qualifikation" zu. Theoretischer Leitfaden dieser Gruppe ist die Produktivkraftentwicklung, die sie - gemäß der Marxschen Geschichtstheorie und im Unterschied zu den Göttinger Forschern - als einen eindeutig gerichteten Prozeß sieht. Zwar konfligiere die fortschreitende Vergesellschaftung der Produktion mit den privaten, kapitalistischen Aneignungsbedingungen, doch sei unter dem Zwang der Entwicklung der Produktivkräfte die Automation zu einem bestimmenden Faktor geworden, der „Möglichkeit und Notwendigkeit von Höherqualifikation schafft" (Projektgruppe Automation und Qualifikation 1980, S. 23). Zwar bedeutet dies „keinesfalls das automatische Eintreten derselben", sondern besage, „daß die zwangsweise technische Entwicklung für die Produzenten günstigere Ausgangspositionen für Entwicklung hervorbringt" (ebd.). Mit anderen Worten, die Produktivkraftentwicklung zur Automation setzt Potentiale frei, die die Entfaltung der produktiven Fähigkeiten der arbeitenden Menschen begünstigen; diese Potentiale zu realisieren, bleibe indessen eine gesellschaftliche Aufgabe, die unter Umständen gegen das Kapital durchgesetzt werden müsse.

Eindeutig dem *Subsumtionsmodell* zuzuordnen, sind die Frankfurter Untersuchungen über die Auswirkungen des Einsatzes von Computertechnologien in der Produktion

(Brandt u.a. 1978, Benz-Overhage u.a. 1982). Der theoretische Leitfaden dieser Studien wurde gewonnen am Marxschen Subsumtionstheorem und an der Sohn-Rethelschen Unterscheidung von Markt- und Produktionsökonomie. Zentrale These der Autoren ist, daß mit fortschreitender Verwendung von Computertechnologien der Arbeitsprozeß zunehmend „abstraktifiziert" werde, das heißt die Arbeit werde „entstofflicht", das Produktionswissen der Arbeiter in Maschinen und Programmen objektiviert und durch das Management verfügbar gemacht. Lebendige Arbeit werde nur noch „Restfunktionen" im Produktionsprozeß ausüben (z.B. ungelernte repetitive Teilarbeit, Anlerntätigkeiten mit Bedienungs- und Überwachungsfunktionen, komplexe abstrakte Kopfarbeit) (Benz-Overhage u.a. 1982, S. 55). Es ist gar von einer „reellen Subsumtion zweiten Grades" die Rede: „Wie die Arbeit zum Anhängsel der Maschine geworden ist, wird jetzt die Arbeitsorganisation zum Anhängsel der Maschinerie." (Brandt u.a. 1978, S. 110f.) An solchen Belegstellen offenbart sich die von Brandt selbstkritisch hervorgehobene Neigung der Frankfurter Forscher, „sich eine totalisierte und apokalyptische Version der Subsumtionstheorie zu eigen zu machen und die reelle Subsumtion der Arbeit unter das Kapital als einen stetig fortschreitenden und sich vollendenden Prozeß zu begreifen" (Brandt 1990, S. 263).

Die Untersuchungen des Münchener Instituts für Sozialwissenschaftliche Forschung, die Brandt ebenfalls dem *Subsumtionsmodell* zuordnete, sind gegen eine derartig totalisierende Version indessen gefeit. Zwar lassen auch sie keinen Zweifel darüber aufkommen, daß die materiellen Produktionsbedingungen und die Nutzungsformen der Arbeitskraft durch betriebliche Strategien der Kapitalverwertung unterworfen sind, aber zum einen konzeptualisieren sie Produktionstechnik, Arbeitsorganisation und Arbeitskraft als „elastische Potenzen" mit Flexibilitätsspielräumen und Gestaltungsmöglichkeiten, zum anderen begreifen sie die menschliche Arbeitskraft in ihrer widerspruchsvollen Rolle „als einer widerständigen und zugleich bestandsnotwendigen Bedingung kapitalistischer Produktion" (Brandt 1990, S. 263). Der Betrieb als „historischer und systematischer Ort der Kapitalverwertung" (Altmann u.a. 1974) strebt nach Steigerung der Arbeitsproduktivität unter kontigenten Bedingungen. Die Gestaltung des Produktionsprozesses, das heißt die je spezifische Kombination von Technik, Organisation und Arbeitskraft, folgt allein dem Ziel, Rentabilität sicherzustellen. Wie Bergmann (1990, S. 26) angemerkt hat, bleibt die lebendige Arbeit „im kategorialen Rahmen des Paradigmas wesentlich Objekt". In ihrer Untersuchung über „neue Arbeitsformen" haben Altmann und seine Kollegen weniger das Potential für eine „Humanisierung der Arbeit" exploriert, als ihre Funktionalität im Rahmen betrieblicher Rationalisierungsstrategien denunziert. „Mit neuen Arbeitsformen zielen die Betriebe auf die Lösung von markt-, produktions- und zeitökonomischen Problemen" (Altmann u.a. 1982, S. 30). Oder noch deutlicher:

> „Die strategische Bedeutung neuer Arbeitsformen für die Durchsetzung des betrieblichen Nutzungsinteresses liegt darin, daß Betriebe durch die Neugestaltung der technisch-organisatorischen Auslegung der Produktionsprozesse, der Arbeitsorganisation und des Arbeitseinsatzes das Spektrum der im Arbeitsprozeß abfragbaren Leistung erweitern, das individuelle Leistungsvermögen breiter ausschöpfen und das gesamte kollektive Leistungsergebnis im Arbeitsprozeß sichern oder verbessern können." (ebd., S. 31)

Pointiert hat Bergmann das neue Analysekonzept des Münchener Instituts, die *systemische Rationalisierung*, als einen „neuen Triumph der kapitalistischen Ökonomie, eine neue Großtat des Managements“ (1990, S. 27) gekennzeichnet. Zwar konstatieren auch Altmann und seine Kollegen mittlerweile eine Abkehr vom tayloristischen Rationalisierungsmuster, heben aber als Hauptstoßrichtung des sich abzeichnenden „Neuen Rationalisierungstyps“ die systemische Integration inner- und zwischenbetrieblicher Prozesse auf der Basis informationstechnologischer Vernetzung hervor; dabei spiele der Einsatz und die Nutzung von Arbeitskraft nur eine nachgeordnete Rolle (Altmann u.a. 1986). Für die Münchener Forscher impliziert die systemische Rationalisierung einen „Bedeutungsverlust menschlicher Arbeit im Rahmen betrieblicher Rationalisierungsstrategien“ (Sauer/Altmann 1989, S. 8), die sich stattdessen auf die flexiblen Potentiale der Informations- und Kommunikationstechnologien konzentrieren.

3. Technik als strategische Variable oder Braverman und die Folgen

Einen mächtigen Schub erfuhr die Renaissance marxistischer Theorie in der industriesoziologischen Forschung und Analyse durch die Veröffentlichung von Bravermans „Labor and Monopoly Capital“ (1974). In Großbritannien und den USA löste diese Publikation eine ungemein fruchtbare Debatte (*Labour Process Debate*) über den kapitalistischen Arbeitsprozeß und seine Entwicklungstendenzen aus, die etwas verspätet auch in Deutschland und anderen westeuropäischen Ländern rezipiert wurde. Die Bravermansche Hauptthese wird bereits im englischen Untertitel seines Werkes formuliert: „The Degradation of Work in the Twentieth Century“. Alle Bemühungen kapitalistischen Managements sind darauf gerichtet, die Arbeitskraft zu verbilligen und effektiver zu kontrollieren. In diesem Dienste stehen Arbeitsorganisation, Betriebsführung und Produktionstechnik.

Braverman versteht Technik und Maschinerie als elastische und strategische Variable, die das kapitalistische Management gezielt einsetzt, um die Arbeitskräfte der Kontrolle über den Arbeitsprozeß zu berauben. „Die Maschinen bieten dem Management Gelegenheit, mit ausschließlich mechanischen Mitteln das zu tun, was es zuvor mit Hilfe organisatorischer und disziplinarischer Methoden zu tun versucht hatte.“ (dt. Ausg. 1977, S. 152) Die Maschine wird dazu benutzt, um „genau dieselben Werkstattprobleme anzugehen, mit denen Taylor während so vieler Jahre zu ringen hatte“ (ebd., S. 153). „Das Ideal, das der Kapitalismus anstrebt, ist die Herrschaft der toten über die lebendige Arbeit.“ (ebd., S. 177)

Fälschlicherweise haben einige Kritiker Braverman einen *technologischen* Determinismus unterstellt, obwohl er ausdrücklich hervorhebt, daß „die Maschinerie eine Unmenge von Möglichkeiten ein(schließt)“; diese würden jedoch „vom Kapital systematisch durchkreuzt statt gefördert“ (ebd., S. 179). Nicht unberechtigt ist es indessen, in der Bravermanschen Analyse einen *ökonomischen* Determinismus am Werke zu sehen, der gleichsam durch die Technik hindurchgreift und sie zum Instrument der Potenzierung und Objektivierung kapitalistischer Herrschaft und Ausbeutung macht - mit der fortschreitenden Tendenz zur Dequalifizierung und Degradierung der Arbeit.

Bravermans Gewährsmann und Experte für Entwicklungstendenzen der Technik ist der Harvard-Professor James R. Bright, der in seinem bereits 1958 veröffentlichten Werk „Automation and Management“ ein „Mechanisierungsprofil“ mit 17 Ebenen aufgestellt hat (es reicht von der einfachen manuellen Arbeit bis zur vollautomatisierten Tätigkeit). Ein zentraler Befund Brights ist, daß mit zunehmendem Mechanisierungsgrad die dem Arbeiter abgeforderten Fertigkeiten abnehmen. Die von Bright als immanente technologische Entwicklung dargestellte Konsequenz wird von Braverman als vom Management intendierte umformuliert.

Gleichsam als Illustration zu der Bravermanschen These hat der amerikanische Historiker David Noble (1979) in einer Fallstudie über die Einführung der NC-Technik dargelegt, daß das Management bei alternativen produktionstechnischen Lösungen seine Entscheidungen nicht nur unter ökonomischen Gesichtspunkten fällt, sondern sich primär von Motiven zur Erhöhung der Kontrolle über die Arbeiter und den Arbeitsprozeß leiten läßt.

Die Analyse Bravermans, die einen linearen Prozeß der Dequalifizierung der lebendigen Arbeit und der Intensivierung managerieller Kontrolle subsumtionstheoretisch aus der Kapitallogik deduziert, ist nicht ohne Widerspruch geblieben. Im Rahmen der *Labour Process Debate* haben sich namhafte Soziologen, Politologen, Ökonomen und Historiker mit Bavermans Thesen differenziert auseinandergesetzt; Argument und Gegenargument, Kritik und Replik hatten eine kaum noch übersehbare Flut von Buch- und Zeitschriftenpublikationen zur Folge.[7] Die Kernpunkte der Kritik an Braverman sind die folgenden:

(a) die umstandslose Gleichsetzung von Managementstrategien mit dem „scientific management“ Taylors;

(b) die Verwechslung von Management-Konzeptionen mit realer Praxis, die nicht als bloßer Ausfluß managerieller Entscheidungen, sondern als Produkt von Verhandlungen, Konflikten und Kompromissen zwischen Management und Arbeitnehmern (beziehungsweise ihren Interessenvertretern) zu begreifen sei;

(c) die zweifelhafte normative Basis der Dequalifizierungsthese, die aus dem Verständnis traditioneller Handwerkerqualifikationen formuliert worden sei;

(d) die einseitige Betonung der dequalifizierenden Folgen der neueren soziotechnischen Rationalisierungen, die den Blick auf die gegenläufigen Entwicklungen der Requalifizierung und Reprofessionalisierung verstelle.

Die mit der Dequalifizierungsthese behauptete generelle Tendenz des *downgrading* hat eine Reihe von Kritikern auf den Plan gerufen und empirische Forschungen provoziert, die im Gegensatz zu der Bravermanschen These eine Tendenz zum *upgrading* konstatieren (Kelley 1989a, 1989b; Adler/Borys 1989; aber auch Kern/Schumann 1984). Auch das Fundament der Bravermanschen Argumentation, das Brightsche Entwicklungsschema, ist einer kritischen empirischen Überprüfung unterzogen worden; Adler

[7] Die wichtigsten Autoren und Themen dieser Debatte sind in folgenden Sammelbänden zu finden: Knights/Willmott/Collison 1985; Knights/Willmott 1990; Wood 1982 u. 1989

(1988) kommt für den Bankenbereich zu dem Schluß, daß mit zunehmender Automation der Anteil und Einfluß des Arbeiters an und auf den Arbeitsprozeß keineswegs durchgängig sich verringert, sondern in mindestens ebenso vielen Dimensionen ansteigt.

4. Technik als managerielle Gestaltungsvariable oder Neue Produktionskonzepte

Im Rahmen der *Labour Process Debate* ist von einigen Autoren (Child 1985; Coombs 1985) auch der Stellenwert der neuen Technologien für die Organisation des kapitalistischen Arbeitsprozesses erörtert worden. Bereits Anfang der siebziger Jahre hat sich Child (1972) mit seinem Konzept der „strategischen Wahl" (*Strategic Choice*) gegen die von Woodward und anderen Vertretern des *Contingency Approach* konzeptualisierte Determination unternehmerischer Strukturen durch Umweltbedingungen gewandt. Zwischen Organisationsumwelt und Organisationsstruktur, so Child, vermittle vielmehr die Strategie. Nach seinem Verständnis ist die Organisationsstruktur Ergebnis einer bewußten Entscheidung des Managements, zwar unter Berücksichtigung der Umweltbedingungen, aber nicht quasi-mechanische Anpassung jener an diese. Strategie suche sowohl die Organisation an der Umwelt wie die Umwelt an der Organisation auszurichten. Die sich aus diesem Modell ergebenden Wahlmöglichkeiten und Gestaltungsspielräume des Managements betont Child (1985) auch im Hinblick auf strategische Entscheidungen über Technik, indem er argumentiert, daß Managemententscheidungen über die Einführung einer neuen Produktionstechnologie nicht notwendigerweise aus Überlegungen zur Reorganisation des Arbeitsprozesses resultieren. Derartige Investitionsentscheidungen könnten auch zugunsten neuer Produkte, verbesserter Produktqualität, erhöhter Flexibilität etc. getroffen werden. Häufig sind dem Topmanagement bei solchen strategischen Entscheidungen die möglichen Konsequenzen der Implementation neuer Techniken für die Arbeitsorganisation gar nicht bewußt.

„At this elevated hierarchical level managers tend to deal in terms of statistical abstractions such as throughput volume, wastage rates, stock levels, delivery performance, unit costs, budget variance, and employment costs. Managerial policies on new technology need not therefore articulate explicit statements about the organisation of the labour process." (Child 1985, S. 111)

Gewiß werden produktionstechnische Innovationen unter Berücksichtigung von Kosten- und Effizienzkriterien eingeführt; aber diese können sich sowohl in Frei- wie Umsetzungen, in De- wie Requalifizierungen, in Rigiditäten wie Flexibilitäten niederschlagen. Unter den vielen Faktoren, die managerielle Entscheidungen über Technikwahl und -implementation beeinflussen, sind die von Braverman herausgestellten Motive - Kontrolle und Intensivierung der lebendigen Arbeit - nicht einmal die wichtigsten. Die technologische Entwicklung strebt Child zufolge rapide einem Punkt zu, der andere Kosten- und Risikofaktoren wichtiger erscheinen läßt als die Arbeitskraft.

Zwei andere Autoren, Buchanan und Boddy (1983), argumentieren, daß der Entwicklungspfad des technischen Wandels durch sehr verschiedenartige Innovationsmotive des Managements bestimmt sein kann. Sie unterscheiden zwischen

(a) strategischen Zielen (z.B. Sicherung von Marktanteilen, Marktbeherrschung);

(b) operativen Zielen (z.B. Produktqualität, Kostenreduzierung, Verringerung der Ausschußproduktion) und

(c) Kontrollzielen (Verbesserung der Kontrolle des Produktionflusses, Verringerung der menschlichen Interventionsmöglichkeiten).

Die von den beiden Autoren durchgeführten Fallstudien zeigen, daß auf den einzelnen Managementebenen und in verschiedenen Managementfunktionen über technischen Wandel und seine Möglichkeiten recht unterschiedlich gedacht wird. Topmanager und Experten aus den Rechnungs- und Finanzabteilungen konzentrieren sich mehr auf die Fragen von Kosten, Rentabilität, Wettbewerbsfähigkeit. Das mittlere Management tendiert dazu, der Kontrolle des Produktionsflusses Priorität einzuräumen. Das Linienmanagement scheint großen Wert darauf zu legen, Unterbrechungen des Produktionsflusses und Frustrationen der Arbeitskräfte zu verringern. Verwaltungsabteilungen wiederum konzentrieren sich auf die Möglichkeiten der schnelleren Informationsverarbeitung.

In diesem Kontext ist auch auf die von Kern und Schumann (1984) thematisierte Differenzierung im kapitalistischen Management hinzuweisen. Die Autoren dichotomisieren einmal zwischen den „Traditionalisten“ als den „Bewahrern fordistischer Strukturen“ und den „Modernisten“, ein andermal zwischen den „Verfechtern eines technokratisch-bornierten und eines empirisch-unideologischen Produktionskonzepts“ (ebd., S. 325). Die von ihnen entdeckten „neuen Produktionskonzepte“ des „modernistischen“ Managements tragen den kontraproduktiven Folgen einer auf die Spitze getriebenen fordistisch-tayloristischen Managementkonzeption Rechnung; stattdessen zielen sie auf eine Lockerung der starren Arbeitsteilung und auf eine „ganzheitliche Nutzung“ der Arbeitskraft:

> „In einem historischen Moment der Explosion technischer Möglichkeiten zur Ersetzung menschlicher Funktionen, die gigantische Freisetzungen zur Folge hat (...) steigt auch das Bewußtsein für die qualitative Bedeutung menschlicher Arbeitsleistung und die Wertschätzung der besonderen Qualitäten lebendiger Arbeit. Das Credo der neuen Produktionskonzepte lautet: a) Autonomisierung des Produktionsprozesses gegenüber lebendiger Arbeit durch Technisierung ist kein Wert an sich. Die weitestgehende Komprimierung lebendiger Arbeit bringt nicht per se das wirtschaftliche Optimum. b) Der restringierende Zugriff auf Arbeitskraft verschenkt wichtige Produktivitätspotentiale. Im ganzheitlicheren Aufgabenzuschnitt liegen keine Gefahren, sondern Chancen; Qualifikationen und fachliche Souveränität auch der Arbeiter sind Produktivkräfte, die es verstärkt zu nutzen gilt.“ (Kern/Schumann 1984, S. 19)

Von betriebswirtschaftlicher Seite hat die Hauptthese von Kern/Schumann den Einwand provoziert, daß es nicht nur in den Lehrbüchern der Führungstheorie, sondern auch in der Praxis des Managements immer schon zwei Fronten gegeben habe: „Auf der einen Seite die 'technokratisch-bornierten' Konzepte, die auf *Maschinisierung* setzen, das heißt Menschen entweder durch Maschinen substituieren oder sie wie Maschinen einsetzen wollen (...), auf der anderen Seite die 'empirisch-unideologischen' Konzepte, die eher eine *Psychologisierung* betreiben, das heißt sozial-technologisch das Verhalten im Sinne einer Erhöhung der Leistungsmotivation und der Unternehmensbindung steuern wollen.“ (Osterloh 1987, 132 f.) Freilich wird auch von betriebswirtschaftlicher Seite der Personalpolitik und Personalplanung eine neue Qualität zugestanden; sie haben nicht mehr nur eine Anpassungsfunktion, um die technischen und marktlichen Entwicklungen zu erfüllen, sondern gewinnen mehr und mehr eine Initiativfunktion für die Einführung neuer Techniken; in diesem Sinne erhalte eine „initiative Personalpolitik sogar den Rang einer strategischen Ressource“ (ebd., S. 135).

Wenn Child, Buchanan/Boddy und Kern/Schumann hervorheben, daß Entscheidungen über technische Innovationen variabel sind - je nach den spezifischen Managementzielen, die wiederum mit den unterschiedlichen Managementebenen und -funktionen variieren -, dann sehen sie dies primär aus der Perspektive nur eines, wenn auch nicht monolithischen Akteurs. Es wird nicht in Frage gestellt, daß für die Wahl zwischen unterschiedlichen technischen Lösungen allein das Management zuständig ist und es darüber, im Prinzip, nichts zu verhandeln gäbe, was nicht ausschließt, daß die (tatsächlichen, erwarteten, befürchteten) Reaktionen der Beschäftigten ins strategische Kalkül gezogen werden.

5. Technik als politischer Aushandlungsprozeß

Hat aber das Management Wahlmöglichkeiten in seinen Entscheidungen über technische Innovationen, dann darf man davon ausgehen, daß solche Entscheidungen von den Hauptverantwortlichen nicht immer unilateral getroffen, sondern in Frage gestellt, herausgefordert und unter Umständen auch ausgehandelt werden. Technologiewahl ist nicht nur eine Frage technischer und ökonomischer Kriterien, sondern auch eine soziale und politische Frage, die im Interessenstreit zwischen den Akteuren der industriellen Beziehungen entschieden wird. So hat beispielsweise Wilkinson (1986) in einer Reihe von Fallstudien evident gemacht, daß technischer Wandel als Resultat von Verhandlungen, Auseinandersetzungen und wechselseitigen Anpassungsprozessen zu begreifen ist. Wilkinson argumentiert, daß der Einfluß von Arbeitern und Arbeitsgruppen auf die Organisation und Kontrolle der Arbeit im Falle der Einführung neuer Techniken häufig ohne formale gewerkschaftliche Partizipation, gleichsam mit „subterranen“ Mitteln erfolgte.

Die Einsicht, daß Unternehmungen nicht, wie in betriebswirtschaftlichen Lehrbüchern häufig beschrieben, „zweckrationale, wohlgeordnete und strikt an ökonomischen Effizienzkriterien orientierte Gebilde, input-output-Maschinen“ (Ortman 1990, S. 109) sind, sondern auch Orte des Interessenkampfes und der Konfliktaustragung, kurz ein „contested terrain“ (Edwards 1979), verdanken wir der angelsächsischen Kritik an Braverman. Mittlerweile hat sich für dieses Phänomen auch der Begriff *Arena* eingebürgert. Mit diesem aus der Politikwissenschaft übernommenen (und dort anders verwandten) Begriff wird ein mehr oder weniger institutionalisierter Handlungsraum und Kampfplatz bezeichnet, den die jeweiligen Akteure nicht nur für die Austragung ihrer widerstreitenden Interessen nutzen, sondern deren (formelle wie informelle) Regelungen sie zu ihren jeweiligen Gunsten zu verändern trachten. Somit ist unter *Arena* zu verstehen: sowohl ein (wie immer komplexes) Institutionensystem, das festlegt, welche Formen, Gegenstände und Akteure zugelassen sind, als auch ein Aktionsfeld, das den

Akteuren für die Lösung spezifizierter Probleme Handlungsmöglichkeiten (mit definierten Grenzen) einräumt. Arenen der Arbeitsbeziehungen konstituieren sich auf unterschiedliche Weise - durch Gesetz, Rechtsprechung und bilaterale Vereinbarungen (z.B. *Tarifautonomie* und *Betriebsverfassung*), aber ebenso durch informelle Regelungen, stillschweigende Übereinkünfte, eingespielte Praktiken, stumme Aushandlungen etc., wie die (ungeschriebene) *Arbeitsverfassung*.

Was bedeutet es nun, wenn wir sagen, daß *Technik in den Arenen der Arbeitsbeziehungen ausgehandelt* wird? Zunächst: daß das Ergebnis kontingent, aber gleichwohl nicht beliebig ist. Sodann: daß die involvierten Parteien keineswegs über gleiche Machtmittel zur Durchsetzung ihrer Interessen und Ziele verfügen. Kontingenz heißt, daß unter je spezifischen (branchen- und unternehmenstypischen) strukturellen und institutionellen Zwängen und Opportunitäten (*constraints and opportunities*) das Management seine strategischen Wahlen trifft. Asymmetrie der Machtmittel in den internen Auseinandersetzungen bedeutet, daß das Mangement in der Regel zwar eine überlegene Machtposition inne hat, aber daß seine Entscheidungen gleichwohl nicht unilateralen Charakters sind.

Einen strukturellen Bezugsrahmen für die Analyse der Beziehungen zwischen technischem Wandel und industriellen Beziehungen haben Sorge und Streeck (1988) elaboriert. Ihr Argument basiert auf zwei Gruppen (*clusters*) von Kontextvariablen, die den technischen Wandel und die industriellen Beziehungen sowohl getrennt als auch interaktiv beeinflussen: (a) Arbeitsorganisation und Qualifikationsstruktur, (b) Markt und Produktstrategie der Firma.

Die Variable Technologie interagiert einerseits mit der Produktstrategie der Firma und andererseits mit der Arbeitsorganisation. Die eine steht im Konnex mit dem Produktmarkt, die andere mit dem Arbeitsmarkt. Für das Management hat der Produktmarkt eine höhere Priorität als der Arbeitsmarkt, während die Gewerkschaften und die Institutionen der betrieblichen Interessenvertretung der Arbeitnehmer dem Arbeitsmarkt Priorität geben (vgl. Abb. 2). Im Gegensatz zum Management sind sie formell nur an jenen Unternehmensentscheidungen beteiligt, die sich auf Aspekte des externen und internen Arbeitsmarktes beziehen. Damit sind die gewerkschaftlichen Parameter in bezug auf Selektion und Implementation neuer Technologien inferior gegenüber den Parametern des Managements. In der Regel können Gewerkschaften und betriebliche Interessenvertretungen nicht über Aspekte des Produktmarktes verhandeln, aber sie können institutionelle Rigiditäten in bezug auf Entlohnung, Arbeitsorganisation und Techniknutzung errichten, die die manageriellen Entscheidungen über neue Technologien beeinflussen.

Abbildung 2: Technologie und industrielle Beziehungen im Kontext (Sorge/Streeck, 1988, S. 39)

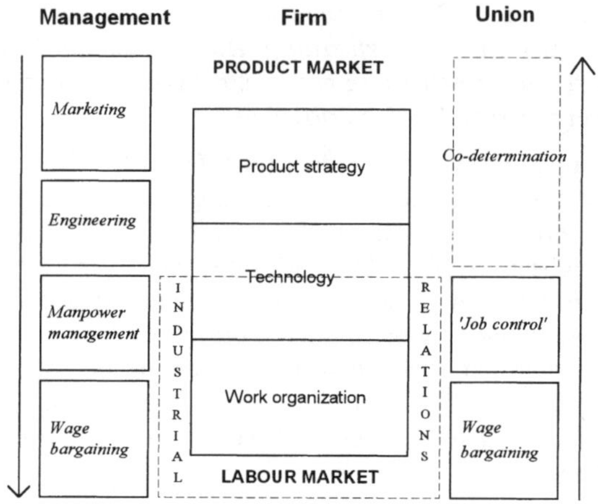

Die Erklärungskraft dieses formalen Bezugsrahmens ist begrenzt. Erst wenn man in ihn ein Erklärungsmodell mikro- und mesopolitischer Aushandlungsprozesse einträgt, können die Prozesse und Ergebnisse der „Technikaushandlung" erklärt werden. Dieses Modell, welches im folgenden expliziert wird, basiert auf dem *negotiated-order approach* (Strauss u.a. 1963), der Erkenntnis, daß „social orders are, in some sense, always negotiated orders" (Strauss 1978, S. 235). Auf unsere Fragestellung bezogen, heißt das: In ihren kooperativen und konfliktuellen Interaktionen produzieren, reproduzieren und transformieren die Akteure industrieller Beziehungen teils implizit, teils explizit - nach eingespielten Regeln und Gewohnheitsrechten (*custom and practice*), in stillschweigenden Übereinkünften und stummen Aushandlungen (*silent bargain*) oder auf dem Wege förmlicher Vereinbarungen und Verträge - soziale Ordnungen von Organisationen und interorganisatorischen Netzwerken.

Sobald das Management Informations- und Kommunikationstechnologie auf Unternehmens- und Arbeitsplatzebene einführt, ändert sich die für die Beschäftigten und ihre Interessenvertretung vertraute Situation. Dies kann Unsicherheiten, Ablehnung und offene Konfliktsituationen hervorrufen. Die Gewerkschaften können die entstandenen Unsicherheiten unter den Arbeitnehmern zu einem Konfliktthema machen und zu ihrem Vorteil ausnutzen. Um mit der neuen Situation umzugehen, wird das Management - teils stillschweigend, teils offen - eine neue soziale Ordnung mit den Arbeitnehmern und deren Interessenvertretern „aushandeln", bei der es eine Balance zwischen ökonomischer Effizienz (*Efficiency*) und sozialer Rationalität (*Equity*) anstreben wird. Daß für Unternehmen - zumal unter dem durch die Globalisierung der Märkte verschärften Wettbewerb - die ökonomische Effizienz höchste Priorität hat, ist evident. Aber die Nutzung der Innovationspotentiale der Informations- und Kommunikationstechnologie verändert die Parameter der Konfliktaustragung und Konsensbildung dergestalt, daß die soziale Rationalität zu einer Voraussetzung der ökonomischen Effizienz wird.

Denn der ökonomisch optimale Einsatz dieser Technologien verlangt in einem weit höheren Maße die Akzeptanz und das *Commitment* der Beschäftigten als die traditionelle Technologie (natürlich gilt dies nicht für jeden einzelnen mit Informations- und Kommunikationstechnologien ausgestatteten Arbeitsplatz, aber für die große Mehrzahl). Nur eine suboptimale Nutzung der neuen Technologie ist zu erwarten, wenn die soziale Rationalität bei der technisch-organisatorischen Rationalisierung der Arbeitsprozesse defizitär bleibt, das heißt den sich ausdifferenzierenden Interessen der Beschäftigten, den steigenden Qualifizierungserfordernissen und flexiblen Nutzungsformen der Arbeitskraft sowie den arbeitsorganisatorischen Innovationen nicht Rechnung getragen wird.

Eine neue soziale Ordnung wird von Akteuren ausgehandelt, welche über je spezifische Ressourcen verfügen, von denen sie wechselseitig abhängig sind. Indes konstituiert die wechselseitige Ressourcenabhängigkeit noch kein Machtgleichgewicht zwischen den Akteuren; die strukturelle Dominanz des Kapitals über die Arbeit bleibt erhalten. Aber da die Verhandlungen in mehr oder minder institutionalisierten Arenen erfolgen, können deren Handlungschancen und -restriktionen die gegebenen Machtvorteile teilweise kompensieren.

Qualifikation, Flexibilisierung, Motivation, Engagement etc. sind Ressourcen der Arbeitnehmer, an denen das Management im besonderen interessiert ist. Um diese Ressourcen optimal für den Arbeits- und Produktionsprozeß zu nutzen, kann das Management sich nicht allein auf Disziplin und Lohnanreize verlassen. Sicherheit (Arbeitsplatz, Qualifikation) und Partizipation (Arbeitnehmerbeteiligung, kollektive betriebliche Regelungen) sind die Ressourcen, mit denen das Management seine weitergehenden Ziele erreichen kann. Die Managementstrategie muß überdies die kollektive Interessenvertretung der Arbeitnehmer berücksichtigen, deren Ressourcen von Kooperation über Nicht-Kooperation bis zum Arbeitskampf reichen.

Ein erfolgversprechender Weg zur Erreichung seines Ziels besteht für das Management darin, *Commitment* durch Arbeitsplatzsicherheit und Arbeitnehmerpartizipation, in kooperativen Konsultationen und Verhandlungen mit den repräsentativen Vertretungsorganen der Beschäftigten zu entfalten. Dieses Ziel ist jedoch sehr stark von politischen und institutionellen Bedingungen bestehender Systeme industrieller Beziehungen abhängig. Sind solche Voraussetzungen nicht gegeben, muß das Management sie entweder selbst schaffen oder durch funktionale Äquivalente ersetzen.

Die Erfolgschancen des Managements sind unseres Erachtens stark abhängig von den Schlüsselvariablen des Systems der industriellen Beziehungen. Wir unterscheiden zwischen: 1. Akteuren, 2. Verhandlungssystemen, 3. Art der Vertrauensverhältnisse und 4. Verhandlungsstrategien der Akteure. Die interdependenten Beziehungen, die zwischen diesen Variablen existieren, werden hier nicht weiter untersucht.

(1) Akteure

Im Hinblick auf den Akteur Arbeitgeber ist zunächst zwischen Management und Arbeitgebervereinigung zu unterscheiden. Aktivitäten und Übereinkommen der Arbeitgebervereinigung können gleichzeitig einschränkende und erleichternde Effekte für das Management haben. Die internen Gruppierungen und Segmentationen innerhalb des Managements bleiben außer acht, da wir primär die Aushandlungsprozesse zwischen den Akteuren der industriellen Beziehungen und nicht so sehr die intraorganisatorischen Prozesse untersuchen.

Auf seiten der Arbeitnehmer ist die Unterscheidung zwischen Gewerkschaft und betrieblicher Interessenvertretung relevant: Gibt es eine monistische oder eine duale Interessenvertretung? Wie repräsentativ und homogen ist die Organisation der Gewerkschaften und die Vertretung am Arbeitsplatz? Gibt es einheitliche („encompassing") oder plurale und konkurrierende Interessenvertretungen?

Hinsichtlich der Akteursvariable lassen wir uns von folgenden Hypothesen leiten: (a) Hohe Organisierungs- und Steuerungsfähigkeit von Arbeitgebervereinigungen machen es leichter, bindende Regelungen für den Prozeß der technischen Implementation auszuhandeln und dem Management einen Rahmen für die Regelungen auf Unternehmensebene zu setzen. Umgekehrt werden niedrige Organisierung und mangelnde Steuerungsfähigkeit von Arbeitgebervereinigungen reine unternehmens- und betriebsbezogene Regelungen begünstigen. (b) Je repräsentativer und homogener die Arbeitnehmerorganisationen und -vertretungen sind, desto eher ist eine Realisierung der Beschäftigteninteressen in kollektiven Vereinbarungen durch formalisierte Verhandlungen zu erwarten.

(2) Verhandlungssysteme

Verhandlungssysteme sind komplexe Arenen, die in der Regel aus mehreren Subarenen bestehen. Wir unterscheiden zwischen

(a) *formalisierten Verhandlungen* (Kollektivverhandlungen auf Unternehmens-, Branchen-, Industriegruppen- oder gesamtwirtschaftlicher Ebene);

(b) *formalisierter Mitbestimmung und Konsultation* (Verhandlungen und Konsultationen zwischen den Akteuren auf Arbeitsplatz- und Unternehmensebene);

(c) *informellen Verhandlungen* („silent bargains", „implicit negotiation", „custom and practice" auf der Arbeitsplatzebene) und

(d) *managementinitiierter Partizipation* (Teamwork, Projekt- und Arbeitsgruppen, Qualitätszirkel).

Als Hypothese formulieren wir: Im Gegensatz zu einem „single-channel system" können in einem mehrstufigen und differenzierten Verhandlungssystem die aus dem Arbeitsverhältnis resultierenden Interessenkonflikte und Regelungsprobleme flexibler und sachadäquater gelöst werden. Die arbeitsteilige Problembearbeitung und differenzierte Interessenrepräsentation in Subarenen mit je verschiedenen Akteuren und unterschiedlichen Regelungsverfahren wirken der Kumulation von Konflikten entgegen.

(3) Vertrauensverhältnisse

Vertrauensverhältnisse, die wichtig für das Klima der industriellen Beziehungen sind, stellen eine sozialpsychologische Tatsache dar, entstanden aus objektiven Bedingungen (wie z.B. Autoritätsstruktur, Sozialorganisation, Geschichte der Arbeitsbeziehungen eines Unternehmens etc.); sie können als relativ autonomer Faktor die Beziehungen zwischen Arbeitnehmern und Management positiv wie negativ beeinflussen. Bezugnehmend auf Fox (1974) unterscheiden wir zwischen *low trust-* und *high trust-*Beziehungen. Unsere Hypothese lautet: Das Management muß erheblich mehr Ressourcen zur Erzeugung von Technikakzeptanz und *Commitment* der Beschäftigten einsetzen, wenn „Mißtrauensbeziehungen" vorherrschen, verglichen mit den Ressourcen, die bei „Vertrauensbeziehungen" benötigt werden.

(4) Verhandlungsstrategien der Akteure

Mit Walton/McKersie (1965) unterscheiden wir zwischen *distributiven* und *integrativen Verhandlungen*. „Distributive bargaining" verstehen sie als „bargaining" im striktesten Sinne; seine Funktion ist die Lösung authentischer Interessenkonflikte nach dem Muster von Nullsummenspielen: was die eine Seite gewinnt, verliert die andere. „Integrative bargaining" hingegen steht für Verhandlungen, die nach dem Muster von Positivsummenspielen ablaufen: beide Seiten gewinnen oder zumindest muß dem Gewinn der einen nicht ein äquivalenter Verlust der anderen Seite entsprechen. Das Management wird integrative Verhandlungen zum Erreichen seiner Ziele bevorzugen. Dies beinhaltet, daß es nach gemeinsamen Interessen suchen muß, die als stabile Basis für eine kooperative Problemlösung dienen können. Diese Strategie kann jedoch nur erfolgreich sein, wenn die andere Seite ebenfalls eine solche Strategie bevorzugt, oder wenn sie dazu gebracht werden kann, eine solche Strategiewahl zu treffen. Als „attitudinal structuring" bezeichnen Walton/McKersie jenen Teilprozeß, durch den die Verhandlungsparteien die Einstellungen der jeweils anderen Seite für sich positiv zu beeinflussen suchen. Auf Gewerkschaftsseite entspricht den distributiven Verhandlungen eine *Schutzpolitik*, die sich hauptsächlich um die Sicherheit der Einkünfte und des Arbeitsplatzes kümmert, und den integrativen Verhandlungen entspricht eine *Gestaltungspolitik*, die Fragen wie Weiterqualifizierung, „Humanisierung der Arbeit" und direkte Arbeitnehmerbeteiligung beinhaltet. Wir gehen davon aus, daß Gewerkschaften und betriebliche Interessenvertretungen, die als Folge der Einführung von Informations- und Kommunikationstechnologie negative soziale Auswirkungen für die Beschäftigten fürchten (müssen), eher der Schutzpolitik (und damit distributiven Verhandlungen) Priorität einräumen werden, während in Konstellationen, in denen die Gestaltungsvarianz der neuen Technologie einen höheren Stellenwert erhält, die betrieblichen und gewerkschaftlichen Akteure auch Gestaltungsforderungen aufgreifen werden.

Unser Modell der mehrstufigen Verhandlungen auf „Shopfloor"-, Unternehmens- und Branchenebene dient dazu, Forschungsergebnisse über die Implementation neuer Techniken und dadurch ausgelöste „negotiations of order" komparativ für einzelne

Wirtschaftszweige, im je spezifischen nationalen Kontext, zusammenzustellen und zu interpretieren. Generalhypothese ist: Systeme industrieller Beziehungen sind mit unterschiedlichen (national- und branchenspezifischen) Steuerungsqualitäten ausgestattet; und diese entscheiden letztlich darüber, mit welchen Methoden und Erfolgschancen die durch die Technikimplementation „gestörte" alte Sozialordnung durch eine neu auszuhandelnde ersetzt wird, welche der Balance zwischen ökonomischer Effizienz und sozialer Rationalität Rechnung tragen muß.

III. Ökonomische Effizienz und soziale Rationalität bei der Einführung neuer Techniken

1. Technologische Innovation im internationalen Vergleich: Ein Perspektivenwechsel

International vergleichende Studien oder Szenarien über die ökonomische, technische und soziale Entwicklungsdynamik haben in den letzten Jahren an Umfang und Bedeutung zugenommen. Das wachsende Interesse an komparativen Analysen und darauf basierenden Prognosen verdankt sich vor allem bei interessierten Abnehmern in der politischen und wissenschaftlichen Öffentlichkeit wesentlich den stärker gewordenen Tendenzen zur Internationalisierung und Globalisierung wirtschaftlicher Aktivitäten von Unternehmen in den Produktions- und Dienstleistungssektoren und den dadurch ausgelösten Anforderungen eines wachsenden internationalen Wettbewerbs. So hat der Aufstieg Japans zu einer führenden Wirtschaftsmacht und die wachsende Bedeutung des asiatisch-pazifischen Wirtschaftsraumes die Nachfrage nach Rezepten für eine Erhöhung der Wettbewerbsfähigkeit im Kontext der Triaden-Konstellation (Europa-USA-Japan) erheblich stimuliert (Porter 1991; Seitz 1991; Womack u.a. 1991; Thurow 1992) erhöht. Zugleich hat der in den achtziger Jahren forcierte ökonomische und politische Integrationsprozeß in Europa mit der Schaffung eines gemeinsamen Binnenmarktes zu Beginn der neunziger Jahre ebenfalls das Interesse an Beurteilungen und Prognosen der ökonomisch-technischen Entwicklungspotentiale und den Perspektiven der europäischen Wirtschafts- und Währungsunion erhöht (Cecchini 1988; Amin/Dietrich 1991; Lehner u.a. 1993; Andreasen 1995). Seit Mitte der neunziger Jahre hat zudem die zunehmende Globalisierung einen neuen Themenzyklus eröffnet (Reich 1996; Hirst/Thompson 1996; Altvater/Mahnkopf 1996).

Im Zentrum der analytisch-vergleichenden Studien zur Entwicklungsdynamik nationaler Ökonomien im internationalen Wettbewerbsvergleich stehen die technischen, organisatorischen und sozialen Modernisierungs- und Innovationspotentiale, die unter der Fragestellung evaluiert werden, wie sich aufgrund der jeweils vorhandenen Strukturen und Ressourcen nationaler Ökonomien, politischer Institutionen und Regelungssysteme deren Produktivitäts- und Effizienzniveau abschätzen und durch Maßnahmen der Wirtschafts-, Industrie-, Technik- und Arbeitsmarktpolitik gestalten und optimieren lassen. Als eine *Schlüsselvariable* von Wirtschaftskraft und Wettbewerbsfähigkeit fungieren in nahezu allen Szenarien die *neuen Techniken*. Nachdem durch die Diffusion von Informations- und Kommunikationstechnologien in den achtziger Jahren sowohl die Produktions- als auch Dienstleistungssektoren mittlerweile in vielen Ländern einen hohen Technisierungs- und Automatisierungsgrad aufweisen, verlagerte sich in den letzten Jahren die Suche nach komparativen Vorteilen in - ebenfalls unter dem Sammelbegriff neue Technologien subsumierte - Felder wie Mikrosystemtechnik, Multi-Media, neue Werkstoffe und Gen- und Biotechnologie. Ländern oder Branchen, die in diesen Technologiebereichen den Anschluß verpassen und in den Bereichen Forschung und Entwicklung oder Qualifizierung Defizite aufweisen, werden generell ungünstigere Wettbewerbs- und Expansionschancen attestiert. Diese Sichtweise, die eine Technologiedominanz unterstellt, prägt auch weiterhin in erheblichem Ausmaß die Debatten um die Zukunftsfähigkeit und -chancen von Nationen, Branchen und Unternehmen.

Allerdings sind Plausibilität und Gültigkeit einer primär technologisch gerichteten Entwicklungslogik in den letzten Jahren in dem Maße problematisiert worden, wie durch empirische Evidenzen und vergleichende Studien auf die produktivitätsrelevante und effizienzsteigernde Bedeutung organisatorischer, politischer, sozialer und kultureller Faktoren für Unternehmenserfolge aufmerksam gemacht worden ist. Auch auf der makroökonomischen Ebene haben Analysen der Implementation neuer Techniken die einseitig technikorientierte Sichtweise problematisiert (Sorge 1985; Hotz-Hart 1989; Turner 1991; Thelen 1991; Streeck 1992). Die Diagnose des „Produktivitäts-Paradox", das darin zum Ausdruck kommt, daß trotz der hohen Investitionen in die Entwicklung und Implementation neuer Informations- und Kommunikationstechnologien das Produktivitätswachstum nur vergleichsweise geringe Steigerungsraten in den achtziger Jahren aufweist, hat die Aufmerksamkeit und das Interesse stärker auf institutionelle und organisatorische Bedingungen gelenkt. So hebt die „Sundquist-Kommission" der OECD in ihrem Bericht „New Technologies in the 1990s - A Socio-Economic Strategy" die komplexe „interdependence of technical, economic, social and organisational change" (OECD 1988, S. 63) hervor und betont, daß „the translation of potential to actual productivity gains depends on a complex social process of adjustment involving training, reskilling, the combining of old and new technologies, the development of new management and organisational structures, new patterns of workplace collaboration and other social change" (ebd., S. 57). Naschold (1988) konstatiert Ende der achtziger Jahre den Beginn einer Umorientierung von einem „technischen" zu einem „sozialen" Modell der Produktivität.

Dieser Perspektivenwechsel korrespondiert mit der weithin geteilten Diagnose einer globalen Umbruchsituation von Produktion, Organisation und Arbeit. Vielfältige Analysen stimmen darin überein, daß sich angesichts neuer Markt- und Technikanforderungen die Produktivitätsimpulse der tayloristischen Produktions- und Arbeitsorganisation erschöpft haben. Auf der Suche nach neuen, innovativen Produktions-, Organisations- und Arbeitsformen gewinnen daher in der Tendenz ähnlich gerichtete Konzepte von *flexibler Spezialisierung, diversifizierter Qualitätsproduktion, neuen Produktionskonzepten, systemischer Rationalisierung, Post-Fordismus, Human Resource Management* und *Lean Management* wachsende Bedeutung und Verbreitung. Gemeinsam ist diesen Konzepten (die unterschiedliche nationale Ausprägungen aufweisen), daß sie im Kontext der Markt- und Technikveränderungen neuen Managementstrategien und veränderten Formen der Arbeitsorganisation eine zentrale Rolle für die Erhöhung der Produktivität zuweisen. Der französische Sozialwissenschaftler Boyer formuliert deshalb als Motto für die zukünftige Entwicklung: „Organisation ergibt mehr Produktivität als Mikroelektronik als solche." (1992, S. 72)

Institutionen, Organisationen und Aushandlungsprozesse gelten - folgt man den neueren Debatten - als mitentscheidende Faktoren für die Bewältigung von Rationalisierungs- und Modernisierungsprozessen auf Betriebs-, Unternehmens-, Branchen- und nationaler Ebene. Bei diesen Bilanzierungen, die komparative Standortvorteile resp. -nachteile in den institutionellen und soziokulturellen Voraussetzungen ausmachen, erlangen die historisch geprägten Systeme industrieller Beziehungen mit ihren Institutionen und Akteuren eine zentrale Bedeutung. Entscheiden doch die jeweiligen Regelungssysteme sowie die Orientierungen der Akteure, ihre gewählten Strategien und ausgehandelten Vereinbarungen wesentlich darüber, in welcher Weise die Potentiale der neuen Techniken ökonomisch und sozial effizient genutzt werden. Daneben sind die Ausbildungs- und Weiterbildungssysteme sowie die Arbeitsmarktstrukturen weitere bedeutsame Variablen, die gemeinsam mit den industriellen Beziehungen ein institutionelles Gesamtarrangement bilden, das für die ökonomische Leistungsfähigkeit nationaler Ökonomien von erheblicher Relevanz ist.

2. Efficiency und Equity: Ökonomische und soziale Kriterien der Technikimplementation

Unser Erkenntnisinteresse zielt bei der vergleichenden Herausarbeitung und Analyse der Formen, in denen die Einführung neuer Techniken im Rahmen unterschiedlicher Arrangements der industriellen Beziehungen erfolgte, auf die Beantwortung einer doppelten Frage. Zum einen fragen wir danach, welche empirischen Evidenzen es bei der Einführung neuer Techniken unter verschiedenartigen industriellen Beziehungen für die Entwicklung der ökonomischen Effizienz gibt. Bewirken die historisch und strukturell unterschiedlich ausgeprägten industriellen Beziehungen in den drei Ländern divergierende Formen der Implementation neuer Techniken und führen sie zu unterschiedlichen Effekten auf die ökonomische Effizienz? Zum anderen fragen wir danach, welche potentiellen und realisierten Beteiligungschancen die jeweiligen Strukturen der industriellen Beziehungen den Beschäftigten einräumen, um bei der Einführung neuer Techniken ihre verschiedenartigen Interessen zur Geltung zu bringen. Welche Veränderungen erfahren die Beteiligungs- und Gestaltungsoptionen im Prozeß der technisch-organisatorischen Modernisierung?

Die erstgenannte Frage knüpft gewissermaßen an eine schon klassisch zu nennende Fragestellung an, die zurückreicht in die frühe Geschichte der Industrialisierung und der damit verbundenen Herausbildung industrieller Beziehungen und die von der Vermutung zehrt, daß Gewerkschaften aufgrund ihrer organisatorischen Logik als Arbeitsmarktparteien den technischen Fortschritt hemmen und behindern (müssen). Die Pioniere der Erforschung der industriellen Beziehungen, Sidney und Beatrice Webb, hatten in ihrer am Ende des letzten Jahrhunderts entstandenen Studie „Industrial Democracy“ festgehalten, daß es „vor einer Generation bei allen Gebildeten als ausgemacht galt, daß es ein Hauptprinzip der Gewerkvereine wäre, sich der Einführung von Maschinen und verbesserten Fabrikationsmethoden zu widersetzen“ (Webb/Webb 1906, S. 353). Ihr Befund, wonach „der Widerstand gegen die Einführung von Maschinen nicht länger einen Teil der Taktik der britischen Gewerkvereine“ (ebd., S.

354) bildete, hat freilich die skeptische Frage nach der effizienzmindernden Rolle von Gewerkschaften nicht zum Verstummen gebracht. Dies gilt vor allem für Großbritannien ebenso wie für die Vereinigten Staaten, während in Deutschland diese Annahme meist dezenter vorgetragen wurde und in Schweden, unter der Dominanz keynesianischer und institutioneller Wirtschaftsdoktrin, bis zum Anfang der neunziger Jahre kaum geäußert wurde (Meidner 1994, S. 10).

Die Ablösung des Keynesianismus durch die Neoklassik in der Rolle als ökonomische „mainstream"-Theorie hat die Frage nach den effizienzmindernden Effekten von Gewerkschaften theoretisch und empirisch revitalisiert. Das Diktum der Neoklassik ist unmißverständlich: durch ihre quasimonopolistische Stellung auf dem Arbeitsmarkt sind Gewerkschaften als wohlfahrtsmindernde Kartelle verantwortlich für eine suboptimale Allokation der Produktionsfaktoren in einer Marktwirtschaft. Modell- und preistheoretische Ableitungen begründen aus der Sicht der Neoklassik negative ökonomische Auswirkungen gewerkschaftlichen Verhaltens auf Preisstabilität, Einkommensverteilung und Beschäftigung (Hirsch u.a. 1990; Friedman 1971).

Diese effizienzmindernden Effekte schließen auch eine suboptimale Nutzung des technischen Fortschritts ein: in indirekter Weise, indem durch das gewerkschaftliche „rent-seeking" den Unternehmen ökonomische Ressourcen für technische Innovationen und Investitionen entzogen werden, und in direkter Weise durch die gewerkschaftliche Ablehnung und Blockierung von Managementvorhaben zur Einführung neuer Techniken durch potentielle Streikaktionen und durch die gewerkschaftliche Durchsetzung und Verteidigung von restriktiven Arbeitspraktiken, „work rules", Demarkationen, die gegen eine effiziente Nutzung von technischen Produktions- und Arbeitsänderungen Hindernisse aufrichten (Keefe 1992).

Sichtweise und Fragerichtung der Neoklassik sind nicht ohne Widerspruch geblieben. Vor allem die Arbeiten im Umkreis der „Harvard-Schule" - initiiert durch Beiträge von Freeman und Kollegen (Freeman/Medoff 1979; 1984; Mishel/Voos 1992) - haben zum Verhältnis von ökonomischer Effizienz und industriellen Beziehungen neue theoretische Argumente und empirische Evidenzen beigesteuert, die auch in der britischen Debatte der achtziger Jahre breiter aufgegriffen wurden (Metcalf 1989; 1990; Nolan/Marginson 1990; Turnball 1989), während sie in Deutschland eher randständig blieben (FitzRoy/Kraft 1987; Schnabel 1989; Genosko 1990) und in Schweden bislang kaum eine Rolle spielten. Was die Vertreter der „Harvard-Schule" gegen die neoklassische Sichtweise geltend machen, basiert im Kern darauf, daß neben der „Monopol"-Funktion, die sie nicht leugnen, die Gewerkschaften eine zweite Funktion erfüllen, die sie in begrifflicher und konzeptioneller Adaption von Hirschmans Exit-Voice-Konzept (Hirschman 1974) als *Collective Voice* charakterisieren. Dieses „zweite Gesicht der Gewerkschaft", als der institutionalisierte Ausdruck der politisch-sozialen Interessen der Beschäftigten wirkt sich als effizienzfördernd aus dadurch, daß die kollektive Artikulation von Präferenzen und Unzufriedenheiten der Arbeitnehmer das Management zu Optimierungen von Personal- und Beschäftigungsentscheidungen sowie von betrieblichen Organisationsstrukturen und Arbeitsabläufen veranlassen, und so dazu beitragen, Mobilitäts- und Fluktuationskosten zu vermeiden sowie Arbeitsmotivation und Betriebsklima zu verbessern. In einer früheren Version hatte Slichter in den vierziger Jahren von einem „Schock-Effekt" gesprochen, den gewerkschaftliche Organisierung auf ein behäbiges Management auszuüben in der Lage sei und dessen heilsame Wirkung zu einer Steigerung der Effizienz beitragen könne (Slichter 1941).

Die Neubelebung institutionenökonomischer Ansätze in der Wirtschafts- und Organisationstheorie hat in den achtziger Jahren weitere Anstöße gegeben, indem sie die Doppelrolle von sozialpolitischen Institutionen als „constraints und opportunities" (Streeck 1992, S. 29) theoretisch und empirisch thematisiert hat. Jürgens und Naschold haben jüngst den Spannungsbogen institutioneller Perspektiven durch die Benennung der beiden Eckpunkte umrissen, die konstrastierende Erfahrungen ebenso wie Forschungshypothesen darstellen. Läßt sich belegen, „daß institutionenreiche Systeme häufig äußerst erfolgreich in der Entwicklung ihrer Wirtschaft wie ihrer sozialen Wohlfahrt sind", so verweisen zugleich Erfahrungen darauf, daß „erfolgreiche Strategien und Institutionen spezielle Blindheiten und spezifische Inkompetenzen ausbilden, die sich unter veränderten Umweltbedingungen zu tiefgreifenden Entwicklungsrisiken ausformen können" (Jürgens/Naschold 1994, S. 239).

Im Hinblick auf Einführung und Nutzung technischer und organisatorischer Innovationen argumentieren Vertreter der Institutionenökonomie, daß bei Vorhandensein einer institutionalisierten Vertretung die Einbeziehung der Beschäftigteninteressen bei der Einführung neuer Techniken ermöglicht und auf diese Weise potentielle Widerstände der Beschäftigten begrenzt werden. Ferner lassen sich die technisch-organisatorischen Umstellungserfordernisse im Hinblick auf erforderliche Veränderungen von Arbeitsplätzen, Qualifikationen und Arbeitszeit durch Information, Konsultation und Mitbestimmung wirksamer und effizienter bewältigen. Gerade die erhöhten Flexibilitätserfordernisse und -potentiale der neuen Techniken machen es, so die Argumentation, erforderlich, nicht nur die Akzeptanz und Duldung durch die Arbeitnehmer zu gewährleisten, sondern Formen einer aktiven Beteiligung an der Organisation von Arbeit und Technik als Produktivitätsressourcen zu nutzen. Die in verschiedenen Formen und auf verschiedenen Ebenen (von Tarifverhandlungen bis zu Projektgruppen) zum Ausdruck kommende *Collective Voice*-Funktion von institutionalisierter Beteiligung trägt so zu einer Steigerung von Effizienz und Produktivität von Unternehmen und Volkswirtschaften bei.

In der Beantwortung der Frage, welche ökonomischen Effekte industrielle Beziehungen im Prozeß der Einführung und Anwendung neuer Techniken auslösen, konkurrieren demnach zwei kontrastierende Erklärungsansätze: die Neo-Klassik, die Maßnahmen zur Deregulierung fordert und ihre politischen Anhänger im liberal-konservativen Lager hat auf der einen, die institutionenökonomisch argumentierenden Vertreter, die ihre politische Gefolgschaft im gewerkschaftlich-sozialdemokratischen Lager haben auf der anderen Seite. Der Streit ist innertheoretisch allein nicht zu schlichten. Politisch wird er seit den achtziger Jahren ausgetragen, wobei sich vor allem in Großbritannien die Thatcher-Regierung im Kampf gegen die Gewerkschaften profilierte, während in Deutschland und in Schweden erst zu Beginn der neunziger Jahre Ansätze zu einer Deregulierung an praktischer Bedeutung gewannen. Letztlich wird die Frage, ob die jeweiligen Institutionalisierungen und die Praxis von überbetrieblicher und betrieblicher Arbeitnehmervertretung eher hemmende oder fördernde Wirkungen im Prozeß der Modernisierung von Produktion und Dienstleistung ausüben, praktisch entschieden und bemißt sich - annäherungsweise - an der Entwicklung von Produktivität als einem zusammengefaßten und quantifizierbaren Indikator von ökonomischer Effizienz (*Efficiency*). „Whether participation has a positive effect on performance is finally an empiricial question, not a theoretical one“ (Levine/Tyson 1992, S. 183). Wir werden deshalb weiter unten in diesem Kapital empirische Evidenzen für die drei Länder darstellen und in den folgenden Kapiteln die Darstellung durch branchenbezogene Befunde vertiefen.

Zunächst ist jedoch die zweite, komplementäre Fragestellung zu skizzieren, die unser Forschungsprojekt geleitet hat: die Frage nach der Sozialverträglichkeit der ökonomischen und technisch-organisatorischen Wandlungsprozesse, die gleichfalls auf eine lange Begriffs- und Realgeschichte verweist. Im letzten Jahrhundert als „soziale Frage“ aufgeworfen, zielte sie auf die Berechtigung und Einlösung des Anspruchs der abhängig Beschäftigten, an der Entfaltung der produktiven Potentiale des industriellen Kapitalismus wirtschaftlich, sozial und gesellschaftlich beteiligt zu werden. Von daher datiert die Gründung und Anerkennung von Gewerkschaften als kollektiven Interessenorganisationen der Arbeitnehmer mit dem Ziel, die Verbesserung ihrer Arbeits- und Lebensbedingungen zu erreichen und hat in den Industrieländern zur Institutionalisierung von Systemen industrieller Beziehungen geführt, die eine Beteiligung der Arbeitenden auf vielfältige Weise vorsehen.

In den Nachkriegsjahrzehnten gelang es den Interessenvertretungen der Arbeitnehmer in den industrialisierten und demokratischen Staaten, ihren „Anteil“ an der Produktivitätsentwicklung zu erstreiten und zu behaupten, durch kollektive Aushandlungsprozesse wie durch staatliche Gesetzgebung, die mit dem Ausbau von Sozial- und Wohlfahrtsstaaten einherging. Grundlage dieses Nachkriegskompromisses, der sich in allen drei Ländern mit unterschiedlichen Facetten etablierte, war eine auf der Dominanz des tayloristisch-fordistischen Produktions- und Sozialmodells basierende Entsprechung von industrieller Rationalisierung und Organisationspraxis, die steigende Produktivität, wachsende Einkommen und Vollbeschäftigung mit Einspruchs- und Beteiligungsrechten durch betriebliche und überbetriebliche Vertretungsstrukturen erfolgreich verknüpfen und somit *Equity* institutionalisieren konnte.

Die Erosion des traditionellen tayloristisch-fordistischen Produktions- und Sozialmodells, die sich in allen drei Ländern seit Mitte der siebziger Jahre abzuzeichnen begann und Umbrüche in der Organisation gesellschaftlicher Arbeit auslöste, verlieh der Frage nach einer sozialverträglichen Bewältigung der anstehenden Modernisierungsprozesse eine neue Aktualität. Dabei geht es um die Perspektive, wie angesichts der Technologieschübe, die sich mit der wachsenden Nutzung der neuen Techniken in Produktion und Dienstleistung ankündigten, die Beteiligungschancen der Arbeitnehmer gesichert oder gar ausgeweitet werden könnten. Und zwar einerseits, wie angesichts der sich beschleunigenden Umstrukturierungen von Ökonomie, Arbeit und Gesellschaft die erreichten „Besitzstände“ (Vollbeschäftigung, Erhöhung des Lebensstandards und stetige Verbesserung der Arbeitsbedingungen) zu erhalten seien, und andererseits, wie die neuen Gestaltungspotentiale der technischen und organisatorischen Innovationen wirksam genutzt werden könnten durch Beteiligung und Mitbestimmung der Arbeitnehmer und ihrer Interessenvertretungen.

Die jeweiligen historisch herausgebildeten Systeme der industriellen Beziehungen stellen den Akteuren unterschiedliche institutionalisierte Verfahrenswege zur Verfügung, den Herausforderungen der neuen Techniken zu begegnen und die Anforderungen an *Equity* zu bewältigen. Dafür ist nicht nur der unterschiedliche Grad an „Betroffenheit" von Arbeitnehmern relevant, die mit technisch-organisatorischen Veränderungen in unterschiedlicher Reichweite und Intensität konfrontiert werden. Bedeutsam ist gleichermaßen, welche Beteiligungsrechte die Strukturen der betrieblichen und überbetrieblichen Interessenvertretungen den Beschäftigten einräumen, sowohl aufgrund von Vereinbarungen zwischen den Akteuren als auch aufgrund der Normierungen durch staatliche Gesetzgebung.

Am Verlauf der ökonomischen und technischen Rationalisierung und Modernisierung in den einzelnen Ländern und Branchen lassen sich Aufschlüsse darüber gewinnen, in welchem Maße die Interessen der Beschäftigten zum Zuge gekommen sind: in der Form von Beschäftigungszuwächsen oder Beschäftigungsabbau, von Arbeitszeit- und Einkommensveränderungen, von Qualifikationsverschiebungen sowie von Informations-, Konsultations- und Mitbestimmungsrechten. In kombinierter Form bündeln sie sich zu Indikatoren für *Equity*, die freilich weniger konsistent sind als der Indikator für ökonomische Effizienz, der in der Produktivitätsentwicklung zusammengefaßt werden kann.

Noch schwieriger gestaltet sich die Suche nach Indikatoren für die qualitative Dimension der Organisations- und Arbeitsveränderungen, die mit der Einführung neuer Techniken einhergehen. Generell wird den Informations- und Kommunikationstechnologien ein hohes Maß an Unspezifität und Gestaltbarkeit attestiert, was den Spielraum an Entscheidungs- und Gestaltungsoptionen gegenüber früheren Techniken ausweitet. Ob die neue Technologie primär mit dem Ziel der Kostensenkung eingesetzt wird oder mit dem Ziel einer Erhöhung von Qualität und Flexibilität, eröffnet unterschiedliche Entwicklungspfade für Organisations- und Arbeitsveränderungen und impliziert Vorentscheidungen für Beteiligungsmöglichkeiten der Beschäftigten. Inwieweit die Einführung und Nutzung neuer Technikpotentiale „sozialverträglich" erfolgt, entscheidet sich zu einem erheblichen Teil an der Struktur der Aushandlungsprozeduren, die die industriellen Beziehungen vorsehen.

Feststellbar ist, daß mit der Einführung neuer Techniken in den drei unterschiedlichen nationalen Konstellationen industrieller Beziehungen jeweils neue Runden eröffnet worden sind, in denen es um die Chancen und Modalitäten von Arbeitnehmerbeteiligung geht, die neu ausgehandelt werden. Dabei findet eine Verlagerung auf die Unternehmensebene statt, die zu der Arena wird, in der mit differenzierten Beteiligungsverfahren experimentiert wird und neue Kompromißformeln gesucht werden. Die Differenziertheit dieser Veränderungsprozesse ist nicht in abstrakten Indikatoren für *Equity* zu fassen, sondern läßt sich in ihrer teilweisen Widersprüchlichkeit nur angemessen und annäherungsweise auf der Grundlage der Berücksichtigung von branchen- und unternehmensbezogenen Studien darstellen.

Die Verarbeitungs- und Aushandlungsprozesse der Nutzung technischer und organisatorischer Innovationen in Unternehmen lassen dabei erkennen, wie das Verhältnis von ökonomischer und sozialer Effektivität sich neu austariert. Weniger denn je ist ökonomische Effizienz zu erlangen und zu sichern nach dem Muster eines „Nullsummenspiels“, sondern die effiziente Nutzung der neuen Technik- und Organisationspotentiale schlägt die Richtung von „Positivsummenspielen“ ein, bei denen eine Kompatibilität von *Efficiency* und *Equity* angestrebt wird.

Bei der Konzipierung unseres Forschungsprojektes gingen wir davon aus, daß die jeweiligen Systeme der industriellen Beziehungen in den drei Ländern, die sich über jeweils längere Zeiträume historisch entwickelt und in den Nachkriegsjahrzehnten je spezifische Konstellationen von ökonomischer Effizienz und sozialer Rationalität herausgebildet haben, allesamt durch die Informationstechnologien und die durch sie ausgelösten vielfältigen Neuerungen unter Veränderungsdruck geraten sind. Wir versuchen deshalb darzustellen und zu beurteilen, wie es den jeweiligen Akteuren und Institutionen der industriellen Beziehungen gelungen ist, im Zuge der technisch-organisatorischen Modernisierung von Branchen und Unternehmen soziale Rationalität zu gewährleisten und ökonomische Effizienz zu verbessern.

Im Vergleich der nationalen Ökonomien werden zunächst einige zentrale Indikatoren gegenübergestellt, die erste Aufschlüsse über Veränderungen der ökonomischen Performance und die Entwicklung der industriellen Beziehungen der drei Länder geben. Im Anschluß daran stellen wir anhand verfügbarer Daten Stand und Entwicklung der Einführung neuer Techniken in Industrie und Dienstleistung für die drei Länder dar. Auf Grundlage dieser allgemeinen Überblicke werden für die einzelnen Länder die Prozesse der Verarbeitung ökonomisch-sozialer und technisch-organisatorischer Innovationen im Kontext ihrer jeweiligen Systeme industrieller Beziehungen dargestellt. Fokus der Darstellung ist die jeweilige Interdependenz von technisch-organisatorischer Modernisierung und industriellen Beziehungen unter der Fragestellung, ob und wie es in den drei Ländern im Verlaufe der letzten beiden Jahrzehnte gelungen ist, ökonomische Effizienz und soziale Rationalität jeweils zu sichern und miteinander zu verknüpfen. In den nachfolgenden Kapiteln werden diese Prozesse und ihre Resultate dann auf der Ebene der drei untersuchten Branchen vertiefend dargestellt.

3. Sozio-ökonomische und technische Entwicklung: Drei Länder im Vergleich

Die von uns in die Untersuchung einbezogenen Länder gehören nach OECD-Standards zweifellos zu den Ländern mit entwickelten Ökonomien und ausgeprägten demokratischen und sozialstaatlichen Verfassungen. Gleichwohl differieren sie voneinander in verschiedener Hinsicht; nicht nur bezüglich ihrer Größe und ihrer Geschichte, sondern auch in bezug auf Strukturen, Ressourcen und Leistungsfähigkeiten ihrer Volkswirtschaften sowie hinsichtlich ihrer politischen und sozialen Institutionensysteme.

Während Großbritannien und Deutschland (in den Grenzen der alten Bundesrepublik) von dem Beschäftigungsniveau wie der ökonomischen Leistungskraft vergleichbare Dimensionen aufweisen, ist in bezug auf Schweden stets zu berücksichtigen, daß es sich um ein vergleichsweise kleines Land handelt. So betrug 1991 der Anteil des schwedischen Bruttoinlandsprodukts am Bruttoinlandsprodukt aller OECD-Länder 1,3 Prozent, der Anteil Deutschlands 8,8 Prozent und Großbritanniens 5,9 Prozent (OECD 1993, S. 157). Der Anteil der beschäftigten Personen an der Gesamtzahl der in allen OECD-Ländern beschäftigten Personen betrug 1990 in Schweden 1,2 Prozent, in Großbritannien 7,25 Prozent und in Deutschland 7,7 Prozent (ebd., S. 171).

Tabelle 1: Reales Bruttoinlandsprodukt, jährliche Veränderungsraten

Jahr	Schweden	Großbritannien	Deutschland
1975	2,6	-0,7	-1,4
1980	1,7	-1,9	1,1
1981	0,0	-1,0	0,2
1982	1,0	1,5	-0,9
1983	1,8	3,5	1,6
1984	4,0	2,3	2,8
1985	1,9	3,8	1,9
1986	2,3	4,1	2,2
1987	3,1	4,8	1,4
1988	2,3	4,4	3,7
1989	2,4	2,1	3,4
1990	1,4	0,5	5,1
1991	- 1,4	- 2,0	5,0
1992	- 1,4	- 0,5	2,2
1993	- 2,6	2,3	- 1,2
1994	2,2	3,8	2,9
1995	3,2	2,4	1,9

Quelle: OECD Wirtschafts-Ausblick, verschiedene Jahrgänge

Die drei Länder weisen seit Ende des Zweiten Weltkrieges länger andauernde Phasen ökonomischen Wachstums auf, wobei Deutschland und Schweden ihre wirtschaftliche Stärke ausbauen und stabilisieren konnten, während Großbritannien zwar Wachstums- und Produktivitätszuwächse erzielte, aber seine relativ schwächere Position im internationalen Vergleich nicht grundlegend verändern konnte. Die in allen westlichen Industrieländern seit Mitte der siebziger Jahre virulent werdenden Krisenerscheinungen und Umstrukturierungsprozesse, bei denen sich konjunkturelle mit strukturellen Veränderungen vermischen, finden in den Veränderungsraten des Bruttoinlandsprodukts (vgl. Tabelle 1) und der Erwerbstätigen (vgl. Tabelle 2) ihren Ausdruck.

Tabelle 2: Wachstum der Erwerbstätigen, jährliche Veränderungsraten

Jahr	Schweden	Großbritannien	Deutschland
1975	2,5	-0,6	-2,7
1980	1,3	- 0,9	1,6
1981	-0,2	-3,4	-0,1
1982	-0,1	-1,9	-1,2
1983	0,1	-0,2	-1,4
1984	0,7	2,3	0,2
1985	1,0	1,0	0,7
1986	-0,7	0,3	1,4
1987	1,6	2,5	0,7
1988	1,4	3,4	0,8
1989	1,5	2,7	1,5
1990	1,0	0,4	3,0
1991	- 1,9	- 3,1	2,5
1992	- 4,3	- 2,4	- 1,8
1993	- 5,8	- 0,8	- 1,8
1994	- 0,9	0,7	- 0,7
1995	1,6	0,6	- 0,2

Quelle: OECD Wirtschafts-Ausblick, verschiedene Jahrgänge

Faßt man die Entwicklungen des Bruttoinlandsproduktes, der Erwerbstätigkeit und der Produktivität in Zeitperioden für die drei Länder zusammen, so zeichnen sich die Tendenzen im Vergleich deutlicher ab (vgl. Tabelle 3).

Darin wird erkennbar, daß gegenüber der Phase 1968-1973 in allen drei Ländern die Wachstumsraten des Bruttoinlandsprodukts als des zusammengefaßten Indikators für wirtschaftliche Leistungen, sich seit den Einbrüchen in der Mitte der siebziger Jahre verringern, vor allem in der ersten Hälfte der achtziger Jahre, um in der zweiten Hälfte der achtziger Jahre erneut anzusteigen. Dabei weist Schweden im Verlauf der achtziger Jahre eine sich abschwächende Wachstumstendenz auf, während Großbritannien nach Wachstumseinbrüchen in den frühen achtziger Jahren höhere Steigerungsraten aufweist, hinter denen auch die Bundesrepublik zurückbleibt.

Ergänzt wird diese Entwicklung durch die Veränderungen der Erwerbstätigkeit in den drei Ländern. Nach einem Rückgang der Zahl der Erwerbstätigen in der ersten Hälfte der achtziger Jahre, der in Schweden vergleichsweise am geringsten war, beginnen sich die Wachstumsraten in der zweiten Hälfte der achtziger Jahre in allen drei Ländern zu erhöhen, wobei Großbritannien - nach massiven Beschäftigungseinbrüchen - die vergleichsweise höchsten Zuwachsraten hat. In den neunziger Jahren weist Großbritannien nach erneutem Rückgang der Beschäftigtenzahlen eine leichte Zunahme auf, während Schweden in dieser Periode einen erheblichen Beschäftigungsrückgang zu verzeichnen hat, der stärker ausfällt als in Deutschland.

Tabelle 3: Veränderungen des Bruttoinlandsprodukts, der Erwerbstätigen und der Produktivität

	Reales Bruttoinlandsprodukt		
Jahr	Schweden	Großbritannien	Deutschland
1968-1973	3,8	3,3	4,9
1973-1975	3,0	-1,1	-0,6
1975-1979	1,2	2,9	3,9
1979-1983	1,1	0,5	0,6
1983-1989	2,6	3,4	2,8

	Erwerbstätige[1)]		
Jahr	Schweden	Großbritannien	Deutschland
1968-1973	0,7	0,2	0,5
1973-1975	2,3	-0,2	-2,1
1975-1979	0,7	0,4	0,4
1979-1983	0,3	-1,6	0,1
1983-1989	0,9	2,0	0,8

	Produktivität[2)]		
Jahr	Schweden	Großbritannien	Deutschland
1968-1973	3,0	3,1	4,3
1973-1975	0,6	-0,9	1,5
1975-1979	0,5	2,5	3,5
1979-1983	0,8	2,2	0,5
1983-1989	1,7	1,3	1,9

1) Growth of total employment

2) GDP per person in employment

Quelle: OECD Employment Outlook 1991, S. 29-41

Seit den siebziger Jahren schwächt sich das Produktivitätswachstum gegenüber früheren Jahrzehnten in allen drei Ländern ab, wobei für die achtziger Jahre erkennbar ist, daß Schweden und Deutschland ähnliche Produktivitätszuwächse aufweisen, denen gegenüber die Produktivitätssteigerungen in Großbritannien höhere Werte aufweisen.

Freilich bleibt es auf dieser Ebene statistischer Indikatoren und Vergleiche methodisch problematisch, die Entwicklungen kausal auf den Einsatz neuer Techniken oder gar auf die industriellen Beziehungen zurückzuführen (wir werden diese Frage bei den folgenden Länderanalysen nochmals aufgreifen). Ähnlich problematisch muß es sein, wie verschiedene Studien gezeigt haben, die Auswirkungen des Einsatzes neuer Techniken eindeutig auf ihre Beschäftigungsfolgen hin zu bestimmen. Interpretationsbedürftig ist ebenfalls, welche Auswirkungen die Entwicklung der Arbeitslosenquote auf die industriellen Beziehungen und auf die Vertretungsfähigkeit von sozialen Interessen hat.

Eindeutig aus der Entwicklung der Arbeitslosenquoten in den drei Ländern (vgl. Tabelle 4) ist jedenfalls abzulesen, daß sich in Schweden im Verlauf der achtziger Jahre die Arbeitslosenquote auf einem international gesehen geringen Niveau bewegt und sich erst in den neunziger Jahren dem „europäischen Standard“ annähert. Allerdings liegt der Anteil der Langzeitarbeitslosen in Schweden in den neunziger Jahren noch erheblich unter dem in Großbritannien und Deutschland: 1994 betrug der Anteil der Langzeitarbeitslosen (mehr als 12 Monate) an der Gesamtzahl der Arbeitslosen in Schweden 17,3 Prozent, in Großbritannien 42,5 Prozent und in Deutschland 40,3 Prozent. Demgegenüber prägt der Tatbestand von Massenarbeitslosigkeit in den achtziger Jahren sowohl die Wirtschafts- und Sozialentwicklung in Deutschland als auch in Großbritannien; einem Rückgang in der zweiten Hälfte der achtziger Jahre folgt ein erneuter Anstieg zu Beginn der neunziger Jahre.

Tabelle 4: Arbeitslosenquoten

Jahr	Schweden	Großbritannien	Deutschland
1975	1,6	4,3	3,6
1980	2,0	6,4	2,9
1981	2,5	9,8	4,2
1982	3,5	11,3	5,9
1983	3,9	12,4	7,7
1984	3,4	11,7	7,1
1985	3,0	11,2	7,1
1986	2,8	11,2	6,4
1987	2,3	10,3	6,2
1988	1,9	8,6	6,2
1989	1,6	7,2	5,6
1990	1,8	6,9	4,8
1991	3,3	8,8	4,2
1992	5,8	10,1	4,6
1993	9,5	10,4	7,9
1994	9,8	9,6	8,4
1995	9,2	8,7	8,2

Quelle: OECD Wirtschafts-Ausblick, verschiedene Jahrgänge

Die Einführung neuer Techniken in den drei Ländern trifft dort auf unterschiedliche Beschäftigungsstrukturen, die sich im Verlauf der ökonomisch und technisch-organisatorischen Entwicklung weiter verändert haben (vgl. Tabelle 5). Die Erwerbsquote weist bei Schwankungen zwar in allen drei Ländern im Verlauf der achtziger Jahre eine leicht ansteigende Tendenz auf, doch bleiben die Niveauunterschiede bestehen zwischen Schweden mit einer sehr hohen Erwerbsquote von 81,1 (1980) bzw. 82,6 (1990), Großbritannien mit einer mittleren Erwerbsquote von 74,0 (1980) bzw. 76,7 (1990) und Deutschland mit der vergleichsweise geringsten Erwerbsquote von 68,3 (1980) bzw. 69,1 Prozent (1990).

Tabelle 5: Erwerbsquote

Jahr	Schweden	Großbritannien	Deutschland
1980	81,1	74,0	68,3
1981	81,0	73,4	68,1
1982	81,1	72,7	67,8
1983	81,3	72,7	67,3
1984	81,4	73,8	67,0
1985	81,0	74,7	67,4
1986	81,2	74,7	68,0
1987	81,5	75,3	68,4
1988	82,0	76,1	68,7
1989	82,5	76,7	68,6
1990	82,6	76,7	69,1
1991	81,8	75,9	71,1
1992	80,1	75,4	70,2
1993	77,6	75,0	69,3
1994	76,3	74,6	69,1
1995	77,1	74,0	68,6

Quelle: OECD Wirtschafts-Ausblick, verschiedene Jahrgänge

In den neunziger Jahren weist die Erwerbsquote in allen drei Ländern eine rückläufige Tendenz auf. Im gleichen Zeitraum hat sich die Erwerbstätigenstruktur in allen drei Ländern bei unterschiedlichem Niveau deutlich verändert (vgl. Tabelle 6).

Tabelle 6: Erwerbstätigenstruktur

	Produzierendes Gewerbe			Dienstleistung		
Jahr	Schweden	Groß-britannien	Deutschland	Schweden	Groß-britannien	Deutschland
1980	32	38	44	62	60	51
1981	31	36	43	63	62	52
1982	30	35	42	64	63	53
1983	30	33	42	65	64	54
1984	30	32	41	65	65	54
1985	30	32	41	65	66	55
1986	30	31	41	66	67	55
1987	30	30	40	66	67	56
1988	30	30	40	67	68	56
1989	29	29	40	67	68	57
1990	29	29	40	68	69	57
1991	28	28	39	69	70	58
1992	27	27	38	70	71	59
1993	25	26	37	71	72	60
1994	25	26	36	72	72	61

Quelle: OECD, Employment Outlook, verschiedene Jahrgänge

Der Prozeß der „Deindustrialisierung“ ist in Großbritannien in den achtziger Jahren weiter vorangeschritten und inzwischen ist der Anteil der Erwerbstätigen im produzierenden Gewerbe auf dem Niveau von Schweden angelangt, während 1980 noch 38 Prozent in Großbritannien und 32 Prozent in Schweden im produzierenden Gewerbe beschäftigt waren. Entsprechend ist der Anteil der Erwerbstätigen im Dienstleistungsbereich in Großbritannien auf 72 angestiegen und hat damit das Niveau Schwedens erreicht. Abweichend davon hat der Anteil der Erwerbstätigen im Dienstleistungssektor in Deutschland zwar zugenommen von 51 Prozent (1980) auf 61 Prozent (1994), dennoch ist der Anteil im produzierenden Gewerbe noch vergleichsweise hoch (36 Prozent im Jahre 1994).

Die häufige Annahme, daß bei einer geringer werdenden Beschäftigung in der verarbeitenden Industrie die gewerkschaftliche Organisations- und Durchsetzungsfähigkeit zurückgeht und in sinkenden Mitgliederzahlen und fallendem Organisationsgrad resultiert, findet im Vergleich der drei Länder bislang keine eindeutige Bestätigung.

Zwar entspricht die britische Entwicklung der Mitgliederzahl der Gewerkschaften und des Organisationsgrades in den achtziger Jahren dieser Vermutung, insofern beide Indikatoren einen deutlichen Abwärtstrend anzeigen, doch widerspricht die schwedische Entwicklung bislang eindeutig einer derartigen Annahme. Im Gegenteil weisen in den achtziger Jahren in Schweden die Mitgliederzahlen der Gewerkschaften noch eine steigende Tendenz auf und auch der gewerkschaftliche Organisationsgrad läßt in den achtziger Jahren keine Umkehrtendenzen erkennen und verbleibt auf dem exzeptionell hohen Stand von 82,5 Prozent im Jahre 1990 (vgl. Tabelle 7). Auf niedrigerem Niveau von gewerkschaftlichen Mitgliederzahlen und Organisationsgrad ist in Deutschland in den achtziger Jahren der gewerkschaftliche Organisationsgrad weitgehend stabil geblieben bei leichtem Rückgang der Mitgliederzahlen und des Organisationsgrades, ein Trend, der sich in den neunziger Jahren verstärkte.

Tabelle 7: Gewerkschaftlicher Organisationsgrad

	Schweden		
Jahr	Gesamt	Industrie[1)]	Dienstleistung[2)]
1970	67,7	84	70
1980	80,0	95	78
1985	84,8	100	72
1990	84,2	98	65
1992	90,5		

	Großbritannien		
Jahr	Gesamt	Industrie	Dienstleistung
1970	44,8	52	21
1980	50,7	64	22
1985	45,5	58	21
1990	39,1	43	24
1992	37,2		

	Deutschland (W.)		
Jahr	Gesamt	Industrie	Dienstleistung
1970	33,0	36	15
1980	37,0	48	9
1985	37,4	50	18
1990	32,9	48	17
1992	31,8 (W.+O.)		

1) Manufacturing

2) Finance, insurance, real estate and business sercives

Quelle: OECD 1991, 1994; Van Ruysselveldt/Visser 1996

Im Hinblick auf einen weiteren Indikator der industriellen Beziehungen, die Streikaktivität (vgl. Tabelle 8), die einen Anhaltspunkt für Austragungsmodi von Konflikten zwischen den Akteuren der industriellen Beziehungen abgibt, erweist Deutschland seinem Ruf als wirtschaftsfriedlicher Standort Referenz; Streikausfälle und Streikhäufigkeit weisen vergleichsweise geringe Werte in den siebziger und den achtziger Jahren auf. Dagegen hat Schweden seinen vormaligen Ruf als streikarmes und wirtschaftsfriedliches Land im Laufe der achtziger Jahre verloren, während Großbritannien in umgekehrter Weise seinen Ruf als „streikexzessives" Land ablegt und die Streikstatistik sinkende Streikausfälle in den achtziger Jahren verzeichnet. In den neunziger Jahren bewegen sich die von der amtlichen Statistik registrierten Streik-Ausfalltage in allen drei Ländern auf einem annähernd gleichen niedrigen Niveau. Allerdings geben die Streikstatistiken keine Hinweise auf Streikanlässe, weshalb auf dieser Ebene nicht zu erkennen ist, in welchem Ausmaß und Umfang technisch-organisatorische Veränderungen Anlaß und Gegenstand von Streikkämpfen oder Aussperrungen gewesen sind (Stützel 1994).

Tabelle 8: Streiktage je 1.000 abhängig Beschäftigte

Jahr	Schweden	Großbritannien	Deutschland
1980	1150	520	5
1981	54	195	2
1982	0	248	1
1983	9	178	2
1984	8	1278	246
1985	126	299	1
1986	171	90	1
1987	4	164	1
1988	199	166	2
1989	101	182	4
1990	191	83	15
1991	5	34	6
1992	7	24	60
1993	54	30	19
1994	15	13	7
JD 1970-1994	102	368	36

Quelle: ILO, Yearbook of Labour Statistics, verschiedene Jahrgänge; Schnabel 1996

Diese anhand globaler Indikatoren grob skizzierten Unterschiede der Verläufe von ökonomischer und Beschäftigungsentwicklung sowie von Gewerkschafts- und Konflikttendenzen in den drei Ländern stellen gleichsam den Rahmen dar, innerhalb dessen die Verarbeitung neuer Techniken als Konflikt- und Verhandlungsgegenstände durch die Akteure und Institutionen der industriellen Beziehungen erfolgte. Bevor diese dargestellt werden, soll zunächst ähnlich knapp das Ausmaß der Implementation neuer Techniken in den drei Ländern skizziert werden.

Der Terminus neue Techniken bzw. Informations- und Kommunikationstechnologien hat sich als Leitbegriff in allen Ländern seit Mitte der siebziger Jahre eingebürgert, um die Zäsur einer neuen Phase technischer Innovationen zu bezeichnen, die mit der Entwicklung der Mikroelektronik als neuer Basistechnologie einhergeht und die mit dem Eintritt in ein Stadium der „industriellen Reife“ ihre Anwendungspotentiale immens ausgeweitet hat (OECD 1988).

Ein Spezifikum der Mikroelektronik sind deren universelle und flexible Einsatzpotentiale, weshalb - im Unterschied zu den Leittechnologien der ersten und zweiten industriellen Revolution - diese nicht auf bestimmte Industriezweige konzentriert sind, sondern nahezu alle Industriesektoren und vor allem Dienstleistungsbereiche durchdringen. Nicht nur die Innovation neuer Produkte - und dies bei geringer werdenden Innovationszyklen - sondern auch die Ausbreitung von mikroelektronisch basierten Prozeßinnovationen prägen die Veränderungen von Industrie- und Dienstleistungsprozessen und deren Beschäftigungs- und Arbeitsstrukturen. Der universelle und flexible Einsatz von Mikroelektronik bedeutet zugleich, daß die Diffusion im internationalen Maßstab gleichermaßen fortschreitet und - nicht zuletzt durch die Präsenz von global ‚agierenden Herstellern - zumindest in den fortgeschrittenen Industrieländern ein mittlerweile vergleichbares Niveau erreicht. Die Alltagsbeobachtung des Forschungsreisenden, der in Schweden, Großbritannien oder Deutschland eine Bankfiliale betritt und dort auf eine ähnliche technische Ausstattung mit Terminals, Geldautomaten und Kontoauszugsdruckern trifft, illustriert diesen Sachverhalt.

Wir können deshalb für die achtziger Jahre in allen drei Ländern aufgrund von vorliegenden statistischen Erhebungen, Befragungen und empirischen Studien feststellen, daß der Einsatz von neuen Techniken einen vergleichbaren Verlauf genommen und ein annähernd ähnliches Niveau erlangt hat. Allerdings ist es zugleich schwieriger geworden, auf einer quantitativ orientierten Ebene den Stand des technisch-organisatorischen Innovationsniveaus zuverlässig anzugeben. Einfacher gestaltete sich dies in der Anfangsphase, als der Verbreitungsgrad von neuen Arbeitsmitteln noch gezählt werden konnte, wie im Fall des Einsatzes von Industrierobotern oder von Bildschirmarbeitsplätzen. In dem Maße, wie qualifikatorische und organisatorische Faktoren Bedeutung erlangen und systemische Einsatzstrategien gegenüber punktuellen Einsatzkonzepten eine größere Bedeutung erfahren, wird eine quantitativ orientierte Abschätzung des technisch-organisatorischen Niveaus komplexer. Dennoch lassen sich aufgrund vorliegender Materialien einige Aussagen machen, auch wenn die Befunde sich nicht in jedem Falle direkt vergleichen lassen.

Für Schweden zeigt eine Studie des „Zentralamtes für Arbeit" über die Computernutzung nach einzelnen Berufs- und Tätigkeitsgruppen im Jahre 1984, daß etwa die Hälfte der Angestellten in Buchhaltungs-, Verwaltungs- und Bürobereichen mit Computern arbeiten; bei der Kategorie der „technischen Angestellten" beträgt der Anteil 30 Prozent, während bei der Produktionsarbeit der Anteil bei etwa 10 Prozent liegt (National Labour Board 1986, S. 19). Für die Mitte der achtziger Jahre belegen Daten über den Einsatz von Automatisierungstechniken (CNC-Maschinen, Roboter, CAD und flexible Fertigungssysteme) im schwedischen Maschinenbau eine Einsatzdichte, die relativ höher ist als in Großbritannien und Deutschland (Edquist/Jacobsson 1988, S. 104).

Für Großbritannien und Deutschland liegen die Ergebnisse repräsentativer Studien vor, die im Zeitverlauf für die achtziger Jahre die Ausbreitung des Einsatzes neuer Techniken in Produktion und Verwaltung widergeben.

Die vom „Policy Studies Institute" (PSI) von Northcott und Mitarbeitern in regelmäßigen Intervallen (1982, 1984, 1985, 1988) durchgeführten Unternehmens-Befragungen zur Nutzung neuer Techniken in der verarbeitenden Industrie zeigen, daß Produktinnovationen vor allem in der Elektroindustrie und im Maschinenbau durch die Mikroelektronik erfolgten und eine erhebliche Steigerung erfuhren; in der Elektroindustrie stieg der Anteil der Betriebe, die Produkte mit mikroelektronischen Elementen herstellen, von 23 Prozent im Jahre 1981 auf 59 Prozent im Jahre 1987 (Northcott/Walling 1988). Während in anderen Branchen - außer im Maschinen-, Schiff-, Fahrzeug- und Luftfahrzeugbau - mikroelektronische Produktinnovationen eine geringe Rolle spielen, erreicht die Diffusion von mikroelektronisch induzierter Prozeßinnovation generell einen höheren Verbreitungsgrad. Im Durchschnitt aller Industriezweige betrug der Anteil der Betriebe (mit mehr als 20 Beschäftigten), die Computer in der Produktion oder Verwaltung einsetzen, 1987 60 Prozent und hat sich damit gegenüber 1981 - damals waren es 18 Prozent - mehr als verdreifacht (Northcott/Walling 1988). Auch die Befunde der in den Jahren 1980, 1984 und 1990 durchgeführten „Workplace Industrial Relations Surveys" die in ca. 2000 Unternehmen (mit mehr als 25 Beschäftigten) in Industrie und Dienstleistung durchgeführt wurden, illustrieren, daß der „most dramatic change in British workplaces over the ten years covered by our surveys was in the use of computers and other micro-electronics technology" (Millward u.a. 1992, S. 13). Betrug der Anteil der Unternehmen, die Computer nutzen, 1984 bereits 47 Prozent, so stieg er bis zum Jahre 1990 auf 75 Prozent (ebd., S. 14), wobei der Verbreitungsgrad im Angestelltenbereich höher war als im Arbeiterbereich.

Für die Bundesrepublik Deutschland belegen die Ergebnisse der vom Bundesinstitut für Berufsbildung (BIBB) gemeinsam mit dem Institut für Arbeitsmarkt- und Berufsforschung der Bundesanstalt für Arbeit (IAB) in den Jahren 1979, 1985/86 und 1991/92 durchgeführten repräsentativ angelegten Erhebungen zu Qualfikationsprofilen und Arbeitsbedingungen der Erwerbstätigen (Jansen/Stooß 1993; BIBB/IAB 1987), daß im Verlauf dieses Zeitraums der Verbreitungsgrad neuer Technologien stetig angestiegen ist und der Einsatz neuer Techniken weiter auf dem Vormarsch ist. Orientiert am Einsatz von Arbeitsmitteln, hat sich die Nutzung von computergesteuerten Arbeitsmitteln (Anlagen und Maschinen) von 14 Prozent 1979 auf 21 Prozent 1985/86 und auf 37 Prozent 1991/92 erhöht. Anfang der neunziger Jahre arbeiteten danach mehr als ein Drittel aller Erwerbstätigen in den alten Ländern der Bundesrepublik (in den neuen Bundesländern sind es 24 Prozent) mit computergesteuerten Arbeitsgeräten, wobei es 16,0 Prozent sind (1979 5,7 Prozent; 1985/86 7,1 Prozent), die „hauptsächlich" bzw. „überwiegend programmgesteuerte Arbeitsmittel" verwenden. Den höchsten Verbreitungsgrad mit 47 Prozent weist der industrielle Bereich auf, im öffentlichen Dienst arbeiten 42 Prozent der Erwerbstätigen an Bildschirmarbeitsplätzen, während im Handwerk der Anteil 1991/92 bei 18 Prozent lag. Ferner zeigt sich anhand der Befunde, „daß der Trend zu gehobeneren, anspruchsvolleren und qualifizierteren Tätigkeiten zugleich einhergeht mit einer vielfältigen Verwendung verschiedener computergesteuerter Arbeitsmittel." (Jansen/Stooß 1993, S. 89)

Insgesamt zeichnet sich demnach folgendes Bild ab: In allen drei Ländern hat in den achtziger Jahren in den Industrie- und Dienstleistungssektoren die Einführung und Nutzung neuer Techniken in breitem Umfang Einzug gehalten. Folgende Implementationsmuster, die einen ähnlichen Verlauf aufweisen, lassen sich dabei identifizieren: Großbetriebe gehören zu den Pionieren und Protagonisten des Technikeinsatzes; kleine und mittlere Betriebe, in denen der Einsatz neuer Techniken zunächst nur zögernd erfolgte, haben einen Prozeß nachholender Computerisierung durchlaufen; in Verwaltungs- und Dienstleistungsbereichen hat die Technikeinführung ein frühzeitigeres und höheres Niveau als im Produktionsbereich erlangt; Angestellte sind demnach im größeren Ausmaß mit neuer Technik konfrontiert als Arbeiter. Zugleich zeichnet sich bei einem mittlerweile hohen und flächendeckenden Verbreitungsgrad von technischen Arbeitsmitteln ab, daß das Gewicht organisatorischer Veränderungen an Bedeutung gewinnt.

Wie in den drei ausgewählten Ländern die Regelungssysteme der industriellen Beziehungen den technisch-organisatorischen Wandel verarbeitet haben und wie es ihnen dabei gelungen ist, die ökonomische Effizienz und die sozialen Interessen der Beschäftigten in Einklang zu bringen oder Ungleichgewichte bewirkt haben, wird im folgenden jeweils für die drei Länder dargestellt.

4. Schweden: Ein Modell in der Transformation

Bis in die jüngste Zeit hinein erfreute sich das Panorama ökonomischer, politischer und sozialer Entwicklung in Schweden einer hohen Reputation unter Gewerkschaftern und sozialdemokratisch orientierten Politikern und galt konservativen Zeitgenossen als bedenkliche quasi-sozialistische Fehlentwicklung. Schweden galt „als bewundertes oder gefürchtetes Musterbeispiel für die Gestaltungsmöglichkeiten einer intelligenten und beharrlichen sozialdemokratischen Politik im entwickelten Industriekapitalismus" (Scharpf 1987, S. 118) und erlangte eine „long-standing reputation for a well-organized and stable labour market with peaceful and constructive relations between unions and employers" (Lansbury u.a. 1992, S. 297). Eine Vielzahl von Wissenschaftlern in Schweden selbst wie aus anderen Ländern trugen mit Darstellungen und Interpretationen zum Nimbus des schwedischen Modells bei. Spätestens seit Mitte der neunziger Jahre steht freilich die Krise und das Ende des „schwedischen Modells" im Zentrum der Wahrnehmung, deren Betrachter mit Wehmut oder Genugtuung reagieren; mitunter wird Schweden schon als Modell eines „gelungenen" Abbaus bzw. Umbaus des Sozialstaates gehandelt.

Als ein demokratisches und wohlfahrtsstaatliches Modell ökonomischer und sozialer Entwicklung verknüpfte der schwedische Weg über lange Nachkriegsjahrzehnte ökonomische Prosperität, technischen Fortschritt und sozialen Ausgleich und schien das Gleichgewicht von *Efficiency* und *Equity* erfolgreich institutionalisiert zu haben. Dabei gewannen die institutionellen Strukturen und Arrangements der industriellen Beziehungen als Hauptpfeiler ökonomischer und sozialer Stabilität und Adaptionsfähigkeit eine herausragende Bedeutung.

Als ein kleines, relativ spät, aber dann rasch industrialisiertes Land, durchlief Schweden in den ersten Jahrzehnten dieses Jahrhunderts konfliktreiche Zuspitzungen zwischen Gewerkschaften und Arbeitgebern (Korpi 1978; Elvander 1983), die in den dreißiger Jahren mit dem Eintritt in eine langanhaltende Phase konsensueller Aushandlungen abgelöst wurden. In der Frühphase der 1932 beginnenden Ära sozialdemokratischer Hegemonie stellte das zwischen den Spitzenverbänden der Tarifparteien, dem Arbeitgeberverband SAF *(Svenska Arbetsgivareföreningen)* und der Arbeitergewerkschaft LO *(Landsorganisation i Sverige)* abgeschlossene *Saltsjöbaden-Abkommen* 1938 die Weichen für jene Entwicklung, die seither als *schwedisches Modell* firmiert. Das „Friedensabkommen" von Saltsjöbaden ratifizierte die gemeinsam getragenen

Überzeugungen der Tarifparteien, auf deren Basis die industriellen Beziehungen sich in den folgenden Jahrzehnten entwickelten. Als ein „Dokument über Kooperationsbestrebungen und die Gemeinsamkeit von Wertvorstellungen zwischen Arbeitgebern und Arbeitnehmern" (Forsebäck 1977, S. 15), etablierte es die Geltung der Tarifautonomie, die ohne direkte staatliche Intervention den Verbänden die Ausgestaltung der Entlohnungs- und Arbeitsbedingungen übertrug, während der Staat für arbeitsmarkt-, wirtschafts- und sozialpolitische Aufgaben zuständig blieb und dabei sich auf die Ziele der Sicherung von Vollbeschäftigung, Preisstabilität und sozialer Gerechtigkeit verpflichtete. Die gegenseitige Anerkennung der Tarifparteien schloß auf seiten der Unternehmer und ihrer Verbände die Akzeptanz einer auf Verteilungsgleichgewichte basierenden sozialdemokratisch geprägten Wirtschafts- und Sozialpolitik und seitens der Gewerkschaften die ausdrückliche Anerkennung des uneingeschränkten Direktionsrechts der Unternehmensleitungen ein. Die Bestimmung des *Saltsjöbaden-Abkommens*, wonach es Vorrecht der Arbeitgeber sei, die Arbeit in den Unternehmen „zu leiten und zu verteilen" fand Eingang in die Satzung der schwedischen Arbeitgebervereinigung SAF, die in einem § 32 die Bestimmung enthielt, „daß jeder Arbeitgeber sich im Tarifvertrag vorbehalten sollte, Arbeiter frei einzustellen und zu entlassen, die Arbeit zu leiten und zu verteilen und Arbeiter zu beschäftigen, welcher Vereinigung auch immer sie angehören oder nicht angehören" (zit. n. Schmidt 1981, S. 17). Ferner beinhaltete das Abkommen die gegenseitige Verpflichtung zur friedlich-verfahrensmäßigen Austragung von Lohn- und Arbeitskonflikten durch die Etablierung einer tariflichen Schlichtungsstelle und - bei Verzicht der politischen und gewerkschaftlichen Arbeiterbewegung auf eine sozialistische Transformation von Ökonomie und Gesellschaft - die gemeinsame Zielorientierung auf ökonomisches Wachstum, technischen Fortschritt und sozialen Ausgleich.

In der Tradition des *Geistes von Saltsjöbaden* erfuhr in der Nachkriegszeit der schwedische Weg seine ökonomisch-politische Begründung in dem - nach den beiden schwedischen Gewerkschafts-Ökonomen benannten - „Rehn-Meidner-Modell", dessen Konzept und Ziele Bestandteil politischer Praxis wurden und das Fundament der „Blütezeit" des schwedischen Modells in den Nachkriegsjahrzehnten schufen, die sich durch hohes Produktivitäts- und Wirtschaftswachstum, außenwirtschaftliches Gleichgewicht, mäßige Inflation, sehr geringe Arbeitslosigkeit, geringe Streikaktivitäten, stark steigende Erwerbsquote und einen Ausbau des öffentlichen Sektors auszeichnete. Die spezifische Kombination von restriktiver globaler Fiskalpolitik, solidarischer Lohnpolitik, aktiver Arbeitsmarktpolitik und selektiver Wachstumsförderung (Meidner/Hedborg 1984; Erixon 1994) - unterstützt durch eine Schweden als exportorientierte Volkswirtschaft begünstigende globale ökonomische Konstellation in den Nachkriegsjahrzehnten -, trug bis in die siebziger Jahre zur Erhöhung von sowohl ökonomischer Effizienz wie sozialer Rationalität in Schweden bei. Auf Seiten der Beschäftigten kommt dies zum Ausdruck im Anstieg der Beschäftigung, vor allem im öffentlichen Sektor, aber auch in Industrie und Dienstleistung des privaten Sektors (während der verstaatlichte Sektor in Schweden, anders als vermutet werden könnte, stets vergleichsweise gering war). Einerseits ist die Erwerbsquote in Schweden im internationalen Vergleich hoch und ist vor allem durch die starke Einbeziehung der

Frauen in den Arbeitsmarkt in den siebziger Jahren noch angestiegen, andererseits liegt während der gesamten Zeit die Arbeitslosenquote auf einem relativ geringen Niveau. Deshalb ist die schwedische Entwicklung durch Vollbeschäftigung - tendenziell durch Situationen von Überbeschäftigung und Arbeitskräfteknappheit - gekennzeichnet.

Nicht nur die Teilhabe an der Produktions- und Produktivitätssteigerung durch stetige Einkommenserhöhungen charakterisiert die schwedische Entwicklung, sondern auch eine sozial ausgleichende Lohn- und Gehaltsentwicklung. So hat Schweden eine stark egalitäre Lohnstruktur; vom Ende der fünfziger Jahre bis Ende der siebziger Jahre sank die Lohnstreuung, d.h. jene Spanne, in der die Löhne der Industriearbeiter über bzw. unter dem Durchschnittslohn liegen, von 29,6 Prozent 1959 auf 12,4 Prozent 1979 (Meidner/Hedborg 1984, S. 69). „Bis Ende der siebziger Jahre wurde eine deutliche Verminderung der Lohnstreuung der Arbeiterstundenlöhne, des Abstandes der Arbeitseinkommen zwischen Angestellten und Arbeitern sowie zwischen Männern und Frauen erreicht.“ (Hinrichs 1988, S. 575)

Institutionell-organisatorisch wurde diese politisch-ideologisch intendierte Zielvorgabe einer solidarischen Lohnpolitik realisiert durch ein hochzentralisiertes Verhandlungssystem der Tarifparteien, denen es im beiderseitigen Interesse gelang, die Lohnbewegungen zentral zu koordinieren. Herzstück dieses seit Mitte der fünfziger Jahre institutionalisierten Verhandlungssystems war die zu dieser Zeit unangefochtene Dominanz der beiden Dachverbände SAF und LO, die in regelmäßigen Verhandlungsrunden die Steigerungsraten für Einkommenserhöhungen vorgaben und darauf vertrauen konnten, daß einerseits die jeweiligen Verhandlungsparteien auf Branchen- wie auf Unternehmensebene die Vorgaben umsetzten und andererseits die Dachverbände der Angestelltengewerkschaften im privaten Dienstleistungsbereich wie im öffentlichen Sektor und deren Gegenspieler auf der Arbeitgeberseite diese Empfehlungen - mit leichten Anpassungen - übernahmen. Sicherte dieses Verhandlungssystem ein hohes Maß an Verteilungsausgleich zwischen Arbeitgebern und Beschäftigten wie von Verteilungsgerechtigkeit innerhalb der Beschäftigten und gewährleistete es ein vergleichsweise hohes Maß an *Equity*, so trug gleichzeitig die solidarische Lohnpolitik, die von beiden Tarifparteien getragen wurde, zu einer Erhöhung der volkswirtschaftlichen Effizienz der Faktorallokation bei. Indem sich die Tarifabschlüsse im Prinzip an der Produktivitätssteigerung der Gesamtwirtschaft und nicht an der Leistungsfähigkeit oder Ertragskraft von Einzelunternehmen oder Branchen orientierten, führte dies zu produktivitätsfördernden Auswirkungen. Für jene Betriebe und Branchen, die unterhalb des gesamtwirtschaftlichen Durchschnittsniveaus von Produktivität arbeiteten, wirkten die „zu hohen“ Lohnsteigerungen als „Rationalisierungspeitsche“ und zwangen sie zu verstärkten Rationalisierungsanstrengungen. Gelang ihnen das nicht, so wurden die unrentablen Unternehmen vom Markt verdrängt; eine Konsequenz, die von Gewerkschaftsökonomen durchaus gut geheißen wurde, konnten sie doch darauf vertrauen, daß die in diesen Fällen von Arbeitslosigkeit bedrohten Arbeitnehmer von dem umfassenden Maßnahmenangebot der aktiven Arbeitsmarktpolitik sozial aufgefangen und durch Fortbildung, Umschulung und Mobilitätsprämien in Beschäftigungsverhältnisse in wettbewerbsstarke Bereiche und in den expandierenden öffentlichen Dienstleistungssektor vermittelt wurden. Auf der anderen Seite „belohnte“ die solidarische Lohnpolitik die innovativen und prosperierenden Unternehmen - vor allem die Großbetriebe der Exportbranchen - mit höheren Gewinnen und stellte so Investitionen bereit zur weiteren technischen Modernisierung dieser Unternehmen, die durch geringe Arbeitslosigkeit wie Arbeitskräfteknappheit zusätzlich forciert wurde.

Das schwedische Modell basierte bis in die siebziger Jahre auf einem zentralisierten Arrangement der Akteure der industriellen Beziehungen, das soziale Rationalität wie ökonomische Effizienz gleichermaßen beförderte und kaum konflikthafte Zuspitzungen kannte. Jedenfalls gehörte Schweden in den Nachkriegsjahrzehnten zu den Ländern mit der niedrigsten Arbeitskampfstatistik. Dem zentralisierten Aushandlungsmodus korrespondierte ein Produktionsmodell, das dem tayloristisch-fordistischen Typus entsprach und vor allem in den dominierenden Zweigen der Elektro- und Automobilindustrie seine stärkste Ausprägung erfuhr. „The strongly centralized system in Sweden has been supported by a far-reaching Taylorized work organization“ (Nilsson 1992, S. 330). Seine prägende Kraft basierte auf dem ökonomischen und politischen Gewicht, das die exportorientierten industriellen Branchen mit ihren Großunternehmen in Schweden erlangt hatten. So hat Swenson in einer historischen Studie nachgezeichnet, wie das schwedische Modell in seiner Blütezeit auf einer „stillschweigenden Übereinkunft zwischen exportorientierten Großunternehmen, vor allem im Technologiebereich, und gemäßigten Teilen der sozialdemokratischen Partei einschließlich der Metallarbeitergewerkschaft“ (Swenson 1993) basierte.

Der stabile verteilungsorientierte fordistische Basiskompromiß ist nun allerdings, nicht anders als in den westlichen Industrieländern insgesamt, aufgrund der markt- und technikinduzierten sowie sozialstrukturellen Veränderungen seit Mitte der siebziger Jahre unter Druck geraten und hat eine Erosion des traditionellen schwedischen Modells ausgelöst, die aus aktueller Sicht sich als manifeste Krise oder bereits als dessen Ende darstellt. Das seit den siebziger Jahren vielfach analysierte und prognostizierte Scheitern des schwedischen Modells (Korpi 1978; Martin 1984; Lundberg 1985) hat der langjährige Volvo-Chef Pehr Gyllenhammer 1991 vor der Wahl, die (nach 1976-1982) erneut vorübergehend (1991 - 1994) eine bürgerliche Koalition an die Regierungsmacht brachte, apodiktisch zugespitzt in der Aussage: „Das schwedische Modell ist tot, wir haben sein Sterben fast ein Jahrzehnt verleugnet. Wir haben uns an eine Lebenslüge geklammert.“ (zit.n. Orth 1993, S. 13)

Wir haben im Rahmen unseres Projektes versucht, den Prozeß der Einführung neuer Techniken in seinem Wechselverhältnis zur Entwicklung der industriellen Beziehungen in Schweden im Laufe der achtziger Jahre nachzuzeichnen und dabei die Frage nach der Einlösung der Ziele ökonomischer Effizienz und sozialer Rationalität zu beantworten. Dabei blieben wir zwangsläufig der Entwicklung des schwedischen Modells dicht auf den Fersen. Aufgrund unserer Einsichten, die wir aus Expertengesprächen und der Auswertung von Studien und Materialien gewonnen haben, scheint es uns weder angezeigt, sich in den Chor derer einzureihen, die über das Ende des schwedischen Modells frohlocken und für eine drastische Deregulierung plädieren - wie es in Schweden die Diagnosen und Vorschläge der sogenannten „Lindbeck-Kommission“ (Lindbeck u.a.

1993) anraten. Noch scheint es sinnvoll, in den Chor der Trauernden über das Ende des schwedischen Modells einzusteigen und nostalgische Choräle anzustimmen - wie sie etwa von Meidner (1994, S. 9) intoniert werden: „solange die Partei und LO im Gleichschritt gingen, war die Arbeiterbewegung politisch stark und erfolgreich".

Stattdessen lassen sich aus unserer Sicht die Veränderungen, die das schwedische Modell der industriellen Beziehungen seit den siebziger Jahren erfahren hat im Zusammenhang der technisch-organisatorischen Innovationsprozesse in zwei Hauptttendenzen zusammenfassen, die zu einer neuen Austarierung des Verhältnisses von *Efficiency* und *Equity* führen.

Betrachtet man das klassische schwedische Modell zentralisierter Lohnverhandlungen, wie es die fünfziger und sechziger Jahre dominiert, so erfährt dieses in den siebziger und achtziger Jahren bedeutsame Modifikationen. Zum einen werden neue Verhandlungsfelder und -ebenen durch gesetzliche Normierungen eröffnet, die jenseits von Lohnfragen Aspekte der Arbeitsorganisation, der Qualifikation und der Techniknutzung zum Gegenstand „verhandelter Mitbestimmung" (Goldberg/Wolff 1980) auf der Unternehmensebene machen. Zum anderen weist das vormals in hohem Maße zentralisiert-koordinierte Lohnverhandlungssystem wachsende Desintegrationstendenzen auf, die zu einer fortschreitenden Dezentralisierung von tariflichen Aushandlungsprozessen führen und die verpflichtende Orientierung an makroökonomischen Bezugsgrößen ersetzen durch die Orientierung an Branchen- und Unternehmensgegebenheiten. Insgesamt also hat das institutionelle System der industriellen Beziehungen in Schweden seit den siebziger Jahren eine Ergänzung und Öffnung erfahren, die die Verarbeitungskapazität von technisch-organisatorischen Neuerungen erhöht und damit den Akteuren neue Möglichkeiten zur Steigerung von ökonomischer Effizienz und sozialer Rationalität eröffnet hat.

Die „verhandelte Mitbestimmung": gesetzlicher Vorstoß und tarifliche Nutzung

In der Nachkriegsphase war in Schweden auf der Basis des *Saltsjöbaden-Abkommens* mit der Festschreibung der uneingeschränkten Management-Prärogative die Institutionalisierung einer *Collective Voice* der Beschäftigten im Hinblick auf unternehmerische Entscheidungen über Produktions- und Organisationsstrukturen, Personaleinsatz und die technisch-organisatorische Gestaltung von Rationalisierung und Modernisierung nur sehr schwach ausgebildet. Deshalb blieben qualitative Arbeitsfolgen technisch-organisatorischer Rationalisierung tariflichen und betrieblichen Aushandlungsprozessen weitgehend entzogen. Dieses von den Akteuren der industriellen Beziehungen respektierte Arrangement erfährt in den siebziger Jahren mit einer Flut von arbeitsgesetzlichen Neuerungen eine gravierende Veränderung.

Einmal verläßt die Mitbestimmungsgesetzgebung der siebziger Jahre gewissermaßen den Boden von Saltsjöbaden, indem das bislang staatsferne, verbandsautonome Tarifvertragssystem partiell aufgegeben wird durch die Gewerkschaften, die sich der Gesetzgebung des Staates bedienen, um ihre Verhandlungsposition und -rechte zu erweitern. Ausgelöst durch eine für Schweden ungewöhnliche Welle spontaner Streiks

1969-70, in der sich Unzufriedenheit von Arbeitnehmern mit dem zentralisierten Verhandlungssystem sowie mit negativen Auswirkungen von Rationalisierungsprozessen in Unternehmen artikulierte, und aufgegriffen von politischen Kampagnen der Sozialdemokratie und der Gewerkschaften, in denen Forderungen nach einer Demokratisierung der Arbeitswelt thematisiert wurden, kommt es in den Jahren 1973-1977 zur parlamentarischen Verabschiedung von insgesamt fünf Gesetzen, die die Rechte der Arbeitnehmer und ihrer Vertretungen erheblich ausweiten. Im einzelnen handelt es sich um das Gesetz zur Vertretung der Arbeitnehmer im Aufsichtsrat (1973/76), das Gesetz über gewerkschaftliche Vertrauensleute (1974), das Kündigungsschutzgesetz (1974), das Gesetz über die Mitbestimmung im Arbeitsleben (1976) und das Arbeitsmilieugesetz (1977) (vgl. die Darstellungen in: Hanami/Blanpain 1987, S. 160-249; Tergeist 1985; Lecher 1987).

Insgesamt zielte diese „juristische Explosion“ (Edlund u.a. 1989, S. 9) mit unterschiedlicher Reichweite und Intensität auf eine Einschränkung der Management-Prärogativen, indem Informations- und Konsultationspflichten dem Management gesetzlich auferlegt werden. Am umfassendsten normiert das Mitbestimmungsgesetz in Generalklauseln eine umfassende primäre Verhandlungspflicht der Unternehmer in § 11: „Bevor ein Arbeitgeber eine wichtigere Veränderung seiner Tätigkeit beschließt, hat er von sich aus mit der Arbeitnehmerorganisation zu verhandeln, der gegenüber er tarifgebunden ist. Das gleiche gilt, bevor der Arbeitgeber wichtigere Veränderungen der Arbeits- und Anstellungsverhältnisse von Arbeitnehmern beschließt, die der Organisation angehören“ und die Verpflichtungen zur weiteren tariflichen Ausgestaltung der Mitbestimmungsrechte in § 32: „Zwischen Parteien, die einen Tarifvertrag über Löhne und allgemeine Anstellungsbedingungen abschließen, soll auf Verlangen der Arbeitnehmerpartei auch ein Tarifvertrag abgeschlossen werden über das Mitbestimmungsrecht der Arbeitnehmer in Fragen, die Abschluß und Beendigung des Arbeitsvertrages, die Leitung und Verteilung der Arbeit und den Geschäftsbetrieb im übrigen betreffend“ (zit.n. Schmidt 1981, S. 14 u. 16). Nicht ohne symbolischen Bedacht stellt das Mitbestimmungsgesetz gerade in seinem § 32 die Managementprärogative - die wie oben erwähnt im § 32 der Satzung des Arbeitgeberverbandes SAF festgelegt ist - zur Disposition von tariflichen und betrieblichen Verhandlungen.

Attackiert die Mitbestimmungsgesetzgebung die im „historischen Kompromiß“ von 1938 verankerte Management-Prärogative und den Vorrang der Tarifautonomie vor staatlicher Gesetzgebung, so erfolgte der Bruch mit diesem *Geist von Saltsjöbaden* gleichwohl nicht radikal und abrupt, sondern die allgemeinen Normen des Mitbestimmungsgesetzes weisen die Ausgestaltung der Rechte von Arbeitnehmern und ihrer Vertretungen auf den Weg von Verhandlungen. Die Arbeitsgesetzgebung war „a substantial departure from the Swedish model of cooperation, of 'agreement in preference to legislation'. Yet even the Co-determination Act in some ways respected historical continuity. As a framework law laying down procedures, it was to be put into effect through subsequent collective agreements“ (Kjellberg 1992, S. 99). Anders als die im deutschen Betriebsverfassungsgesetz kodifizierten substantiellen Informations- und Mitbestimmungsrechte, bedürfen die prozedural gefaßten gesetzlichen Mitbestimmungsrechte einer konkretisierenden Ausgestaltung auf Tarif- und Unternehmensebene, was eine „weitgehende Flexibilität in bezug auf betriebliche Eigenarten und aufgrund technischer und sozialer Veränderungen im Laufe der Zeit“ (Goldberg/Wolff 1980, S. 223) eröffnete. Entsprechend dieser Intention kommt es deshalb Ende der siebziger Jahre, Anfang der achtziger Jahre zur Vereinbarung von Mitbestimmungsverträgen auf sektoraler bzw. Branchenebene und in der Folge davon zu entsprechenden Vereinbarungen auf Unternehmensebene. So ist 1979 zwischen den Verhandlungskommissionen der schwedischen Staatsunternehmen (SFO) und den dort vertretenen Gewerkschaften (LO-PTK) ein Mitbestimmungstarifvertrag vereinbart worden; ein nahezu gleichlautendes Abkommen unterzeichneten die Gewerkschaften und die Unternehmen der Konsumgenossenschaft (Schmidt 1981). Des weiteren wurden Mitbestimmungsverträge für den öffentlichen Dienst und im Banken- und Versicherungswesen abgeschlossen. In der Privatindustrie dagegen einigten sich die Tarifparteien erst nach Verzögerungen und strittigem Verlauf 1982 auf ein Mitbestimmungsabkommen, das sogenannte Entwicklungsabkommen („Agreement on Efficiency and Participation“) (SAF-LO-PTK 1982; Tergeist 1985; Schiller 1991). Nach der anschließenden Aushandlung von tariflichen Vereinbarungen auf Branchenebene sind auf der Ebene von Unternehmen eine Reihe von konkretisierenden Mitbestimmungsvereinbarungen abgeschlossen worden, über deren Verbreitung allerdings keine verläßlichen Angaben vorliegen (Brulin/Nilsson 1991, S. 341).

Damit verfügte das schwedische System der industriellen Beziehungen seit Ende der siebziger, Anfang der achtziger Jahre - zu dem Zeitpunkt also, an dem die Einführung neuer Techniken in den Unternehmen und Verwaltungen verstärkt erfolgte - erstmals über institutionalisierte Verfahrensregeln zur Aushandlung von technisch-organisatorischen Innovationen und deren Arbeitsfolgen. Das traditionell hochzentralisierte und auf Lohnfragen und allgemeine Arbeitsbedingungen konzentrierte schwedische Verhandlungssystem hatte über derartige Regelungen zuvor kaum verfügt. Zwar hatte ein zentraler Tarifvertrag zwischen SAF und LO im Jahre 1946 (der 1966 novelliert wurde) die Einrichtung von Unternehmensausschüssen vorgesehen, die allerdings praktisch keine besondere Relevanz erlangten, nicht zuletzt aufgrund der skeptisch-ablehnenden Haltung der Gewerkschaften (Schmidt 1981, S. 25), die den Implikationen einer „doppelten Loyalität“ aus dem Wege gehen wollten. „They feared 'double loyalty' if unions shared responsibility for production decisions and competing loyalties if worker participation in such decisions were organized through separate bodies.“ (Martin 1992, S. X)

Deshalb hatten bis in die siebziger Jahre die „schwedischen Gewerkschaften Auseinandersetzungen um die Arbeitsgestaltung auch nur sehr schwer führen können. Der jahrzehntelangen Konzentration auf die Fragen des Lohnes, der Arbeitsplatzsicherheit und die soziale Absicherung entsprach eine stark zentralisierte Organisationsstruktur, bei gleichzeitiger Schwäche der betrieblichen Gewerkschaftsorganisation (...) In sehr viel stärkerem Umfang als bei Lohnfragen und ähnlichem besteht bei Fragen der Arbeitsgestaltung das Problem, betriebsspezifische Regelungen durchzusetzen. Dazu ist eine auf Betriebsebene starke Gewerkschaftsorganisation erforderlich." (Kern u.a. 1976, S. 70)

Forciert durch die Mitbestimmungsgesetzgebung und die im Zuge der Einführung neuer Techniken wachsende Bedeutung technisch-organisatorischer Veränderungen auf der Unternehmensebene kommt es deshalb in Schweden im Verlauf der späten siebziger und achtziger Jahre zu einer Aufwertung der dezentralen Ebene im Verhandlungssystem. Zwar war neben der zentralen Verhandlungsebene die Unternehmensebene stets bedeutsam gewesen für die Konkretisierung der zentralen Lohntarifverträge und die betrieblichen Regelungen der Leistungspolitik in der Privatindustrie (Kjellberg 1984); doch spielte sie bei der Aushandlung von technischen und organisatorischen Innovationen und deren Einführung keine nennenswerte Rolle.

Die gewerkschaftliche Vertretungsrepräsentanz auf Unternehmens- und Betriebsebene, die *Klubs*, verfügen in Schweden - ähnlich wie die britischen *Shop Stewards* und anders als die deutschen Betriebsräte - über umfassende Verhandlungsrechte, wenn auch nicht über das Streikrecht. Die *Klubs* verfügen zwar über keine gesetzliche Basis, allerdings hat das Gesetz über gewerkschaftliche Vertreter (1974) deren Ressourcen und Arbeitsmöglichkeiten erheblich ausgeweitet. Betrug die Zahl gewerkschaftlicher Betriebsvertretungen im Organisationsbereich der LO-Metallarbeitergewerkschaft 1960 1500, so stieg die Zahl der *Klubs* 1980 auf 2340. „1980 gab es Klubs an zwei Dritteln aller Arbeitsplätze mit mehr als 10 Beschäftigten und an 95 Prozent aller Arbeitsplätze mit mehr als 50 Beschäftigten. Nicht weniger als 88 Prozent der Mitglieder arbeiteten an Arbeitsplätzen, die über eine eigene gewerkschaftliche Organisationseinheit verfügten" (Berggren 1991, S. 95). Dieser Zuwachs ist begleitet von einem wachsenden Aufgabenbereich der betrieblichen Interessenvertretung, was in den achtziger Jahren zu einer tendenziellen Überforderung führt; so hatten nach einer Umfrage der Gewerkschaft LO in der zweiten Hälfte der achtziger Jahre 85 Prozent aller *Klubs* Schwierigkeiten, ihre volle personelle Besetzung zu gewährleisten (Kjellberg 1992, S. 123). Die Verankerung einer betrieblichen Interessenvertretung, die durch den weiterhin hohen Organisationsgrad unterstützt wird, macht diese zu respektierten Verhandlungspartnern des Managements. Für die achtziger Jahre läßt sich für Schweden die Aushandlung von technisch-organisatorischen Änderungen dadurch charakterisieren, daß es weniger zu harten Verhandlungen gekommen ist, sondern die Einführungsprozesse gestaltet und begleitet werden durch eine Vielzahl von Konsultationen, die häufig unterhalb der Ebene formeller Vereinbarungen in der Einrichtung und Arbeit von Projektgruppen ihren Schwerpunkt haben (Edlund u.a. 1989), während sie teilweise vor allem in den größeren Unternehmen auf formellen Vereinbarungen basieren (Auer/Riegler 1988). Dagegen sind im öffentlichen Sektor Veränderungen der Arbeitsorganisation auf der Basis der Mitbestimmungsabkommen deutlich stärker auf dem Wege von Verhandlungen und formellen Vereinbarungen erfolgt (Brulin/Nilsson 1991, S. 341). Insgesamt, so Brulin und Victorin (1992, S. 160), haben die Mitbestimmungs-Vereinbarungen „a spirit of co-operation never before experienced in the history of Swedish trade unionism, allowing for a considerable degree of organizational flexibility" ausgelöst.

Die Mitbestimmungsinitiative der siebziger Jahre hat nicht - entgegen den von Gewerkschaften gehegten Hoffnungen oder den von Unternehmern geäußerten Befürchtungen - zu einer Machtverschiebung geführt (Berggren 1986). Es ist weiterhin das Management, das seine Vorrechte bei der Entscheidung über die Einführung neuer Techniken praktisch geltend macht; gleichwohl hat im Prozeß der betrieblichen Einführung und Gestaltung das Gewicht der *Collective Voice* der Beschäftigten an Bedeutung gewonnen. Die zunehmende Aushandlung von Fragen der Arbeitsorganisation auf Unternehmensebene bei der Einführung neuer Techniken hat die Erosion des ehemals zentralisierten Verhandlungssystems, das qualitative Arbeitsfragen nicht angemessen verarbeiten konnte, befördert. „Work organization issues are specific local matters, and, unlike wage issues, cannot easily be handled by the main parties at the central level, a fact which became apparent in Sweden during the 1970s and onwards.“ (Brulin/Nilsson 1991, S. 328)

Parallel ist in den achtziger Jahren auch das früher zentralisiert-koordinierte Lohnverhandlungssystem heftigen zentrifugalen Tendenzen erlegen und präsentiert sich in der ersten Hälfte der neunziger Jahre als ein Verhandlungssystem, bei dem sektorale Verhandlungen dominieren, mit zunehmenden Optionen für Vereinbarungen auf Unternehmensebene. Im Verlauf teilweise widersprüchlicher und unübersichtlicher tariflicher Aushandlungsrunden der Lohn- und Gehaltstarife in den achtziger Jahren (Lash 1985; Albage 1986; Ahlen 1989; Olsson 1991) hat die vordem zentrale Achse der LO-SAF-Abkommen ihre normensetzende Funktion verloren; eine Reihe unterschiedlicher Akteure haben ihr eigenes Gewicht in der Tarifarena stärker zur Geltung gebracht. Die früher unangefochtene bipolare Zentralität von LO und SAF verschob sich bereits seit den siebziger Jahren zu einem „multipolaren Zentralismus mit mächtigen Spitzenorganisationen“ (Olsson/Burns 1986, S. 202). Auf seiten der Arbeitnehmer und der Gewerkschaften ist mit der relativen Bedeutungsminderung der Arbeiter und ihrer Gewerkschaften und entsprechenden Gewinnen der Angestellten der privaten Industrie und des öffentlichen Sektors wie ihrer Gewerkschaften und deren Verhandlungskartellen der Mechanismus der zentralen Koordination durch eine Austragung konkurrierender Interessen und Verhandlungsstrategien ersetzt worden. „The tensions between blue-collar and white-collar collectives and between the private and public sectors became an increasing threat to the stability of the Swedish wage negotiation system and its effectiveness in regulating conflicts.“ (Olsson 1991, S. 15)

Die Lohn- und Gehalts-Tarifverhandlungen eskalierten deshalb in den achtziger Jahren mehrfach in umfangreichen Streik- und Aussperrungsaktionen und stärkeren Eingriffen der Regierung in Tarifverhandlungen, wobei in der Mehrzahl der öffentliche Dienst beteiligt war, so daß Schwedens Streikbilanz vergleichsweise hohe Arbeitsausfälle registriert. Die hohe Konfliktintensität hat dabei auch für die Unternehmen und ihre Verbände den Stellenwert zentraler friedenssichernder Rahmen-Abkommen entwertet, weshalb vor allem vom tonangebenden Arbeitgeberverband der Metall- und Elektroindustrie (VF) innerhalb von SAF in den achtziger Jahren eine Dezentralisierung der Tarifpolitik forciert wird (Myrdal 1991).

Darin wird erkennbar, wie - angesichts der auch Schweden stärker in Mitleidenschaft ziehenden internationalen ökonomischen Umstrukturierungen - der frühere ideologische und institutionalisierte Konsens, auf dem die solidarische Lohnpolitik basierte, brüchiger wurde und schließlich verloren ging und damit nicht nur ein neues Arrangement der politischen Kräfteverhältnisse, sondern auch die industriellen Beziehungen auf die Tagesordnung setzte. Wie nun lauten Prognosen im Hinblick auf die weitere Entwicklung eines schwedischen Weges, der den veränderten ökonomischen, technischen und organisatorischen sowie politischen Bedingungen der neunziger Jahre angemessen wäre und dem es gelingen könnte, eine neue Korrespondenz von sozialer Rationalität und wirtschaftlicher Effizienz zu realisieren?

Neues schwedisches Modell?

Eine zu Beginn der neunziger Jahre staatlich eingesetzte „Produktivitätskommission" konstatiert eine seit Mitte der siebziger Jahre anhaltende Abschwächung des Produktivitätswachstums der schwedischen Wirtschaft (SOU 1991). In ihrer Analyse macht sie unterschiedliche Defizite aus: so eine mangelnde Effizienz des Ausbildungssektors ebenso wie des öffentlichen Sektors, unzureichende technologische und organisatorische Innovationen und Über-Regulierungen des Arbeitsmarktes. „Schweden hat einen Teil seiner komparativen Vorteile hinsichtlich einer hochproduktiven Produktion, die früher das Wachstum steuerte, verloren" (ebd., S. 350), so die Kommission, die in ihren Vorschlägen für eine beschleunigte Integration der schwedischen Ökonomie in den europäischen Binnenmarkt ebenso plädiert wie für eine Modernisierung der Unternehmens- und Arbeitsorganisation, „so daß der Wille, Verantwortung zu übernehmen und Kompetenzen zu erweitern, stärker als heute belohnt wird" (ebd., S. 410).

Die schwedischen Sozialwissenschaftler Brulin und Nilsson haben versucht, aus den Analysen der Veränderungen der letzten Jahre die Konturen eines neuen schwedischen Modells zu umreißen. Sie interpretieren den Wandel als Übergang von einem Makro-Korporatismus auf der gesellschaftlichen (*Societal Corporatism*) zu einem Mikro-Korporatismus auf der Unternehmensebene (*Managerial Corporatism*). Als ein zentrales „Transformationsvehikel" sehen sie dabei die im Zusammenhang der neuen Technikpotentiale Bedeutung erlangenden neuen Formen von Unternehmens- und Arbeitsorganisationen (Brulin/Nilsson 1991, S. 328). Vor allem die exportorientierten Wirtschaftssektoren, die früher die Basis des fordistischen Verteilungskompromisses ausmachten, sind es nunmehr, die auf der Suche nach Kostenreduzierungen und der Erlangung größerer Flexibilität neue strategische Orientierungen praktisch umsetzen. Formen der „Kapitalrationalisierung" und des „Service Management" (Björkman/Lundquist 1987; Brulin/Victorin 1992, S. 150-152), wie sie in den Unternehmen der Elektroindustrie und der Automobilindustrie, aber auch verstärkt im öffentlichen Sektor praktiziert werden, lassen sich, anders als die tayloristische Produktions- und Arbeitsorganisation, nicht in zentralisierten Verhandlungen regulieren, sondern sind auf konkretisierende Ausgestaltung im Unternehmen angewiesen. Allerdings ist in Schweden dabei das Management auf die Mitwirkung der Gewerkschaften weiterhin angewiesen, solange jedenfalls, wie die gewerkschaftliche Organisationsstärke noch keine nennenswerten Anzeichen von Erschöpfung aufweist. Und auch deshalb, weil durch die Praxis der „verhandelten Mitbestimmung“ die betriebliche Interessenvertretung auf Erfahrungen und die Kompetenz aus vielfältigen Konsultationen zurückgreifen kann. Deshalb sichert dieses Arrangement auf Unternehmensebene die partizipative Berücksichtigung der Beschäftigteninteressen bei der Bewältigung technischer und organisatorischer Innovationen, ohne die *Collective Voice* zu marginalisieren. Gleichzeitig aber trägt die damit einhergehende Dezentralisierung in wachsendem Maße zu einer Ausdifferenzierung der Beschäftigteninteressen bei, die kaum mehr auf der Basis politisch geteilter solidarischer Orientierung vereinheitlicht werden können.

Die zunehmenden Probleme der Abgrenzung und Konkurrenz zwischen Arbeitern und Angestellten und ihren Gewerkschaften im Zusammenhang von technisch-organisatorischen Veränderungen veranschaulichen diese Tendenz (Rehn/Viklund 1990, S. 318; Auer/Riegler 1988, S. 26) ebenso wie die in den achtziger Jahren wieder ansteigenden Werte der Lohnstreuung, die 1992 auf 45 Prozent angestiegen sind, nachdem sie bis in die siebziger Jahre gesunken waren (Kjellberg 1992, S. 93; Ahlen 1989). Am markantesten freilich signalisiert der dramatische Anstieg der Arbeitslosenrate seit der ersten Hälfte der neunziger Jahre (Auer/Riegler 1994) für Schweden den Abschied von einer dem Primat einer gesellschaftlichen *Equity* verpflichteten Arbeitsmarkt-, Sozial- und Wirtschaftspolitik, die angesichts geringerer Wachstumsraten von Produktion und Produktivität seit den siebziger Jahren offensichtlich nicht mehr durchgehalten werden kann. Angesichts steigender internationaler Konkurrenz und Globalisierung, der Schweden durch den Beitritt in die EU Rechnung trägt, scheint das früher sozial ausgewogene Verhältnis von wirtschaftlicher und sozialer Rationalität zu erodieren und tendiert zu einer stärker dezentralisierten Heterogenität, bei der das frühere hohe Maß an Egalität auf der Strecke zu bleiben droht und die konsensuelle „Beteiligungskultur“ sich in ihrem sozialen Gehalt deutlicher nach „stärkeren“ und „schwächeren“ Segmenten ausdifferenzieren könnte. Die Auswirkungen des Mitte der neunziger Jahre forcierten Rückbaus wohlfahrtsstaatlicher Leistungen (Pettersson 1996) weisen jedenfalls in diese Richtung ebenso wie die gewerkschaftlerseits artikulierte „starke Empörung über die ungerechte Verteilungspolitik und das wachsende Gefälle in Einkommen und materiellem Wohlstand in unserer Wohlstandsgesellschaft“ (LO 1996, S. 2), die der Kongreß des schwedischen Gewerkschaftsbundes LO im September 1996 thematisierte, während das Zentralthema des vorangegangenen Kongresses 1991 noch dem Konzept der „guten Arbeit“ gewidmet war.

5. Großbritannien: Partikularisierung der industriellen Beziehungen

Konnte das „schwedische Modell“ des Zusammenspiels ökonomisch-technischer Entwicklung und industrieller Beziehungen jahrzehntelang vom Nimbus erfolgreich realisierter ökonomischer Effizienz wie sozialer Rationalität zehren, so war es dem „britischen Modell“ lange Zeit nur schwer möglich, sich vom Negativ-Image der „britischen Krankheit“ als Ausdruck des „vicious circle“ von chronisch hohen Inflationsraten, niedriger Arbeitsproduktivität und hoher Streikaktivität zu befreien. In den letzten Jahrzehnten lieferte das Zurückbleiben der ökonomischen und technischen

Leistungsfähigkeit der britischen Wirtschaft hinter seinen Mitbewerbern in der internationalen Konkurrenz dieser Wahrnehmung hinreichende Belege. Den meisten Beobachtern galten dabei vor allem Struktur und Entwicklung der britischen industriellen Beziehungen als Symptom wie gleichermaßen als Ursache ökonomischer Ineffizienz und unverantwortlicher sozialer Macht, die von den Gewerkschaften ausgeübt wurde; während linke Beobachter dem klassenkämpferischen Elan der britischen Gewerkschaften nicht selten Bewunderung zollten, weil diese vermeintlich der Kapitallogik unversöhnlich opponierten und allein die Interessen der Mitglieder an Lohnerhöhungen und besseren Arbeitsbedingungen als Handlungsorientierung akzeptierten. Nicht nur fungierte der britische Fall als Paradebeispiel in Olsons theoretischem Versuch, den „Aufstieg und Niedergang von Nationen" (Olson 1982) empirisch zu illustrieren; auch in der britischen wissenschaftlichen und politischen Debatte stellte das prekäre Verhältnis von ökonomischer Effizienz und sozialer Vertretungsstärke der Arbeiter und ihrer Gewerkschaften ein Dauerthema dar: „'British Workers and Productivity' is one of the longest running shows in British politics." (Nichols 1986, S. XI)

Es ist daher naheliegend gewesen, Prognosen über den Prozeß der Einführung und Nutzung neuer Techniken für Großbritannien mit negativen Vorzeichen zu versehen. So stellten sich für Hotz-Hart die britischen industriellen Beziehungen dar als „the most disadvantageous conditions for companies which attempt to cope with structural change through renewal" (1988, S. 70). Diese und ähnliche Einschätzungen schrieben die Erfahrungen der Nachkriegsjahrzehnte fort, die im Urteil der meisten Beobachter gezeigt hatten, daß „British unions have probably always been more resistant than others to technological innovation" (Pollard 1982, S. 107).

Allerdings bleibt von den meisten Wahrnehmungen, die die industriellen Beziehungen als Hauptursache technisch-ökonomischer Ineffizienz ausmachen, die komplementäre Sichtweise zumeist ausgespart, derzufolge die unterstellten starken Kontroll- und Verhandlungsrechte der betrieblichen und überbetrieblichen Interessenvertretungen eine stärkere Berücksichtigung von Arbeits- und Beteiligungsinteressen der Beschäftigten geschaffen haben könnten. Ebenso ausgespart bleibt in vielen Analysen dabei die Rolle des Managements, das häufig nur als „Opfer" von obstruktiver Gewerkschaftsmacht in den Blick gerät und nur selten als „Täter" von technisch-organisatorischer Ineffizienz.

Wir sind der doppelten Frage nach der ökonomischen Effizienz und der sozialen Rationalität im Prozeß der Einführung und Nutzung neuer Techniken auch am britischen Fall nachgegangen, wobei die Beantwortung auf eine politisch brisante Konstellation trifft. Der Prozeß der technisch-organisatorischen Umstrukturierung von Industrie und Dienstleistung fällt in den achtziger und neunziger Jahren in Großbritannien zusammen mit der 18jährigen Regierungsverantwortung der konservativen Partei unter Margaret Thatcher (und ihrem Nachfolger Major), die ausdrücklich mit dem Anspruch angetreten war, die industriellen Beziehungen nachhaltig zu verändern mit dem Ziel, den Marktkräften und den unternehmerischen Entscheidungsfreiheiten eine ungehinderte Entfaltung zu ermöglichen. Die Evaluierung der ökonomischen Effizienz und sozialen Rationalität der technisch-organisatorischen Modernisierung schließt somit eine Bilanzierung der tatsächlichen Reichweite einer Veränderung der industriellen Beziehungen in Großbritannien ein, die mit der konservativen Wirtschafts- und Finanzpolitik und der Arbeitsgesetzgebung 1979 eingeleitet wurde und die in den achtziger bis weit in die neunziger Jahre hinein dominant blieb.

Großbritannien hat als Ursprungsland der ersten industriellen Revolution nicht nur einen frühen ökonomischen und politischen Aufstieg erlebt, sondern trägt auch an der Tradition dieses historischen Erbes, das nicht zuletzt den industriellen Beziehungen ein spezifisches Gepräge verliehen hat. „The industrial relations structure in Britain is one of the most complicated in the world, a heritage of having pioneered the industrial revolution and the development of trade unions." (Clutterbuck 1984, S. 11)

Das System der industriellen Beziehungen basierte seit seiner Herausbildung und Befestigung im letzten Jahrhundert bis zum Regierungsantritt Thatchers auf dem Prinzip des Voluntarismus, das den Staat aus der Intervention und Regulierung der Arbeitsbeziehungen weitestgehend herausgehalten hat und den Hauptakteuren, Arbeitgebern und Gewerkschaften, eine eigene Arena von Aushandlungen zur Ausgestaltung übertragen hat. Dieses System eines „kollektiven Laissez-faire" hat die Herausbildung und Praktizierung von *Free Collective Bargaining* als den Königsweg zur Regulierung von Konflikt und Kooperation unter Verzicht auf rechtliche Kodifizierungen forciert und stabilisiert. Getragen wurde das Verhandlungssystem einerseits von einer Vielzahl gewerkschaftlicher Organisationen, unter denen die *Craft Unions* ihre ehemals dominante Position teilen mußten im weiteren Verlauf mit *Industrial* und *General Unions*, während der Dachverband *Trades Union Congress* (TUC) keine nennenswerte organisatorische und gewerkschaftspolitische Machtstellung erlangte. Andererseits standen den Gewerkschaften als Verhandlungspartei Unternehmen gegenüber, deren verbandliche Organisierung weit hinter der in Schweden und Deutschland erreichten zurückblieb.

Das für den Betrachter von außen unübersichtlich erscheinende komplexe Institutionen- und Organisationsgefüge, das gleichwohl ein erhebliches Maß an Stabilität wie an Flexibilität hervorbrachte, bildete auch in den Nachkriegsjahrzehnten das Fundament des britischen Systems der industriellen Beziehungen (Bain 1983; Windolf 1983). Politisch unterstützt wurde dieses Arrangement in den Nachkriegsjahrzehnten durch einen relativ breiten Konsens, der als „post-war settlement agreement" (MacInnes 1987) oder „Keynesian consens" (Bielstein 1988) beschrieben worden ist. Dieser gesellschaftliche Politikkompromiß gründete in dem Ausbau des Sozialstaates, der Verpflichtung der Regierung auf Politikziele der Vollbeschäftigung und des Wirtschaftswachstums und schloß staatliche Förderung der ökonomisch-technischen Entwicklung ein, wie sie etwa die Einrichtung des tripartistisch besetzten „National Economic Development Council" (NEDC) in der ersten Hälfte der sechziger Jahre dokumentiert. Konnte die Wirtschafts- und Sozialpolitik der Nachkriegsjahrzehnte zwar, gemessen an der britischen Vorkriegsentwicklung, Erfolge erzielen, so bleibt doch im internationalen Vergleich die Entwicklung durch das Phänomen eines „relative decline" charakterisiert. „The story of the post-war development of the British economy is one of immense progress compared with any previous period, but one of disappointing relative decline when measured against the achievements of other, comparable countries.“ (Pollard 1983, S. 430)

Vor allem verfehlten die verschiedenen staatlichen Interventionen in die Ökonomie durch einkommenspolitische Eingriffe ihr Ziel einer Verstetigung und Steigerung der wirtschaftlichen Leistungsfähigkeit (Scharpf 1987) und eskalierten schließlich 1978/79, nach dem Scheitern des zwischen der Labour-Regierung und den Gewerkschaften vereinbarten „social contract“, in einer massiven Streikwelle, dem „winter of discontent“. Die zwar aus verschiedenen Motiven gespeiste, aber in der Öffentlichkeit breit geteilte „Unzufriedenheit“ war schließlich eine Hauptursache des Wahlsieges der konservativen Partei unter Margaret Thatcher.

Unter der Ägide des Thatcherismus vollzog sich ein Bruch mit dem traditionellen Politikmodell der Nachkriegszeit und wurde ein gravierender Kurswechsel in der Wirtschafts- und Sozialpolitik eingeleitet, der auf korporatistische Politikarrangements und einkommenspolitische Interventionen verzichtete, das Vollbeschäftigungsziel zur Disposition stellte und mit einer angebotsorientierten Wirtschaftspolitik durch Privatisierung und Deregulierung auf die Unterstützung der Marktkräfte setzte. Zugleich trat die Thatcher-Regierung mit der Absicht an, eine wirkungsvolle Reform der industriellen Beziehungen durchzusetzen, die in einer ganzen Serie von - Schritt um Schritt - parlamentarisch verabschiedeten Beschäftigungs- und Gewerkschaftsgesetzen in den achtziger und neunziger Jahren umgesetzt wurde. Die Reformen der Thatcher-Ära stellen einen markanten Bruch mit der Tradition des britischen Voluntarismus der „industrial relations“ dar; sie sagen den noch vom „Donovan-Report“ empfohlenen freiwilligen Reformen durch die beteiligten Akteure nachdrücklich Valet. Es dauerte gerade eine Dekade, um mit einer Breitseite von Gesetzesattacken (Employment Acts von 1980, 1982, 1989, 1990; Trade Union Act von 1984; Wages Act von 1986; Trade Union Reform and Employment Rights Act von 1993), das in vielen und langen Dezennien historisch gewachsene System des *Free Collective Bargaining* als die primäre Methode zur Generierung kollektiver Arbeitsnormen und Lohnsätze zielstrebig auszuhebeln.

Die Gesetzesakte zielten generell auf

- die Schwächung gewerkschaftlicher Macht (u.a. durch Einschränkung des Streikpostenstehens, obligatorische postalische Urabstimmungen vor Streiks, Verbot von Solidarstreiks),
- die Regulierung der innergewerkschaftlichen Demokratie (u.a. durch vorgeschriebene, regelmäßige postalische Wahlen der Mitglieder bei der Einsetzung und Bestätigung ihrer Gewerkschaftsvorstände),
- die Stärkung der individuellen auf Kosten kollektiver Regelungen und Verträge (u.a. durch die sukzessive Einschränkung der Praxis des *Closed Shop*, der Abschaffung der *Wages Councils* zur Festsetzung von Mindestlöhnen),
- die Befestigung der Managementprärogativen gegenüber den Beschäftigten (u.a. durch Einschränkung kollektiver Vertretungsrechte)

(für weitere Details vgl. Kessler/Bayliss 1992; Dickens/Hall 1995, S. 293ff.).

Freilich wird auch die neue Labour-Regierung viele der den Gewerkschaften von der konservativen Regierung aufgezwungenen Reformen schließlich akzeptieren - zu ihnen gehören sicherlich die auf eine innergewerkschaftliche Demokratisierung und auf die Eindämmung unberechenbarer Streikaktivitäten zielenden Gesetzesbestimmungen. Damit würden die britischen „industrial relations" keinen Ausnahmecharakter in Europa erhalten, sondern sich eher den schon immer stärker verrechtlichten kontinentaleuropäischen ein wenig angleichen.

Bereits in den sechziger Jahren hatte die von der (Labour)-Regierung eingesetzte „Royal Commission on Trade Unions and Employers Associations" Defizite des britischen Verhandlungssystems in dessen „informellen, fragmentierten und autonomen" Charakter (Flanders 1970) herausgearbeitet. Die nach ihrem Vorsitzenden benannte Donovan-Kommission plädierte in ihrem Bericht (Donovan 1968) deshalb in Reformvorschlägen für eine stärkere Formalisierung und Institutionalisierung der Regulierung der Verhandlungen auf Unternehmensebene. Durch das Fehlen institutionalisierter Verhandlungsprozeduren hatte sich im Laufe der Nachkriegsjahrzehnte das Zentrum der Aushandlungen auf spontane informelle Absprachen zwischen Management und Arbeitergruppen und deren gewählten gewerkschaftlichen Vertretern, den *Shop Stewards*, verlagert, die als *Custom and Practice* in der Form informeller Regelungen und ungeschriebener Normen sowie Übereinkünfte praktische Bedeutung erlangten. Gegenüber einem „pragmatischen und opportunistischen Management" (Marginson/Sisson 1988) gelang es den Beschäftigten vor allem in den traditionellen Industriesektoren, ihre Interessen an der Beibehaltung von Arbeits- und Organisationsstrukturen und an steigenden Löhnen zu sichern. Mechanismen des „leap frogging" sorgten so für Kettenreaktionen von Lohnerhöhungen von unterschiedlichen Beschäftigtengruppen, die in verschiedenen Gewerkschaften organisiert waren und ihre Territorien und Lohnabstände zu verteidigen wußten (*Multi Unionism*). Bezogen auf technisch-organisatorische Arbeitsveränderungen räumten diese Verhandlungspraktiken den Beschäftigten die Sicherung von traditionellen („restriktiven") Arbeitspraktiken ein und wehrten arbeitsorganisatorische Veränderungen ab durch Mechanismen des „feather bedding", die darauf zielten, „to 'carry forward' a set of practises appropriate for one technology to another where it is alien" (Weinstein 1964, S. 147), was gewissermaßen im Bild des Heizers auf der E-Lok, als dem Urenkel der legendären Luddisten, symbolisiert ist.

Die aufgrund der fragmentierten und informellen Verhandlungsarrangements ermöglichte Ausübung von Kontrollrechten sicherte den Beschäftigten durch die Verteidigung der Arbeits- und Leistungsbedingungen - häufig durch kurzdauernde Streikaktionen - ein vergleichsweise hohes Maß an *Equity* im Sinne der Artikulation und Durchsetzung autonomer Interessen, untergrub aber gleichzeitig die Chancen für Produktivitätssteigerungen. „The U.K. working class's strong organisation at factory level thwarted many of capital's attempts to increase productivity. New techniques, involving a sharp increase in the technical composition of capital, were often effectively vetoed by unions which did not want to loose jobs. Where new technology was installed, its effects on productivity was often reduced because unions insisted on maintaining existing operating levels or line speeds." (Glynn/Harrison 1980, S. 50)

Dieses Ungleichgewicht von *Equity* und *Efficiency* drohte mit der Entwicklung und dem verstärkten Einsatz neuer Techniken eine neue Runde des „vicious circle" zu eröffnen. Entgegen pessimistischen Prognosen ist allerdings der Prozeß der Implementation von neuen Techniken in Großbritannien in den achtziger Jahren in keinem nennenswerten Ausmaß von einer blockierenden Politik seitens der gewerkschaftlichen und betrieblichen Interessenvertretungen behindert worden. Zwar haben die Auseinandersetzungen in der Zeitungsdruckindustrie ebenso wie die Streiks im Bergbau und den Docks, in denen es um die Abwehr der Folgen von technisch-organisatorischen Veränderungen für traditionelle Arbeits- und Beschäftigungsbedingungen ging, das herkömmliche Bild konfrontativer Konfliktaustragung und einer hohen Streikhäufigkeit nochmals belebt, sie blieben aber Ausnahmen und endeten zumeist mit einschneidenden Niederlagen der Gewerkschaften. Den Trend kontinuierlich abnehmender Streikaktivitäten in Großbritannien haben sie in den achtziger Jahren jedenfalls nicht aufhalten können, die Anfang der neunziger Jahre einen absoluten Tiefstand erreichten (Edwards u.a. 1992, S. 54ff.). Zudem verlagerte sich in den achtziger Jahren das Streikgeschehen zum Sektor des öffentlichen Dienstes, ohne daß dort technisch-organisatorische Veränderungen im Vordergrund von Arbeitskämpfen standen.

Bildeten deshalb technisch-organisatorische Innovationen und ihre Auswirkungen in keinem erheblichen Ausmaß Anlaß und Inhalt von Streikauseinandersetzungen, was im einzelnen informelle spontane Arbeitskämpfe ebensowenig ausschloß wie die erwähnten Streiks, so zeichnen gleichzeitig Untersuchungen und Fallstudien der achtziger Jahre (Northcott u.a. 1985; Daniel 1987; Hogarth 1993) ein Bild, das ein hohes Maß an Akzeptanz und Zustimmung zu technischen Veränderungen auf seiten der Beschäftigten und der Gewerkschaften zu erkennen gibt. Pointiert haben Daniel und Northcott deshalb Mitte der achtziger Jahre dafür plädiert, die vertraute Metapher vom „Widerstand" der Arbeiter gegen technischen Wandel zu ersetzen durch eine Formel, die „Enthusiasmus" für technische Innovationen suggeriert.

Und schließlich läßt die Entwicklung der Arbeitsproduktivität in der verarbeitenden britischen Industrie, die in der zweiten Hälfte der achtziger Jahre im nationalen wie im internationalen Vergleich vergleichsweise hohe Steigerungsraten aufweist, auf eine effiziente Bewältigung des technisch-organisatorischen Veränderungsprozesses schließen, die in Kontrast steht zu den früheren Prognosen, die in dem Handeln der Akteure der industriellen Beziehungen ein blockierendes Moment für Modernisierung sahen.

Wir haben die Frage nach dem wechselseitigen Verhältnis von *Efficiency* und *Equity* im Verlauf der Technikimplementation in den achtziger Jahren auch für Großbritannien verfolgt durch die Aufarbeitung und Analyse einschlägiger Dokumente und des Forschungsstandes, der aufgrund der etablierten „industrial relations"-Forschung in vielfältigen Fallstudien und Breitenerhebungen dokumentiert ist, sowie durch ergänzende Expertengespräche. Vergegenwärtigt man sich die Entwicklung der industriellen Beziehungen in den achtziger Jahren im Spiegel wissenschaftlicher Studien und politischer Interpretationen, so konkurrieren zwei Versionen. Seit Mitte der achtziger Jahre betonen eine Reihe von Studien, daß die industriellen Beziehungen in Großbritannien trotz des ökonomisch-technischen Strukturwandels und der einsetzenden konservativen Hegemonie weiterhin ein hohes Maß an Stabilität und Kontinuität aufweisen (MacInnes 1987; Batstone 1988). Dagegen wird von anderen Untersuchungen und Darstellungen (Bassett 1987; Marsh 1992) ein gravierender Wandel und Umbruch in den industriellen Beziehungen konstatiert. In der Debatte um das „productivity miracle" in der zweiten Hälfte der achtziger Jahre erfährt diese Kontroverse eine Neuauflage, auf deren einem Pol die Beiträge von Metcalf (1989; 1990; 1993) einen gravierenden Wandel der industriellen Beziehungen konstatieren und begrüßen; auf deren anderem Pol Warwicker Autoren (Nolan/Marginson 1990; Pollert 1991) das Ausmaß des Wandels relativieren und ihn für wenig tragfähig halten; weil die zentralen Strukturdefizite der britischen Ökonomie, wie geringes Ausbildungs- und Qualifikationsniveau und kurzfristig orientiertes Managementhandeln, nicht behoben sind. Die Veröffentlichung der Ergebnisse der 1990 durchgeführten dritten Befragungswelle des „Workplace Industrial Relations Survey (WIRS)" offeriert eine weitere - gewissermaßen vermittelnde - Version. Zum einen halten es die Autoren aufgrund der registrierten Veränderungen für fraglich, noch von einem einheitlichen „distinctive" britischen System der industriellen Beziehungen auszugehen, sehen aber freilich auch keine Anzeichen für die Etablierung einer „neuen Form" industrieller Beziehungen. Gleichzeitig jedoch bescheinigen sie dem Sektor traditioneller Interessenvertretung und Verhandlungen ein beträchtliches Maß an Kontinuität (Millward u.a. 1992, S. 350; Millward 1994).

Die technisch-organisatorischen Innovationsprozesse haben in Großbritannien den Akteuren und Institutionen der industriellen Beziehungen im Zusammenwirken mit ökonomischen und politischen Veränderungstendenzen Anpassungsprozesse abverlangt. Diese differieren nach den Verarbeitungs- und Aushandlungsprozessen der technisch-organisatorischen Innovationen und lassen sich gleichermaßen als organisatorische und institutionelle Lernprozesse interpretieren, die allerdings den britischen Traditionskontext keineswegs überschreiten.

Nach der ersten Phase der Technikimplementation in den siebziger Jahren, die zu konfrontativen Zuspitzungen führte und Negativ-Szenarien auf seiten aller Beteiligten begünstigte, die in der ausgeprägten Rezession Anfang der achtziger Jahre eine Bestätigung zu finden schienen, stellt sich der weitere Verlauf der Technikimplementation in den achtziger Jahren weniger dramatisch dar, führte jedoch zu erheblichen Umstrukturierungen in den Orientierungen und Strategien der Akteure und zu unterschiedlichen Konstellationen von Partizipation im Prozeß technischer und organisatorischer Veränderungen, in denen das Verhältnis von *Efficiency* und *Equity* jeweils spezifisch ausgeprägt wird. Wir unterscheiden im folgenden drei Konstellationen, die sich im Laufe der achtziger Jahre in Großbritannien herausbildeten.

(1) Unilaterale Technikimplementation: der Non Union-Sektor

Das britische voluntaristische Verhandlungssystem stellt keine rechtlichen Mechanismen zur Verfügung, kollektive Vereinbarungen zwischen den Akteuren der industriellen Beziehungen zu erzwingen. Da der Arbeitgeber keinem gesetzlichen Zwang unterliegt, mit Gewerkschaften zu verhandeln, war stets schon der Anteil der Beschäftigten, die überhaupt von Tarifverträgen erfaßt wurden, vergleichsweise - etwa in Kontrast zu Schweden oder Deutschland (vgl. OECD 1994) - niedrig. In den achtziger Jahren ist nun dieser sogenannte Deckungsgrad von Tarifverträgen weiter gesunken. Nach den Befunden des WIRS 3, waren 1990 nur noch die Hälfte (54 Prozent) der Beschäftigten (in Betrieben mit mehr als 25 Beschäftigten) von Tarifverträgen erfaßt, 1984 lag der Anteil noch bei 71 Prozent. Während im öffentlichen Sektor die Geltung von Tarifverhandlungen weiterhin einen hohen Stellenwert einnimmt, ist in der privaten Industrie noch die Hälfte der Beschäftigten von Tarifverträgen erfaßt, im privaten Dienstleistungssektor sogar nur ein Drittel. (vgl. nachstehende Übersicht, nach Millward u.a. 1992, S. 94)

Beschäftigte, die von Tarifverhandlungen erfaßt werden (Angaben in Prozent)

	1984	1990
Wirtschaft insgesamt	71	54
Private Industrie	64	51
Private Dienstleistung	41	33
Öffentlicher Sektor	95	78

Diese Tendenz eines Rückgangs der Bedeutung von kollektiven Verhandlungen erklärt sich aus einem Bündel von Faktoren, zu denen der Strukturwandel von Unternehmen und Beschäftigung, wie die Zunahme von Dienstleistungsunternehmen und kleineren und mittleren Unternehmen und der Bedeutungszuwachs von Teilzeitarbeit ebenso gehört wie der Mitgliederrückgang der Gewerkschaften und das „gewerkschaftsunfreundliche“ Klima der Thatcher-Ära. Folge dieser Entwicklung ist, daß nicht nur die Festlegung von Entlohnungssätzen und allgemeinen Arbeitsbedingungen, sondern auch die Regulierung von technisch-organisatorischen Veränderungen Verhandlungsprozessen entzogen und somit eindeutiges Managementvorrecht bleibt. Die naheliegende Schlußfolgerung, daß diese nicht-verhandelte Einführung von technisch-organisatorischen Innovationen zur Erhöhung der ökonomischen Effizienz beiträgt, ist freilich nicht zwingend. So zeigt etwa die Studie von Machin und Wadhwani (1991), daß die Implementation technisch-organisatorischer Veränderungen in Betrieben ohne gewerkschaftliche Vertretung und Verhandlungsprozeduren seltener ist als in vergleichbaren gewerkschaftlich organisierten Betrieben. Auch die Studie von Latreille (1992) gelangt - ebenfalls auf der Basis einer Teilstichprobe des WIRS - zu der Schlußfolgerung, daß gewerkschaftliche Verhandlungsprozesse innovationsfördernd seien, da die Wahrscheinlichkeit für eine Nutzung von neuer Technik in gewerkschaftlich organisierten Betrieben um rund 12 Prozent höher liegt als in vergleichbaren Unternehmen ohne gewerkschaftliche Vertretung. Andererseits enthält die erstgenannte Studie eine Relativierung insofern, als sie nachweist, daß das Ausmaß technischer Innovationen in weit höherem Maße von der Wettbewerbssituation innerhalb einer Branche beeinflußt wird als von der gewerkschaftlichen Präsenz.

Insgesamt ist der *Non Union*-Sektor überaus heterogen und es verbieten sich deshalb generalisierende Schlußfolgerungen. Stehen an dem einen Pol klein- und mittelbetriebliche Unternehmen des Dienstleistungsbereiches, deren Management nach althergebrachten partiarchalischen Grundsätzen agiert, so stehen ihm technologieorientierte Kleinbetriebe im Computer- und Softwarebereich gegenüber, die kaum nach derartigen Grundsätzen gemanagt werden können. Vielmehr orientieren sich diese Unternehmen an den Prämissen eines „Human Resource Management", oder einer „sophisticated human relations"-Strategie (Purcell/Gray 1986), die auf den Ausbau und die Praktizierung wenig formalisierter Informations- und Kommunikationsbeziehungen setzen, in deren Rahmen die Beschäftigten Beteiligungsmöglichkeiten bei der Gestaltung von Entlohnungs- und Arbeitsbedingungen, bei der Regelung von Beschwerden und Anregungen wie bei der Inanspruchnahme von Weiterbildungs- und Aufstiegungsmöglichkeiten wahrnehmen können. Empirische Fallstudien (Beaumont 1986; Dickson u.a. 1988; Findlay 1989) vor allem in US-amerikanischen Unternehmen, die in der Elektro- und Elektronikindustrie in Großbritannien seit mehreren Jahrzehnten etabliert sind und eine Hauptbastion des *Non Union*-Sektors bilden, haben den „non-institutional and functional way of participation" (Cressey u.a. 1985, S. 38) aufgezeigt, der in diesen Unternehmen an die Stelle kollektiver Interessenrepräsentanz tritt und zu einem Ausgleich von *Efficiency* und *Equity* beiträgt. Gelten in diesen Unternehmen nicht nur dem Management, sondern vielfach auch den Beschäftigten Gewerkschaften als überflüssig (Beaumont 1987, S. 123; Bassett 1987, S. 163), so stehen im Kontrast dazu die Praktiken eines aggressiven „Macho"-Management, das auf eine Aberkennung von gewerkschaftlichen Verhandlungsrechten setzt, bislang allerdings auf wenige Sektoren beschränkt blieb wie beispielsweise den Bereich der Provinzzeitungen (Claydon 1989). Die Bilanzierung des *Non Union*-Sektors ohne kollektive Verhandlungsmechanismen in Großbritannien nach den Kriterien von *Efficiency* und *Equity* fällt deshalb zwiespältig aus. Zwar werden unter prosperierenden Bedingungen informelle Beteiligungsmöglichkeiten eröffnet, die freilich keine institutionelle Absicherung haben und deshalb unter ungünstigen ökonomischen Bedingungen wegfallen können, so daß zu Lasten der Beschäftigten ein Ausgleich von *Efficiency* und *Equity* unterbleibt und die Partizipation an technisch-organisatorischen Innovationen eingeschränkt wird. Da es den Beschäftigten dieses Sektors an einer *Collective Voice* mangelt, bleiben sie auf ihre *Individual Voice* beschränkt. Insgesamt hat die Ausbreitung des *Non Union*-Sektors und damit der Rückgang von kollektiven Verhandlungsstrukturen im Lauf der achtziger Jahre den Trend zu einer Individualisierung der Arbeitsbeziehungen forciert und dadurch kollektive Schutz- und Beteiligungsrechte gefährdet.

(2) Konsultativer Wandel: „New Style Agreements"

Im Unterschied zu den US-amerikanischen Unternehmen, die in den sechziger und siebziger Jahren Fertigungsunternehmen in Großbritannien errichtet haben und dabei eine Politik der Vermeidung gewerkschaftlicher Vertretung präferierten und weitgehend durchsetzen konnten, haben die japanischen Investoren, die in den achtziger Jahren den Hauptanteil ihres europäischen Engagements auf Großbritannien konzentrierten und Fertigungs- und Montagestätten übernahmen bzw. neu errichteten, einen anderen Weg eingeschlagen. Japanische Unternehmen haben sich mehrheitlich für die Option entschieden, „to accept unionization as inevitable but to devise strategies and policies to channel plant unionization in such a way as to avoid some of the dysfunctional aspects associated with British union structure" (Reitsperger 1986, S.76).

In der Verfolgung dieser Option fungierten dabei die japanischen Unternehmen vor allem in der Automobilindustrie und der Unterhaltungselektronik als Pioniere bei der Vereinbarung von Aushandlungsarrangements, in denen die Festlegungen neuer Vertretungsstrukturen und Schlichtungsverfahren verknüpft wurden mit personalpolitischen und arbeitsorganisatorischen Innovationen bei der Implementation neuer Techniken. Ihren vertraglichen Ausdruck fand dies in den sogenannten *New Style Agreements* (die mitunter auch als „single union agreement", „no-strike agreement" oder „high-technology agreement" firmieren), welche in den achtziger Jahren in Großbritannien Furore machten. Beginnend mit dem ersten Abkommen dieser Art Anfang der achtziger Jahre bei dem japanischen Unterhaltungselektronik-Hersteller Toshiba, sind bis Anfang der neunziger Jahre etwa zweihundert Abkommen vereinbart worden (Gall 1993; Oliver/Wilkinson 1990; IRS 1993) sowohl in sogenannten „greenfield sites" als auch in herkömmlichen Unternehmen mit Schwerpunkten in der Metall- und Elektroindustrie.

Treibende Kraft beim Zustandekommen dieser Abkommen bildete ausnahmslos das Management, dem es sowohl in den japanischen als auch in britischen Unternehmen bei der Umgestaltung der Arbeits- und Produktionsorganisation nach japanischen Prinzipien darauf ankam, die Managementspielräume für Personaleinsatz, Arbeitsorganisation und Qualifizierung flexibel zu nutzen und eine kontinuierliche Produktion zu gewährleisten. Dadurch ist in Großbritannien „ein ungleichgewichtiges und brüchiges fordistisches Modell durch das neue japanische Modell der flexibleren Massenproduktion bezwungen worden" (Boyer 1992, S. 71). *New Style Agreements* stellen gewissermaßen die institutionell-organisatorische Version der industriellen Beziehungen dar, die mit dem Toyotismus kompatibel sind.

Auf seiten der Gewerkschaften wurden *New Style Agreements* kontrovers beurteilt. Während traditionelle Gewerkschaften keine Absicht, aber auch kaum eine Gelegenheit, zum Abschluß derartiger Abkommen hatten, haben sich vor allem die in der Metall- und Elektroindustrie vertretenen früheren Facharbeitergewerkschaften EEPTU *(Electrical, Electronic, Telecommunication and Plumbing Union)* und AEU *(Amalgamated Engineering Union)*, die sich mittlerweile zu einer der dominierenden Industriegewerkschaften - der AEEU (*Amalgamated Engineering and Electricians*

Union) - fusionierten, und die GMB *(General, Municipal, Boilermakers and Allied Trades Union)* als aktive Protagonisten dieser Verhandlungen erwiesen. Die Mehrzahl - etwa dreiviertel - der Abkommen sind deshalb auch von diesen drei Gewerkschaften abgeschlossen worden (Gall 1993). Im Traditionsspektrum der britischen Gewerkschaften haben diese eine offensive Modernisierungspolitik eingeschlagen, die sich in Richtung einer kooperativen Tarif- und Betriebspolitik und einer pro-aktiven Technologiepolitik bewegt. Statt als „company adversary" verstehen sich diese Gewerkschaften als „allies of management in a search for competitiveness" (Oliver/Wilkinson 1990, S.144) und begründeten in programmatischen Stellungnahmen ihre entsprechenden Positionen (EEPTU 1984; AEU 1990; GMB 1991; AEEU 1993).

Wenn auch die einzelnen *New Style Agreements* unterschiedliche Regelungen und Präzisierungen aufweisen, enthalten sie doch einige ähnliche Kernbestandteile. Es sind ausnahmslos Abkommen, die vom Management mit jeweils nur einer Gewerkschaft abgeschlossen werden. Damit vermeidet das Management Konflikte und Verhandlungen mit mehreren Gewerkschaften und verlangt der Gewerkschaft, die die Anerkennung erlangen will, auf dem Wege von „beauty contests" Zugeständnisse ab. Die Abkommen verpflichten die Betriebsparteien auf eine partnerschaftliche Orientierung. Neben einer Friedenspflicht werden in der Regel verbindliche Schlichtungsprozeduren vereinbart, die Streiks durch Verfahrensregelungen (wie Pendel-Schlichtung, s. Burrows 1986) ausschließen sollen. Ferner kommt die Neuorientierung in der Etablierung von solchen Vertretungsgremien der Beschäftigten zum Ausdruck, die unabhängig von gewerkschaftlichen Vertretungskanälen die Interessen aller Beschäftigten durch Teilnahme an Informations- und Konsultationsverfahren berücksichtigen. Schließlich enthalten die Abkommen vergleichsweise weitreichende Vereinbarungen, die eine Flexibilisierung von Arbeitsorganisation und Personaleinsatz gewährleisten sollen. So werden ein einheitlicher Status von Arbeitern und Angestellten innerbetrieblich anerkannt (*single status*) und die Ermöglichung eines flexiblen Personaleinsatzes, der Qualifizierungsprozesse einschließt, vereinbart.

Mit den *New Style Agreements* haben sich die Akteure einen Regulationsmechanismus geschaffen, der die Bewältigung der technisch-organisatorischen Änderungen erleichtert hat und den Interessen beider Seiten nach *Efficiency* und *Equity* nachkommt. Dem Management sichern die Vereinbarungen Flexibilitätsspielräume in personeller und arbeitsorganisatorischer Hinsicht, die teilweise zu beträchtlichen Effizienzsteigerungen in Unternehmen geführt haben (Pegge 1986; Oliver/Wilkinson 1990). Den Beschäftigten sichern die Verfahren die Teilnahme an Weiterbildungsmaßnahmen und räumen ihnen durch die Etablierung eines *Collective Voice*-Mechanismus in Form von betriebsratsähnlichen Gremien („company advisory board", „company members' board") Informations- und Konsultationsrechte bei technisch-organisatorischen Veränderungen ein, die allerdings unterhalb der Ebene von wirksamen Mitbestimmungsrechten bleiben.

Daß die *New Style Agreements* über ihre begrenzte quantitaive Verbreitung hinaus im Kontext der traditionellen britischen industriellen Beziehungen eine soziale Neuerung darstellen, erklärt ihren Demonstrationseffekt. „These agreements have an ideological significance far greater than their number might suggest, principally as a demonstration effect." (Sayer/Morgan 1986, S.181) Dieser hinterläßt auch Spuren bei den traditionellen Akteuren und Institutionen des britischen Verhandlungssystems, wie im folgenden gezeigt werden soll.

(3) Verhandelter Wandel

Die hohe Aufmerksamkeit, die in der wissenschaftlichen und politischen Öffentlichkeit den *New Style Agreements* zuteil geworden ist, hat die organisatorischen und institutionellen Veränderungsprozesse in den Hintergrund treten lassen, die sich seit der zweiten Hälfte der siebziger Jahre im Zusammenhang mit der Einführung neuer Techniken in Kernsektoren der industriellen Beziehungen in Großbritannien zugetragen haben. Auch wenn diese Bereiche an Boden verloren haben, bilden sie weiterhin bedeutsame Felder industrieller Beziehungen, die gleichwohl gravierenden Veränderungen ausgesetzt sind und zu Neuorientierungen der Akteure sowie veränderten Verhandlungsarrangements geführt haben. Bilanziert man anhand von empirischen Studien, Dokumenten und Expertengesprächen den Prozeß der Implementation neuer Techiken in zentralen Bereichen von Industrie und Dienstleistung, so lassen sich Belege sowohl für die Kontinuität als auch für den Wandel der industriellen Beziehungen in Großbritannien finden. Technisch-organisatorische Innovationen sind zum Gegenstand von Verhandlungen geworden, in deren Verlauf bilaterale Vereinbarungen auf der Unternehmensebene abgeschlossen wurden, die sowohl dem Management Spielräume für die Umsetzung von technischen und organisatorischen Innovationen eingeräumt als auch den Beschäftigten Schutzrechte gesichert und Beteiligungsrechte eröffnet haben. Auf Unternehmensebene ist es so zu einem Ausgleich von *Efficiency* und *Equity* gekommen, während auf gesellschaftlicher Ebene Ungleichheiten und Dispartiäten in den achtziger Jahren zugenommen haben.

Entgegen frühen Vermutungen, daß das britische Tarifverhandlungssystem nicht in der Lage sei, die neuartige komplexe Einführung neuer Techniken angemessen zu verarbeiten, hat sich gezeigt, daß die technisch-organisatorischen Veränderungen „have largely been assimilated into pre-existing patterns of industrial relations and occupational organisation" (Elger 1990, S.72). Price faßt die Resultate von Fallstudien aus der ersten Hälfte der achtziger Jahre darin zusammen, daß „technological change was handled in 'traditional' ways, with considerable success for both managements and unions" (Price 1988, S.251). In deren Verlauf haben die Akteure und die Aushandlungsmodalitäten pragmatische Veränderungen erfahren, die dadurch in den Sektoren, in denen Arbeitgeber und Gewerkschaften an bilateralen Vereinbarungen festgehalten haben, zu einer einvernehmlichen Bewältigung der technik- und marktinduzierten Veränderungen beigetragen haben. Dabei sind die Aushandlungsprozesse eingebunden in den Prozeß der Verlagerung der Aushandlungsebene von der Branchenebene auf die Unternehmensebene und haben Unternehmen und Betrieb als Verhandlungsarenen aufgewertet. „From the 1960s there was a trend in many industries for single-employer bargaining, at company or site level, to replace multi-bargaining at industry or district level. Industrial relations have become increasingly enterprise-specific" (Edwards u.a. 1992, S.

17). Die Aushandlungen erfolgten einerseits im Rahmen regulärer Bargaining-Prozesse, andererseits führten sie zu gesonderten Verhandlungen und Vereinbarungen in der Form von *New Technology Agreements* oder *Flexibility Agreements*.

Die britischen Gewerkschaften hatten Ende der siebziger Jahre ihre technologiepolitische Position in der Forderung nach Abschluß von *New Technology Agreements* gebündelt (TUC 1979). Der Verhandlungsansatz von *New Technology Agreements* blieb zwar, wie eine Reihe von Studien zeigen (Manwaring 1981; Robins/Webster 1982; Williams/Steward 1985), vom Regelungsumfang wie der Regelungsdichte begrenzt, eröffnete dennoch den Akteuren einen Aushandlungsweg, auf dem erste Erfahrungen gesammelt wurden, die in den achtziger Jahren ihre Fortsetzung fanden in der Vereinbarung von *Flexibility Agreements*. Der Schwerpunkt von *New Technology Agreements* lag zeitlich Ende der siebziger, Anfang der achtziger Jahre; die Zahl der Abkommen wird von Untersuchungen auf einige hundert beziffert, der Geltungsbereich konzentrierte sich vor allem auf Angestelltentätigkeiten im öffentlichen Sektor und in der Metall- und Elektroindustrie.

Als eine Fortsetzung des verhandelten technischen Wandels unter einem neuen Label können die *Flexibility Agreements* gelten, die in den achtziger Jahren an Bedeutung gewinnen (Marsden/Thompson 1990). Ihr Schwerpunkt verlagert sich eindeutiger auf die pragmatische Aushandlung von „working practices" im Zuge technisch-organisatorischer Änderungen. Ihr Regelungsschwerpunkt umfasst deshalb Vereinbarungen zur Gewährleistung von Flexibilität des Personaleinsatzes durch vereinbarte Aufhebungen von Demarkationen zwischen den Berufstätigkeiten (zwischen Produktions- und Instandhaltungstätigkeiten, Facharbeitern und angelernten Tätigkeiten und zwischen Arbeitern und Angestellten) sowie von Qualifizierungsprozessen, die unter den Begriffen von „multi-skilling" und „functional flexibility" in Großbritannien gefaßt werden (Atkinson/Meager 1986; Pollert 1991). Derartige Abkommen wurden vor allem in der Metall- und Elektroindustrie und in den Prozeßindustrien (Chemie, Nahrungsmittel, Raffinerien) abgeschlossen, seltener im öffentlichen Dienst. Marsden und Thompson bezeichnen in ihrer Analyse von *Flexibility Agreements* aus den Jahren 1980 bis 1987, die durchaus eine Ähnlichkeit mit den *New Style Agreements* aufweisen, diese als „Spitze des Eisbergs" von verhandelten arbeitsorganisatorischen Veränderungen (1990, S. 85). Einen quantitativ breiteren Umfang nehmen jene Verhandlungsprozesse ein, die im Rahmen von regulären Aushandlungen von Lohn- und Arbeitsbedingungen auf Unternehmensebene stattfinden. Einer Analyse von 9.000 Lohnvereinbarungen aus den Jahren 1979/80 bis 1985/86 durch den Dachverband der Unternehmer CBI zufolge, enthalten ein knappes Drittel der Tarifabschlüsse Vereinbarungen zu veränderten „working practices". „The bulk of negotiated change has come about in the course of bargaining on other issues." (Cahill/Ingram 1988, S. 8)

Hatte das Management sich in der ersten Phase der Implementation neuer Techniken gegenüber den Forderungen der Gewerkschaften nach weitgehendem Einfluß auf die Entscheidungen ablehnend verhalten, so suchte es in den achtziger Jahren, in denen arbeitsorganisatorische Folgen eines effizienten Technikeinsatzes deutlicher und zwingender erkennbar wurden, zu Vereinbarungen mit gewerkschaftlichen Vertretern zu gelangen, um eine Nutzung der Humanressourcen zu gewährleisten und Konflikte zu vermeiden. Jedenfalls hat in den Kernsektoren der Industrie das Management Konfrontationen mit den Gewerkschaften eher vermieden und stattdessen sowohl Verhandlungs- als auch Konsultationsprozeduren genutzt, um organisatorische Veränderungen durchzusetzen. Einer Studie des Arbeitgeberverbandes der Metall- und Elektroindustrie zufolge, waren zwei Drittel der befragten Manager der Auffassung, daß Gewerkschaften bei der Vereinbarung von veränderten Arbeitspraktiken eher förderlich waren (Willey 1986).

Freilich trifft das Management in den achtziger Jahren zunehmend auf Gewerkschaften, die sich eine strikt ablehnende Haltung gegenüber neuen Arbeitspraktiken aufgrund ihrer schwächeren Position kaum noch leisten können. „The response of the trade unions to flexible labour proposals and agreements is inevitably pragmatic and strongly influenced by their current weakness." (Towers 1987, S. 83) Die Gewerkschaften versprachen sich in zunehmendem Maße von Verhandlungen mit dem Management Gewinne für ihre Mitglieder im Hinblick auf Einkommensverbesserungen, Qualifikationserhöhungen und verbesserte Arbeitsbedingungen. Die Gewerkschaften begannen gleichzeitig zu realisieren, daß „co-operation may be the only means of preventing the expansion of non-union employer practices" (Brown 1986, S.165).

Gegenüber den traditionellen Mustern von informellen und fragmentierten Verhandlungen, die in den letzten Jahrzehnten das britische System der industriellen Beziehungen charakterisierten, hat so insgesamt die Aushandlung neuer Techniken die Tendenz zur Formalisierung der Verhandlungsprozeduren forciert (Millward/Stevens 1986; S. 300). Beobachter sehen darin einen späten Erfolg der Realisierung jener Empfehlungen in Richtung einer „more rational and coherent structure of joint regulation between management and union" (Batstone 1988), mit denen die Donovan-Kommission die ökonomische und soziale Effizienz des britischen Systems der industriellen Beziehungen verbessern wollte. Metcalf führt die Produktivitätserfolge in den achtziger Jahren unter der Thatcher-Regierung darauf zurück, „perhaps because it has caused the fuller implementation of the substance of the Donovan proposals" (Metcalf 1989, S. 2).

Es zeigt sich demnach, daß in den achtziger Jahren in Großbritannien in den Kernbereichen industrieller Beziehungen, in denen Aushandlungen zwischen Management und Gewerkschaften auf Unternehmensebene weiterhin stattfinden, die arbeitsorganisatorischen, qualifikatorischen und personellen Ausgestaltungen neuer Techniken einvernehmlich bilateral reguliert werden. Damit wird der Übergang zu posttayloristischen Arbeits- und Produktionskonzepten von seiten der Akteure unterstützt und nicht nur neue arbeitsorganisatorische Spielräume ermöglicht, sondern auch die traditionellen, am Kontrollanspruch der Facharbeiter orientierten Verhandlungskonstellationen verflüchtigt. Im Ergebnis zeigt sich, daß die Implementation neuer Techniken in den Fertigungsindustrien einherging mit der Einführung von „more flexible systems of working, especially the creation of the new categories of enhanced craftsman and multi-skilled craftsman" (Daniel 1987, S. 277). Die Produktivitätssteigerungen der achtziger Jahre scheinen sich in diesen Veränderungen auszudrücken, wenn auch Beobachter Zweifel äußern, ob damit die Wettbewerbsnachteile der britischen Ökonomie, die in weiterhin unzureichender qualifikatorischer Infrastruktur und mangelnder Forschung und Entwicklung sowie dem Fehlen langfristiger Investitionsplanungen gesehen werden, schon kompensiert sind. „It is generally agreed that the improved productivity performance in manufacturing was the result of a more effective use of resources than of a significantly greater investment in physical or human capital. The improved efficiency stems from better working practices and a more flexible use of labour." (Mayhew 1991) Unter dem Gesichtspunkt von *Equity* sind die beschäftigten Arbeitnehmer nicht leer ausgegangen: die verhandelte Flexibilität des Personaleinsatzes ist durch höhere Lohnzugeständnisse und Qualifikationserhöhungen sowie erhöhte Dispositionsspielräume honoriert worden. Die Bilanzierung dieser Modernisierungsallianzen auf Unternehmensebene wird freilich relativiert durch die in den achtziger und neunziger Jahren weiter zugenommene Heterogenisierung und Segmentierung von Arbeits- und Beschäftigungsverhältnissen in Großbritannien, die durch weiterhin anhaltend hohe Massenarbeitslosigkeit und die Vertiefung regionaler Disparitäten gekennzeichnet sind.

Die seit 1979 etablierte politische Hegemonie der britischen Konservativen hat zweifellos den Wirtschafts- und Sozialstandort Großbritannien nachhaltig verändert. Die konsequente Umsetzung neo-liberaler Politik der Flexibilisierung und Deregulierung hat nicht nur den wohlfahrtsstaatlichen Kompromiß der Nachkriegsjahrzehnte aufgekündigt und soziale Übereinkünfte der Marktdynamik geopfert. Sie hat auch gezielt die gewerkschaftliche Organisations- und Verhandlungsmacht geschwächt und so eine Partikularisierung des „britischen Modells" industrieller Beziehungen ausgelöst. Traditionelle Symptome der „britischen Krankheit", wie hohe Inflationsraten, geringe Produktivitätszuwächse und hohe Streikaktivitäten, sind im Abklingen begriffen. Die Befürchtungen, daß technische Neuerungen an der Blockademacht gewerkschaftlicher und betrieblicher Interessenvertretung scheitern könnten, sind nicht eingetreten; um so gravierender erweisen sich die weiterbestehenden strukturellen Defizite einer Wirtschafts- und Unternehmenspolitik, die an kurzfristigen Gewinnerwartungen orientiert bleibt und die qualifikatorischen und sozialen Voraussetzungen effizienter Produktion vernachlässigt. Großbritannien hat sich unter konservativer Führung mit einer angebotsorientierten Wirtschaftspolitik in den achtziger und neunziger Jahren als attraktiver Standort für ausländische Investitionen profiliert. Offen aber muß bleiben, ob diese strategische „low-cost"-Strategie ausreichend sein wird für eine Bewältigung zukünftiger und langfristiger technisch-organisatorischer wie sozialer Innovationen durch die Unternehmen in Industrie und Dienstleistung.

6. Deutschland: Dezentralisierung und flexible Anpassung

Während das schwedische Modell der kooperativen Aushandlung technisch-organisatorischer Innovationen eine langdauernde Phase ökonomischer Prosperität und sozialen Ausgleichs vorweisen kann - wobei allerdings die politisch-kulturellen Besonderheiten die Übertragbarkeit auf Länder außerhalb Skandinaviens ausschließen - und das britische Modell lange Zeit aufgrund seiner Krisensymptomatik kaum attraktiv erschien für eine ökonomisch effiziente und sozialverträgliche Verarbeitung technisch-organisatorischer Innovationen, hat das deutsche Modell der ökonomisch-technischen Modernisierung und der industriellen Beziehungen im letzten Jahrzehnt gerade in der internationalen Debatte eine wachsende Aufmerksamkeit und Anerkennung erfahren. Vergleichende Studien (Lane 1989; Thelen 1991; Turner 1991) haben in den achtziger Jahren dem deutschen Entwicklungspfad eine gelungene sowohl ökonomisch effiziente als auch sozialverträgliche Bewältigung des technischen und organisatorischen Modernisierungsprozesses attestiert. So hat - ähnlich wie Turner - die amerikanische Sozialwissenschaftlerin Thelen in einer Studie herausgearbeitet, daß das deutsche institutionelle Arrangement der industriellen Beziehungen den ökonomisch-sozialen und technisch-organisatorischen Strukturwandel der letzten Jahrzehnte durch ein „negotiated adjustment" vergleichsweise erfolgreich bewältigt hat (Thelen 1991). Kern und Sabel haben kürzlich hervorgehoben, daß die deutsche Ökonomie eine ernsthafte Krise in den achtziger Jahren vermeiden konnte durch „die Strategien einer spezifisch deutschen Kombination von Produktperfektion, flexibler Prozeßautomatisierung, intelligenter Arbeitsorganisation und konsensualer Regulation" (Kern/Sabel 1994, S. 605).

Allerdings hat die ökonomische Rezession in der ersten Hälfte der neunziger Jahre - verstärkt durch die neuartigen Herausforderungen des deutschen Einigungsprozesses und des europäischen Binnenmarktes so wie der Globalisierung - Kostenbelastungen ebenso wie tiefergreifende strukturelle Innovationsdefizite erkennbar werden lassen, die eine umstandslose Fortschreibung der deutschen Erfolgsgeschichte in Frage gestellt haben (Jürgens/Naschold 1994). Derzeit ist deshalb nicht eindeutig absehbar, ob im weiteren Verlauf der neunziger Jahre die Innovationsfähigkeit der Ökonomie revitalisiert werden kann und ob die industriellen Beziehungen durch weitere flexible Anpassungen ihre regulative Stabilität bewahren können. Ohne diese aktuelle Debatte um die Zukunftsperspektiven des seit der politischen Herstellung der deutschen Einheit komplexer gewordenen sozialökonomischen Entwicklungsverlaufes zu vertiefen, sollen im folgenden, ähnlich wie für Schweden und Großbritannien, für die Phase der Implementation neuer Techniken seit Mitte der siebziger Jahre bis Anfang der neunziger Jahre, deren Verarbeitungsformen durch die Institutionen und Akteure der industriellen Beziehungen zusammenfassend dargestellt werden und unter den Gesichtspunkten von *Efficiency* und *Equity* bilanziert werden.

Resümiert man für die Bundesrepublik die Entwicklung seit Ende der siebziger Jahre, so zeigt sich, daß die Grundmuster und Funktionsweisen der industriellen Beziehungen vergleichsweise stabil geblieben sind (Müller-Jentsch 1995b). Die institutionellen Arrangements einer kooperativen Konfliktverarbeitung haben sich bislang als weithin flexibel erwiesen, die mit der Modernisierung der technischen und ökonomischen Potentiale verbundenen Anpassungsprozesse in organisatorischer und sozialer Hinsicht erfolgreich zu bewältigen. Sie haben sowohl zur Stabilisierung der internationalen Wettbewerbsfähigkeit der bundesdeutschen Ökonomie beigetragen als auch im gesellschaftlichen Binnenbereich gravierende soziale und politische Instabilitäten vermieden. Gleichzeitig allerdings haben mit den Modernisierungs- und Umstrukturierungsprozessen, bei anhaltend hoher Arbeitslosigkeit, Tendenzen einer zunehmenden Flexibilisierung, Segmentierung und Dezentralisierung an Bedeutung gewonnen. Als Folge davon sind traditionelle tarifliche und betriebliche Aushandlungs- und Partizipationsmuster unter Veränderungsdruck geraten, sind die unterschiedlichen Ebenen der Auseinandersetzung und Kooperation neu gewichtet worden, und hat insgesamt die Ausdifferenzierung von Interessenlagen nach Regionen, Branchen und innerhalb von Unternehmen zugenommen.

Das Fundament einer flexiblen Anpassung, mit der die Institutionen und Akteure auf die seit Mitte der siebziger Jahre sich beschleunigenden ökonomischen Strukturveränderungen und den zunehmenden Einsatz neuer Techniken und deren organisatorische und personelle Folgewirkungen reagierten, war in Deutschland nach der Niederlage des Nationalsozialismus in den Nachkriegsjahrzehnten geschaffen worden und hatte Mitte der siebziger Jahre ein hohes Maß an Stabilität und gesellschaftlichem Konsens gewonnen. Hatte einerseits der Staat mit seinen Instanzen und Politikfeldern, wie einer ausgebauten Arbeits- und Sozialgesetzgebung, einer Arbeitsrechtssprechung und Arbeitsverwaltung eine sozialstaatliche Gewährleistung von Teilhaberechten befestigt, so hatten gleichzeitig die Akteure auf Verbandsebene (Gewerkschaften und Arbeitgeberverbände) und auf Unternehmensebene (Management und Betriebsrat) zur kollektiven Regelung von Arbeitsverhältnissen normativ und faktisch spezifische Institutionensysteme etabliert, die nicht nur den ökonomischen Anforderungen von Wachstum und Produktivität nachkamen, sondern auch im politisch-programmatischen Kontext einer sozialen Marktwirtschaft soziale Konfliktlösungs- und Konsensfindungsprozesse generieren ließen.

Das Gefüge des bundesdeutschen Systems der industriellen Beziehungen ist spezifisch charakterisiert - und unterscheidet sich darin sowohl von Schweden wie von Großbritannien - durch ein duales System kollektiver Regelungen und Interessenvertretung, bei dem das Betriebsverfassungsgesetz (und ergänzend, wenn auch eingeschränkt, die Mitbestimmungsgesetze) die Grundlage des Interessenausgleichs auf Betriebs- und Unternehmensebene darstellt und das Tarifvertragsrecht die überbetrieblich-sektorale Vereinbarung von Normen gewährleistet. Diese auf hohem Niveau verrechtlichten Basisinstitutionen von Betriebsverfassung und Tarifautonomie haben mit ihrer funktionalen Differenzierung zwei verschiedene Arenen der Aushandlung etabliert, die in einem korrespondierenden Verhältnis zueinander stehen und betriebliche und gewerkschaftliche Interessenvertretung und Durchsetzung verzahnen (vgl. dazu Müller-Jentsch 1997, Kap. 11).

Auf der grundgesetzlich verankerten Koalitionsfreiheit basierend, regelt das erstmals 1949 parlamentarisch verabschiedete Tarifvertragsgesetz die allgemeinen Rahmenbedingungen und Verfahrensregelungen für Tarifverhandlungen. Auf dieser Grundlage hat sich im Verlauf der Entwicklung der Bundesrepublik ein kollektives Verhandlungssystem herausgebildet und befestigt, das sich als funktionstüchtig und anpassungsfähig erwiesen hat, indem es ein „dicht geknüpftes Netz tarifvertraglicher Regelungen der Arbeits-, Einkommens- und Leistungsbedingungen der abhängig Beschäftigten“ (Bispinck/WSI-Tarifarchiv 1989, S. 2) geschaffen hat. Nicht zuletzt die freiwilligen Vereinbarungen von Schlichtungsverfahren zwischen den Tarifparteien haben Mechanismen der Konfliktlösung geschaffen, die ein vergleichsweise niedriges Ausmaß von offenen Arbeitskämpfen in der Form von Erzwingungsstreiks oder Aussperrungen in den Nachkriegsjahrzehnten zur Folge hatten, gleichwohl dabei aber eine Reihe von größeren Arbeitskämpfen nicht ausgeschlossen haben. Hauptgegenstand von Tarifverhandlungen und -verträgen bilden die für jeweils befristete Laufzeiten vereinbarten Regelungen von Lohn- und Gehaltsfestlegungen, bei denen die Industriesektoren, im besonderen die Metallindustrie, die informelle Tarifführerschaft ausüben. Weitere Regelungen zu Entlohnungs- und Arbeitsbedingungen sind in Lohn/Gehaltsrahmentarifverträgen vereinbart, die Bestimmungen zur Arbeitsbewertung und Leistungsentlohnung festlegen, sowie in Manteltarifverträgen, die unterschiedliche Regelungsmaterien (wie Arbeitszeiten, Kündigungsschutz, Aus- und Weiterbildung u.a.) enthalten.

Der zwischen einer Gewerkschaft und dem entsprechenden Arbeitgeberverband abgeschlossene Flächen- bzw. Verbandstarifvertrag, der in einer Branche entweder landesweit oder für einzelne Regionen gilt, hat sich dabei als der dominante Typus von Tarifverträgen herausgestellt; während Firmen- oder Haustarifverträge mit rund 14.000 ein Drittel aller gültigen Tarifverträge ausmachen, haben sie gesamtwirtschaftlich nur eine geringe Relevanz. Obwohl Ende der achtziger Jahre nur etwa 600 Tarifverträge als allgemein verbindlich registriert waren, werden faktisch in der Bundesrepublik 70 Prozent der abhängig Beschäftigten von Tarifverträgen erfaßt (Traxler 1996). Dieser hohe Deckungsgrad der Tarifverträge verleiht dem kollektiven Tarifverhandlungssystem ein hohes Maß an ökonomischer und sozialer Wirksamkeit und läßt „nichtgewerkschaftlichen Sektoren“ bislang keinen Raum zur Entfaltung und Ausweitung. Die von den Tarifparteien geleistete Kompromiß- und Verpflichtungsfähigkeit hat in der Praxis des deutschen Systems der industriellen Beziehungen gleichermaßen Effektivität und Legitimität gesichert (Weitbrecht 1969) und eine Orientierung an den ökonomischen Verteilungsspielräumen gewährleistet. Der sektorale Tarifvertrag nimmt Löhne und Gehälter sowie Arbeitszeiten und andere Arbeitsbedingungen durch ihre Normierung und Standardisierung aus der Konkurrenz und garantiert den Unternehmen für die vertragliche Laufzeit sozialen Frieden und stabile Kalkulationsgrundlagen und sichert den Beschäftigten die Teilhabe an den ökonomischen Produktivitätsgewinnen und eine kontinuierliche Verbesserung der Lohn- und Arbeitsbedingungen. Die Tarifautonomie hat so das „Wirtschaftswunder“ der Nachkriegsjahrzehnte mitgetragen durch einen ökonomischen Verteilungsausgleich und einen hohen Beschäftigungsstand, der durch staatliche Maßnahmen unterstützt wurde.

Neben der Tarifautonomie bildet die Betriebsverfassung die zweite konstitutive Säule des deutschen Systems der industriellen Beziehungen, das dadurch eine komplementäre Ergänzung durch eine auf das Unternehmen konzentrierte Verhandlungsarena erhält. In Anknüpfung an frühere historische Vorläufer in der Weimarer Republik hat das 1952 parlamentarisch verabschiedete Betriebsverfassungsgesetz Informations-, Konsultations- und Mitbestimmungsrechte des Betriebsrates gewährleistet, die mit der Novellierung des Betriebsverfassungsgesetzes 1972 noch erweitert wurden. Der Institution des Betriebsrates ist ein „intermediäres Programm“ eigen, das unterschiedliche Handlungslogiken miteinander verknüpft, indem es die Aufgabe der Interessenvertretung der Arbeitnehmer koppelt mit der Förderung der wirtschaftlichen Betriebsziele. Handlungsgrundlage ist nach dem Betriebsverfassungsgesetz die „vertrauensvolle Zusammenarbeit“ von Arbeitgeber und Betriebsrat „zum Wohl der Arbeitnehmer und des Betriebes“ im Zusammenhang mit „den im Betrieb vertretenen Gewerkschaften und Arbeitgebervereinigungen“ (§ 2 des Betriebsverfassungsgesetzes).

Anders als die Tarifautonomie ist die Betriebsverfassung angelegt auf „Konfliktrationalisierung durch Kommunikation anstelle von Mobilisierung und Aktion“ (Kotthoff 1981, S. 12), was zur Entlastung auf der Ebene des Unternehmens durch die tarifliche Standardisierung von Entlohnungs- und Arbeitsbedingungen geführt und so den betrieblichen Akteuren einen Raum für die Ausgestaltung von wirtschaftlichen, personellen und sozialen Entscheidungen eröffnet hat. Auf der Ebene von Unternehmen und Betrieben hat sich so in den Nachkriegsjahrzehnten mit der Institution des Betriebsrates eine Form von Arbeitsbeziehungen herausgebildet und stabilisiert (Müller-Jentsch 1995a), die Verfahren des Interessenausgleichs und der Mitbestimmung der Arbeitnehmer gewährleistet haben, ohne im nennenswerten Ausmaß die Produktivität und Effektivität der Rationalisierung zu gefährden. Für die Unternehmensebene läßt sich deshalb die Wirkungsgeschichte der Betriebsverfassung dadurch charakterisieren, daß die Mitbestimmung des Betriebsrates gleichermaßen *Efficiency* und *Equity* gewährleistet haben. Vergleichbar hatte Anfang der siebziger Jahre die von der Bundesregierung mit der Evaluierung der Erfahrungen der gesetzlichen Mitbestimmung im Bereich der Montanindustrie beauftragte „Mitbestimmungskommission“ konstatiert, daß „die Mitbestimmungsregelungen (...) die primär ökonomische Ausrichtung der Unternehmung durch die soziale Komponente (ergänzen). Diese Ergänzung bedeutet jedoch keine Aufgabe des Grundsatzes der Rentabilität unternehmerischen Handelns“ (Mitbestimmungskommission 1970, S. 137). Dabei haben sich Modi der Aushandlungen herausgebildet, die Weltz anhand von Fallstudien technisch-organisatorischer Rationalisierung als „kooperative Konfliktverarbeitung“ charakterisiert hat (Weltz 1977), die als ein dominantes Muster gelten kann, wenngleich die Spannbreite von Partizipationsmustern betrieblicher Interessenvertretung weitaus größer ist, wie andere empirische Untersuchungen gezeigt haben (Kotthoff 1981; 1994; Osterloh 1993; Funder 1995).

Trotz einer formalen rechtlich-institutionellen Trennung von Betriebsrat und Gewerkschaft hat die historische Entwicklung zur Herausbildung und Stabilisierung einer „komplexen arbeitsteilig-komplementären Beziehungsstruktur“ (Schmidt/Trinczek 1993, S. 170) zwischen betrieblicher und überbetrieblicher Regelungsebene geführt, die gestützt ist durch eine personelle und praktisch-politische Einbindung der Mehrheit der Betriebsräte in die Gewerkschaften. Demgegenüber ist die eigenständige Repräsentation der Gewerkschaften auf Betriebs- und Unternehmensebene durch gewerkschaftliche Vertrauensleute von eingeschränkter Wirksamkeit geblieben. Selbst in den Sektoren - wie beispielsweise im Bankensektor - mit geringem gewerkschaftlicher Organisationsgrad, gewährleistet zumeist die Wahl und Arbeit eines Betriebsrates die Ausübung einer *Collective Voice* der Beschäftigten.

Das deutsche System der industriellen Beziehungen war mit seinen beiden Grundpfeilern der Tarifautonomie und Betriebsverfassung deshalb institutionell gerüstet für die Verarbeitung der Folgen einer verstärkten Einführung neuer Techniken, die in der zweiten Hälfte der siebziger Jahre in Betrieben und Verwaltungen begann und in den achtziger Jahren forciert weitergeführt wurde (Müller-Jentsch u.a. 1992). Dadurch, daß die Akteure über komplementäre Verhandlungsarenen verfügten, ließen sich die Folgen technisch-organisatorischer Innovationen differenziert verarbeiten, ohne die Stabilität der Institutionen bislang grundsätzlich in Frage zu stellen. Allerdings hat gleichzeitig der Prozeß der technisch-organisatorischen Modernisierung und dessen Aushandlungen Veränderungen nach sich gezogen, die neue Konfliktverläufe generiert und neue Arrangements von konsensorientierten Aushandlungen hervorgebracht haben, die ihr neues Gleichgewicht noch finden müssen. Dazu gehört die Herstellung einer neuen Balance von zentralen und dezentralen Verhandlungsfeldern ebenso wie der Übergang von Schutz- zu Gestaltungsnormen und die Verankerung der Ebene direkter Partizipation innerhalb des dualen Systems der industriellen Beziehungen.

Verfügte das deutsche System der industriellen Beziehungen mit der Tarifautonomie über eine Aushandlungsebene der Arbeits- und Entlohnungsbedingungen, die ihre Funktionsfähigkeit unter Beweis gestellt hatte, so konfrontierten die mit der Einführung und Anwendung der Mikroelektronik einhergehenden technisch-organisatorischen Veränderungen gleichwohl die Aushandlungsprozeduren und -inhalte mit neuen Anforderungen, die im Verlauf der siebziger und achtziger Jahre zu Anpassungen und Veränderungen im kollektiven Verhandlungssystem führten. Hatten sich die Tarifverhandlungen und -vereinbarungen in den Nachkriegsjahrzehnten im wesentlichen auf die Regelung von Einkommen und generalisierten Arbeitsbedingungen konzentriert, so erforderten die sich komplexer entfaltenden technisch-organisatorischen Rationalisierungs- und Modernisierungsprozesse eine Ausweitung der Regelungstatbestände. Der systemische Charakter von Rationalisierungsprozessen verknüpfte technische, personelle, qualifikatorische, organisatorische und zeitliche Veränderungen, die den Regelungsbedarf über die bisherigen Standardisierungen von Lohn und Arbeitszeit hinaus erweiterten. Als Folge davon kommt es deshalb seit den siebziger Jahren zu einer Ausweitung der tariflichen Regelungsgegenstände, die die Tendenz zu einer qualitativen Tarifpolitik verstärkten. Gleichzeitig ist die Gestaltungsoffenheit und -vielfalt, die die Anwendungen der neuen Technik im Hinblick auf Arbeits- und Organisationsveränderungen charakterisiert, zunehmend weniger durch generelle Normen definitiv zu regulieren. Allgemeine Regelungen, wie sie üblicherweise Tarifverträge vornehmen, erfordern die Umsetzung und Ausgestaltung auf der Ebene von Unternehmen und Betrieben, um ihre Wirksamkeit für eine Veränderung von Arbeitsbedingungen zu gewährleisten. Neben dem Bedeutungszuwachs einer qualitativen Tarifpolitik ist deshalb eine Dezentralisierung der Tarifpolitik in den achtziger Jahren in der Bundesrepublik feststellbar, mit der die Akteure des Tarifverhandlungssystems Instrumente und Verfahren herausbilden, um den Anforderungen der technisch-organisatorischen Modernisierung nachzukommen.

Bereits zu einem Zeitpunkt, als die neuen Dimensionen der mikroelektronisch induzierten Produkt- und Prozeßinnovationen sich erst abzeichneten, hatte das Tarifverhandlungssystem ökonomische und soziale Folgen von Rationalisierungen in Produktion und Dienstleistungen aufgegriffen und in Form eigener Tarifverträge - Rationalisierungsschutzabkommen - Schutznormen für die Beschäftigten vereinbart (Böhle/Lutz 1974). Ende der sechziger Jahre wurde erstmals in der Metall- und Elektroindustrie ein Rationalisierungsschutzabkommen zwischen den Tarifparteien in einem Flächentarifvertrag vereinbart, dem ähnliche Abkommen in anderen Branchen folgten. Auch in den siebziger und achtziger Jahren erlangte der Abschluß von Rationalisierungsschutzabkommen weiterhin tarifpolitische Bedeutung, etwa mit dem Abschluß eines Vertrages zur Beschäftigungssicherung bei der Einführung und Anwendung rechnergesteuerter Textsysteme in der Druckindustrie 1978 oder dem Abschluß von Rationalisierungsschutzabkommen im Finanzdienstleistungsbereich (Banken und Versicherungen) in der ersten Hälfte der achtziger Jahre.

Die tariflichen Rationalisierungsschutzverträge erwiesen sich im Prozeß der Einführung neuer Techniken als generalisierte Schutznormen, die die Tarif- und Betriebsparteien auf sozialverträgliche Lösungen verpflichteten, bei denen Entlassungen aufgrund von technisch-organisatorischer Rationalisierung vermieden, durch Qualifizierungsmaßnahmen aufgefangen oder durch finanzielle Abfindungsregelungen kompensiert werden sollten. Folgten die ersten Regelungen weitgehend der Logik einer primär quantitativ-monetären Tarifpolitik, so nehmen die späteren Rationalisierungsschutzverträge deutlicher auch Qualifizierungs- und Gestaltungsansprüche der Beschäftigten auf und normieren diese. So regeln in der ersten Hälfte der achtziger Jahre im Banken- und Versicherungsgewerbe Tarifverträge und Betriebsvereinbarungen Schutznormen bei rationalisierungsbedingtem Änderungen der Arbeitstätigkeiten und sichern den betroffenen Beschäftigten einen Anspruch auf Teilnahme an Weiterbildungsmaßnahmen.

Generell gewinnen in der zweiten Hälfte der achtziger Jahre Fragen der Qualifikationssicherung und -förderung einen wachsenden Stellenwert in tariflichen Vereinbarungen (Hardes/Schmitz 1991). Ein 1988 für die Metallindustrie Baden-Württembergs abgeschlossener Tarifvertrag verpflichtet den Arbeitgeber, den Qualifikationsbedarf, der sich aus den gegenwärtigen und künftigen Anforderungen im Gefolge technischer und organisatorischer Veränderungen für die Beschäftigten ergibt, regelmäßig zu ermitteln und einmal jährlich mit dem Betriebsrat zu beraten. Wie empirische Untersuchungen (Bahnmüller u.a. 1993; Seitz 1997) ergaben, ist die betriebliche Umsetzung der generellen Rahmenregelungen bislang jedoch defizitär geblieben.

Die Einführung und Anwendung neuer Techniken wird somit in den achtziger Jahren gestützt von einem Aushandlungsprozeß der Tarifparteien, dessen Resultate in Form von kollektiven Tarifvereinbarungen den Unternehmern Handlungsspielräume zur Technikanwendung einräumen und gleichzeitig die Interessen der Beschäftigten an fortdauernden Arbeitsverhältnissen und verbesserten Arbeits- und Qualifizierungsbedingungen absichern. Auf diese Weise sichert die Tarifautonomie auf der überbetrieblichen Ebene eine technisch-organisatorische Modernisierung, die gleichermaßen *Efficiency* und *Equity* gewährleisten.

Im großen und ganzen haben in der Bundesrepublik zentrale Sektoren der Industrie, nach den strukturellen und konjunkturellen Turbulenzen der siebziger Jahre, in den achtziger Jahren ihre internationale Wettbewerbsfähigkeit stabilisiert und erhöht, was in der anhaltenden Exportexpansion zum Ausdruck kam. Während eine Reihe von traditionellen Branchen, wie die Eisen- und Stahlindustrie und die Werftindustrie im Investitionsgüterbereich und die Textil- und Bekleidungsindustrie sowie die Möbelindustrie im Konsumgüterbereich, gravierende Einbrüche hinnehmen mußten, gehörten die Wirtschaftszweige des Maschinenbaus, der Elektro- und Elektronikindustrie, der Automobilindustrie, sowie der Chemieindustrie, zu jenen Branchen, die den marktlichen Flexibilitätsanforderungen mit Konzepten einer breit angelegten Produktionsmodernisierung auf der Basis des forcierten Einsatzes neuer Techniken Rechnung trugen. Auch in zentralen Sektoren des Dienstleistungs- und Verwaltungsbereiches, wie im Banken- und Versicherungssektor und in Industrieverwaltungen, hat die Nutzung integrierter Informations- und Kommunikationstechnologien zu einer Forcierung technisch-organisatorischer Rationalisierung und zur Ausweitung und Ausdifferenzierung von Dienstleistungsangeboten und -tätigkeiten geführt. Trotz einer vorübergehend positiven Entwicklung in der zweiten Hälfte der achtziger Jahre auf dem Arbeitsmarkt verharrte die Arbeitslosigkeit auf einem weiterhin hohen Niveau. Seit Mitte der siebziger Jahre ist deshalb Massenarbeitslosigkeit eine permanente Begleiterscheinung des ökonomischen, technischen und sozialen Wandels, die sich in den neunziger Jahren verfestigt.

Die anhaltende Massenarbeitslosigkeit bildete zugleich die Ursache dafür, daß die Verkürzung der Arbeitszeit in den achtziger Jahren die Agenda der kollektiven Tarifverhandlungen in nahezu allen Branchen dominierte. Standen in den Auseinandersetzungen um die Arbeitszeitverkürzung, die Mitte der achtziger Jahre in mehrwöchigen Streiks und Aussperrungen in der Metall- und Elektroindustrie sowie in der Druckindustrie eskalierten, zunächst die Ziele einer quantitativen (Um-)verteilung der Arbeitszeit zur Bekämpfung der Arbeitslosigkeit auf gewerkschaftlicher Seite im Vordergrund - und die Verkürzung der tariflichen Arbeitszeit hat durchaus zu einer Beschäftigungssicherung beigetragen, wenn auch deren Effekte sich nur schwer eindeutig quantifizieren lassen -, treten bei der Thematisierung der Arbeitszeit in der zweiten Hälfte der achtziger Jahre stärker Aspekte der Verteilung und der Lage der Arbeitszeit, damit der flexiblen Arbeitszeitgestaltung in den Mittelpunkt. Die Interessen der Unternehmen an flexiblen Arbeitszeiten (Entkopplung von Arbeits- und Betriebszeiten, Arbeit am Wochenende, kapazitätsorientierte Arbeitszeiten) werden konfrontiert mit differenzierten Arbeitszeitwünschen der Beschäftigten (Präferenzen für größere Freizeitblöcke, Teilzeitarbeit, Elternurlaub). Im Prozeß der Arbeitszeitgestaltung ist dabei die Tendenz zu einer „verhandelten Flexibilität" erkennbar, bei der erstmals Bedingungen von Teilzeitarbeit tariflich geregelt werden und Flexibilisierungsspielräume als tariflicher Rahmen vereinbart werden. Auf der Basis dieser Vereinbarungen werden den betrieblichen Akteuren, dem Management und dem Betriebsrat, Gestaltungsoptionen für kollektive und individuell abweichende Arbeitszeitregelungen eingeräumt, die von diesen auch genutzt werden. So wurden in der Metall- und Elektroindustrie etwa 10.000 Betriebsvereinbarungen abgeschlossen, in denen die Betriebsparteien konkretisierende Ausgestaltungen der in den zentralen Tarifverträgen allgemein geregelten Arbeitszeitverkürzungen vereinbarten. Diese Tendenz einer Übertragung tariflicher Regelungskompetenz von den sektoralen auf die betrieblichen Verhandlungsinstanzen, wie sie im Fall der Arbeitszeitverkürzung, aber auch im Hinblick auf Qualifizierungsprozesse erfolgten, haben deshalb eine Dezentralisierung der industriellen Beziehungen in den achtziger Jahren forciert, die eine Veränderung des dualen Aushandlungssystems einleiteten.

Kollektivvertragliche Regelungen auf sektoraler und zentraler Ebene behalten zwar weiter ihre Geltung, die konkretisierende Ausgestaltung der tarifvertraglichen Normen verlagert sich aber stärker auf die Betriebsparteien. Damit erfährt die zweite Säule der industriellen Beziehungen, die Betriebsverfassung mit den gesetzlich fundierten Informations-, Beratungs- und Mitbestimmungsrechten des Betriebsrates, eine Aufwertung. Gleichzeitig läßt sich in den achtziger Jahren eine „Verschiebung zu effektiveren Partizipationsmustern" (Osterloh 1993, S. 271) der betrieblichen Interessenvertretung feststellen. Eine Follow Up-Studie Kotthoffs konstatiert für Anfang der neunziger Jahre in zwei Dritteln der untersuchten Betriebe wirksame Formen der Interessenvertretung, während Mitte der siebziger Jahre noch zwei Drittel der Betriebe eine defiziente Form der Partizipation des Betriebsrates aufwiesen (Kotthoff 1981; 1994).

Von seiten des betrieblichen Managements ist der Betriebsrat mittlerweile als demokratisch legitimiertes Interessenvertretungsorgan akzeptiert (Niedenhoff 1994) und wird von Managern positiv bewertet als Organ, um „gemeinsam und kooperativ bestimmte Dinge zu lösen" (Eberwein/Tholen 1990, S. 113). Der Betriebsrat fungierte deshalb als primäre Verhandlungsinstanz, die mit dem Management auf der Basis des Betriebsverfassungsgesetzes die Einführung und Anwendung neuer Techniken im Betrieb aushandelte und eine Berücksichtigung der Beschäftigteninteressen einforderte als Ausdruck der *Collective Voice* der Beschäftigten.

Wie sich aus einer Vielzahl von Fallstudien (Altmann u.a. 1982b; Kern/Schumann 1984; Weinert 1985; Bergmann u.a. 1986; Baethge/Oberbeck 1986; Hildebrandt/Seltz 1989; Birke/Schwarz 1990; Behr/Pohlmann 1991; Bartölke u.a. 1991) erkennen läßt, ist der Prozeß der Implementation neuer Techniken in Produktion und Verwaltung auf der Basis eines Interessenausgleichs zwischen Betriebsrat und Management erfolgt, der gleichermaßen den betrieblichen Erfordernissen einer Erhöhung von Produktivität und Effektivität wie den Interessen der Beschäftigten Rechnung trug und nur in seltensten Fällen zu Verzögerungen oder gar Blockierungen technisch-organisatorischer Innovationen führte. Hauptfelder der Aushandlungsprozesse bei der betrieblichen Implementation neuer Techniken waren dabei die Regulierungen zur Beschäftigungssicherung, zur Weiterbildung, zur Lohngestaltung, zu ergonomischen Normen und zum Personaldatenschutz bei der Einführung von EDV-Informations- und Kommunikationssystemen, während die strategischen Entscheidungen über Einsatz und Auswahl technischer Systeme kaum Gegenstand von Aushandlungsprozessen waren.

Aus nahezu allen empirischen Fallstudien geht hervor, daß die Betriebsräte keine wirksame Beeinflussung im Hinblick auf die Gestaltung der neuen Techniken ausüben, weil sie entweder nur ein geringes Interesse an einer Gestaltungsperspektive haben, oder weil sie nur selten über entsprechende technische und gestalterische Kompetenz verfügen und alternative Gestaltungskonzepte weitgehend fehlen. Als ein stilprägendes Muster von Partizipation durch den Betriebsrat erweist sich dabei, „daß man sich in den Modernisierungsprozeß der Betriebe einklinkt und seinen Preis fürs Mitspielen verlangt: grundsätzlichen Entlassungsschutz bzw. die Bewältigung von unabweislichem Personalabbau durch Frühverrentung oder neue Arbeitszeitregelungen ohne schmerzhafte finanzielle Verluste; bei Umsetzungen im Prinzip Besitzstandsicherung, zumindest akzeptable Übergangsregelungen; Beteiligung am Rationalisierungsgewinn als Ausgleich für übernommene Risiken und Lasten. Statt des Kampfes um alternative Rationalisierung also Kampf um die angemessene Beteiligung an betrieblicher Rationalisierung." (Kern/Schumann 1984, S. 21)

In der Regel werden in den Unternehmen Betriebsräte bei Modernisierungsvorhaben vom Management in groben Zügen informiert; allerdings oft erst zu einem Zeitpunkt, an dem die wichtigsten Planungs- und Gestaltungsentscheidungen schon gefallen sind. Aber auch dann überlassen sie dem Management weitgehend die Initiative bei der technischen und organisatorischen Gestaltung und betrieblichen Implementation. Nur in seltenen Fällen greifen die betrieblichen Interessenvertreter mit eigenen Gestaltungsvorstellungen in den Prozeß ein, bei dem die Auslegung neuer technischer Arbeitssysteme und organisatorischer Konzepte gestaltet werden (Altmann u.a. 1982a; Hildebrand/Seltz 1989).

Von seiten des Mangements wird bei der betrieblichen Implementation neuer Techniken und der Einführung neuer Arbeits- und Organisationsstrukturen darauf geachtet, daß es nicht zu massiven Verletzungen der Interessen der Beschäftigten kommt (Vermeidung von Entlassungen und Dequalifizierungen). Da gleichzeitig das Management bei Modernisierungsvorhaben in wachsendem Maße auf die Akzeptanz und die Motivation der Beschäftigten angewiesen ist, kommt es zumindest in den prosperierenden Zweigen der Industrie zur Herausbildung eines informellen Modernisierungspaktes zwischen Management, Betriebsräten und Beschäftigten. Unterstützt wird dieses Arrangement durch die Offenheit der systemischen Rationalisierung, die deren Implementation „nicht gegen den erklärten Willen des Betriebsrates möglich macht" und deshalb einen erhöhten „Einigungszwang für Management und Betriebsrat" schafft (Weinert 1988, S. 286). Getragen wird dieser Modernisierungspakt von der gemeinsam geteilten Einsicht, daß eine erfolgreiche Modernisierung und Rationalisierung im Unternehmen die Basis von Beschäftigungssicherheit, eines hohen Lohnniveaus und eines qualifizierten Personaleinsatzes darstellt und dabei die Wettbewerbsfähigkeit des Unternehmens fördert. Auf dem Hintergrund dieses Modernisierungspaktes sind seit den achtziger Jahren verstärkt neue Partizipationsangebote vom Management ausgegangen. Im Zuge der technischen, arbeitsorganisatorischen und betrieblichen Umstrukturierungen der letzten Jahre gewinnen auf Unternehmensebene Tendenzen zur Dezentralisierung, Enthierarchisierung und Selbststeuerung an Bedeutung, die einhergehen mit Formen und Modellen direkter Partizipation auf betrieblicher Ebene, wie der Einführung von Qualitätszirkeln sowie Gruppen- und Teamarbeit (Sperling 1994). Dadurch eröffnen sich dem Betriebsrat in der Auseinandersetzung mit einem auf Konsens und Beteiligung orientierten Management neue Felder der Kooperation und Gestaltung. So werden in Unternehmen bei der Einführung von Qualitätszirkeln und Gruppenarbeit die „Beteiligungsmodalitäten nicht nur ausgehandelt", sondern die Partizipation „auch unter Beteiligung und Kontrolle der betrieblichen Interessenvertetung durchgeführt" (Greifenstein u.a. 1993, S. 317-8). Gleichzeitig trägt die mit der Verbreitung von Gruppenarbeit sich erhöhende Selbstvertretungskompetenz von Arbeitern und Angestellten zu einer praktischen Problematisierung des repräsentativen Vertretungsmodells und der institutionalisierten Mitbestimmungsrechte und -möglichkeiten bei.

7. Zwischenbilanz

Wir haben in den Darstellungen für die drei Ländern die Interdependenz von technisch-organisatorischem Wandel und industriellen Beziehungen im Kontext der nationalen Strukturen unter dem Gesichtspunkt der Herstellung und Sicherung von *Efficiency* und *Equity* expliziert. Bevor wir im folgenden auf die Ebene der drei ausgewählten Branchen übergehen, um die Aushandlungsprozesse und Partizipationsmuster detaillierter darzustellen, wollen wir eine Zwischenbilanz ziehen.

Wir können für alle drei Länder seit Mitte der siebziger Jahre in ähnlicher, wenn auch nicht identischer Weise feststellen, daß die Veränderungen der globalen ökonomischen Bedingungen mit dem Ende der Nachkriegsjahrzehnte die nationalen Ökonomien vor gravierende Herausforderungen stellten. Mit der Einführung neuer Techniken und der organisationsstrukturellen Implementation in Unternehmen hat für alle drei Länder der Modernisierungsdruck erheblich zugenommen. In allen Ökonomien ist dieser Prozeß der Adaption und Implementation neuer Techniken erfolgt, der begleitet ist von ökonomischen Umstrukturierungen und Veränderungen der Beschäftigungsstruktur und überlagert wird von konjunkturellen Prozessen. Dabei treffen wir in allen drei Ländern auf technik- und marktinduzierte Veränderungsimperative, die die Arbeitsorganisation, die Managementstrategien und kollektiven Interessenvertretungsstrukturen in Richtung „postfordistischer" Produktions- und Sozialmodelle lenken. Das Aggregationsniveau einer makroökonomischen Betrachtung macht es freilich kaum möglich, die Heterogenität der Entwicklungen im nationalen Maßstab angemessen zu erfaßen. Noch schwerer fällt es, auf dieser Ebene die ökonomischen Wirkungen der industriellen Beziehungen auf die effiziente Bewältigung der technisch-organisatorischen Modernisierungsprozesse in eindeutigen Kennziffern zu evaluieren und als Kausalbeziehungen zu interpretieren, was bereits auf der Vergleichsebene von Unternehmen oder Branchen auf erhebliche methodische Probleme stößt. Orientiert man sich an der Entwicklung der Produktivitätsindikatoren, so fällt zumindest auf, daß Großbritannien wohl kaum länger als der „worst case" gelten kann. Die These, daß Großbritannien mit seinem spezifischen System der industriellen Beziehungen einer effizienten Modernisierung im Wege steht, scheint an Überzeugungkraft zu verlieren. Damit korrespondiert, daß die Akteure und Institutionen der industriellen Beziehungen in Großbritannien im letzten

Jahrzehnt den wohl nachhaltigsten Veränderungsprozeß durchlaufen haben, verglichen mit Schweden und Deutschland, die aufgrund der Stabilität ihrer industriellen Beziehungen den Prozeß der Technikimplementation in den achtziger Jahren ohne größere Einbußen an sozialer Rationalität bewältigt haben. Erst in den neunziger Jahren kündigt sich definitiver ein Ende des schwedischen Modells an und wird das deutsche Modell auf den Prüfstand geschickt.

Die Rekonstruktion der Aushandlungsprozeduren und -resultate im Prozeß der technisch-organisatorischen Modernisierung in den achtziger Jahren in den drei Ländern zeigt im Vergleich, daß Schweden seine exzeptionelle Position verteidigen konnte, indem die von einem gesellschaftlich-politischen Konsens getragene Politik Massenarbeitslosigkeit bis in die frühen neunziger Jahre vermeiden konnte - anders als in Großbritannien und in Deutschland. Gleichwohl haben auch hier die Akteure und Institutionen der industriellen Beziehungen sich einer weiteren Rationalisierung und Modernisierung nicht in den Weg gestellt, so daß die neoklassische These von der innovationshinderlichen Rolle kollektiver Interessenvertretung keine Bestätigung erfahren hat. In allen drei Ländern haben die technisch-organisatorischen Veränderungen Innovationen der Arbeitsbeziehungen ausgelöst und bewirkt, daß kooperativ-konsensuellen Aushandlungsprozeduren ein höherer Stellenwert eingeräumt und auf diese Weise jeweils nationalspezifische Versionen einer Komplementarität von *Efficiency* und *Equity* realisiert wurden. Zumindest bis Ende der achtziger Jahre hat Schweden sein konsensuell verankertes Verhandlungssystem beibehalten und durch dezentralisierte Konsultationsmechanismen die technisch-organisatorischen Innovationen sozialverträglich gestalten können, wenn auch die Wachstumsimpulse sich abzuschwächen begannen. Für Großbritannien ist der Verlauf uneinheitlicher. Soweit es die Beschäftigten in jenen Bereichen betrifft, in denen die Akteure und Institutionen der industriellen Beziehungen ihre Funktion aufrechterhalten konnten und Anpassungsleistungen erbracht haben, ist eine einvernehmliche Verarbeitung der arbeitsorganisatorischen Veränderungen erfolgt, während zugleich der Anteil jener Bereiche, die aus dem Regelungsbereich kollektivvertraglicher Vereinbarungen herausfallen, erheblich zugenommen hat. Relativ günstig stellt sich für die achtziger Jahre der Verlauf des technisch-organisatorischen Wandels in Deutschland dar; zwar hat auch hier die anhaltende Massenarbeitslosigkeit das Sozialsystem belastet, gleichzeitig aber erwiesen sich die beiden Verhandlungsarenen der Tarif- und Betriebsparteien in der Lage, durch Ausweitung der Verhandlungsfelder und eine Dezentralisierung der Aushandlungsmodi die Folgen der technisch-organisatorischen Modernisierung sozialverträglich zu verarbeiten.

Gleichwohl sind Tendenzen einer institutionellen Konvergenz der Systeme der industriellen Beziehungen nicht zu erkennen, eher schon lassen sich Analogien auf Unternehmens- und Branchenebene bei der Suche nach „best practices“ ausmachen. Hier haben zumindest in den prosperierenden Sektoren der nationalen Ökonomien kooperative und zunehmend dezentrale Aushandlungsprozesse bei der Implementation neuer Techniken den Beschäftigten Chancen einer Beteiligung am Rationalisierungs- und Modernisierungsprozeß eingeräumt. Den strategischen Handlungsspielraum des Managements haben diese Beteiligungsarrangements nicht prinzipiell eingeschränkt, wenngleich die rechtlich fixierten Aushandlungsmodi in Schweden durch das Mitbestimmungsgesetz und in Deutschland durch das Betriebsverfassungsgesetz ein höheres Maß an Verhandlungsbedarf und -notwendigkeit generieren als in Großbritannien, wo das freiwillige Verhandlungsmodell es dem Management leichter macht, sich kollektivvertraglichen Regelungen zu entziehen und unilaterale Entscheidungsprozesse bei der Technikimplementation zu bevorzugen.

IV. Technikimplementation und industrielle Beziehungen in der Druckindustrie

Das Druckgewerbe mit seiner handwerklichen Tradition ist zweifellos eine Branche, die durch die Einführung neuer Techniken in den letzten Jahrzehnten gravierende Veränderungen hinsichtlich der Produktionstechnik, der Arbeitsorganisation und der Arbeitstätigkeiten erfahren hat und deren Dynamik sich in den neunziger Jahren mit dem Einzug der Digital-Technik noch beschleunigt. Deshalb lag es nahe, bei der Untersuchung des Wechselverhältnisses von neuen Techniken und industriellen Beziehungen die Druckindustrie einzubeziehen, zumal die Konflikte zwischen den Akteuren mitunter spektakulär eskaliert sind. Wenn wir den Prozeß der technischen und organisatorischen Innovation schwerpunktmäßig an der Druckvorstufe in der Zeitungsherstellung verfolgen, zielt unser Interesse darauf, die Veränderungen der Akteurskonstellationen und die Aushandlungsprozesse mit ihren substantiellen und prozeduralen Resultaten in den jeweiligen nationalen Kontexten vergleichend darzustellen.

1. Tendenzen der ökonomischen, organisatorischen und Beschäftigungsentwicklung

Der Prozeß technologischer Innovationen in der Druckindustrie ist im Hinblick auf die Veränderungen der Arbeits- und Produktionsprozesse relativ klar konturiert. Im Unterschied zur Elektroindustrie haben in der Druckindustrie neben Veränderungen der Produkte vor allem Prozeßinnovationen stattgefunden.

Die Produkte der Druckindustrie haben sich unterschiedlich verändert. Tageszeitungen sind durch die Umstellung auf andere Druckverfahren farbiger geworden, dies gilt sowohl für die Anzeigen, verstärkt aber auch für den redaktionellen Teil. Insgesamt sind Tageszeitungen und Zeitschriften durch standardisierte Gestaltungs- und Umbruchsoftware nicht selten auch einheitlicher in ihrem Aussehen geworden. Auch bei Broschüren, Werbe- und Verpackungsmaterial führen die technischen und gestalterischen Möglichkeiten, die die neuen Techniken bieten, zu äußerlichen Veränderungen.

In den vergangenen Jahren haben neben den angestammten Produkten des Printsektors zusätzlich auch multimediale Produkte Einzug in die Zeitungs- und Zeitschriftenhäuser gehalten. Zeitungs- und Zeitschriftenausgaben sind zunehmend auf CD-ROM zu erhalten, abrufbar über Online-Dienste oder bieten Informationen über das Internet. Löst sich mit den neuen multimedialen Produkten einerseits das alte handwerkliche Monopol der Druckindustrie auf, so wird sich andererseits die Druckindustrie in Zukunft nicht mehr auf das Printprodukt beschränken. Künftig sind Fähigkeiten gefragt, digitales Informations- und Kommunikationsmanagement zu betreiben.

Die Medienprodukte der Druckindustrie - Zeitschriften, Zeitungen und Bücher - sind damit einer größer werdenden Konkurrenz von Nicht-Printmedien ausgesetzt. Diese Konkurrenz hat zur Folge, daß sich Buch-, Zeitschriften- und Zeitungsverlage an Radio- und Fernsehsendern beteiligen, Nachrichten und Unterhaltungsideen sich also doppelt verwerten lassen. Die Druckindustrie ist Teil der Medienbranche, die sich zur Zeit insgesamt im Umbruch befindet. Für die Zeitungs- und Zeitschriftenunternehmen spielen die Printmedien nach wie vor eine wichtige Rolle; der Übergang zu elektronischen Medien wird von den Zeitungs- und Zeitschriftenverlagen selbst gefördert.

In der Untersuchung und Darstellung der Entwicklung von neuen Techniken in der Druckindustrie haben wir uns schwerpunktmäßig auf die Zeitungsherstellung konzentriert, da hier vor allem hinsichtlich der Veränderungen in der Druckvorstufe sowohl die Umstellungsprobleme wie die Konflikte am größten waren. Stärker als bei allen anderen Branchen, die von neuen Techniken betroffen sind, wurden die Konflikte um die Einführung der neuen Techniken in der Druckindustrie zudem in der Öffentlichkeit bekannt und diskutiert. Durch die Streiks bei den Zeitungen waren die Leser, also die Rezipienten der „öffentlichen Meinung“, direkt betroffen. Die Zeitungen wurden damit zu *dem* Beispiel, an dem die Auswirkungen der neuen Techniken auf traditionelle Arbeitsprozesse in der Öffentlichkeit wahrgenommen wurden.

Die räumliche Konzentration der Druckindustrie ist innerhalb der einzelnen Länder unterschiedlich. In Schweden und in Großbritannien werden die großen nationalen Zeitungen vor allem in den Hauptstädten hergestellt, in der Bundesrepublik werden auch die überregionalen Zeitungen in verschiedenen Städten hergestellt und haben unterschiedliche regionale Schwerpunkte. Außer den großen Zeitungs- und Verlagshäusern sind die Druckereien in allen drei Ländern eher mittelständisch organisiert und regional gebunden.

Die Beschäftigungsentwicklung ist in der Druckindustrie in allen drei betrachteten Ländern seit den siebziger Jahren leicht rückläufig. So verringerte sich im Verlauf der achtziger Jahre die Zahl der Beschäftigten in der Druckindustrie in Großbritannien von 323.100 (1980) auf 301.300 (1988), in Deutschland von 183.900 auf 180.400 und in Schweden von 44.300 auf 42.300. Auch in den neunziger Jahren hält der Trend zum Abbau der Beschäftigung an, wenn auch die Veränderungen im Mediensektor insgesamt eindeutige Zuordnungen erschweren. Der Rückgang der Beschäftigtenzahlen ist nicht auf einen Rückgang der Produktion zurückzuführen. Das Produktionsvolumen der Druckindustrie ist in den achtziger und neunziger Jahren in allen drei Ländern ständig gestiegen. Von 1980 bis 1988 stieg es im Bereich „Printing and Publishing“ in Großbritannien von 6,8 Mrd. Pfund auf 15,3 Mrd. Pfund, in Schweden von 10,3 Mrd. Kronen auf 26,6 Mrd. Kronen und in der BRD von 20,7 Mrd. DM auf 28,04 Mrd. DM.

Die Druckindustrie hat in allen drei betrachteten Ländern seit Ende der siebziger Jahre stark in neue Technologien investiert. In Großbritannien stiegen die Investitionen im Bereich „Printing and Publishing“ zwischen 1979 und 1988 von 235 Mio. auf 877 Mio. Pfund, in der BRD im gleichen Zeitraum von 1,04 Mrd. DM auf 1,91 Mrd. DM. In Großbritannien standen die Investitionsanstiege in der Druckindustrie sogar im Kontrast zum Rückgang des Investitionsvolumens in der verarbeitenden Industrie in den achtziger Jahren (Twok 1989). Die Investitionsaktivität in der Druckindustrie ist Ausdruck der forcierten Implementation neuer Techniken. Der massive Einsatz neuer

Techniken in der Druckindustrie in den siebziger und achtziger Jahren läßt sich beispielsweise auch an den Maschinenbestandsveränderungen, die vom Bundesverband Druck für die BRD erhoben werden, ablesen: Zwischen 1969 und 1986 verringerte sich die Zahl der Bleisatzmaschinen von 7.900 auf 1.500, wovon allein in den Jahren 1977 bis 1981 4.000 Bleisatzmaschinen abgeschafft wurden. Der Einsatz von Fotosatzmaschinen nahm zwischen 1969 und 1986 von 1.300 auf 11.300 zu, entsprechend stieg die Zahl der Bildschirme von praktisch Null auf 13.700 an, die elektronischen Bildverarbeitungssysteme von Null auf 100 (Dostal 1988, S. 100).

2. Implementation von Informations- und Kommunikationstechnologien

Die Rationalisierung der Arbeit in der Druckindustrie mit Hilfe der Computertechnologie fand in allen drei Ländern in zwei Phasen statt, von denen die zweite noch andauert. Die erste Phase der Rationalisierung bestand vor allem in der Ablösung des (Blei-) Maschinensatzes durch Fotosatz ab Mitte der sechziger Jahre. Die Veränderungen fanden vor allem in der Satzherstellung und der Weiterverarbeitung der Fotosatzfilme in der Seiten- bzw. Druckbogenmontage statt. In der zweiten Phase technischer Innovationen, die - auch betriebsübergreifend - mit größeren Rationalisierungseffekten verbunden ist, geht es nicht mehr alleine um die Satzherstellung, sondern um die gesamte Druckvorstufe, die alle Bereiche der Zeitungsherstellung vor dem Druck umfaßt. Heute werden nicht mehr einzelne Geräte oder Maschinen ausgetauscht, sondern Ziel ist die Vernetzung aller Bereiche der Druckvorstufe. Dies beginnt bei der Erfassung - neben der Text- und Anzeigenerfassung sind v.a. Auswirkungen bei der Bildherstellung zu beobachten - bis zur Herstellung der Druckplatten (*computer to plate*) bzw. der direkten Lieferung aller Daten in die Druckmaschine (*computer to print)*. Diese zweite Phase begann Mitte der achtziger Jahre und ist noch lange nicht abgeschlossen. Die Einführung des elektronischen Ganzseitenumbruchs am Bildschirm ist dabei der Teil technischer Innovation, der bereits am weitesten vorangeschritten ist.

Erste Fotosatzmaschinen kamen in Druckereien bereits in den fünfziger Jahren zum praktischen Einsatz. Diese mechanischen Maschinen lehnten sich in ihrer technischen Konstruktion noch stark an die gebräuchlichen Bleisetzmaschinen (Linotype und Monotype) an und brachten keine Rationalisierungseffekte für die Setzer. Bei der folgenden Generation von Fotosetzmaschinen bzw. -anlagen handelte es sich bereits um elektromechanische Geräte, die in den sechziger Jahren zur Anwendung gelangten. Bei diesen Geräten diente ein Lochstreifen als Datenträger. Diese Maschinen eigneten sich vor allem für einfachen Mengensatz, der von angelernten Schreibkräften separat erfaßt werden konnte, die Manuskripte mußten aber immer noch von Fachkräften vorbereitet und mit Satzanweisungen versehen werden. Dies war auch der Grund dafür, daß die elektromechanische Gerätegeneration bei der Zeitungsherstellung keine bedeutende Verbreitung fand.

Anfang der siebziger Jahre kamen erste elektronische Fotosatzanlagen auf den Markt, die den Bleisatz bei der Zeitungsherstellung überflüssig machten, und damit den traditionellen Beruf des Schriftsetzers bedrohten. Mit diesen elektronischen Fotosatzanlagen begann die erste Phase der Rationalisierung. In einer Übergangsperiode gab es vor allem an den sogenannten Kompaktanlagen noch Arbeiten, bei denen die Qualifikation und das typographische Know-how des Setzers gefragt waren. Erst mit der Weiterentwicklung und Verfeinerung der Software für verschiedene Satzarbeiten reduzierten sich die Qualifikationsanforderungen. Angelernte Schreibkräfte konnten nun bei geringeren Lohnkosten traditionelle Setzerarbeiten übernehmen. Auch die Doppelerfassung von Texten in der Redaktion und anschließend erneut in der Setzerei entfiel zunehmend, da Journalisten ihre Texte gleich selber in den Computer eingaben. Ein wichtiges Merkmal dieser ersten elektronischen Computeranlagen war die (vorübergehende) Zerlegung von Arbeitsschritten, die um die Jahrhundertwende mit der Einführung der Bleisetzmaschinen in der Satzherstellung vereinigt worden waren.

Den elektronischen Computeranlagen folgte die vollintegrierte elektronische Druckvorstufe. Damit beginnt die zweite Rationalisierungsphase, die nicht nur einzelne Arbeitsvorgänge, sondern den gesamten Bereich der Druckvorstufe und alle dort bisher stattfindenden Arbeiten betrifft. Abgesehen von Papier und Druckerschwärze ist eine Zeitung ein immaterielles Produkt, ein Zeichensystem. Alle Arbeiten, die diese Zeichenanordnung herstellen, die eine Zeitung ausmacht, können natürlich von oder mit einem Computer gemacht werden. „Anders als etwa im Maschinenbau (CNC-Steuerungen) oder an Druckmaschinen (Sensortechnik, elektronische Steuerung) wird nicht die traditionelle Fertigungstechnik durch Computersteuerung ergänzt. In der Druckvorstufe wird das Produkt selbst (das druckbare Farbbild oder die Preisliste mit integrierten Abbildungen des Produkts) nunmehr elektronisch bearbeitet." (Kerst 1991, S. 3)

Die vollelektronische Druckvorstufe zielt darauf, „Satz und Reproabteilungen in einem einheitlichen elektronischen Vorstufensystem zu integrieren. Die gesamte Aufbereitung von Texten und Bildern erfolgt immateriell, d.h. ohne filmische Zwischenstufen. Das Ziel ist die systemgerechte Erfassung bzw. Aufbereitung sämtlicher Daten und Informationen möglichst dicht an der Entstehungsquelle. Das Endprodukt der elektronischen Vorstufe ist die fertige Druckform; also entweder die Offsetplatte oder der gravierte Tiefdruckzylinder. Die Kontrolle und Überwachung erfolgt am Bildschirm." (IG Druck und Papier 1985, S.45)

Bei der derzeit stattfindenden zweiten Phase der Computerisierung in der Druckindustrie kann man - anders als bei der Umstellung auf Fotosatz - von einer „systemischen Rationalisierung" (Altmann u.a. 1986; Baethge/Oberbeck 1986) sprechen. Verschiedene, vorher getrennte Arbeitsgänge, werden miteinander vernetzt. Jedes Gerät kann die Daten des anderen weiterverarbeiten, dies ist nicht nur innerbetrieblich, sondern auch in Zusammenarbeit mit anderen Betrieben möglich. Derzeit ist die „Vorstufe" noch wenig zentralisiert, da jeder Verlag und jede Werbeagentur ihr eigenes Technologiekonzept hat. Die Konkurrenz der verschiedenen Computerfirmen erschwert noch die zwischenbetriebliche Vernetzung, es wird jedoch an einem firmenübergreifenden Netzwerksystem gearbeitet, das die Kompatibilität aller Systeme möglich machen soll.

In der ersten Phase der Computerisierung der Zeitungsherstellung war vor allem eine bestimmte Berufsgruppe, genauer eine hochqualifizierte Facharbeitergruppe bedroht, nämlich die Setzer. Ihre Arbeit wurde soweit vom Computer übernommen, daß sie auch von angelernten Arbeitern und z.T. auch von Journalisten ausgeführt werden konnte. Es war sowohl die Qualifikation der Setzer wie ihr Arbeitsplatz bedroht, die Arbeit selbst wurde aber noch nicht ganz überflüssig. In der zweiten Phase der Computerisierung in der Druckindustrie werden fast alle Arbeitsplätze, die es im technischen Bereich der Zeitungsherstellung vor dem Druck noch gibt, überflüssig werden. Neben einer neuen Computergeneration ist es eine benutzerfreundliche Software, die eine Umstellung auf den elektronischen Ganzseitenumbruch am Bildschirm ermöglicht und damit die Druckvorstufe bereits jetzt bei Tageszeitungen in die Redaktion integriert. Der früher notwendige Klebeumbruch bzw. die Seiten- und Druckbogenmontage der Fotosatzfilme wird überflüssig. Der Redakteur gibt nicht nur seine Texte in das System ein, er plaziert gleichzeitig seinen Artikel mit Hilfe der Umbruchsoftware an die richtige Stelle. Die Bildherstellung und -bearbeitung, bisher Aufgabe einer separaten Reproabteilung, wird ebenfalls in den elektronischen Ganzseitenumbruch integriert, da Fotos gleich in der Redaktion eingescannt bzw. als fertiges Datenmaterial von externen Lieferanten (Nachrichten-, Bild- und Werbeagenturen) übernommen werden. Allenfalls für die technische Bearbeitung mehrfarbiger und nicht standardisierter Anzeigen, Infografiken u.ä. werden weiterhin „Fachkräfte der Druckindustrie" im Bereich der Vorstufe gebraucht, die sich aufgrund ihrer vielfältigen Servicefunktion, die sie ausüben - nicht nur, und zunehmend weniger - aus ehemaligen Schriftsetzern rekrutieren. Die Möglichkeit, Daten von Kunden ins eigene System einzuspielen bzw. zu konvertieren, wird aber diesen Bereich in der Zukunft weiter reduzieren. *Computer to plate* schließt die digitale Verarbeitungskette in der Druckvorstufe, indem nun auch die Druckplattenherstellung in diesen Produktionsprozeß mit einbezogen wird. Bei der Herstellung von Tageszeitungen ist dies technisch bereits machbar und sinnvoll, auch wenn sich der technische Optimierungsprozeß noch einige Jahre hinziehen wird. Die Vorstufengeräte-Herstellerfirma Linotype-Hell AG (1995, S. 3) beschreibt den technischen Wandel in der Druckvorstufe in einer Firmenbroschüre wie folgt: „Durchgängig digitale Produktionswege mit einer Vielzahl von Ein- und Ausgabeoptionen, Vernetzung aller Komponenten und Integration von Prepress und Press."

Während der Zeit der Umstellungen sind die Qualifikationsanforderungen an die Beschäftigten der Druckvorstufe insofern hoch, als sie die jeweils neuen Computerprogramme erlernen müssen, wenn sie in diesem Bereich weiterarbeiten wollen. In dieser Übergangsphase gibt es erfahrungsgemäß auch mehr „Arbeit", da teilweise noch die alte Technik benutzt wird, parallel aber die neue Technik in den Produktionsprozeß integriert werden muß. Ist die Umstellung auf ein neues System jedoch einmal vollzogen und „benutzerfreundliche" Programme implementiert, verringern sich die Qualifikationsanforderungen im Vergleich zur traditionellen Facharbeiterausbildung in der Druckindustrie.

Die arbeitsprozeßlichen Veränderungen der letzten zwanzig Jahre in der Druckvorstufe bei der Zeitungsherstellung lassen sich als Verlagerung der Kontrolle vom technisch-handwerklichen Bereich in den Redaktions- und Bürobereich charakterisieren. Gleichzeitig ist es nicht mehr notwendig, alle Fertigungsbereiche der Druckvorstufe an einem Ort zusammenzufassen. ISDN und Satellitenübertragung ermöglichen einen schnellen Datentransfer sowohl von Texten wie auch von Bildern und Graphiken. Der Druck von Tageszeitungen, deren Seiten komplett Hunderte oder Tausende von Kilometern entfernt produziert wurden, ist mittlerweile Realität geworden.

Die neuen Techniken in der Druckindustrie sind vom technischen Prozeß her in den drei Ländern nahezu identisch, ebenso die Rationalisierungsziele, die in der möglichst weitgehenden Übernahme der Druckvorstufenarbeit durch den Computer und der Integration der verschiedenen Bereiche des Herstellungsprozesses des Druckprodukts bestehen. Die neuere Entwicklung der Elektronisierung ging in Schweden etwas schneller vor sich als in Deutschland und in Großbritannien. 1992 arbeiteten ein Drittel der schwedischen Zeitungen bereits mit dem Ganzseitenumbruch am Computer, während dies zu jener Zeit bei deutschen Zeitungen erst vereinzelt der Fall war. Ganzseitenumbruch am Bildschirm, Vernetzung von Regional- und Zentralredaktionen mittels ISDN-Leitungen haben sich in den vergangenen Jahren verstärkt auch in Deutschland, sowohl bei großen Blättern als auch bei kleinen Regionalzeitungen durchgesetzt. Vor allem bei auflagenstarken Zeitungen ist die Einführung des elektronischen Ganzseitenumbruchs einhergegangen mit einem Redesign der Struktur und grafischen Gestaltung der Zeitung.

Trotzdem verliefen die Konflikte um die Einführung der neuen Techniken in den drei untersuchten Ländern unterschiedlich. Die Arbeitgeber standen in allen drei untersuchten Ländern vor dem Problem, das Rationalisierungspotential der neuen Techniken ohne Konflikte und Produktionsstockungen so weitgehend wie möglich zu nutzen. Gemeinsame Regelungen mit der Arbeitnehmerseite über den Einführungsprozeß verminderten zwar die Konflikte und damit verbundenen Produktionsverluste, sie begrenzten aber gleichzeitig für das Management die Rationalisierungsmöglichkeiten, die in den neuen Techniken stecken. Für die Beschäftigten und die Gewerkschaften stand einerseits der Schutz vor Qualifikations- und Arbeitsplatzverlusten im Vordergrund, andererseits konnten sie sich der Einsicht nicht verschließen, daß die neuen Techniken in der Druckindustrie nicht aufzuhalten waren. Im Laufe des technischen Entwicklungsprozesses von der ersten zur zweiten Phase der Computerisierung mußten die Beschäftigten feststellen, daß sich auch bei gütlicher Einigung mit den Arbeitgebern die bisherigen Facharbeiterberufe der Druckindustrie grundlegend ändern bzw. in ihrer bisherigen Form verschwinden würden. Außerdem mußten sie Interessendivergenzen zwischen den verschiedenen betroffenen Berufsgruppen realisieren, da die neue Technik die Arbeit verschiedener Berufsgruppen integrierte. So war es auch von der Stärke der verschiedenen Berufsgruppen abhängig, welcher es gelingen würde, die verbleibende Arbeit zu übernehmen.

Es gab um die Arbeit des Schriftsetzers jedoch nicht nur eine Konkurrenz zwischen verschiedenen Berufsgruppen (Facharbeiter versus Angelernte und Journalisten), sondern - damit verbunden - auch eine Konkurrenz zwischen den Geschlechtern (Cockburn 1983; Weber 1987; Haug 1982; Robak 1992). Der Schriftsetzerberuf gilt heute in der Frauen- bzw. Geschlechterforschung als besonders deutlicher Beleg für den Geschlechterwechsel von Berufen (Gildemeister/Wetterer 1992). Die Beschäftigtenstruktur in der Druckindustrie hat sich unter dem Geschlechteraspekt insofern geändert, als die zunächst als „angelernte Schreibkräfte" in die Satzarbeit eingedrungenen Frauen inzwischen auch immer häufiger als gelernte Schriftsetzerinnen zu finden sind. Bei der Ausbildung kehrte sich in Deutschland beim Schriftsetzerberuf das Verhältnis zwischen Männern und Frauen sogar um: der Frauenanteil stieg in zehn Jahren von ca. 12 Prozent (1977) auf ca. 60 Prozent (1988). Auch bei den Druckvorlagen- und Druckformherstellern lag der Frauenanteil bei den Ausbildungsverhältnissen 1988 zwischen 50 und 60 Prozent (Töpsch 1991, S.15 ff.). Die ehemaligen „Männerberufe" in der Druckvorstufe (als solche gelten Ausbildungsberufe mit einem Frauenanteil unter 20 Prozent) bieten inzwischen gute Beschäftigungschancen für Frauen (ebd., S. 12).

Für die gemeinsame Regelung der Einführungsprozesse der neuen Technik bzw. für die Austragung der Konflikte standen den Akteuren der industriellen Beziehungen in den drei untersuchten Ländern unterschiedliche Ressourcen und Ebenen zur Verfügung. Hierzu gehörten die bisherigen Tarifverhandlungsstrukturen, die Beziehungen der Gewerkschaften der betroffenen Berufsgruppen untereinander und die gesetzlichen Mitbestimmungsmöglichkeiten für Arbeitnehmer.

3. Industrielle Beziehungen: Akteure und Verhandlungssysteme

Die Akteurs- und Verhandlungsstrukturen der industriellen Beziehungen sind in den drei untersuchten Ländern sehr unterschiedlich; gemeinsam ist ihnen jedoch, daß es auf Gewerkschaftsseite eine starke *Craft Union*-Tradition gab, die mit der Einführung neuer Techniken von Auflösung bedroht wurde.

In der Druckindustrie bzw. im Buchdruckgewerbe haben - anders als in der Elektroindustrie bzw. im Bankensektor - die industriellen Beziehungen in allen drei Ländern eine lange Tradition, die teilweise bis weit ins 19. Jahrhundert zurückreicht und damit frühzeitig die Entwicklung des Gewerbes prägte. Als Ende der 1890er Jahre in den Zeitungssetzereien die Setzmaschine eingeführt wurde (in England einige Jahre früher als in Deutschland und Schweden), ging es sowohl den nationalen Arbeitgeberverbänden als auch den Gewerkschaften schon frühzeitig darum, vor der flächendeckenden Verbreitung Regularien für die Arbeit dieser neuen Technik zu vereinbaren. Die Setzmaschine veränderte einen Arbeitsprozeß, der sich seit Gutenberg über 400 Jahre nicht grundlegend gewandelt hatte. Interesse an der Regelung der Arbeitsbedingungen, die aufgrund der neuen Technik entstanden, hatten sowohl Gehilfen als auch Arbeitgeber. Den Gehilfen wurde das Monopol auf die Bedienung der Setzmaschinen gesichert, den Arbeitgebern brachten sie geordnete Arbeitsabläufe.

Auf der Arbeitgeberseite sind die Organisationsstrukturen klar: Zeitungs- und Zeitschriftenarbeitgeber sowie die Arbeitgeber der übrigen Druckereien haben in unterschiedlich kombinierter Verbindung getrennte Verbände.

In *Deutschland* gibt es einen *Bundesverband Deutscher Zeitungsverleger* (BDZV), einen *Bundesverband Deutscher Zeitschriftenverleger* (VDZ) und einen *Bundesver-*

band Druck (BVD). Praktisch alle großen Druck- und Verlagshäuser sind Verbandsmitglieder, der Organisationsgrad ist folglich bei den deutschen Arbeitgebern traditionell sehr hoch; allerdings beginnt sich in den letzten Jahren durch eine Reihe von Verbandsaustritten bzw. Nicht-Eintritten von Unternehmen vor allem in den neuen Bundesländern dieses Bild zu verändern.

In *Schweden* gibt es einen Zeitungsarbeitgeberverband *Tidningarnas Arbetsgivareförening* (TA) und einen Druckereienarbeitgeberverband *Grafiska Arbetsgivareförbundet* (GA). Letzterer organisiert die Zeitschriftenverlage und die Arbeitgeber der übrigen Druckereien - außer Zeitungen - gemeinsam. Anders als der GA ist der TA aufgrund des politischen Tendenz-Charakters der Zeitungshäuser nicht Mitglied im branchenübergreifenden Arbeitgeberverband SAF.

In *Großbritannien* gibt es zwei verschiedene Arbeitgeberverbände für Zeitungen, die *Newspaper Publishers' Association* (NPA) und einen für die Provinzzeitungen, die *Newspaper Society* (NS). Außerdem gibt es einen Arbeitgeberverband für die allgemeine Druckindustrie, die *British Printing Industries Federation* (BPIF). Im Unterschied zu Deutschland und Schweden sind die britischen Arbeitgeberverbände als Verhandlungspartner der Gewerkschaften sehr schwach. Im nationalen Zeitungsarbeitgeberverband sind zwar fast alle Zeitungsarbeitgeber organisiert, es fehlt jedoch die Bereitschaft der Mitgliedsunternehmen, ihre Autonomie zugunsten einer zentralisierten Politik aufzugeben, was sich auch in mangelnder Verfügung über personelle und materielle Ressourcen der *Newspaper Publishers' Association* ausdrückt (Martin 1981, S. 45). Die NPA ist außer Arbeitgeberverband auch Wirtschaftsverband. Da mit wenigen Ausnahmen schon in den siebziger Jahren die wichtigsten Arbeitgeberentscheidungen auf der Ebene der einzelnen Unternehmen getroffen wurden, zog sich die NPA in den achtziger Jahren aus dem sektoralen Verhandlungsgeschehen zurück (Gennard 1990, S. 17). Die NS berät die Mitgliederfirmen, führt die Verhandlungen mit den Gewerkschaften und schließt Tarifverträge ab (bis 1980 gemeinsam mit der BPIF). In den achtziger Jahren verlagerten sich die Verhandlungen auch hier auf die Unternehmensebene, so daß die Relevanz einer verbandlich formulierten und durchgesetzten *Industrial Relations*-Politik zurückging. Anders als NPA und NS verfügt die BPIF, die die Arbeitgeber der allgemeinen Druckindustrie repräsentiert, über „strong positive working relations with the unions“ (Expertengespräch mit einem Vertreter der BPIF). Die BPIF handelt als Tarifpartei mit den Gewerkschaften jährliche Abkommen aus, bis 1980 noch zusammen mit der NS.

Im Vergleich zu Großbritannien, wo die Verhandlungen in einem ausgesprochen fragmentierten und dezentralisierten System der industriellen Beziehungen stattfanden, traf die Einführung neuer Techniken in Deutschland und Schweden auf ein relativ zentralisiertes und einheitliches Verhandlungssystem. Während in Großbritannien verschiedene Gewerkschaften für Un- und Angelernte, Facharbeiter und Journalisten zuständig sind bzw. waren, gab es in der Bundesrepublik im wesentlichen nur die Industriegewerkschaft Druck und Papier, die prinzipiell alle Berufsgruppen dieses Industriebereichs organisiert, sowie einen zusätzlichen Journalistenverband. Die Gewerkschaft Handel, Banken und Versicherungen (HBV) sowie die Deutsche Angestellten-

Gewerkschaft (DAG) spielten in der Druckindustrie nur eine geringe Rolle, sie sind dagegen in den Verlagen stärker vertreten. In Schweden gab (und gibt) es die Druk-kergewerkschaft für die Arbeiter(innen) aller Qualifikationsstufen, die Angestelltengewerkschaft und eine Journalistengewerkschaft. Angestellte und Arbeiter sind in Schweden also im Unterschied zu Deutschland prinzipiell getrennt organisiert, in Großbritannien verlief - ebenfalls anders als in Deutschland - die wichtigste Trennungslinie dagegen zwischen Gelernten und Un- bzw. Angelernten.

In *Großbritannien* sind bzw. waren bis 1990 verschiedene Gewerkschaften für Un- und Angelernte, Facharbeiter und Journalisten zuständig: 1982 entstand aus der Facharbeitergewerkschaft NGA (*National Graphical Association*) durch Zusammenschluß mit weiteren Facharbeitergewerkschaften die NGA 82, die während der achtziger Jahre die einzige Facharbeitergewerkschaft des Druckgewerbes war. Neben ihr existierte die 1982 durch Gewerkschaftszusammenschlüsse gebildete Nicht-Facharbeiter gewerkschaft SOGAT 82 (*Society of Graphical and Allied Trades*), die auch Angestellte aufnahm. Die Journalisten sind in der NUJ (*National Union of Journalists*) und in der IOJ (*Institute of Journalists*), einer vergleichsweise kleinen Gewerkschaft, organisiert, die nicht dem Gewerkschaftsdachverband TUC angeschlossen ist und in ihrem Selbstverständnis eher als Berufsverband zu begreifen ist. Die gewerkschaftliche Repräsentanz im britischen Druckgewerbe wird vervollständigt durch Gewerkschaften, die ihren Organisationsschwerpunkt außerhalb der Druckindustrie haben, aber in einzelnen Berufskategorien Facharbeiter in der Druckindustrie organisieren, insbesondere im Bereich der Wartung und Instandhaltung der Druckmaschinen und Setzanlagen. Zu den wichtigsten Gewerkschaften, die in diesem Bereich in der Druckindustrie vertreten sind, zählen die *Amalgamated Engineering Union* (AUE) und die *Electrical, Electronic, Telecommunication and Plumbing Union* (EEPTU). Letztere verfolgt seit den siebziger Jahren eine expansive Rekrutierungspolitik, die Konflikte mit den Druckergewerkschaften bewußt in Kauf nahm.

In *Schweden* sind in der Druckindustrie, ähnlich wie in Großbritannien, unterschiedliche Gewerkschaften für unterschiedliche Statusgruppen zuständig, gelernte und un- und angelernte Arbeiter sind jedoch schon lange in derselben Gewerkschaft: Es gibt die Druckergewerkschaft GF (*Grafiska Fackförbundet*), die auf nationaler Ebene zum Dachverband der Arbeitergewerkschaften (LO) gehört, es gibt die Handelsangestelltengewerkschaft HTF (*Handelsjänstemännenfachförbundet*), die auf nationaler Ebene zum Dachverband der Angestelltengewerkschaften (TCO) gehört und es gibt die Journalistengewerkschaft SJF (*Svenska Journalistförbundet*), die ebenfalls zur TCO gehört. Außerdem sind in der schwedischen Druckindustrie noch die Gewerkschaften der Vorarbeiter (SALF) und der Ingenieure (CF) vertreten.

In *Deutschland* umfaßte der Organisationsbereich der IG Druck und Papier das gesamte graphische Gewerbe einschließlich Zeitungs- und Zeitschriftenverlage und die Papier- und Pappe verarbeitende Industrie. In der IG Druck und Papier, die 1948 von Mitgliedern und Funktionären aus ehemals mehreren Verbänden des Graphischen Gewerbes gebildet worden war, fand sich das alte Berufsverbandsprinzip wieder: Maschinensetzer, Korrektoren und Handsetzer berieten ihre tariflichen und berufspolitischen Angelegenheiten in eigenen Sparten. Mehrere Sparten waren in Berufsgruppen zusammengefaßt (Druckformherstellung, Druck, Buchbinden und Papierverarbeitung, graphische Hilfskräfte, Angestellte, Journalisten und Schriftsteller), die ihre eigenen Landes- und Bundeskonferenzen durchführten. Die IG Druck und Papier, die sich 1989 mit der Rundfunk-Fernseh-Film-Union (RFFU) und der Gewerkschaft Kunst zur IG Medien zusammenschloß, verstand sich zwar als Industriegewerkschaft, war jedoch in ihrer Politik vom Berufsstand der Setzer und Drucker geprägt, wobei traditionell die gelernten Maschinensetzer überproportional viele Funktionen inne hatten. Die IG Medien hat den Anspruch, alle Beschäftigten in der Druckindustrie und im Medienbereich zu organisieren und ihre Interessen zu vertreten. Trotzdem gelang es 1989 nicht, mit dem Zusammenschluß mehrerer gewerkschaftlicher Organisationen zur Mediengewerkschaft im DGB alle relevanten Berufsorganisationen miteinzubeziehen. Zwar gehörte seit 1951 eine Fachgruppe Journalisten (seit 1962 „Deutsche Journalisten Union“ in der IG Druck und Papier, DJU) zur Druckergewerkschaft; sie organisierte aber immer nur einen Teil der Beschäftigten dieses Berufsstandes. Bereits seit 1949 existiert daneben die journalistische Standesorganisation „Deutscher Journalisten-Verband“ (DJV), der nach wie vor eine eigene bedeutende Organisation ohne Anbindung an die IG Medien oder den DGB bildet. Außerdem spielte in der Druckindustrie im Prozeß der Einführung der neuen Techniken auch die DGB-Gewerkschaft Handel, Banken und Versicherungen (HBV) eine Rolle und die außerhalb des DGB stehende Deutsche Angestellten-Gewerkschaft (DAG).

Der Organisationsgrad der männlichen Facharbeiter in der Druckindustrie ist traditionell hoch, er lag 1977, der Zeit der ersten Abwehrkämpfe gegen die Computertechnologie, in der BRD bei 90 Prozent (Erd/Müller-Jentsch 1979, S. 26). Der Organisationsgrad aller Beschäftigten, also auch der ungelernten Arbeiter und Angestellten einschließlich der Frauen ist geringer, hat aber eine steigende Tendenz. Bei den Frauen stieg der Organisationsgrad überdurchschnittlich zwischen 1971 und 1987 von 21,4 Prozent auf 36,5 Prozent. Der Anteil der Angestellten an der IG Druck und Papier ist ebenfalls stark gestiegen. 1970 betrug er nur 6,6 Prozent, 1987 dagegen 21,6 Prozent. Zu Beginn der Einführung des Fotosatzes in der Druckindustrie war die IG Druck und Papier also eine von männlichen Facharbeitern geprägte Gewerkschaft, in der der Anteil der Frauen und Angestellten gering war (IG Druck und Papier 1988).

Die britische Druckindustrie bot in den siebziger Jahren ein klassisches Beispiel für die Dominanz des *Craft Unionism.* Nach dem zweiten Weltkrieg waren in der britischen Druckindustrie noch zehn Facharbeitergewerkschaften vertreten, die durch einen Prozeß von Zusammenschlüssen schließlich zu einer einzigen Facharbeitergewerkschaft (NGA 82) fusionierten (Gennard 1990). Ursprünglich hatte die NGA und ihre Vorläufer fast ausschließlich männliche Mitglieder. Im Laufe der achtziger Jahre weitete die NGA ihr Rekrutierungsfeld dann auch auf Frauen und Angestellte in nicht traditionellen Druckbereichen aus. Während der achtziger Jahre wurden über 50 Prozent der neuen Mitglieder aus „Non-Union Establishments“ rekrutiert, besonders aus Studios und Agenturen. Viele der neuen Mitglieder waren Frauen. Trotzdem waren von insgesamt 130.000 Mitgliedern der NGA 82 1987 nur 8.000 Frauen, der Anteil der Frauen war also immer noch gering. Ebenso betrug der Anteil der „nicht-traditionellen“ Mitglieder nur 10 Prozent (Gennard 1987, S. 130). Dagegen waren in der Nicht-Facharbeitergewerkschaft SOGAT 82 1983 ein Drittel Frauen. Durch die Praxis der *Closed Shops* waren in manchen Bereichen der Druckindustrie, insbesondere in der Zeitungsindustrie in der *Fleet Street*, die Facharbeiter zu praktisch 100 Prozent gewerkschaftlich organisiert.

Auch in der schwedischen Druckindustrie sind die männlichen Facharbeiter traditionell unter den Mitgliedern der Gewerkschaft dominant, aber die Organisationsbereitschaft der Frauen, Ungelernten und Angestellten wächst hier ebenfalls. Die Druckfacharbeitergewerkschaft GF hatte sich 1973 aus drei spezielleren Berufsgewerkschaften für Typographen, Lithographen und Buchbinder gebildet. Sie nahm im Unterschied zur britischen Druckergewerkschaft schon immer Un- und Angelernte auf. Der Organisationsgrad in den Betrieben ist hoch, über 90 Prozent der Beschäftigten sind Gewerkschaftsmitglieder. Wie in Großbritannien ist jeder in der Gewerkschaft organisiert, in deren Zuständigkeitsbereich seine Arbeit fällt. Der Frauenanteil in der Druckergewerkschaft liegt in Schweden heute bei 30 Prozent.

In der Druckindustrie und im besonderen in der Zeitungsproduktion weisen in den drei Ländern die kollektiven Akteure Unterschiede auf und auch die Aushandlungsstrukturen zeigen nationalspezifische Differenzen.

In der schwedischen Druckindustrie spielen auf dezentraler Ebene die Gewerkschaftsklubs eine große Rolle, in jedem Betrieb ist ein *Klub* der Druckergewerkschaft, ein *Klub* der Journalistengewerkschaft, einer der Handelsangestelltengewerkschaft und oft auch noch einer der Vorarbeitergewerkschaft vertreten. Die *Klubs* spezifizieren die auf Branchenebene abgeschlossenen Tarifergebnisse zusammen mit der Unternehmensleitung für den einzelnen Betrieb. In den letzten Jahren gab es hier allerdings wenig Verhandlungsspielraum, d.h. der *Klub* konnte selten zusätzliche Verbesserungen für die von ihm vertretenen Beschäftigten erreichen. Laut Mitbestimmungsgesetz darf jeder *Klub* mit dem Unternehmer über alle Fragen verhandeln, die er für relevant erachtet, er darf jedoch nicht, anders als die Gewerkschaftsorganisation insgesamt, zum Streik aufrufen. Trotzdem stellt der *Klub* im Betrieb eine Macht dar: Bei den großen Stockholmer Zeitungen „Dagens Nyheter“ und „Svenska Dagbladet“ z.B. kam es im Zusammenhang mit der Einführung neuer Techniken auf Initiative der Klubs zu wilden Streiks und „Dienst nach Vorschrift“.

Zur dezentralisierten Verhandlungsstruktur in Großbritannien gehört, daß die Verhandlungen um Löhne, Gehälter und Arbeitsbedingungen von den verschiedenen Gewerkschaften einzeln in jedem Betrieb mit dem Arbeitgeber geführt werden. Verhandlungsführer sind die *Chapels* als die abteilungs- und arbeitsplatzbezogenen Vertretungsinstitutionen der jeweiligen Gewerkschaften bzw. ihre Repräsentanten *(Fathers of the Chapels)*. In der britischen Druckindustrie hatten die *Chapels* vor der Zeit der Einführung der neuen Techniken eine starke Position, die auch dadurch gestützt wurde, daß zumindest in der nationalen Zeitungsindustrie in der *Fleet Street* die Betriebe zum größten Teil *Closed Shops* waren, bei denen die Gewerkschaftsmitgliedschaft Voraussetzung für die Einstellung war; die sogenannten „pre-entry closed shops" (Dunn/Gennard 1984). Die *Chapels* kontrollierten wichtige Teile des Arbeitsmarkts für ihre Berufsgruppe: Sie wählten das Personal für ihre *Chapel* aus und bestimmten über die Notwendigkeit von Überstunden und Aushilfskräften. Die Gewerkschaften hatten außerdem die Lehrlingsausbildung unter ihrer Kontrolle. Es gab zwar nationale Tarifabkommen zwischen den Arbeitgeberverbänden und den einzelnen Gewerkschaften. Die allgemeinen Entlohnungsbedingungen wurden in der Praxis aber normalerweise im Betrieb ausgehandelt (Sisson 1975).

Das „highly developed system of chapel bargaining" (Clegg 1970, S. 275) hat in Großbritannien vor allem in der Zeitungsindustrie dazu geführt, daß der Verhandlungsprozeß seinen „Gravitationspunkt im Einfluß der Arbeitsgruppe und ihrer Repräsentanten" (Duhm/Mückenberger 1984, S. 254) hatte. Die Fragmentierung wurde noch verstärkt durch die „multiplicity of unions" (Routledge 1979, S. 5), die Repräsentanz verschiedener Facharbeitergewerkschaften und Gewerkschaften angelernter Arbeiter und Angestellter, die weitgehend unabhängig voneinander verhandeln. Die Fragmentierung der verhandelnden Akteure in der Druckindustrie begünstigte eine Verhandlungskonkurrenz sowohl zwischen als auch innerhalb der Gewerkschaften (Martin 1981, S. 52). Diese Verhandlungsstruktur ermöglichte vor allem den in der nationalen Zeitungsindustrie Beschäftigten über Jahrzehnte hin vergleichsweise günstige Entlohnungs- und Leistungsbedingungen. In der *Fleet Street* gab es höhere Löhne, kürzere Arbeitszeiten und ein höheres Maß an Kontrolle über die eigene Arbeit als in den anderen Sektoren der Druckindustrie (ebd., S. 57). *Fleet Street* wurde zu einer „Art Hochburg von *restrictive practices*" (Hyman/Elger 1982, S. 415), wie z.B. Überbesetzung, Doppelarbeit, begrenzter „output" pro Arbeitsgruppe, die teils durch Gewohnheitsrecht (*custom and practice*) begründet und abgesichert waren, teils durch Vereinbarungen zwischen dem Management und den jeweiligen *Chapels*.

Auch in *Schweden* kam es, wie in Großbritannien, im Verlauf der Auseinandersetzungen um die Einführung von neuen Techniken zu Abgrenzungskonflikten zwischen den Gewerkschaften. Hinsichtlich der Zentralisierung der Tarifverhandlungen bestehen dagegen in Schweden eher Ähnlichkeiten mit der Bundesrepublik. Denn obwohl in Schweden auch heute noch fünf verschiedene Gewerkschaften für die Beschäftigten in der Druckindustrie verhandeln, so finden diese Verhandlungen doch zunächst auf nationaler Ebene zwischen branchenübergreifenden Gewerkschaftsverbänden und Arbeitgeberverbänden statt und werden durch anschließende Verhandlungen auf Branchen und später auf betrieblicher Ebene zu Ende geführt.

In *Deutschland* gab es im Unterschied zu Großbritannien und Schweden keine Abgrenzungskonflikte zwischen den Gewerkschaften, da die Gewerkschaften hier nach dem Industrieverbandsprinzip organisiert sind. Hier wurde die offene Auseinandersetzung ausschließlich zwischen Arbeitnehmer- und Arbeitgeberseite geführt. Der Ausgleich zwischen den Interessen der verschiedenen Status- und Berufsgruppen mußte innerhalb der Gewerkschaft erfolgen. Es gab entsprechende innergewerkschaftliche Konflikte darum, alle Beschäftigten der Druckindustrie, auch die graphischen Hilfskräfte, zur Solidarität mit den Setzern zu bewegen. Die Setzer waren diejenige Berufsgruppe, die sich in diesem Prozeß am stärksten durchsetzte, da sie einerseits am meisten von der Rationalisierung bedroht war, andererseits aber aufgrund ihrer bisherigen dominierenden Stellung im Produktionsprozeß auch in der Druckergewerkschaft eine dominierende Position hatte. Für die Bundesrepublik kann man wie für Schweden und im Unterschied zu Großbritannien von einer zentralisierten Tarifverhandlungsstruktur sprechen, die ihren Ursprung bereits 1873 hat, als der erste Tarifvertrag vereinbart wurde, der eine reichsweite Geltung hatte. Die IG Medien (bzw. früher die IG Druck und Papier) verhandelt auf nationaler Ebene mit den drei Arbeitgeberverbänden der Druckindustrie, wobei der Bundesverband Druck in der Regel die Tarifführerschaft hat; die Ergebnisse dieser Verhandlungen werden anschließend in den Betrieben übernommen. Das duale System der industriellen Beziehungen in der Bundesrepublik enthält durch die Betriebsräte jedoch gleichzeitig ein dezentrales Moment: Die ersten Verhandlungen um die Einführung neuer Techniken in der Druckindustrie wurden zwischen Betriebsräten und Unternehmen geführt.

Bei der Darstellung der Akteure darf abschließend ein wichtiger Aspekt nicht vergessen werden. Die gewerkschaftlichen Organisationen der Druckindustrie bzw. des Buchdruckgewerbes schufen sich bereits vor 100 Jahren internationale Organisationen. Die bedeutendste dieser Organisationen, das „Internationale Buchdrucker-Sekretariat" (IBS), nahm um die Jahrhundertwende eine wichtige Rolle beim Erfahrungs- und Informationsaustausch sowie bei der Koordinierung von Solidaritätsaktionen im Zusammenhang mit der Einführung und Anwendung neuer Techniken (Setzmaschinen) ein. 1949 fand mit der Gründung der „Internationalen Grafischen Förderation" (IGF) ein Zusammenschluß der ehemals nach Berufsgruppen getrennten internationalen Organisationen statt, die zu dieser Zeit rund eine halbe Million Mitglieder in den westeuropäischen Ländern vertrat. Bereits 1967 fand in London eine „Technische Konferenz der IGF" statt, auf der es um die neuen Anforderungen ging, die sich aus den technischen Veränderungen des graphischen Gewerbes für die Gewerkschaften ergaben. Die Ergebnisse dieser Konferenz hatten den Charakter von konzeptionellen Empfehlungen, d.h. ohne verbindliche Verpflichtungen für die IGF-Mitglieder. 1978 nahm die IGF während des mehrwöchigen Arbeitskampfes in Deutschland für einen Technik-Tarifvertrag, eine koordinierende Funktion wahr, indem sie durch Information und Aufrufe verhinderte, daß deutsche Druckaufträge (Zeitungen und Zeitschriften) in anderen europäischen Ländern gedruckt wurden (Otto 1993).

4. Neue Techniken als Gegenstand von Verhandlungen, Vereinbarungen und Beteiligung

Die Einführung neuer Techniken stellte die Gewerkschaften der Druckindustrie vor erhebliche Probleme. Eine ihrer aktivsten Mitgliedsgruppen, die (fast immer männlichen) Maschinensetzer, waren vom Verlust ihrer Arbeitsplätze bedroht. Gleichzeitig war es im Interesse der Gewerkschaften, die - neben den Journalisten - neu aufgetretenen Konkurrent(inn)en der Maschinensetzer, die an den neu eingeführten Bildschirmarbeitsplätzen beschäftigten Frauen, die keine Setzerausbildung hatten, ebenfalls für die Druckergewerkschaften zu gewinnen (Weber 1987). Außerdem konnten sie durch die klar überschaubare Konkurrenzsituation, in der jede einzelne Zeitung steht, erkennen, daß sie den neuen Techniken als solchen auf Dauer kaum Widerstand leisten konnten. Die Gewerkschaften schwankten in allen drei Ländern zwischen der Verteidigung des Besitzstandes der Setzer und dem Einlassen auf die Einführung neuer Techniken. Strategisch lösten sie ihr Dilemma dadurch, daß sie versuchten, das „Facharbeitermonopol" auf die Satzarbeit an die Arbeit am Computer hinüberzuretten. Dies war in der ersten Phase möglich, da auch bei den Arbeitgebern in den siebziger Jahren der zeitliche Rahmen für die Entwicklung der neuen Technik noch nicht absehbar war und für die Textbearbeitung bei den damaligen Geräten typographische Fachkenntnisse noch wichtig waren. Erst die neueren Computergenerationen mit komfortabler Gestaltungs- und Umbruchsoftware machen die tradtionelle Facharbeiterausbildung mehr und mehr überflüssig.

Zu Beginn der Einführung der neuen Techniken konnten die Schriftsetzer in den untersuchten Ländern auf eine lange Tradition der Verteidigung ihres Facharbeiterstatus zurückblicken. Schon um die Jahrhundertwende hatten sie bei der Einführung des Maschinensatzes erfolgreich dafür gekämpft, daß nur sie das Recht auf die Eingabe des Textes in die Maschine hatten. Bei der Einführung des Fotosatzes wurde an die damaligen Kämpfe erinnert. Es gab aber schon in den siebziger Jahren warnende Stimmen innerhalb der Gewerkschaften, die die Setzer darauf hinwiesen, daß im Unterschied zum Wechsel vom Handsatz zum Maschinensatz beim Wechsel vom Maschinensatz zum Fotosatz das handwerkliche Können der Facharbeiter nicht mehr unbedingt nötig sei und daß deshalb ihre Verteidigungskämpfe auch möglicherweise nicht so erfolgreich ausgehen würden. So warnte auf dem Jahreskongreß der NGA 1978 der stellvertretende Generalsekretär, Dubbins, die Delegierten vor einem nostalgischen Blick zurück zu den „... good old days when we exercised complete craft control on origination. There is no possible way that, we as a union, are going to be able to recreate those days when virtually all print origination was produced by composing craftsmen. Face up the realities of the industry today. The changes in techniques, the changes in technology, the ability to be able to produce origination without craft labour these days, and even more easily in the future, rules completely against this possibility" (NGA 1978, S. 301).

Die offizielle Haltung der in der Druckindustrie aktiven Gewerkschaften zu den neuen Techniken weist unterschiedliche Akzentsetzungen auf. In allen drei untersuchten Ländern dominierten bei den Gewerkschaften des Druckbereichs gegenüber den neuen Techniken zunächst Forderungen, die vor allem Rationalisierungsschutz für die Setzer in den Vordergrund stellten. Dabei wurde der Schutz der Setzer in der allgemeinen gewerkschaftlichen Diskussion meist mit dem Schutz aller Beschäftigten des Druckbereichs vor negativen Folgen der Einführung von Computertechnologien gleichgesetzt. Die neuen Techniken wurden jedoch offiziell nicht abgelehnt, sondern im Prinzip akzeptiert. Es wurden sowohl die Risiken wie die Chancen gesehen, wobei in Großbritannien und vergleichsweise schwächer in Deutschland die Betonung auf ersterem, in Schweden die Betonung auf letzterem lag.

In Großbritannien äußerten sich die Gewerkschaften NGA und SOGAT ebenso wie die Journalisten-Gewerkschaft NUJ (1978) in offiziellen Beschlüssen in dem Sinn, daß die neue Technik akzeptiert werden müsse. Der britische Gewerkschaftsdachverband forderte den Abschluß von *New Technology Agreements* (TUC 1979), die Gewerkschaften der Druckindustrie beteiligten sich allerdings nicht an den Debatten des Dachverbandes, sie versuchten ihre eigene Politik zu entwickeln und ihre Aktivitäten durch das eigene „Printing Industries Commitee" zu koordinieren (Willman 1986, S. 36). Sowohl vom Gewerkschaftsdachverband TUC wie von den Gewerkschaften der Druckindustrie wurden keine Positionen einer strikten Ablehnung der Einführung der neuen Technik bezogen. Stattdessen bezogen die Gewerkschaften eine Position, die sich als „conditional acceptance" (Martin 1981, S. 77) charakterisieren läßt. Im Kern beinhaltete diese Position, daß die Einführung einerseits nicht zu verhindern sein würde, es sei denn, man würde schwere ökonomische Nachteile in Kauf nehmen wollen. Andererseits habe die Einführung neuer Technik die Interessen der Beschäftigten zu sichern, was durch Verhandlungen und Vereinbarungen von entsprechenden Abkommen zu gewährleisten sei.

Zu den zentralen Forderungen der NGA gehörten: Keine Entlassungen, die Nichtzulassung der Weiterverarbeitung von Texten aus „unrecognised sources" und das volle und alleinige Organisationsrecht und Kontrollrecht in den Anwendungsbereichen von computergesteuerter Satzherstellung. Die Beibehaltung der Kontrolle über die Satzherstellung bildete für die Facharbeitergewerkschaft NGA, zu deren traditionellem Schwerpunkt die Organisierung von Setzern gehörte, einen unverzichtbaren Forderungsschwerpunkt, wollte sie nicht ihre historisch gewachsene Machtstellung verlieren (Cockburn 1983).

Die SOGAT dagegen, die als Nichtfacharbeitergewerkschaft durch die neuen Techniken keine so gravierenden Statusverluste wie die Setzer zu befürchten hatte, äußerte sich gegenüber der Einführung der neuen Techniken positiver. Sie bekräftigte im Mai 1985 noch einmal ihre Überzeugung, daß „opposing technological change is not an option for trade unions in printing - it is simply a rapid road to deunionisation" (SOGAT 1985, zit. n. Bassett 1987, S. 56).

Die betrieblichen *Chapels*, insbesondere die NGA-*Chapels*, standen der neuen Technik jedoch wesentlich skeptischer gegenüber als die Gewerkschaften insgesamt und versuchten, die Einführung der neuen Techniken nur unter sehr weitgehenden Schutzbestimmungen zuzulassen. Dazu gehörte auch das Prinzip des „second-key stroking", d.h. daß eine Direkteingabe des Textes durch Journalisten nicht zugelassen werden sollte und auch keine Texte von außen ins System übernommen werden sollten, die bereits auf Datenträgern waren.

Die deutsche IG Druck und Papier erklärte, daß sie kein Gegner der neuen Technik sei, betonte jedoch in ihren Veröffentlichungen häufig die Nachteile, die den Setzern und anderen Fachkräften der Druckindustrie durch die neue Technik drohten. Sie forderte weitgehende Schutzregelungen für die betroffenen Facharbeiter, die u.a. auch das Ziel hatten, die Direkteingabe des Zeitungstextes durch Journalisten einzuschränken.

Die IG Druck und Papier befürchtete, daß in den größeren Druck- und Verlagshäusern trotz 1974 im Manteltarifvertrag für die Druckindustrie vereinbarter Besetzungsregeln der technische Bereich der Satzherstellung organisatorisch verlagert, und dadurch die Arbeit vom Redaktions- und Verlagsbereich übernommen würde, der keiner Tarifregelung unterlag (sog. „Bereichsflucht"). Die IG Druck und Papier strebte deshalb eine Tarifierung der Arbeitsplätze an der neuen Technik in Form von Besetzungsregeln an. Durch diese sollte sichergestellt werden, daß Texterfassung und Textverarbeitung an den Bildschirmgeräten von gelernten Schriftsetzern ausgeführt wurden. Mit dieser Forderungslogik knüpfte die IG Druck und Papier an eine tarifvertragliche Tradition an, die seit dem Setzmaschinentarif aus dem Jahre 1900 gültig ist. Damals konnte der Buchdruckerverband bereits in der Einführungsphase der neuen Setzmaschinen tarifvertraglich reichsweit vereinbaren, daß nur gelernte Schriftsetzer nach einer 13wöchigen Zusatzausbildung als Maschinensetzer beschäftigt wurden. Dieser Setzmaschinentarif kam zustande, da die Arbeitgeber erkannten, daß qualifizierte Setzer die Gewähr für einen effizienten Einsatz der Setzmaschinen boten.

Die schwedische Druckergewerkschaft äußerte sich zu den neuen Techniken positiv, sie wollte jedoch verhindern, daß ihre Mitglieder, insbesondere die Setzer, durch die neuen Techniken mehr Nachteile hätten als andere Berufsgruppen. Sie forderte ebenfalls weitgehende Schutzregelungen (niemand sollte aufgrund der neuen Technik entlassen werden dürfen) und versuchte, die Direkteingabe des Zeitungstextes durch Journalisten zwar nicht zu verhindern, aber zu begrenzen.

Obwohl die Druckergewerkschaften inhaltlich ähnliche Forderungen entwickelten, um den Facharbeiterstatus der Setzer zu erhalten, folgte in den einzelnen Ländern der Verlauf der Auseinandersetzungen den nationalspezifischen Erfahrungen im Rahmen der jeweiligen Systeme der industriellen Beziehungen. In den drei Ländern wurden von den Gewerkschaften Technikabkommen angestrebt. Die Verhandlungen wurden in drei Ländern von Anfang an auf verschiedenen Ebenen - betrieblichen wie zentralen - ausgetragen, es ist jedoch ein eindeutiger Trend von zentralen Verhandlungsebenen zur betrieblichen Ebene festzustellen. Während in den siebziger Jahren zunächst - unterschiedlich erfolgreich - von der Arbeitnehmerseite aus versucht wurde, zentrale Technikabkommen abzuschließen, wurden in den achtziger Jahren die Verhandlungen auf betrieblicher Ebene wichtiger, sei es, daß die Verhandlungen auf zentraler Ebene gescheitert waren (Großbritannien), sei es, daß sich die betriebliche Ebene als für beide Seiten sinnvoller erwiesen hatte (Schweden). In Deutschland erfolgen Verhandlungen sowohl auf der sektoralen Tarifebene als auch auf der Unternehmensebene zwischen dem Management und dem Betriebsrat. Die Verhandlungen und Auseinandersetzungen um die Einführung neuer Technik in der Druckindustrie fanden in den drei Ländern zwischen unterschiedlichen Akteuren statt. In der Bundesrepublik wurden die Verhandlungen praktisch ausschließlich zwischen Gewerkschafts- und Arbeitgeberseite bzw. zwischen Management und Betriebsrat geführt, in Schweden und Großbritannien gab es dagegen auch Verhandlungen und sogar Konflikte zwischen den verschiedenen für den Druckbereich zuständigen Gewerkschaften.

In *Großbritannien* wurden die Konflikte um die neuen Techniken vor allem von den *Chapels* ausgetragen, wobei die *Chapels* der Facharbeiter die dominierenden waren. Die Vorstände der verschiedenen Gewerkschaften der britischen Druckindustrie versuchten 1977 zu einem gemeinsamen Abkommen über die neue Technik mit dem Arbeitgeberverband zu kommen. Das im Rahmen eines eigens eingerichteten „Joint Standing Committee for National Newspaper" (JSC) gemeinsam entwickelte „Programme for Action" enthielt Schutzregelungen für die von den neuen Techniken betroffenen Arbeitnehmer. Entlassungen sollten ausgeschlossen sein. Für freiwillige Kündigungen wurden Abfindungszahlungen festgelegt. Die Rentenzahlungen sollten abgebaut werden. Das „Programme for Action" scheiterte am Widerstand der *Chapels*: In Abstimmungen lehnten die Mitglieder sowohl der Facharbeitergewerkschaft (mit überwältigender Mehrheit) wie der Nicht-Facharbeitergewerkschaft (mit knapper Mehrheit) das Technikabkommen ab, nur die Journalisten stimmten zu. In der Folgezeit wurde der Kampf gegen die negativen Folgen der neuen Technik für die Arbeitnehmer fast ausschließlich von den *Chapels*, also auf dezentraler Ebene geführt (Martin 1981).

In *Schweden* wurden die Konflikte um die neue Technik auf betrieblicher Ebene sowie auf nationaler Ebene sowohl zwischen Gewerkschaften und Arbeitgebern wie zwischen den verschiedenen Gewerkschaften untereinander ausgetragen. Als Auseinandersetzungsform dominierte dabei die friedliche Verhandlung. 1973 wurde ein Technikabkommen zwischen GF und GA für den Bereich der Druckereien (ohne Zeitungen) und 1974 zwischen GF und TA (dem Zeitungsarbeitgeberverband) auf nationaler Ebene abgeschlossen (Willebrand 1990). Diese Abkommen legten einvernehmlich fest, daß durch die neue Technik keine Arbeitsplätze wegfallen dürften. Setzer, deren Arbeit überflüssig wurde, sollten neue Arbeitsaufgaben bekommen. Damit sie die Arbeit mit der neuen Technik ausführen könnten, sollten Umschulungs- und Ausbildungsmaßnahmen eingerichtet werden. Alle Personalveränderungen, Versetzungen, Ausbildungs- und Umschulungsfragen sollten zwischen den betrieblichen Verhandlungspartnern gemeinsam beraten werden. Als Arbeit der Setzer galten folgende Arbeitsaufgaben: Computer- und Bildschirmarbeit im graphischen Produktionsprozeß und Korrektur und Umbruch an Computern und Fotosatzmaschinen. Damit hatten sich die schwedischen Setzer auf nationaler Ebene ihr Recht auf den Erhalt ihrer Arbeitsplätze vertraglich mit den Arbeitgebern gesichert, ebenso ihr Recht auf Umschulung, Erhalt des bisherigen Lohns und Schutz vor Entlassung.

Außer den nationalen Technikabkommen gab es betriebliche Technikabkommen zwischen den einzelnen Gewerkschaften und der jeweiligen Unternehmensleitung und Zusammenarbeitsabkommen zwischen den Gewerkschaften auf betrieblicher wie auf Branchenebene. Die Abkommen waren allgemein formuliert, drückten den gegenseitigen guten Willen aus, im Konfliktfall wurde dann wieder neu verhandelt. Die Verhandlungen entsprachen der schwedischen Mitbestimmungskultur, sie wurden durch das Mitbestimmungsgesetz von 1976 gefördert, das den Gewerkschaften das Recht gibt, mit dem Unternehmer über jedes von ihnen als relevant befundene Thema zu verhandeln.

Deutschland: tariflicher und betrieblicher Rationalisierungsschutz

In *Deutschland* wurde zunächst auf der betrieblichen Ebene über die Einführung neuer Techniken verhandelt. Ab Mitte der siebziger Jahre wurden in verschiedenen Druckereien zwischen Betriebsrat und Management Betriebsvereinbarungen abgeschlossen, die meistens Weiterbeschäftigungsgarantien für die von der Umstellung auf Fotosatz betroffenen Arbeitnehmer des jeweiligen Unternehmens enthielten (Fitzek/Weber-Deutschmann 1984, S. 61 ff).

Seit 1976 wurden Verhandlungen auf Branchenebene mit den Arbeitgebern geführt. Die IG Druck und Papier strebte einen eigenständigen Tarifvertrag über das rechnergesteuerte Textverarbeitungssystem (RTS) an. An den Verhandlungen hierzu waren neben der Deutschen Journalistenunion (dju) auch die Gewerkschaft Handel, Banken und Versicherungen (HBV), die Deutsche Angestellten-Gewerkschaft (DAG) und der Deutsche Journalistenverband (DJV) beteiligt. Der von den Gewerkschaften vorgelegte Entwurf zum RTS-Tarifvertrag enthielt bindende Besetzungsregeln für die neue Technik: „Bildschirmterminals, die der Texterfassung dienen, sollen von Setzern bedient werden, sofern die entsprechende Tätigkeit nicht von anderen Fachkräften ausgeführt wurde. An Gestaltungs-, Dispositions- und Korrekturterminals sind Setzer zu beschäftigen, wenn dadurch nicht Arbeitsplätze unmittelbar betroffener Fachkräfte gefährdet werden. Bei der Bedienung von Bildschirmterminals im Verwaltungsbereich, die nicht der Texterfassung dienen, sollen Angestellte, die vorher entsprechende Tätigkeiten verrichteten, den Vorrang haben." (zit. n.: Projektgruppe Gewerkschaftsforschung 1979, S.201)

Der IG Druck und Papier wurde in der Öffentlichkeit vorgehalten, sie strebe mit den Besetzungsregeln ein Beschäftigungsmonopol an, das ihrer eigenen organisatorischen Absicherung diene. Die Anstrengungen zur Erhaltung des Schriftsetzerberufs wurden einseitig als Verteidigung eines von der Gewerkschaft kontrollierten Beschäftigungsmonopols gedeutet. Außer den Besetzungsregelungen enthält schon der erste Entwurf des RTS Forderungen nach Besitzstandssicherung (Einkommensgarantien), Humanisierung der Bildschirmarbeit u.a. durch Arbeitszeitbeschränkungen und Forderungen, die die klassische Arbeitsteilung zwischen Redaktion und Technik erhalten sollten (Fietzek/Weber-Deutschmann 1984, S.62 f). Nachdem die Tarifparteien in den Verhandlungen zu keiner Einigung gekommen waren, und ein erzielter Kompromiß von der IG Druck und Papier und der DJV abgelehnt worden war, leitete die IG Druck und Papier Streik-Maßnahmen ein (Projektgruppe Gewerkschaftsforschung 1979, S. 198 ff). Die Hauptphase des offenen Arbeitskampfes begann im Februar 1978 mit einem 24-stündigen Proteststreik in 25 Druck- und Verlagshäusern und der gleichzeitigen Urabstimmung in einer Reihe von Betrieben. Auf dem Höhepunkt des Streiks erschienen mehr als hundert Tageszeitungen mit einer Gesamtauflage von 15 Millionen nicht. Der Arbeitskampf wurde erst durch Einschaltung politischer Vermittler beendet. Am 19.3.1978 einigten sich die Beteiligten auf den „Tarifvertrag über Einführung und Anwendung rechnergesteuerter Textsysteme" (RTS-Tarifvertrag) (Müller-Jentsch 1979).

Der Tarifvertrag, der am 1. April 1978 in Kraft trat, wurde auf der Gewerkschaftsseite nicht nur von der IG Druck und Papier, sondern auch von den Journalistengewerkschaften und von den Angestelltengewerkschaften HBV und DAG unterschrieben. Die Gewerkschaften hatten folgende Besetzungsregel für die Textverarbeitung erreicht: „Im rechnergesteuerten Textsystem werden Gestaltungs- und Korrekturarbeiten (...) für einen Zeitraum von acht Jahren nach Umstellung der jeweiligen Tätigkeit durch geeignete Fachkräfte der Druckindustrie, insbesondere Schriftsetzer, ausgeübt." Von dieser Regelung kann abgewichen werden „wenn a) geeignete Fachkräfte der Druckindustrie am Arbeitsplatz nicht verfügbar sind oder b) dadurch die Arbeitsplätze unmittelbar betroffener Arbeitnehmer fortfallen würden" (RTS-Tarifvertrag 1978). Die IG Druck und Papier erreichte auch eine Regelung, nach der von Redakteuren nicht verlangt werden kann, fremde Texte in den Computer einzugeben. Die Eingabe eigener Texte durfte von ihnen nur verlangt werden, wenn es sich um die erstmalige Niederschrift handelte und wenn eine entsprechende Tätigkeit vor Einführung des rechnergesteuerten Textsystems redaktionsüblich war (§ 15, Abs. 2, RTS - Tarifvertrag 1978).

Der RTS-Tarifvertrag gab außerdem eine Garantie des bisherigen Facharbeiterlohns für Schriftsetzer und Korrektoren, wenn sie an den neuen Geräten arbeiteten, sowie die Zusicherung von Umschulungsmaßnahmen während der Arbeitszeit. Die IG Druck und Papier hatte also mit einem nationalen Technikabkommen mit den Arbeitgebern erreicht, daß den Schriftsetzern der Zugang zu den neuen Arbeitsplätzen gesichert wurde und andere Berufsgruppen (Journalisten und Sekretärinnen) von diesen Arbeitsplätzen zunächst ferngehalten wurden.

Der RTS-Tarifvertrag enthielt eine Öffnungsklausel (§ 20, Abs. 1), in der ergänzende oder weitergehende Betriebsvereinbarungen für zulässig erklärt werden. In zahlreichen Betrieben wurden entsprechende Vereinbarungen abgeschlossen. Nach vier Jahren Laufzeit des RTS-Tarifvertrages führte die IG Druck und Papier eine Umfrage über die bestehenden Betriebsvereinbarungen durch, aus der sie folgende Schlüsse zog (Robak/Schlecht 1983, S. 137 f.): In bezug auf die Arbeitsplatzsicherung konnte in vielen Fällen im Zusammenhang mit der Einführung des RTS-Tarifvertrages ausgehandelt werden, daß keine Kündigungen ausgesprochen werden. Meistens wurde dies jedoch von bestimmten Bedingungen, z.B. von der Bereitschaft zur Umschulung und Umsetzung, abhängig gemacht. In einigen Betrieben wurde sogar unabhängig von der Umschulungsbereitschaft des einzelnen ein Kündigungsverbot erreicht. Hinsichtlich des Lohns konnte in allen Betriebsvereinbarungen zumindest der jeweilige tarifliche Besitzstand erhalten werden. Oft wurde sogar erreicht, daß alle Beschäftigten, die unter den RTS-Tarifvertrag fallen, auch einheitlich auf der Basis des Maschinensetzerlohn bezahlt werden, daß also auch die „Fachkräfte der Druckindustrie" und nicht nur die ehemaligen Maschinensetzer 120 Prozent des Facharbeiterecklohns bekommen, wenn sie an rechnergesteuerten Textsystemen arbeiten.

Die Technikabkommen zwischen Gewerkschaften und Arbeitgeberverbänden auf nationaler Branchenebene hatten für die Gewerkschaften ebenso wie für die Unternehmer die Funktion, einen geregelten Übergang zur neuen Technik zu ermöglichen, ohne ihre Einführung allzusehr durch Konflikte zu verzögern und ohne die Beschäftigungs- und

Qualifikationsinteressen der Setzer zu gefährden. Schon in der ersten Phase der Einführung von Computertechnik in der Satzherstellung veränderte sich die Arbeitssituation in den Zeitungssetzereien sowohl für die Maschinensetzer als auch für die Handsetzer und Metteure (Setzer, der den Satz zu kompletten Seiten umbricht) grundlegend. Nicht nur die Maschinenarbeitsplätze wurden überflüssig, auch die Handsetzer (v.a. aus der Anzeigensetzerei) und die Metteure mußten sich mit dem neuen Arbeitsmaterial Film bzw. Papier vertraut machen. Klebeumbruch und Seitenmontage hießen ihre neuen Arbeitsfelder. Die relativ einheitlichen Veränderungen machten in dieser ersten Phase ein Technikabkommen auf nationaler Ebene möglich, verbunden mit der tarifvertraglichen Zusicherung an die Setzer, sich für den Fotosatz qualifizieren zu können. Diese allgemeinen Regelungen verhinderten eine Niederlage der Setzer und boten gleichzeitig eine Gewähr für den geregelten und ungestörten Einsatz der neuen Technik. In der Bundesrepublik und in Schweden konnten die nationalen Technikabkommen in der Druckindustrie so ihre regulierende Wirkung entfalten. Diese fehlte in Großbritannien, wo das angestrebte Technikabkommen nicht zum Abschluß gebracht wurde.

Großbritannien: Kampf auf betrieblicher Ebene

In *Großbritannien* glaubten die *Chapels* auf betrieblicher Ebene wirksamer ihre Schutzinteressen durchsetzen zu können. Sie mißtrauten den Kompromissen, die die Gewerkschaftsspitzen ausgehandelt hatten. Dabei gingen die Auseinandersetzungen in der *Fleet Street* vor allem um die Frage der Direkteingabe des Textes, d.h. die NGA wollte verhindern, daß andere Arbeitskräfte als die Setzer, nämlich die Journalisten oder Angestellte aus der Anzeigenverwaltung, Texte direkt in den Computer eingaben. In den Zeitungshäusern, in denen das Management darauf verzichtete, durch die Praxis der Direkteingabe die traditionellen Demarkationen der Setzer zu verändern, kam es in den siebziger Jahren in Verhandlungen mit den *Chapels* und den Gewerkschaften zu einvernehmlichen Regelungen des Technikeinsatzes. In den anderen Zeitungshäusern wurden diese Vereinbarungen erst am Ende von längeren Verhandlungen und offenen Auseinandersetzungen erreicht, die im Fall der *Times* in einer einjährigen Aussetzung des Zeitungserscheinens eskalierte.

Ein Ergebnis des *Times*-Konflikts in den Jahren 1978 und 1979 war, daß es den *Chapels* der NGA gelang, ihre Hegemonie an den Arbeitsplätzen zu erhalten, auch wenn das Unternehmen meinte, 70 Prozent seiner ursprünglichen Forderungen durchgesetzt zu haben (Jacobs 1981). Der *Times*-Konflikt kann als exemplarischer Konflikt für die Auseinandersetzungen in der britischen Druckindustrie um die Einführung neuer Techniken interpretiert werden. Dem vorläufigen Sieg der Gewerkschaftsseite folgte später die Niederlage. Bei der Betrachtung des *Times*-Konflikts darf jedoch nicht vergessen werden, daß er nicht das ganze Spektrum der Auseinandersetzungen um die neuen Techniken in der Druckindustrie darstellte. Bei den Provinzzeitungen liefen die Verhandlungen wesentlich friedlicher ab. In Großbritannien war der Versuch der Unternehmen in der nationalen Zeitungsindustrie in der zweiten Hälfte der siebziger Jahre, einen technologischen Durchbruch zu erzielen, im ersten Anlauf auf halber Strecke steckengeblieben. Einzelnen Unternehmen war es zwar in unterschiedlichem Ausmaß gelungen, neue Satztechniken zu implementieren und Arbeitsmethoden sowie Personalbemessungen zu verändern, die volle Nutzung der Technikpotentiale blieb jedoch durch den erfolgreichen Widerstand der Gewerkschaften - vor allem der NGA - blokkiert, denen es gelang, traditionelle Abgrenzungen zu anderen Gewerkschaften bzw. Berufsgruppen und *custom and practice*, zu verteidigen und durch Vereinbarungen abzusichern (Gennard/ Dunn 1983, S. 21).

Bei den Auseinandersetzungen über die Einführung neuer Techniken bei der *Times* 1978/79 standen am Ende die Gewerkschaften als Sieger da; bei den Auseinandersetzungen wenige Jahre später, 1985/86, war jedoch das Management der *Times* unbestritten der Sieger. Anfang 1981 wurde die *Times* von den Eigentümern an Murdoch verkauft, dabei wurde dieser Verkauf explizit mit den Problemen in den industriellen Beziehungen bei der Einführung neuer Techniken begründet: Es sei nicht möglich gewesen, die neuen Techniken selbst in einem begrenzten Umfang zu nutzen (Melvern 1986, S. 75f.). Murdoch baute auf einem neuen Grundstück in Wapping im Osten Londons eine neue Druckerei und führte 1985 Verhandlungen mit den Gewerkschaften über die Verlagerung eines Teils der Zeitungsproduktion nach Wapping. Den Abschluß einer Vereinbarung mit den Gewerkschaften machte Murdoch von vier „nichtverhandelbaren“ Bedingungen abhängig: Er wollte ein rechtlich verbindliches Abkommen, keine gewerkschaftlichen Aktionen (Streiks), die uneingeschränkte Anerkennung der Managementprärogative und keine „closed shops“ (Gennard 1990, S. 502; Melvern 1986, S. 10). Zu diesem Zeitpunkt war bereits die Frage der direkten Texteingabe durch die Journalisten und die Anzeigenabteilungen nicht mehr strittig, da die NGA dem schon zugestimmt hatte. Die auf die Umgestaltung der industriellen Beziehungen zielenden „non-negotiable conditions“ wurden dagegen von den Druckergewerkschaften abgelehnt.

Die Mitglieder von NGA und SOGAT traten im Januar 1986 in einen Streik, der erst nach über einem Jahr - nach teilweise gewalttätigen Auseinandersetzungen und mehreren Gerichtsentscheidungen auf der Grundlage der Gewerkschaftsgesetze der Thatcher-Regierung gegen die Gewerkschaften - mit einer Niederlage für 5.000 Drucker und Setzer und ihre Gewerkschaften endete. Dem Unternehmen „News International“ gelang dagegen die Herstellung von vier Zeitungen in Wapping seit Januar 1986. Die *Chapels* der Journalistengewerkschaft NUJ hatten sich nach teilweise dramatischen Diskussionen und gegen das Votum der nationalen Gewerkschaftsführung (Melvern 1986) für die Arbeitsaufnahme in Wapping entschieden; die technische Zeitungsproduktion wurde gewährleistet durch angelernte Arbeiter, die über die EEPTU angeworben wurden, was heftige und verbitterte Kontroversen innerhalb des gewerkschaftlichen Dachverbandes TUC auslöste. „By moving to a new ‘green field’ site Rupert Murdoch had succeeded in the most dramatic fashion in introducing new technology on his, rather than the printing unions’ terms, something other Fleet Street proprietors had failed to do for over a decade.“ (McLoughlin/Clark 1988, S. 2)

Der Ausgang des Konflikts in Wapping, der von dem aggressiven Management Murdochs gesucht und gewonnen wurde, war im Kontext der industriellen Beziehungen der britischen Zeitungsindustrie von großer Bedeutung. Der Umzug nach Wapping gab den Startschuß für die anderen Zeitungshäuser, die in der zweiten Hälfte der achtziger Jahre schließlich alle ihren traditionellen Standort in der *Fleet Street* aufgaben. Die Umzüge waren mit Umstrukturierungen verbunden; die frühere räumliche Einheit von Verlag, Redaktion und technischer Produktion wurde aufgelöst. Die Umstrukturierungen und technischen Neuerungen haben in der nationalen Zeitungsindustrie in der zweiten Hälfte der achtziger Jahre zu erheblichen Personalreduzierungen - besonders im Satzbereich - geführt. Gennard (1990, S. 513) spricht von einer durch die Direkteingabe verursachten Reduzierung des Personals um die Hälfte oder sogar zwei Drittel seines früheren Umfangs. Die Einführung neuer Techniken in der nationalen Zeitungsindustrie ist allerdings in den seltensten Fällen so unilateral von Managementseite erfolgt, wie im Fall Wapping. Meistens war sie Gegenstand von Verhandlungen. Trotzdem hat der Veränderungsprozeß in den achtziger Jahren zu einer substantiellen Wende in der „bargaining power" zugunsten der Unternehmer geführt (Oram 1987, S. 84) und die früher traditionell starke Kontrolle und Verhandlungsmacht der Facharbeiter gravierend geschwächt.

Im Sektor der Provinzzeitungen gelang es der NGA dagegen in den siebziger bis Mitte der achtziger Jahre weitgehend, ihren Zuständigkeitsbereich für die Satzherstellung zu erhalten; gleichzeitig waren die Gewerkschaften auf Unternehmensebene eher bereit, arbeitsorganisatorische Veränderungen mitzutragen (Smith/Morton 1990, S. 105; Martin 1981, S. 98). Die Implementation neuer Satztechniken schritt in den siebziger Jahren in den Provinzzeitungen schneller voran als in der nationalen Zeitungsindustrie, die ökonomische Situation der Provinzzeitungen war vergleichsweise günstiger (ACAS 1976; 1977).

In einzelnen Fällen kam es aber auch zu heftigen Auseinandersetzungen um die neue Technik. So gelang es der NGA 1976 bei zwei Provinzzeitungen in Portsmouth und in Peterborough erst nach einem Streik, ihre Forderungen durchzusetzen. In einem anderen Fall, bei der „Nottingham Evening Post", endete der Konflikt mit der Aberkennung der Verhandlungsrechte der NGA durch das Management (Gennard/Dunn 1983, S. 21). Anfang der achtziger Jahre unternahm der Arbeitgeberverband „Newspaper Society" (NS) einen Versuch, zu einer Vereinbarung mit den Gewerkschaften zu gelangen. Das Ende 1982 von der NS in Angriff genommene „Project Breakthrough" stellte den Versuch dar, zu einem Zeitpunkt, als die ökonomische Situation für die Provinzpresse sich zu verschlechtern begann, Kosteneinsparungen durch die Einführung und volle Nutzung der „direct-input technology" und weitere arbeitsorganisatorische Veränderungen zu realisieren. Der Arbeitgeberverband forderte die Gewerkschaften zu Verhandlungen auf, die innerhalb von zwei Jahren zu einem Abschluß führen müßten, anderenfalls würden die Unternehmen die neuen Technikpotentiale unilateral nutzen (Goodhart/Wintour 1986, S. 170).

Die NGA erklärte sich zur Kooperation bereit und forderte gleichzeitig: Keine Entlassungen, alleiniges Bedienungsrecht der neuen Technik durch NGA-Mitglieder, Umschulungs- und Weiterbildungsrechte für NGA-Mitglieder, Beteiligung der Beschäftigten am Gewinn, der durch die erfolgreiche Installation der neuen Technik erreicht wird

(Gennard 1987, S. 13). Der Arbeitgeberverband lehnte im Juli 1984 die NGA-Forderungen ab, insbesondere die Forderungen nach einer Bestandsgarantie gewerkschaftlicher Organisation. Trotzdem kamen beide Seiten im Dezember 1984 überein, aufgrund der unterschiedlichen Voraussetzungen und Bedingungen der einzelnen Zeitungshäuser, statt eines branchenweiten Abkommens, Vereinbarungen auf der Unternehmensebene anzustreben (Willman 1987, S. 28).

Seit 1985 setzte sich die breite Einführung computergesteuerter Satzsysteme in den britischen Zeitungsverlagen außerhalb Londons durch, die in den überwiegenden Fällen durch bilaterale Technik-Abkommen geregelt werden. Allerdings kam es auch in einigen Fällen zu einem unilateralen Vorgehen der Arbeitgeber und zu Konfliktverläufen, die in Streikaktionen eskalierten, und in denen die beteiligten Gewerkschaften in heftige wechselseitige Konfrontationen gerieten. Nach einer Untersuchung von Noon sind in zwölf Unternehmen keine Vereinbarungen zustandegekommen: „most of these being small weekly paid-for and free newspapers“ (1991, S. 263). Dagegen wurden 80 Abkommen vereinbart, die, gemessen an dem ausdifferenzierten Forderungskatalog eines von der NUJ propagierten Modell-Abkommens, drei Viertel der Forderungsinhalte erzielt haben, was Noon zu der Schlußfolgerung führt, die NUJ „has been extremely successful in bargaining the introduction of new technology in the provincial newspaper industry“ (ebd., S.260).

In der allgemeinen Druckindustrie sind in der ersten Hälfte der achtziger Jahre zwischen der NGA und Druckunternehmen über 100 „word processing or data capture agreements“ vereinbart worden. „These agreements have allowed NGA members to handle electronically captured data from unrecognised sources under carefully defined circumstances and in return for improvements in wages and conditions.“ (Gennard 1987, S.136) Mit der Vereinbarung dieser Abkommen hatte die NGA ihre in den siebziger Jahren verfolgte Politik der Weigerung, Texte satz- und drucktechnisch fertigzustellen, die aus „unrecognised sources“ stammten, aufgegeben. Entsprechend der in ihrer Satzung festgelegten Regel (rule 43) waren die organisierten Setzer nur bereit, Texte weiterzuverarbeiten, die extra gekennzeichnet waren durch ein „labeling system“ oder später durch ein „rubber stamp system“, bzw. deren Herkunftsort auf einer „List of Recognised Offices (Fairs List)“ aufgeführt war. Mit der rapiden Ausbreitung von Texverarbeitungssystemen außerhalb der Druckindustrie war diese Regelung kaum noch aufrechtzuerhalten, zumal die Gewerkschaftsgesetzgebung der konservativen Regierung 1982 diese Praktiken als ungesetzlich sanktionierte (Gennard 1990, S.131).

Schweden: Verhandlungen und Projektarbeit

In Schweden hatten die beiden Technikabkommen von 1973 und 1974 zwischen Gewerkschaften und Arbeitgebern zusammen mit dem Mitbestimmungsgesetz von 1976 eine ständige Weiterverhandlung über strittige Punkte bei der Einführung neuer Techniken auf der Grundlage des gemeinsamen Konsens ermöglicht, daß niemand aufgrund der neuen Technik entlassen werden durfte und daß die Gewerkschaften in jedem Betrieb alle strittigen Fragen jederzeit zur Diskussion stellen konnten. Die Bestimmungen der schwedischen Technikverträge sind allerdings sehr allgemein gehalten, sie mußten in den Betrieben durch die Verhandlungen zwischen den Gewerkschaftsklubs und der Unternehmensleitung und auch durch „Zusammenarbeitsabkommen" zwischen der Grafiker-Gewerkschaft (GF) und der HTF (Handelsangestelltengewerkschaft) und der SJF (Journalistengewerkschaft) immer wieder erst in die Realität umgesetzt werden (Ekdahl 1988).

Obwohl von GF und TA häufig die gute Kooperation betont wird, wurde die Kritik des Arbeitgeberverbandes und der Unternehmensleitungen der Zeitungen an den Gewerkschaften Mitte der achtziger Jahre schärfer. Sie warfen den Gewerkschaften vor, durch ihr Unvermögen, die Abgrenzungsprobleme zu lösen, die neue Technik zu bremsen. Auch die Technikabkommen wurden jetzt in Frage gestellt, weil sie die notwendige Rationalisierung stark begrenzt hätten. Es kam jedoch nicht zu einer Kündigung der Technikverträge.

Parallel zu den nationalen Technik- und Zusammenarbeitsabkommen wurden in den einzelnen Zeitungsbetrieben Verträge zwischen Gewerkschaften und Management abgeschlossen. Den ersten betrieblichen Technikvertrag gab es bereits 1972 bei der Stockholmer Zeitung „Dagens Nyheter", es war ein „Drei-Parteien-Übereinkommen" an dem auch die Journalisten teilnahmen. Trotz der vielen Verhandlungen wurde 1978 bei „Dagens Nyheter" gestreikt. Der Grund war, daß die aufgrund eines Vertrages mit der Angestelltengewerkschaft von 1976 zu Programmierern umgeschulten Setzer bei ihren neuen Arbeitsaufgaben weniger Gehalt bekommen sollten. Im Laufe der achtziger Jahre gab es bei „Dagens Nyheter" eine Reihe von Konflikten, die mit Streiks, Scheinarbeit (Dienst nach Vorschrift) und anderen Arbeitskampfmethoden geführt wurden. Es ging dabei darum, daß die Betriebsleitung das Personal im technischen Bereich drastisch reduzieren wollte. Da aufgrund der Technikabkommen niemand wegen der neuen Technik entlassen werden durfte, versuchte die Betriebsleitung, die Verhandlungen über Rationalisierungen von den Verhandlungen über neue Technik zu trennen. Das Ergebnis der Arbeitskämpfe war eine Reduktion der Arbeitsplätze, bei der es allerdings keine Entlassungen gab, und die Vereinbarung einer Integration der Arbeit in der Redaktion und in der Setzerei, wonach die Setzer mit den Journalisten gemeinsam die Satzarbeiten vornehmen sollten.

Mit den von der Druckergewerkschaft unterstützten Projekten DEMOS (Demokratisk Srymning och Planering i Arbetslivet; Demokratische Kontrolle und Planung im Arbeitsleben) und UTOPIA wurden weitere Versuche gemacht, den neuen Techniken offensiv zu begegnen. Im Januar 1976 wurde bei der Zeitung „Svenska Dagbladet" das DEMOS-Projekt begonnen, ein Projekt zur Begleitung der Einführung der computerbasierten Texterfassung. Drei Wissenschaftler (Pelle Ehn, Maja-Lisa Perby und Ake Sandberg) bildeten bei einem betrieblichen Gewerkschaftstreffen bei „Svenska Dagbladet" zusammen mit Gewerkschaftern eine Forschungsgruppe. An der Gruppe nahmen Arbeiter mit unterschiedlichen Qualifikationen teil. Es waren sowohl Mitglieder des betrieblichen Gewerkschaftsklubs wie Arbeiter mit wenig gewerkschaftlicher Erfahrung. In einer Vereinbarung mit dem Management wurde ausgehandelt, daß die

Gruppe sich während der Arbeitszeit treffen konnte, daß die Forscher Zugang zu den Arbeitsplätzen hatten und daß Manager und Technikexperten bei der Zeitung befragt werden konnten. In einem ersten Schritt wurde die bestehende Arbeitssituation bei „Svenska Dagbladet“ erforscht und festgestellt, was geändert werden sollte. Probleme gab es im Satzbereich, wo die auf ihre berufliche Qualifikation und handwerklichen Fähigkeiten stolzen Setzer mit angelernten Teletypistinnen arbeitsteilig zusammenarbeiten sollten (und hierzu offensichtlich „zu stolz“ waren). Es gab im Satzraum Gruppenarbeit mit einer gemeinsamen Planung der Arbeit und Arbeitsplatzrotation, die nur für die (männlichen) Facharbeiter galt und von der die Teletypistinnen ausgeschlossen waren. Im DEMOS-Projekt sollten technische und organisatorische Alternativen für die Arbeit von der Forschungsgruppe entwickelt werden. Dies gelang nicht aufgrund verschiedener Probleme: Es war nicht möglich, von der Zustandsbeschreibung zu Zukunftsvorstellungen überzugehen; einige Teilnehmer fanden die Arbeit der Gruppe zu langweilig und dem Gewerkschaftsklub war sie zu abstrakt. Die Gewerkschafter hatten zu wenig Zeit für die Forschungsarbeit, da sie nebenher aktuelle Probleme mit der Einführung der neuen Techniken zu lösen hatten. Der Gewerkschaftsklub war damit beschäftigt, dafür zu sorgen, daß die qualifiziertesten Mitglieder an den neuen Maschinen arbeiten konnten. Das Projekt wurde daraufhin reorganisiert, d.h. es wurden kleinere Gruppen eingerichtet, die verschiedene Themen als Grundlage für Verhandlungen mit dem Management erforschen sollten. Einige dieser Gruppen waren reine Gewerkschaftsgruppen, andere waren gemischte Manager- und Gewerkschaftsgruppen, in denen die Gewerkschaftsmitglieder während ihrer ganzen Arbeitszeit mitarbeiteten.

Parallel zum DEMOS-Projekt lief ein Projekt des Managements, das den Übergang vom Bleisatz zum Computersatz vorbereiten sollte und mit dem externe Berater beauftragt waren. Die Gewerkschaft war auch in der Gruppe, die diese Studie durchführen sollte, repräsentiert; die Gruppe traf sich jedoch nur dreimal und die konkrete Planung wurde vollständig von den Experten der Beratungsfirma vorgenommen. Die Beratungsfirma legte nach vier Monaten als Ergebnis ihrer Arbeit einen Vorschlag vor, der drastische Veränderungen der Arbeitsorganisation enthielt, mit dem die Gewerkschaft nicht einverstanden war. Die Gewerkschaft entwickelte in dieser Situation zusammen mit den DEMOS-Forschern eine Strategie, wie mit diesem Plan umgegangen werden sollte. Die Gewerkschaft forderte Zeit, um sich auf Verhandlungen über die neue Technik vorzubereiten sowie eine Ausbildung der Gewerkschaftsmitglieder in der Gestaltungsarbeit und in der Textverarbeitung am Computer, damit sie aktiv am Entwicklungsprozeß teilnehmen könnten. Bezogen auf den vorgelegten Plan der Beraterfirma sollten Fragen verhandelt werden wie Arbeitsumgebung, Arbeitsorganisation, Gelegenheit zu Kontakten zwischen Arbeitern und Ausbildung und Abgrenzung der verschiedenen Arbeitergruppen untereinander. Der Gewerkschaftsklub war insofern erfolgreich, als die Firmenleitung den ursprünglichen Plan einer Gesamtlösung zurückzog und danach nur noch versuchte, einzelne Maschinen einzuführen. Nach vielen Verhandlungsrunden war 1979 der Übergang vom Blei- zum Computersatz bei „Svenska Dagbladet“ abgeschlossen. Es wurde niemand entlassen und es wurde ein Beschäftigungssicherungsabkommen abgeschlossen. Ein Ausbildungsprogramm, das die Qualifikationen der Setzer und der Teletypistinnen erhalten und entwickeln sollte, wurde ebenfalls nach Verhandlungen vereinbart, es erwies sich jedoch in der Praxis als schwer durchführbar.

Pelle Ehn urteilt über das DEMOS-Projekt bzw. die Einführung des Computersatzes bei „Svenska Dagbladet“, daß es der Gewerkschaft nicht gelang, wirklich Einfluß auf die Wahl der Technologie zu nehmen. Die bei „Svenska Dagbladet“ erfahrene Grenze für die Demokratisierung am Arbeitsplatz sei eine der Erfahrungen gewesen, die zum UTOPIA-Projekt führten, d.h. zu dem Versuch, aus der Perspektive der Arbeitnehmer Computeralternativen zur handwerklichen Arbeit zu entwickeln. (Ehn 1988, S. 302 ff.; Ehn/Sandberg 1983; Sandberg 1979; Sandberg u.a. 1992).

Auf das DEMOS-Projekt folgte das UTOPIA-Projekt (1981-1984), an dem zum Teil dieselben Wissenschaftler beteiligt waren. Einer der beteiligten Wissenschaftler, Ake Sandberg, formuliert die Ziele des UTOPIA-Projekts so: „Das UTOPIA-Projekt wurde mit der Absicht konzipiert, eine selbständige gewerkschaftliche Entwicklungsarbeit auf dem Gebiet der Technik zu leisten; mit einer Phase der Analyse und der systematischen Erfassung und Darstellung, mit einer Phase der Entwicklung und des Designs, einer Experimental- und Einführungsphase des alternativen Systems sowie einer Phase der Erprobung und Bewertung des eingeführten Systems. Die Notwendigkeit einer selbständigen gewerkschaftlichen Technikentwicklung wird von Gewerkschaftsseite mit den bisher geringen Erfahrungen der Beschäftigten und ihrer Gewerkschaften bezüglich Technikentwicklung und Technikeinführung begründet, was auf betrieblicher Ebene die Dominanz der Betriebsleitungen in technischen, arbeitsorganisatorischen und qualifikatorischen Fragen zur Folge hat.“ (Sandberg 1984, S. 170) Konkret ging es beim UTOPIA-Projekt darum, alternative Technik für die Druckindustrie zu entwikkeln. Die gewerkschaftlichen Ziele bei dieser alternativen Technikentwicklung waren: „Hohe Produktivität, die Nutzung und Entwicklung der Berufskenntnisse der Drucker und die hohe Qualität der Arbeit aller Beschäftigten.“ (Rasmussen 1986, S. 103) Das UTOPIA-Projekt sollte nicht nur neue Arbeits- und Technikgestaltung bei Berücksichtigung der Interessen der Arbeitnehmer erproben, es sollte auch die Anforderungen definieren, die die skandinavischen Druckergewerkschaften in Zukunft an die Computertechnologie hinsichtlich Qualität und notwendiger Schulung für die Arbeitnehmer stellen wollten (Floyd u.a. 1987; Gebbert 1989).

Im UTOPIA-Projekt wurde gemeinsam von Sozialwissenschaftlern, Computerfachleuten und Setzern Computer-Hardware und -Software für den Zeitungssatz entwickelt. Als methodischer Ansatz galt die „Werkzeugperspektive“, im Unterschied zur „Systemperspektive“, und die dem Entwicklungsprozeß zugrundegelegten Prinzipien „wechselseitigen Lernens“ und „Lernen durch Handeln“. Das entwickelte Programm wurde anschließend sogar in einem Zeitungsbetrieb teilweise ausprobiert, aber der Test erwies sich als nicht sehr erfolgreich. Die von schwedischen Sozialwissenschaftlern als wichtigste Folge des UTOPIA-Projekts angesehene Wirkung ist jedoch nicht die praktische Anwendung des entwickelten Programms, sondern der von ihm ausgelöste Lernprozeß. Der vom UTOPIA-Projekt aufgestellte Forderungskatalog für die Software- und Hardware-Entwicklung wurde breit diskutiert, nicht zuletzt bei den Verhandlungen der Tarifparteien. Nach Ansicht von Gewerkschaftsvertretern der GF spiegelten sich die Ergebnisse des UTOPIA-Projekts in den Technikverträgen mit den Arbeitgebern wider. Auch die in einem Abkommen von 1991 ausgehandelten Regelungen zur „neuen Arbeitsorganisation“ gingen auf die Diskussionen im UTOPIA-Projekt zurück. Auch der Zeitungsarbeitgeberverband beurteilt das UTOPIA-Projekt positiv als einen Versuch, traditionell handwerklich ausgebildete Facharbeiter an die Arbeit mit dem Computer heranzuführen, wie ein Vertreter des Zeitungsarbeitgeberverbandes TA in einem Expertengespräch hervorhob.

Innerhalb der schwedischen Druckindustrie waren sowohl das DEMOS- wie das UTOPIA-Projekt ein Sonderfall, der nicht als typisch für den Umgang der schwedischen Gewerkschaften und Arbeitgeber mit neuen Techniken angesehen werden kann. Die Auseinandersetzung mit der Einführung neuer Techniken fand hier in Begleitung durch wissenschaftliche Projekte statt, was auch in Schweden nicht die Regel ist. Trotzdem ist es sicher kein Zufall, daß diese Projekte in Schweden und nicht in Großbritannien durchgeführt wurden.

Das Konzept der „integrierten Arbeit“ ist inzwischen in die von der LO (Dachverband der Arbeitergewerkschaften) propagierte Forderung nach „neuer Arbeitsorganisation“ übergegangen. Diese geht zurück auf das von der schwedischen Metallarbeitergewerkschaft 1985 erstmals entwickelte Konzept von der „guten Arbeit“. Kern dieses Konzepts ist, daß der im Betrieb zu erzielende Effektivlohn sich nicht nur nach der meßbaren Leistung und nach der Ausbildung richten soll, sondern auch danach, ob jemand anspruchsvollere Arbeiten übernimmt. Dadurch soll der Lohn gesteigert und gleichzeitig auch die Arbeit für den Arbeitenden selbst verbessert werden, d.h. ein Stück tayloristische Arbeitsteilung zurückgenommen werden (SMF 1985, 1989; Drinkuth/Kaßebaum 1994). Diese „neue Arbeitsorganisation“ soll den Arbeitern u.a. die Übernahme von Aufgaben ermöglichen, die früher nur Angestellte inne hatten. Die Druckergewerkschaft interpretiert dieses Konzept so, daß die Setzer z.B. auch einen Teil der Arbeit der Anzeigenverwaltung übernehmen oder mit den Journalisten zusammenarbeiten sollen, eine Forderung, die ihrer alten „Idee“ von der „integrierten Arbeit“ entspricht. Die Druckergewerkschaft selbst sieht die Forderung nach „neuer Arbeitsorganisation“ allerdings als eine ganz neue Strategie an, die sich von der Strategie der Technikabkommen unterscheidet - die weiter gültig sind. Die GF schloß mit dem Arbeitgeberverband der Druckindustrie und mit dem Arbeitgeberverband der Zeitungen im Januar 1991 Verträge ab, die die „neue Arbeitsorganisation“ fördern und die Beteiligungsmöglichkeiten der Arbeitnehmer verbessern sollen.

Neben dem gewerkschaftlichen Konzept zur „integrierten Arbeit“ gibt es im Bereich der Weiterbildung in der schwedischen Druckindustrie die Tendenz, daß Setzer zur Journalistenschule gehen und dort lernen, Artikel zu schreiben und Überschriften und Layout zu entwerfen. Sie bleiben weiterhin Mitglieder der Grafikergewerkschaft, weil sie dieser ihre Ausbildung verdanken, für die es bei „Dagens Nyheter“ ein besonderes Abkommen zwischen der Gewerkschaft und dem Unternehmen gibt. Auch in Deutschland und Großbritannien gibt es Ansätze zur „integrierten Arbeit“ zwischen Journalisten und Setzern. In Großbritannien sollte laut dem Abkommen zwischen NGA und NUJ von 1985 für die Setzer, die in die Redaktion versetzt werden, ein besonderes Ausbildungsprogramm angestrebt werden. Die NGA-Mitglieder, d.h. die Setzer, die in der Redaktion mitarbeiteten, sollten entsprechend von der Journalistengewerkschaft vertreten werden, aber weiterhin Mitglieder der NGA bleiben (Gennard 1987, S. 34). Hier wurde also die Zusammenarbeit zwischen Journalisten und Setzern innerhalb des Redaktionsbereichs durch Weiterbildung für die Setzer und deren Interessenvertretung durch die Journalistengewerkschaft geregelt. In Deutschland entwikkelt sich die „integrierte Arbeit" vor allem durch Verlagerung von bisherigen technischen Arbeiten in die Redaktion, die sich hier vor allem auf den „technischen Redakteur" oder den „Redakteur 2000" konzentrieren (Steg 1992, S. 192 ff.). Eine Tendenz zum Übergang von ehemaligen Setzern zur Journalistenarbeit ist in Deutschland nicht zu bemerken, aber auch in Schweden und Großbritannien ist sie nur von begrenzter Reichweite.

Großbritannien und Schweden: Abgrenzungskonflikte zwischen den Gewerkschaften

In der britischen Druckindustrie traten im Zusammenhang mit der Einführung neuer Techniken nicht nur Auseinandersetzungen zwischen den beiden Hauptakteuren auf, sondern auch zwischen den beteiligten Gewerkschaften, die an Heftigkeit ersteren nicht nachstanden. In der britischen Provinzpresse gab es in den achtziger Jahren einige Fälle, in denen bei der Einführung der neuen Techniken die NUJ bzw. die NGA allein streikten, ohne von der jeweils anderen Gewerkschaft unterstützt zu werden, was zu Streikniederlagen und der Nichtwiedereinstellung der Streikenden führte (Goodhart/Wintour 1986, S. 174 u. 179; Gennard 1987, S. 133).

In der ersten Hälfte der achtziger Jahre erkannten die britischen Gewerkschaften in der Druckindustrie, daß es sehr schwierig war, die Konflikte zwischen Arbeitgebern und Gewerkschaften von den Konflikten zwischen den Gewerkschaften zu trennen (Goodhart/Wintour 1986, S. 113). In der folgenden Zeit verlagerte sich deshalb ein Teil der Verhandlungsaktivitäten zunächst auf die interorganisatorische Ebene. Unter Einschaltung des gewerkschaftlichen Dachverbandes TUC begannen im April 1985 auf nationaler Ebene für die Provinzpresse eine Reihe von Verhandlungen zwischen Vertretern der NGA und NUJ, die im Oktober 1985 mit einer gemeinsamen Vereinbarung („NGA 82/NUJ Agreement/Direct Input in Provincial Newspapers") erfolgreich abgeschlossen wurden. Mit dem Abkommen verständigten sich beide Gewerkschaften auf ein gemeinsames Vorgehen bei Verhandlungen über die Einführung der Texteingabe und einigten sich in Fragen der Organisationszuständigkeiten (Gennard 1987, S. 134).

Eine ähnliche Vereinbarung zwischen NGA und SOGAT, die die Organisationszuständigkeit im Bereich der Anzeigenabteilungen regelt, ist dagegen nicht zustande gekommen, trotz einer Reihe von gemeinsamen Gesprächsrunden (zudem verhandelten beide Gewerkschaften seit 1984 über einen Zusammenschluß). 1986 war von der NGA die Schiedskommission des TUC (*dispute committee*) eingeschaltet worden, nachdem bei der „Liverpool Post and Echo" die SOGAT mit dem Management ein „sole recognition agreement" verhandelte auf Kosten der NGA: Der dabei erarbeitete

Vorschlag, die Organisationszuständigkeit im Verhältnis 50:50 aufzuteilen, scheiterte am Einspruch der nationalen SOGAT-Gremien.

Deshalb kam es nur in wenigen Zeitungsunternehmen zu gemeinsamen Verhandlungen zwischen NGA und SOGAT und dem Management über die Modalitäten der Texteingabe durch die Anzeigenabteilungen (Gennard 1987, S. 135). Dagegen hatte der „NGA/NUJ Accord" die Grundlage geschaffen, auf der in der Mehrzahl der Provinzzeitungen Abkommen über die Technikeinführung abgeschlossen wurden. Nach Gennard sind zwischen Oktober 1985 und Mai 1987 insgesamt 67 „Direct Entry Agreements" gemeinsam von NGA und NUJ abgeschlossen worden (1987, S. 134). Nach der Studie von Smith und Morton sind bis Anfang 1988 80 derartige Abkommen vereinbart worden, in 15 Zeitungshäusern kam es zur unilateralen Einführung von „direct-input" ohne Vereinbarung (1990, S. 108).

Auch in Schweden gab es Abgrenzungskonflikte zwischen den Gewerkschaften, die im Druckbereich vertreten sind (GF, HTF, SJF). Obwohl die Drucker- und Journalistengewerkschaften immer wieder ihre Bereitschaft zur Zusammenarbeit betonten, sind die Abgrenzungskonflikte zwischen beiden Gewerkschaften bis heute nicht beigelegt. Dies liegt nicht zuletzt daran, daß sich in Schweden die Gewerkschaftszugehörigkeit des einzelnen Arbeitnehmers nach der Gewerkschaft richtet, in deren Zuständigkeitsbereich mehr als 50 Prozent der Arbeitsaufgaben fallen.

Die Technikverträge der Gewerkschaften mit den Unternehmen konnten nur erfolgreich sein, wenn die Gewerkschaften untereinander ihre Abgrenzungsprobleme klärten. Nachdem 1973 und 1974 die Technikabkommen zwischen GF und dem Druckereiarbeitgeber- wie dem Zeitungsarbeitgeberverband abgeschlossen worden waren, gab es auch ein Übereinkommen zwischen GF und SJF im Zusammenhang mit der neuen Technik. Hierin wurde festgelegt, daß die bisherigen Organisationsbereiche der beiden Gewerkschaften beibehalten werden sollten, bis eine genauere Abgrenzung zwischen den Arbeiten von Journalisten und Setzern möglich wäre. Die GF versuchte 1974, auch ein Abkommen mit der Angestelltengewerkschaft HTF zu erreichen, was jedoch - aufgrund von gegensätzlichen Strategien innerhalb der GF - scheiterte. Die zentrale GF-Führung war bereit, bestimmte Arbeitsaufgaben, wie Programmierung und Wartung der Computer, den Angestellten und damit dem Organisationsbereich der HTF zu überlassen. Der GF-*Klub* von „Dagens Nyheter", der größten schwedischen Zeitung, wollte jedoch, daß gerade die Arbeiten, die den Überblick und die Kontrolle über die Produktion beinhalten, wie die Programmierung und Wartung der Computer, eine Aufgabe der Setzer sein soll (Ekdahl 1988).

Durch die Technikabkommen zwischen GF und TA sowie zwischen GF und SJF waren die Probleme, die die neue Technik in bezug auf die Arbeitnehmer mit sich brachte, jedoch nicht gelöst. In der Zeitung der GF wurde Mitte der siebziger Jahre die Frage diskutiert, wer an den Bildschirmen sitzen sollte. Die Setzer vertraten die Meinung, daß Bildschirme eindeutig ein Arbeitswerkzeug der Setzer wären. Deshalb gäbe es auch gar keine Abgrenzungskonflikte. Die Journalisten sahen ebenfalls keinen Konflikt, sie meinten jedoch, daß Bildschirme ein redaktionelles Hilfsmittel wären, vergleichbar einer verbesserten Schreibmaschine. Diese unterschiedlichen Meinungen werden im Prinzip noch heute vertreten (Willebrand 1990).

Die Journalisten hatten Verständnis dafür, daß die Setzer nicht durch die neue Technik benachteiligt werden wollten und stimmten einem weiteren zentralen Zusammenarbeitsvertrag zwischen GF und SJF zu. In diesem Vertrag, der 1977 zustande kam, wurde wieder vereinbart, daß die herkömmlichen Organisationsbereiche zwischen den beiden Berufsgruppen zu respektieren seien. Die beiden Gewerkschaften sollten gemeinsam gegenüber den Arbeitgebern auftreten und dafür sorgen, daß niemand durch die Einführung neuer Technik schlechtere Arbeitsbedingungen bekommen oder gekündigt werden sollte.

Der Vertrag erwähnte auch die möglichen Konfiktbereiche, z.B. das Dateneingeben und den Seitenumbruch und die Layoutarbeit am Bildschirm. Als mögliche Lösung für die Arbeitsaufteilung in diesen Konfliktbereichen wurde auf den „integrierten Arbeitsprozeß" hingewiesen. In der Zeitung der GF äußerten sich die Setzer positiv dazu, in Teamarbeit mit den Journalisten Arbeitsaufgaben auszutauschen. Den Journalisten war diese Teamarbeit weniger lieb, da sie Angst hatten, daß ihnen Arbeitsaufgaben weggenommen würden. Die SJF kündigte den Zusammenarbeitsvertrag mit der GF 1979 wieder. Als Grund dafür gab sie Schwierigkeiten an, den Vertrag auszulegen. Die Setzer befürchteten, daß die Journalisten ein eigenes Technikabkommen mit den Arbeitgebern anstrebten, das im Widerspruch zu dem - deshalb aufgelösten - Vertrag mit der GF stehen würde. 1980 schlossen dann die Journalisten das erwartete eigene Technikabkommen mit den Arbeitgebern ab, es kam allerdings gleichzeitig auch zu einem Zusammenarbeitsvertrag mit der GF. In dem Technikabkommen der Journalisten mit TA wurde geregelt, daß die bisherigen Aufgaben der Journalisten durch die Einführung neuer Techniken nicht verändert werden dürften. Es wurde bestimmt, daß Schreiben, Redigieren, Layout, Korrekturlesen, Archivarbeit und Telefonempfang journalistische Arbeitsaufgaben seien; freilich alles Arbeiten, die innerhalb des Konzeptes der „integrierten Arbeit" auch von Setzern und von anderen Angestellten übernommen werden können. Der Zusammenarbeitsvertrag mit der GF war dagegen weniger detailliert. Es wurde vor allem noch einmal das allgemeine Prinzip betont, gemeinsam gegenüber den Arbeitgebern aufzutreten und die herkömmlichen Organisationsgrenzen zu respektieren. Vom „integrierten Arbeitsprozeß" war nicht mehr die Rede. 1980 kam es schließlich auch zu einem Technikabkommen zwischen HTF und TA und zu einem Zusammenarbeitsvertrag zwischen HTF und GF. Die Probleme der Zuordnung von Berufsgruppen und Arbeitsaufgaben wurden hierin zwar nicht gelöst, es wurde jedoch erklärt, daß beide Gewerkschaften einheitlich gegenüber den Arbeitgebern auftreten wollen. Zu diesem Zweck wurde ein ständiges Kommitee eingerichtet, das mögliche Abgrenzungsprobleme zwischen den beiden Gewerkschaften behandeln sollte.

Trotz des Zusammenarbeitsvertrags zwischen GF und SJF gab es weiterhin Konflikte zwischen GF und SJF. Die Setzer warfen den Journalisten vor, sie seien nicht wirklich an Zusammenarbeit interessiert, weil sie glaubten, die neue Technik wäre nur für die Setzer ein Problem. Die Journalisten warfen dagegen den Setzern vor, sie wollten die Arbeitsbedingungen der Journalisten verschlechtern. Der Vorsitzende der SJF meinte in einem Expertengspräch, die Journalisten sollten damit aufhören, „fehlgerichtet Solidarität mit den Setzern“ zu zeigen. Der Zusammenarbeitsvertrag wurde trotzdem 1982 mit einer gemeinsamen Deklaration bestärkt, in der beide Seite noch einmal erklärten, die geltenden Abkommen und Organisationsgrenzen zu respektieren. 1984 stellte die Zeitung der GF den Zusammenarbeitsvertrag wieder in Frage. Sie behauptete, die Journalisten wollten keine Integration und würden die technischen Produktionsgruppen sabotieren. Die Abgrenzungsprobleme GF und SJF bestehen trotz der Zusammenarbeitsverträge bis heute fort. Es werden immer wieder die gute Zusammenarbeit und gleichzeitig die unterschiedlichen Interessen hervorgehoben, z.B. betonen die Journalisten, daß sie kein Interesse an einem Zusammenschluß mit der Druckergewerkschaft haben.

Neue Beteiligungsformen

Die vollintegrierte elektronische Druckvorstufe, die zweite Phase der Rationalisierung, die sich flächendeckend in den Zeitungsbetrieben durchsetzt, erfordert ein Überdenken der traditionellen Arbeitsformen und -strukturen. Gruppenarbeit und beteiligungsorientierte Beschäftigungsformen, in anderen Branchen bereits seit Jahren in der Erprobung und Umsetzung, sind in der Druckindustrie noch eher selten zu finden.

Während in *Deutschland* in Unternehmen der Druckindustrie beteiligungsorientierte Ansätze der Unternehmens- und Arbeitsorganisation selten zu finden sind, praktiziert der Medienkonzern Bertelsmann seit Mitte der siebziger Jahre verstärkt Formen einer weitgehenden Dezentralisierung und Delegation von Verantwortung sowie arbeitsplatzbezogene Beteiligungsformen (Bundesmann-Jansen/Pekruhl 1992). Neben der Einrichtung von Profit-Centern und team- und objektorientierten Arbeitsweisen räumen Instrumente wie Mitarbeiterbesprechungen, Qualitäts-Zirkel (Mitarbeiterkreise), Zielsetzungs- und Beratungsgespräche, Vorgesetztenbeurteilungen und Mitarbeiterbefragungen den Beschäftigten Möglichkeiten einer Mitsprache und Beteiligung bei der Gestaltung von Arbeit und Technik auf verschiedenen Ebenen ein. Die Betriebsräte werden vom Management in die Kommunikationsstrukturen einbezogen, wobei es sich allerdings in der Mehrzahl um gewerkschaftlich unorganisierte Betriebsräte handelt, bei einem insgesamt niedrigen Organisationsgrad der Belegschaft. Das Partnerschafts-Modell bei Bertelsmann bildet auch eher einen Sonderfall, das zudem in den verschiedenen Konzernbetrieben auch unterschiedliche Anwendung findet. Nicht nur Gewerkschaft und Betriebsräte, auch die Arbeitgeber tun sich schwer, ihre Rolle und die Art und Weise ihrer Zusammenarbeit für die Zukunft zu definieren. Die Angst der Gewerkschaft, ihren betrieblichen Einfluß zu verlieren, läßt diese eher skeptisch auf neue Beteiligungsformen blicken. Aber auch auf der Arbeitgeberseite gibt es Vorbehalte gegenüber der Einführung beteiligungsorientierter Modelle.

In *Schweden* sind neue Beteiligungsformen, wie z.B. Projektgruppen, eng an die gewerkschaftliche Mitbestimmung gebunden. Nach dem Mitbestimmungsgesetz muß die Betriebsleitung den Gewerkschaftsklub informieren, wenn technische und organisatorische Neuerungen eingeführt werden. Danach können Arbeitsgruppen oder Projektgruppen eingesetzt werden, die aus Delegierten des *Klubs* und aus Vertretern des Managements zusammengesetzt werden. Manchmal gibt es eine sehr umfassende Projektgruppenarbeit. Diese ist laut GF von der Arbeitnehmerseite her immer sehr stark in die gewerkschaftliche Organisation eingebunden. Die Vertreter der Arbeitnehmerseite in den Arbeitsgruppen müssen nicht die gleichen sein, die auch sonst immer die Verhandlungen mit den Arbeitgebern führen, sie werden jedoch nie ohne Einverständnis der Gewerkschaften delegiert. Es gibt in der schwedischen Druckindustrie keine Projekt- oder Arbeitsgruppen, die ohne Beteiligung der Gewerkschaft auf Initiative des Managements hin eingerichtet wurden. Arbeits- und Projektgruppen, die über die Bedingungen der Einführung von neuen Maschinen beraten, werden immer im Rahmen des Mitbestimmungsabkommens eingerichtet und von den Gewerkschaften als ihre Initiative betrachtet. Projektgruppen gab es besonders in der Zeit, als bei den Zeitungen die Computertechnik erstmals eingeführt wurde.

Die Zahl der Teilnehmer an Projektgruppen war unterschiedlich. Bei den Zeitungen nahmen Vertreter der einzelnen Gewerkschaften teil, also Vertreter der GF, der HTF, der SALF und der Journalistengewerkschaft. Das Management war immer an zahlenmäßig kleinen Gruppen mit möglichst wenig formalen Regelungen interessiert. Auch die Arbeitgeber beurteilen die Arbeit von Projektgruppen positiv. Die Entscheidung über die Einführung neuer Technik stehe dem Besitzer zu. Man könne aber heute keine technischen oder organisatorischen Innovationen implementieren, ohne sich vorher auch mit den Gewerkschaften zu beraten. In dieser Frage gebe es keine Auseinandersetzungen mehr, wie Vertreter von GA und TA in Expertengesprächen versichern.

Bei der Frage nach der Partizipation der Arbeitnehmer an den Entscheidungen über die Einführung neuer Techniken verwiesen alle unsere Gesprächspartner in Schweden - Gewerkschafter, Arbeitgeber, Wissenschaftler - auf die Projektgruppen, die nach dem Mitbestimmungsgesetz von 1976 eingerichtet werden. Die Verhandlungen in Projektgruppen sind bei der Einführung von neuen Techniken die bedeutendste Verhandlungsform geworden. Sie sind üblich und unumstritten, die letzte Entscheidung über die Einführung technischer und organisatorischer Innovationen liegt jedoch ebenso unumstritten beim Unternehmer.

In *Großbritannien*, wo die Vertretungsmacht der Gewerkschaften und *Chapels* durch die Auseinandersetzungen um die neuen Techniken geschwächt wurde, finden sich kaum neue Beteiligungsformen. Eine Ausnahme bildet Murdochs Druckzentrum in Wapping, wo die kollektive gewerkschaftliche Repräsentation durch vom Management installierte Vertretungsgremien substituiert wurde. Bereits während der Auseinandersetzung hatte Murdoch die Einrichtung von gewählten „work committees“ angeboten, deren Mitglieder aus Arbeitnehmervertretern und Managementvertretern zusammengesetzt sein sollten, was von den Gewerkschaften freilich zurückgewiesen worden war. Diese Gremien sind dann 1986 von Murdoch installiert, aber 1988 wieder abgeschafft worden, denn sie „became more demanding and started to behave in a way we were not terribly anxious to encourage“, so T. Hopkins, Director of Human Resources bei News International (Financial Times, 28.5.91). In den folgenden Jahren wurde seitens des Managements mit anderen Beteiligungsformen experimentiert, die aber bislang zu keinen stabilen Arbeitsbeziehungen geführt haben.

Im Vergleich zur Elektroindustrie und besonders zur Metallindustrie sind neue Partizipationsformen, ob von Management- oder von Gewerkschaftsseite initiiert, in der Druckindustrie in allen drei Ländern relativ wenig verbreitet. In Schweden ist die Existenz von Projektgruppen, zwar anders als in Großbritannien und Deutschland, weit verbreitet, diese sind aber eng an die Gewerkschaft, also an die herkömmliche Art der Verhandlungen zwischen *Klub* und Gewerkschaftsleitung gebunden.

Veränderungen in der Aus- und Weiterbildung

Ein Regelungsbereich zwischen den Akteuren der industriellen Beziehungen in der Druckindustrie, der durch die Einführung der neuen Techniken verändert wurde, ist der Bereich der Aus- und Weiterbildung. In allen drei untersuchten Ländern bemühen sich die Druckergewerkschaften um mehr Fortbildungsmöglichkeiten für die Beschäftigten, damit diese mit den Veränderungen Schritt halten können, ihre Qualifikationen anpassen und damit ihre Beschäftigungsperspektiven sichern können.

Auch nach der Vereinbarung des RTS-Tarifvertrags blieben die neuen Techniken ein Thema für die IG Druck und Papier. Auf dem Gewerkschaftstag 1983 wurde beschlossen, daß der „Schutz vor negativen Folgen technischer und/oder arbeitsorganisatorischer Rationalisierung“ vor allem durch eine Tarifierung von Mitbestimmungsrechten des Betriebsrats beim Einsatz von Maschinen und Anlagen sowie bei der Gestaltung der Arbeitsorganisation und der Arbeitsinhalte erreicht werden sollte. Außerdem wurde das Recht auf Ablehnung neuer Techniken gefordert, wenn deren soziale und materielle Auswirkungen auf die Beschäftigten noch ungelöst waren. Die IG Druck und Papier strebte damit an, die Einführung neuer Techniken nicht nur für die betroffenen Arbeiter finanziell und sozial abzufedern, sondern mit Hilfe der Betriebsräte auf der Unternehmensebene den Rationalisierungsprozeß selbst frühzeitig zu beeinflussen (Hindrichs u.a. 1990, S. 88). Bei den Ergebnissen des 1984 vor allem für die Einführung der 35-Stunden-Woche geführten Streiks in der Druckindustrie gab es allerdings keine Fortschritte bei der von der Gewerkschaft angestrebten Ausweitung der Mitbestimmungsrechte des Betriebsrats beim Einsatz von Maschinen und Anlagen sowie Arbeitsorganisation und -inhalten (ebd., S. 281).

In der Tarifauseinandersetzung im Frühjahr 1990, die von Warnstreiks begleitet wurde, vereinbarte die IG Medien mit dem Bundesverband Druck neben Lohnerhöhungen und der Einführung der 35-Stunden-Woche ab 1995 Besetzungsregeln für die Weiterverarbeitung und einen „Tarifvertrag zur Förderung der Fortbildung und Umschulung in der Druckindustrie“. Dieser Tarifvertrag sieht vor: „In Arbeitsbereichen bzw. Abteilungen, in denen technische oder wesentliche betriebliche arbeitsorganisatorische Veränderungen (...) geplant sind oder durchgeführt werden, haben alle Arbeitnehmer, deren Arbeitsplatz davon betroffen ist, auf Verlangen Anspruch auf Teilnahme an den dafür vorgesehenen Fortbildungsmaßnahmen.“ (§ 5, Tarifvertrag zur Förderung der Fortbildung und Umschulung in der Druckindustrie 1990) Dies war bisher nur in einzelnen

Betriebsvereinbarungen enthalten. Die Fortbildungszeit gilt als Arbeitszeit. Wenn sie außerhalb der Arbeitszeit liegt, muß sie ebenfalls vom Arbeitgeber bezahlt werden (§ 6). Die IG Medien will mit diesem Tarifvertrag der Trennung zwischen „einer wachsenden Zahl schlecht bezahlter Zuarbeiter und einer kleinen Gruppe gut bezahlter Spezialisten" begegnen (Kontrapunkt 16/1990, S. 9).

Auch in der beruflichen Erstausbildung hat es in den vergangenen Jahren Veränderungen gegeben, an deren Formulierung die Tarifparteien über die gesetzlichen Organe beteiligt waren. In die neue Ausbildungsordnung für Schriftsetzer, die am 1.8.1993 in Kraft trat, sind Themen wie PC-Systemtechnik, Desktop-Publishing und Montagetechnik aufgenommen worden. Inzwischen denkt der Bundesverband Druck über eine weitere Veränderung nach, wonach in der gesamten Druckvorstufe nur noch ein Kernberuf erhalten bleiben soll. Ein sogenannter „Informationsdesigner" soll zukünftig „Daten sammeln und aufbereiten" (FAZ, 6.2.1995).

Auch in *Großbritannien* gelang es den Druckergewerkschaften, Forderungen bezüglich der Aus- und Weiterbildung der Beschäftigten durchzusetzen. Das allgemeine Druckgewerbe leistet in Großbritannien traditionell den Hauptanteil der Ausbildung der Facharbeiter für die Druckberufe, neben einer begrenzten Ausbildungskapazität bei den Lokal- und Regionalzeitungen. Die Kontrolle der Lehrlingsausbildung durch die Gewerkschaften war eine zentrale Bastion der traditionellen Stärke des *Craft Unionism* gewesen. Mit der technischen Entwicklung in der Druckindustrie erodierten allerdings zunehmend die Voraussetzungen der alten Ausbildungsordnung, was auch von den Gewerkschaften realisiert wurde. „Given the changing skill structure in the industry the NGA saw the system as less appropriate for equipping individuals with the skills to work in the industry." (Gennard 1987, S. 137) Nach längeren Verhandlungen einigten sich deshalb die BPIF und die NGA (im Jahre 1983) und die SOGAT (im Jahre 1985) auf den Abschluß eines neuen „Recruitment, Training and Retraining Agreements" mit dem Ziel: „jointly establishing a cost effective and efficient system of modular training, retraining and related further education to suit the needs of the company and the industry, and to provide opportunities for the development of the individual".

Das Abkommen ersetzt die alte Ausbildungsordnung durch ein modulares System der Aus- und Weiterbildung, das nicht nur für Schulabgänger, sondern auch für bereits in der Druckindustrie tätige Arbeiter Ausbildungsinhalte und -ziele regelt. Die drei vorgesehenen Ausbildungsmodule umfassen: „introduction, primary basic skills and skills development modules", deren Umfang und Inhalt auf die jeweiligen Bedürfnisse der Auszubildenden und der Unternehmen zugeschnitten werden können. Statt der bisher national vereinbarten Quoten für Ausbildungsverhältnisse in der Druckindustrie sieht das neue Abkommen vor, daß auf Unternehmensebene zwischen Management und *Chapel* jährlich „manpower plans" verhandelt und vereinbart werden, die den Ausbildungsumfang festlegen. Ein auf nationaler Ebene eingerichtetes und paritätisch besetztes „Joint Training Council" soll die Einhaltung und Evaluation des Abkommens begleiten. Aus Expertengesprächen ebenso wie aus den Protokollen der letzten Gewerkschaftskonferenzen geht allerdings hervor, daß bislang die Vereinbarung über

„manpower plans“ auf Unternehmensebene erst in einer geringen Anzahl von Betrieben praktiziert wird.

Neue Techniken in der Druckindustrie - eine vorläufige Bilanz

Von allen drei untersuchten Branchen hat sich der Arbeitsprozeß in der Druckindustrie, insbesondere in der von uns schwerpunktmäßig untersuchten Zeitungsherstellung, am stärksten durch die Einführung neuer Techniken geändert. Dabei betrafen diese Neuerungen insbesondere die Arbeit der Schriftsetzer: ihre vorher noch fast handwerkliche Arbeit wurde durch die Computertechnik völlig verändert. Mit dieser Veränderung der Technik wurde einer traditionellen Facharbeitergruppe mit starker gewerkschaftlicher „bargaining power“ die bis dahin ausgeübte Kontrolle über einen wichtigen Teil der Zeitungsherstellung entzogen.

Von der neuen Technik waren nicht nur die Setzer, sondern praktisch alle an der Zeitungsherstellung beteiligten Arbeitskräfte betroffen. Nach den Setzern wurden die Korrektoren, die Fachkräfte für den Umbruch sowie die Fachkräfte aus der Bildherstellung von den technisch-organisatorischen Veränderungen betroffen. Andere Berufsgruppen, die nicht zu den graphischen Facharbeitern zu zählen sind, wie die angelernten Schreibkräfte, die Angestellten der Anzeigenabteilung, die Sekretärinnen in der Redaktion und die Journalisten, gewinnen durch die Veränderung der Arbeitsorganisation eher neue Arbeitsaufgaben hinzu.

In der ersten Phase der Rationalisierung versuchten die Schriftsetzer und die anderen Facharbeiter der Druckindustrie in den drei Ländern durch zentrale Lösungen bzw. nationale Technikabkommen sich gegen den Verlust der Kontrolle über die Produktion zur Wehr zu setzen und durch allgemeine Regelungen sowie durch Abwehrmaßnahmen am Arbeitsplatz zu erreichen, daß ihnen ihre alten Arbeitsaufgaben auch an den Computern erhalten blieben; sie versuchten, durch Abkommen und informell erkämpfte Regelungen ihren Facharbeiterstatus auch unter den Bedingungen der neuen Technik zu erhalten.

In der zweiten Phase der Rationalisierung, die die vollintegrierte elektronische Druckvorstufe zum Ziel hat, können die in den siebziger und achtziger Jahren getroffenen zentralen Vereinbarungen nur noch bedingt greifen. Hinzu kommt, daß durch die neue Technik auch eine Erosion der traditionsreichen und einflußreichen Verbände stattfindet. In dieser Phase setzen sich eher dezentrale Lösungen durch, die auch die unterschiedlichen Bedingungen und Veränderungen in Klein- und Großbetrieben berücksichtigen.

Die Schriftsetzer als traditionelle, gewerkschaftlich hoch organisierte Facharbeiter haben die Kontrolle über den Produktionsprozeß der Druckvorstufe einer Zeitung weitgehend verloren. Der elektronische Ganzseitenumbruch hat einen Großteil ihrer Bearbeitungs- und Gestaltungsaufgaben übernommen. Texte und Bilder kommen Online von den Agenturen oder werden von den Redakteuren selbst eingegeben. Die Redakteure haben damit eine größere Kontrolle über den Produktionsprozeß der Zeitung übernommen. Sie nutzen diese Macht, die sie über den Produktionsprozeß bekommen haben, nur selten im gewerkschaftlichen Sinn; so beteiligen sie sich kaum an Streiks und ihre Organisationen verstehen sich eher als Berufsverbände, denn als Gewerkschaften.

Neben den Auseinandersetzungen zwischen den Gewerkschaften und den Arbeitgebern prägten auch Konflikte der Gewerkschaften untereinander um die Abgrenzung ihrer Zuständigkeitsbereiche die Aushandlungsprozesse. Da die Computertechnik in der Druckindustrie die Tendenz hat, verschiedene Arbeitsaufgaben miteinander zu integrieren oder auch ganz zu übernehmen, waren Abgrenzungskonflikte über die Zuständigkeitsbereiche zwischen den Gewerkschaften der verschiedenen Berufsgruppen vorprogrammiert. In diesem Punkt ähneln sich die Konflikte um die neue Technik in der Druckindustrie in Großbritannien und Schweden, während in der Bundesrepublik durch das Industriegewerkschaftsprinzip diese Konflikte in innergewerkschaftliche Diskussionen verlagert wurden.

Die Einführung neuer Techniken in der Druckindustrie wurde in den drei untersuchten Ländern durch die je besondere Konstellation der industriellen Beziehungen unterschiedlich stark beeinflußt. Für Großbritannien kann man in diesem Zusammenhang von einer im Vergleich zu Schweden und Deutschland verzögerten Einführung sprechen. Umgekehrt hatte die Einführung von neuen Techniken in der Druckindustrie in allen drei Ländern Auswirkungen für das System der industriellen Beziehungen.

In *Großbritannien* verloren die gewerkschaftlichen *Chapels* vor allem durch das lange Festhalten an alten Strukturen, ihre Kontrollmacht über die Produktion und wurden deshalb besonders hart von den Veränderungen getroffen. Facharbeiter- und Nichtfacharbeitergewerkschaften schlossen sich 1991 zur *Graphical Paper Media Union* (GPMU) zusammen; die Struktur der gewerkschaftlichen Vertretung in der Druckindustrie wurde damit in Großbritannien nachhaltig verändert. Eine neue stabile Struktur der industriellen Beziehungen in der britischen Druckindustrie ist allerdings noch nicht etabliert. Unternehmenspolitiken, wie die Murdochs und anderer Zeitungshersteller, die einzelnen Gewerkschaften die Verhandlungsrechte aberkennen, deuten auf eine weitere Verschiebung der Machtrelationen zugunsten des Managements hin und grenzen die kollektiven Beteiligungsrechte weiter ein.

In *Deutschland* wandelte sich die IG Druck und Papier am Ende der Auseinandersetzungen um die neuen Techniken von einer Facharbeiter-dominierten Gewerkschaft in eine Mediengewerkschaft, die „IG Medien - Druck und Papier, Publizistik und Kunst". Die ehemalige Druckergewerkschaft ist jetzt für Künstler und alle Beschäftigten des Medienbereichs offen. Der Transformationsprozeß von einer Facharbeitergewerkschaft zu einer Mediengewerkschaft, die Entwicklung neuer Konzepte für die berufliche Zukunft des traditionellen Klientels und die Einbeziehung neuer Beschäftigtengruppen, begann erst in der zweiten Phase der Rationalisierung und stellt die Gewerkschaft vor eine schwierige Aufgabe.

In *Schweden* sind bislang Schritte zur Bildung einer Medien-Gewerkschaft nicht erkennbar; statt auf eine Fusion mit der Journalisten-Gewerkschaft orientiert sich hier die Grafiker-Gewerkschaft eher in Richtung einer Kommunikations-Dienstleistungsgewerkschaft, vergleichbar mit der jüngst in Deutschland angekündigten engeren Zusammenarbeit von IG Medien, Deutscher Postgewerkschaft und der Gewerkschaft Handel, Banken und Versicherungen.

Die gewerkschaftlichen Akteure der industriellen Beziehungen im Druckgewerbe sind in allen drei Ländern auf dem Wege zu einer neuen Identität, die den gravierenden technisch-organisatorischen und Marktveränderungen Rechnung trägt. Dem korrespondiert auf Ebene der Unternehmen eine Suche nach Konzepten für eine „Zukunft der Druckindustrie“, die - so ein Prognos-Gutachten - „viel stärker vom erfolgreichen Produktmarketing und von Dienstleistungen geprägt sein wird als von Technologie“ (zitiert nach: Bundesmann-Jansen/Pekruhl 1992, S. 120).

V. Technikimplementation und industrielle Beziehungen in der Elektro/nik/industrie

Die Elektro/nik/industrie gehört ohne Zweifel zu jenen Industriezweigen, die bei der Entwicklung und Anwendung neuer Techniken eine Schlüsselrolle spielen und in der die Diffusion technischer Innovationen weit vorangeschritten ist. Auf diese Schlüsselstellung gründete sich deshalb auch die Entscheidung, bei der Analyse der Wechselbeziehung von neuen Techniken und industriellen Beziehungen die Elektro/nik/industrie einzubeziehen. Anders freilich als bei der Druckindustrie, bei der sich der Prozeß technologischer Veränderungen der Arbeits- und Produktionsprozesse vergleichsweise klar konturiert, während gleichzeitig das Produkt keine einschneidenden Neuerungen erfährt, sind die Reichweite der Prozesse technologischer Innovationen von Produkten wie von Fertigungsprozessen ebenso wie die Auswirkungen auf die Beschäftigungs- und Arbeitssituation sehr viel komplexer und unübersichtlicher und zugleich im Prozeß ständiger Veränderungen begriffen.

1. Tendenzen der ökonomischen, organisatorischen und Beschäftigungsentwicklung

Die Elektro/nik/industrie - das gilt für alle drei betrachteten Länder in vergleichbarer Weise - stellt eine überaus heterogene Branche mit sehr unterschiedlichen Produktarten, Produktionsstrukturen, Technisierungs- und Rationalisierungsverläufen sowie divergierenden Qualifikations- und Arbeitsstrukturen dar. Diese Heterogenität kommt auch zum Ausdruck in den unterschiedlichen ökonomischen und organisatorischen Rahmenbedingungen der Teilbranchen und der von den Unternehmen verfolgten strategischen Orientierungen. Der begrifflich weitgefaßte Terminus Elektro/nik/industrie hat deshalb die Funktion eines „Daches“, unter dem durchaus sehr unterschiedliche Teil-Branchen subsumiert werden. Wir benennen deshalb das umfangslogisch breite Spektrum mit dem Terminus „Elektro/nik/industrie“. Der Heterogenität der Branchenstruktur ist es geschuldet, daß die wirtschaftsstatistische Abgrenzung der einzelnen Zweige sowohl zwischen den einzelnen Ländern nicht völlig deckungsgleich definiert wird und auch die statistischen Erfassungen und Zuordnungen im nationalen Maßstab im Zeitverlauf Veränderungen erfahren haben.

Der Begriff der Elektro/nik/industrie umfaßt einmal die klassische, konventionelle elektrotechnische Industrie, die bereits um die Jahrhundertwende zu den Wegbereitern der zweiten industriellen Revolution wurde (neben der chemischen Industrie als „science-based industries“); zum anderen jene Sektoren, die mit der Entwicklung der Mikroelektronik wesentlich zu Leitbranchen der dritten industriellen Revolution geworden sind. Hierzu gehört vor allem die elektronische Bauelemente-Produktion als „Herzstück des technischen Wandels“, die die Expansion der Informations- und Kommunikationstechnologien erst ermöglicht hat. Die herkömmliche Unterscheidung zwischen Elektro- und Elektronikindustrie wird zudem fragwürdiger in dem Maße, wie der Übergang von der Elektromechanik zur Elektronik sich fortsetzt und mikroelektronische Komponenten sich weiter auf dem Vormarsch befinden. In der zweiten Hälfte der achtziger Jahre machte in Deutschland die Elektronikproduktion gegenüber der Produktion konventioneller Elektrotechnik etwas mehr als die Hälfte des Produktionsvolumens und knapp die Hälfte der Beschäftigten aus (Voskamp u.a. 1989, S. 58). In Schweden waren 1990 fast 33.000 der insgesamt 63.000 in der Elektro/nik/industrie beschäftigten Arbeitnehmer mit der Herstellung von Telekommunikationsausrüstung, Computern und Büromaschinen befaßt; der Anteil des Produktionswertes dieser elektronischen Geräte beträgt 63 Prozent (Swedish Institute 1992).

Kennzeichnend für diesen Industriezweig ist ein breites Spektrum von Produkten, dessen Bandbreite von Glühbirnen, Waschmaschinen und Fernsehgeräten über Telefonvermittlungsanlagen, Kfz-Elektronik und Kernkraftwerken bis zu Mikrochips und Computern sowie der Software-Produktion reicht. Voskamp u.a. (1989) unterscheiden bei der Produktionsstruktur der Elektro/nik/industrie drei Bereiche, nämlich Massenproduktion, Produktion „spezialisierter" Komponenten und Produktion komplexer Investitionsgüter. Sie weisen darauf hin, daß die Elektro/nik/industrie auch Zulieferer für andere Branchen ist, denen sie die Komponenten liefert. Auch innerhalb der Elektro/nik/industrie gibt es eine überbetriebliche Arbeitsteilung, viele Betriebe sind reine Komponentenhersteller. Deren Produkte sind oft besonders komplex und können wegen des unternehmensübergreifenden Charakters der Arbeitsteilung in höheren Stückzahlen hergestellt werden. Manche Komponenten werden also in Massenproduktion hergestellt, andere dagegen in geringer Stückzahl als „spezialisierte" Komponenten (Voskamp u.a. 1989, S. 15f.; Wittke 1989, S. 133 ff). Das Stichwort „Massenproduktion", das man traditionellerweise vor allem wegen der Herstellungsart der konsumnahen Produkte mit der Elektro/nik/industrie verbindet, gilt also auch für einen Teil der Investitionsgüterherstellung und nicht nur für Unterhaltungselektronik, Haushaltsgeräte, Telefone, EDV-Anlagen und Halbleiter. Entsprechend der Dreiteilung der Produktionsstruktur reicht die Bandbreite der Arbeitstypen von Formen hochqualifizierter manueller Montage-Facharbeit über taylorisierte kurzzyklische Serienmontagearbeiten und neuartige Operator-Tätigkeiten in der chemisierten Chip-Fertigung bis zu hochqualifizierten Angestelltentätigkeiten in Forschung und Entwicklung im Hardware- wie im Software-Bereich. Wir haben es folglich mit einem Nebeneinander von verschiedenartigen Produktionsstrukturen und unterschiedlichen Arbeitsformen zu tun.

Die Elektro/nik/industrie gilt generell als zukunftsträchtige Wachstumsbranche, entsprechend ist ihr Gewicht in den einzelnen Ländern - auf Produktion und Beschäftigung bezogen - erheblich. Darüberhinaus hat die Elektro/nik/industrie für die gesamte Industrie und den Dienstleistungssektor insofern eine „Leitfunktion", als sie mit ihren Produktinnovationen und technischen Lösungen die Basistechnologie und die technologische Infrastruktur bereitstellt.

In Deutschland ist die Elektro/nik/industrie die produktionsstärkste Industrie; 1990 arbeiteten 15,6 Prozent aller abhängig Beschäftigten im verarbeitenden Gewerbe in der Elektro/nik/industrie, von dem Wert der Produktion des verarbeitenden Gewerbes entfielen 17,4 Prozent auf diese Wirtschaftszweige. In Großbritannien hat sich der Anteil der Beschäftigten der Elektro/nik/industrie an den Beschäftigten in der verarbeitenden Industrie insgesamt von 13,2 Prozent im Jahre 1973 auf 14,5 Prozent im Jahre 1991 erhöht. In Schweden betrug 1988 der Anteil der in der Elektro/nik/industrie beschäftigten Arbeitnehmer 18 Prozent der Arbeitnehmer in der Werkstattindustrie, auf die Elektro/nik/industrie entfielen dabei 18 Prozent des Umsatzes der Werkstattindustrie.

Die Elektro/nik/industrie in allen drei Ländern hat in den achtziger Jahren erhebliche Investitionen in neue Techniken getätigt, die neben der Rationalisierung auch das Ziel der Erweiterung der Produktionskapazitäten verfolgten. Insgesamt lagen in Deutschland in den achtziger Jahren die Investitionszuwächse in der Elektro/nik/industrie über dem Durchschnitt der Investitionszunahmen des Investitionsgüter produzierenden Gewerbes (Welzmüller 1992, S. 13). In Schweden lagen in den Jahren 1986-89 die auf neue Techniken entfallenden Investitionen in der Elektro/nik/industrie über dem Anteil für die Gesamtindustrie (Statistika Centralbyran 1991, S. 13). Die Heterogenität der Branche führt allerdings dazu, daß Entwicklungen in den einzelnen Teilbranchen durchaus konträr verlaufen; einem Rückgang bspw. im Büromaschinensektor und der Unterhaltungselektronik korrespondieren starke Zuwächse in der Halbleiter- und Computerindustrie.

Die Elektro/nik/industrie erweist sich von den siebziger Jahren bis Ende der achtziger Jahre generell als eine zentrale industrielle Branche mit Wachstumstendenzen in allen drei Ländern, unterbrochen lediglich von konjunkturellen Rückgängen in der ersten Hälfte der achtziger Jahre. Die Wirtschaftsdaten über Investition und Produktion weisen Steigerungsraten auf, während die Beschäftigungsentwicklung in Schweden und Großbritannien rückläufig ist und in Deutschland weitgehend stabil - mit leichter Wachstumstendenz - ist.

Aufgrund historisch spezifischer Entwicklungen haben sich dabei in den jeweiligen Ländern unterschiedliche Schwerpunkte der Elektro/nik/industrie herausgebildet. So ist in Schweden die Telekommunikations- und Haushaltsgeräteindustrie sowie der Investitionsgütersektor sehr stark verankert. (Swedish Institute 1992). Kennzeichnend ist dabei für Schweden die Dominanz der drei weltweit operierenden Konzerne Ericsson, Electrolux und Asea-ABB, die ihre Produktionsschwerpunkte seit den dreißiger Jahren gegeneinander abgegrenzt haben. Großbritannien „is much more successful in military electronics and areas within electronic instruments, where it has produced several major world innovations and remains the technological forefront“ (Soete 1985, S. 49); allerdings erweisen sich zunehmend die „over-specialisation of the UK electronics industry on defence and its relative weakness in most other areas as serious structural problems for the whole of British industry“ (Freeman 1989, S. 222). Die deutsche Elektro/nik/industrie verfügt über eine vergleichsweise breite Palette von Produkten und Fertigungsstätten mit schon historisch früh herausgebildeten Universalunternehmen wie Siemens, AEG und Bosch und gehört zu den größten Anbietern am Weltmarkt (Welzmüller 1992).

Allerdings lassen sich in immer geringerem Maße nationale Besonderheiten der Industrie in den einzelnen Ländern festmachen, da die führenden Industrieunternehmen in hohem Maße im globalen Maßstab agieren durch transnationale Kooperation, Akquisition und Fusionen. So läßt sich die Computerindustrie in Deutschland - wenn auch mit Einschränkungen - noch als eine nationale Industrie bezeichnen; in Schweden hat der Telekommunikationshersteller Ericsson 1988 sein defizitäres EDV-Engagement durch Verkauf an den finnischen Konzern Nokia aufgegeben; in Großbritannien ist der britische Computer-Hersteller ICL 1990 von dem japanischen Konzern Fujitsu übernommen worden. Gleichzeitig sind ausländische Halbleiter- und Computer-Hersteller, sowohl US-amerikanische als auch japanische, mit Forschungs- und Fertigungskapazitäten in den europäischen Ländern vertreten. In Schweden haben sich die Konzerne der Elektro/nik/industrie in wachsendem Maße international und global orientiert: Ericsson und Electrolux schon seit Jahrzehnten, Asea ist durch die Fusion mit dem Schweizer Konzern BBC zu ABB 1987 zu einem „global player" mit weltweit 240.000 (1990) Beschäftigten geworden. Percy Barnevik, Präsident und CEO von ABB charakterisiert die Unternehmens-Philosophie: „ABB is a company with no geographic center. We are a federation of national companies with a global coordination center (...) We are not homeless. We are a company with many homes" (Harvard Business Review, March/April 1991, S. 92).

In der Elektro/nik/industrie ist durch den Aufbau von Fertigungsstätten im Ausland schon früh die Tendenz einer Globalisierung von Märkten und Fertigungen eingeleitet worden. Durch die sich verändernden internationalen Wettbewerbssituationen kommt es zu „erheblichen Umstrukturierungs- und Konzentrationsvorgängen"; für die Produktions- und Produktplanung heißt das Stichwort „Globalisierung" (Welzmüller 1992, S.19 f.). Auf der Unternehmensebene werden durch strategische Allianzen neue Kooperationen geknüpft, wobei es die großen Unternehmen sind, die diese Entwicklungen tragen, gleichwohl ist die Rolle von kleinen und mittleren Betrieben durchaus in einzelnen speziellen Fertigungssparten von Bedeutung. Genereller Hintergrund dieser Tendenzen, bei denen globale Trends nationale Besonderheiten überlagern und prägen, sind Veränderungen auf den (Welt-)Märkten und die wachsende Innovationsdynamik, die in den neunziger Jahren an Gewicht zunehmen.

Am unstrittigsten ist, daß die Produktinnovationen sich erheblich verstärken, gleichzeitig die Produktlebenszyklen sich immens verkürzen und damit eine Verschärfung des Wettbewerbs auslösen. Was in besonderer Weise die Elektro/nik/industrie dabei charakterisiert, ist die enge Verknüpfung von Produkt- und Prozeßinnovationen. Unternehmen der Elektro/nik/industrie produzieren einerseits neue Technologie, d.h. die produzierten Produkte sind auf mikroelektronischen Innovationen basiert, gleichzeitig ist die Anwendung von Mikroelektronik im Fertigungsprozeß ebenfalls sehr fortgeschritten. So gehört die Elektro/nik/industrie in den drei Ländern zu den Branchen mit dem höchsten Vorkommen an Produktinnovationen, und sie gehört auch im Hinblick auf Implementation neuer Techniken und neuer Organisations- und Produktionsstrukturen zu den Vorreitern.

2. Implementation von Informations- und Kommunikationstechnologien

Die weite Verbreitung von Mikroelektronik läßt es mittlerweile als fraglich erscheinen, von „neuer“ Technologie zu sprechen, da die Technikanwendung in diesen Branchen mittlerweile zum „Normalzustand“ geworden ist. Gleichwohl hat - auch weiterhin - die Entwicklung und Adaption neuer technischer Produkte und Verfahren zu Änderungsprozessen geführt, die sowohl diskontinuierliche Schübe als auch stetige graduelle Veränderungen ausgelöst haben. Freilich hat sich aufgrund der bereits erwähnten verschiedenen Entwicklungstrends technischer und arbeitsorganisatorischer Veränderungen mit jeweils unterschiedlichen Implikationen für die Beschäftigten kein einheitliches Muster herausgebildet.

Insgesamt findet in der britischen verarbeitenden Industrie 1987 die Mikroelektronik in 12,5 Prozent aller Unternehmen Anwendung in deren Produkten und 60 Prozent der Unternehmen nutzen mikroelektronische Innovationen in ihren Produktionsprozessen. Hinsichtlich der Produktinnovationen stellt die Elektro/nik/industrie den Spitzenreiter dar mit einer Anwendungsquote von 60 Prozent 1987 (die 1981 erst 24 Prozent betrug). Ebenfalls kommen in 60 Prozent der elektrotechnischen Unternehmen mikroelektronische Innovationen in der Fertigung zur Anwendung (1981 betrug der Anteil erst 24 Prozent) (Northcott/ Walling 1988).

In Schweden machen die Investionen in computergesteuerte Maschinen und Ausrüstung der Elektro/nik/industrie 15 Prozent der Investionen der gesamten herstellenden Industrie aus. Während der Anteil der Computerinvestitionen an allen Investitionen in der gesamten Industrie zwischen 1986 und 1989 fast unverändert blieb, verdoppelte er sich in der Elektro/nik/industrie (Statistika Centralbyran 1991, S. 13).

Anders als in der Automobilindustrie und dem Maschinenbau etwa - neben der Elektro/nik/industrie die beiden anderen Kernsektoren der Fertigungsindustrie - sind die empirischen Kenntnisse über die Vielfältigkeit der Veränderungsprozesse begrenzter, zumeist auf einzelne Fallstudien bezogen, deren Generalisierung kaum angemessen ist. Voskamp u.a. (1989) sprechen deshalb mit Blick auf die Elektro/nik/industrie in Deutschland von einem „weißen Fleck auf der Landkarte industrieller Arbeit“, eine Etikettierung, die auch für Schweden und Großbritannien Gültigkeit hat. Gleichwohl lassen sich anhand vorliegender empirischer Befunde und Analysen einige Aussagen treffen, die die Entwicklungstendenzen und Auswirkungen für die Unternehmen und die Beschäftigten in der Elektro/nik/industrie umreißen.

Summarisch die Auswirkungen des Technikeinsatzes für die Beschäftigungs- und Arbeitssituation der Arbeitnehmer in der Elektro/nik/industrie zu resümieren muß angesichts der realen Unterschiedlichkeit und des Nebeneinanders von Produktions- und Arbeitsstrukturen schwerfallen. Zu Beginn der Technikeinführung in der Mitte der siebziger Jahre waren Trendprognosen an der Tagesordnung, die einen massiven Arbeitsplatzabbau voraussagten. Zugleich wurde eine Tendenz zur Dequalifizierung prognostiziert. Es wurde angenommen, daß die Technikeinführung zu einer Marginalisierung von Facharbeit und einer Ausweitung unqualifizierter einfacher Tätigkeiten führen würde.

Der tatsächliche Verlauf weicht von diesen Prognosen allerdings erheblich ab. Einerseits lassen sich zwar durchaus Belege dafür finden, daß massive Technisierungsschübe zu Personalabbau geführt haben, wie etwa in den klassischen Zweigen der Haushaltsgeräteindustrie und der Radio- und Fernsehgeräteindustrie. So ist etwa in der deutschen Elektro-Haushaltsgeräteindustrie die Zahl der Beschäftigten von 83.800 im Jahre 1980 auf 67.100 1984 gesunken, und betrug 1992 rund 78.000. In der deutschen Unterhaltungselektronik sank die Beschäftigung im Zeitraum von 1980 bis 1991 von 109.000 auf 75.000 (Welzmüller 1992). In Großbritannien hat der Zweig der Unterhaltungselektronik eine völlige Umstrukturierung erfahren; arbeiteten 1973 hier noch 69.000 Beschäftigte, so 1981 nur noch 25.000. Der schwedische Konzern Electrolux, der vor allem Haushaltstechnik herstellt, hatte dagegen in den achtziger Jahren keinen Rückgang in Produktion oder Beschäftigung (weltweit über 130.000) zu verzeichnen. Der größte Teil der Fertigung geschieht allerdings im Ausland, wo Electrolux Ende der achtziger Jahre viele Betriebe aufkaufte und anschließend rationalisierte.

Der Zusammenhang zwischen neuer Technik und Beschäftigung ist freilich in hohem Maß durch Marktveränderungen (Sättigung der Nachfrage u.ä.) mitverursacht worden, die zugleich Konzentrationen von Unternehmen und Umstrukturierungen begünstigt haben, wie im Fall der Haushaltsgeräteindustrie und der Unterhaltungselektronik. In Industriezweigen dagegen, wo die Marktnachfrage in den letzten Jahren zunächst massiv angestiegen ist, wie in der Halbleiter- und Computerindustrie, hat die Produktionsausweitung auch zu Beschäftigungsausweitungen geführt. Die Kongruenz von Marktausweitung und Technikeinsatz hat hier potentielle „arbeitssparende" Effekte des Technikeinsatzes nicht zum Tragen kommen lassen. So ist beispielsweise in der Bundesrepublik die Zahl der in der Computer-Industrie beschäftigten Arbeitnehmer von 42.700 im Jahre 1980 auf 85.100 im Jahre 1988 angestiegen, seither allerdings rückläufig (Welzmüller 1992). In Großbritannien stieg die Zahl der Beschäftigten in der Computer-Industrie von 75.400 im Jahre 1982 auf 93.600 im Jahre 1987 und sank auf 78.000 im Jahre 1991.

Gleichzeitig sind Einbrüche in der Beschäftigung seit Anfang der neunziger Jahre (von der auch bisherige Bastionen der Beschäftigungssicherheit wie IBM betroffen sind) weniger einem neuerlichen Technikschub zuzuschreiben als vielmehr nationalen wie globalen Marktveränderungen. Insofern läßt sich die Beschäftigungsentwicklung in der Elektro/nik/industrie auch nicht losgelöst von der gesamten wirtschaftlichen Entwicklung betrachten. In Deutschland und Schweden entwickelte sich die Industrie insgesamt in einem expansiven Wirtschaftsklima, während in Großbritannien der sich insgesamt verstärkende Deindustrialisierungsprozeß auch die Elektro/nik/industrie als Lieferant von Investitionsgütern in Mitleidenschaft zog und deshalb zu einem massiven Beschäftigungsrückgang wesentlich beigetragen hat, wenngleich die Elektro/nik/industrie in Großbritannien gegenüber der gesamten Industrie höhere Wachstumsraten wie auch geringere Beschäftigungsverluste aufweist (Blackaby/Hunt 1989, S. 125).

Mit der Beschäftigungsentwicklung ist gleichzeitig eine Veränderung in der Struktur der Beschäftigung einhergegangen. Als Folge von Technikeinsatz findet sich eine gegenläufige Tendenz der Entwicklung von Beschäftigungsgruppen, die im Resultat zu einer verschärften Polarisierung der Beschäftigungsstruktur geführt hat. Traditionell ist bereits die klassische elektrotechnische Industrie geprägt gewesen durch eine gespaltene Qualifikationsstruktur der Beschäftigten; auf der einen Seite durch einen hohen Anteil von un- und angelernten Beschäftigten, auf der anderen Seite durch einen erheblichen Anteil qualifizierter Facharbeiter und technischer Angestellter. Im Zuge der Einführung neuer Techniken läßt sich feststellen, daß der Anteil der un- und angelernten Beschäftigten rückläufig ist, während der Anteil hoch und höchstqualifizierter Arbeitnehmer im Anwachsen begriffen ist. Dieser Trend ist ablesbar am wachsenden Anteil der Angestellten sowie einem rückläufigen Anteil von Frauenbeschäftigung. So ist in der deutschen Elektro/nik/industrie der Anteil der beschäftigten Frauen von 35,4 Prozent im Jahre 1980 auf 31,8 Prozent im Jahre 1991 zurückgegangen. (Welzmüller 1992, S. 175). Im gleichen Zeitraum hat sich andererseits der Angestelltenanteil um gut vier Prozentpunkte erhöht von 37,2 Prozent auf 41,7 Prozent (ebd.).

Dieser generelle Trend findet sich auch in Großbritannien bei insgesamt rückläufiger Beschäftigung in der Elektro/nik/industrie. „Net employment decline conceals a profound social recomposition of the workforce along both occupational and gender lines. For instance, high-grade occupations (managers, scientists, technologists, technicians) have recorded net employment growth while lower grade occupations (especially operators) have been declining in numerical significance. Crude notions of de-skilling are not appropriate to capture this process: rather, it is more legitimate to speak of a polarization of skills.“ (Sayer/Morgan 1986, S. 162)

In der schwedischen Elektro/nik/industrie ist die Zahl der Beschäftigten, die lediglich über eine Grundschulausbildung verfügen, von 39.461 im Jahr 1970 auf 23.477 im Jahre 1990 zurückgegangen, während im gleichen Zeitraum die Zahl der Hochschulabsolventen von 2.512 auf 7.252 gestiegen ist (die Gesamtbeschäftigung erhöhte sich von 1970 bis 1990 von 71.062 auf 77.480).

Diese uneinheitlichen Tendenzen der Beschäftigungs- und Qualifikationsentwicklung, die sich im Zuge der Einführung neuer Techniken deutlich ausprägen, sind Konsequenzen der unterschiedlichen Fertigungsstrukturen und Arbeitsprozesse in der Elektro/nik/industrie. Die durch den forcierten Einsatz neuer Techniken in den siebziger Jahren eingeleitete Veränderungsdynamik prägt sich in den einzelnen Bereichen der Elektro/nik/industrie unterschiedlich aus; in der allgemeinen Tendenz sind freilich kaum Bereiche von technischen und organisatorischen Veränderungen ausgenommen. Insgesamt befindet sich die Branche im Übergang von einer arbeiterdominierten klassischen Produktionsindustrie zu einer zunehmend angestelltendominierten Schlüsselindustrie im Zentrum der Informations- und Kommunikationstechnologie.

Die traditionelle elektrotechnische Industrie hat sich historisch bereits früh als eine klassische Hochburg tayloristischer Massenfertigung etabliert, die noch in den fünfziger und sechziger Jahren ausgebaut wurde, mit der Dominanz von einfacher (Spezial)Maschinenbedienung in den Bereichen der mechanischen Fertigung und kurzzyklischen repetitiven Montagearbeiten an Fließbändern, die weitgehend eine Domäne von Frauenarbeit blieben. In den siebziger Jahren zielten, bei prinzipiell unverändertem

Technikeinsatz, Arbeitsstrukturierungsmaßnahmen auf organisatorische Veränderungen von geringer bis mittlerer Reichweite. Diese Arbeitsstrukturierungen waren einerseits von Unternehmensseite auf die Abmilderung tayloristischer Folgewirkungen (hohe Absentismusraten) wie die Steigerung der Effizienz (Minimierung von Nebenzeiten) gerichtet. Teilweise, wenn auch in eingeschränktem Maße, waren diese Maßnahmen orientiert an Kriterien sozialverträglicher Arbeitsgestaltung, wie die im Rahmen des staatlichen Programms „Humanisierung des Arbeitslebens" in Deutschland angesiedelten Veränderungsprojekte in einzelnen Unternehmen (Heinrich/Schäfer 1982; AEG Telefunken 1983; Euler 1987). Im Rahmen verschiedener Programme des „Arbetsmiljöfonden" wurden auch in Schweden in den siebziger und achtziger Jahren Projekte zur Rücknahme tayloristischer Arbeitsgestaltung gefördert (Sandberg u.a. 1992). In Großbritannien spielen derartige Veränderungen dagegen kaum eine nennenswerte Rolle.

Einschneidendere Veränderungen erfolgten in den Bereichen der Massenfertigung in der Elektro/nik/industrie allerdings in den achtziger Jahren, als die neuen Technikpotentiale zum Einsatz gelangten. Die auf der Mikroelektronik basierenden Automatisierungspotentiale wie die Veränderung der Produkte selbst, die durch den Einbau der miniaturisierten Bauelemente erfolgten, schufen einerseits neue Produktionskonstellationen mit gänzlich neuen Fertigungs- und Montageverfahren, wie in der Leiterplattenherstellung oder Chipfertigung, und andererseits modifizierten sie herkömmliche Arbeitsstrukturen. Zeichnete sich früher die traditionelle Elektroindustrie durch Automatisierungssperren aus, so hat nunmehr der Einsatz von flexiblen Automatisierungstechnologien die Strukturen der Arbeitstätigkeiten erheblich verändert. Exemplarisch hierfür steht für den Bereich der Montage elektronischer Produkte die Leiterplattenbestückung: „Wo noch vor zehn Jahren die fast ausnahmslos von Frauen ausgeführten, hochgradig taylorisierten Montagearbeiten an langen Bestückbändern das Bild beherrschten, hat ein rasanter Automationsschub die Abläufe radikal verändert und die Bestückung gewissermaßen aus der von Handarbeit geprägten 'Steinzeit' auf ein hohes produktionstechnisches Niveau befördert - der typische Automatisierungsgrad liegt heute bei 70 bis 80 Prozent." (Voskamp u.a. 1989, S. 37; Bednarz-Braun 1987)

Ähnliche Effizienzsteigerungen sind etwa in der Herstellung von Fernsehgeräten feststellbar: die Verschränkung von Produkt- und Prozeßinnovationen führte bspw. in Deutschland bei einem multinationalen Elektronikkonzern zu einer Reduktion der Herstellungszeit eines Fernsehgerätes von ca. 18 Stunden in den sechziger Jahren auf 2,1 Stunden im Jahre 1986 (Düll u.a. 1991, S. 99). In Großbritannien stieg in einem von einer japanischen Firma übernommenen Fernsehgerätewerk Anfang der achtziger Jahre die Produktivität nach der Implementation neuer automatischer Montageeinrichtungen und der neuen japanischen Arbeits- und Sozialorganisation in kurzer Zeit um 30 Prozent: Die Fabrik produzierte nun mit 1.000 Beschäftigten 2.400 Fernsehgeräte, 500 Hifi-Geräte und 500 Videorekorder am Tag, während sie vor der Übernahme mit 2.200 Beschäftigten nur 1.750 Fernsehgeräte und keine weiteren Produkte herstellte (Pegge 1986, S. 47).

Diese Technisierungsschübe haben zu einer erheblichen Personaleinsparung in diesen Bereichen geführt; die Funktionsintegration von Arbeitsaufgaben und die organisatorische Etablierung von Montageinseln und -linien erhöhte die Flexibilität der Fertigung, die durch ein gestiegenes Typen- und Variantenspektrum erforderlich wird. Die qualifikatorischen Anforderungen der neuen Arbeitsplätze erfahren dabei eine Aufwertung, wobei es zu Mischstrukturen von einfachen Bedien- und Montagetätigkeiten mit qualifizierten Kontroll- und Prüfvorgängen kommt. Insgesamt sinkt der Anteil einfacher herstellender und montierender sowie kontrollierender Tätigkeiten, während der Anteil mittelbarer, sogenannter mediatisierter Produktionsarbeit an Bedeutung gewinnt, der für die Steuerung und Optimierung von Abläufen Sorge trägt. Aufgaben der Programmierung und Wartung der Anlagen werden von höherqualifizierten Arbeitskräften auf dem Qualifikationsniveau von Technikern und Ingenieuren ausgeübt. Diese Arbeitsstrukturen weisen ein vergleichsweises hohes Maß an Autonomie auf, während den verbleibenden einfachen Tätigkeiten eher geringe arbeitsorganisatorische Spielräume eingeräumt werden.

Weniger gravierend fallen die technischen und organisatorischen Veränderungen in jenen Bereichen der Elektro/nik/industrie aus, die komplexe Investitionsgüter herstellen, wie im Elektromaschinenbau sowie dem Elektroanlagenbau. Diese Produktionssektoren, die sich traditionell auf die Herstellung von hochwertigen, spezialisierten und kundenorientierten Produkten in Kleinserien- und Einzelfertigung konzentrieren, waren schon immer auf eine qualifizierte (Facharbeiter)-Beschäftigungsstruktur angewiesen und haben den tayloristischen Entwicklungspfad kaum ernstlich eingeschlagen. Die technischen Veränderungen, die hier seit den siebziger Jahren stattfinden, sind charakterisiert durch das Vordringen mikroelektronischer Steuerungs- und Fertigungstechnik, wie den Einsatz von CNC-Maschinen, CAD/CAM-Konstellationen, die sich kontinuierlich vollzogen, während große Schritte in Richtung von CIM eher zögerlich erfolgten.

Insgesamt erfährt durch die wachsende Innovationsdynamik von Produkten und Prozessen bei weiterer Elektronisierung der Anteil der Arbeiten, die mit Aufgaben der Forschung und Entwicklung beschäftigt sind, einen wachsenden Stellenwert. „Die Unternehmen treiben im Vergleich zur Optimierung des materiellen Produktionsprozesses einen immer größeren Aufwand für die Produktion technologischer Innovationen und deren Rationalisierung.“ (Bieber/Möll 1993, S. 16) Bereits seit ihrer Entstehung war die elektrotechnische Industrie durch einen hohen Entwicklungsanteil geprägt, und auch weiterhin gehört die Elektro/nik/industrie zu den Industriezweigen mit den vergleichsweise höchsten Forschungs- und Entwicklungsanteilen, wobei die Aufwendungen der Unternehmen in den letzten Jahren überproportional gestiegen sind im Vergleich zu den Sach-Investitionen. Der arbeitsprozeßliche Charakter der Forschungs- und Entwicklungsarbeit unterscheidet sich wesentlich von der Fertigung durch einen hohen Anteil von Arbeitnehmern mit qualifizierten Abschlüssen von Universitäten und technischen Fachschulen und durch Tätigkeiten, die sich einer strikten Standardisierung entziehen, wenngleich die Unternehmen versuchen, einen Rationalisierungszugriff auf diese Bereiche zu gewinnen.

Insgesamt hat darüber hinaus in den letzten Jahren der Anteil der Softwareherstellung an Bedeutung gewonnen. Auf diese Weise kommt es „zu einer Verlagerung von Funktionen aus der Fertigung in immaterielle Produktionsprozesse der Softwareerstellung“ (Voskamp u.a. 1989, S. 51). Der Software-Sektor ist derzeit in einer Umbruchphase begriffen, dessen Konturierung einer hohen Veränderungsdynamik ausgesetzt ist (Trautwein-Kalms 1992; Bieber/Möll 1993, S. 162 ff.).

Die Elektro/nik/industrie ist in den letzten Jahrzehnten in allen drei Ländern Schauplatz erheblicher technik- und marktinduzierter Umstrukturierungsprozesse gewesen, wobei in Schweden und Deutschland aufgrund der Struktur der dort angesiedelten Unternehmen dieser Prozeß weiter vorangetrieben worden ist als in Großbritannien, wo die Tendenz der Deindustrialisierung auch die Elektro/nik/industrie tangiert. Gleichwohl weisen die Technik- und Organisationsveränderungen der letzten beiden Jahrzehnte in globaler Sicht Tendenzen einer konvergenten Entwicklung auf, die im generellen Vordringen von Produkt- und Prozeßinnovationen zum Ausdruck kommen und sich auch in gleichgerichteten Organisationsveränderungen durchsetzen mit Tendenzen der Divisionalisierung, Dezentralisierung, der Neugewichtung von Kooperation und Qualifikation und generell der Suche nach flexiblen und „schlanken” Organisationskonzepten.

Diese Veränderungen konfrontieren die Akteure der industriellen Beziehungen mit neuen Herausforderungen. Die Unternehmen sehen sich gezwungen, in einem sich verschärfenden internationalen Wettbewerb mitzuhalten und deshalb Produkt- und Prozeßinnovationen zu forcieren, die technischen Innovationspotentiale in ihren Rationalisierungs- und Automatisierungsanstrengungen zu nutzen und gleichzeitig dem steigenden Kostendruck und den geforderten Ansprüchen an Flexibilität zu genügen. Personalpolitisch müssen die Unternehmen die Beschäftigungswirkungen des Technikeinsatzes bewältigen und dem sich veränderten Qualifikationsbedarf Rechnung tragen sowie Flexibilität und Motivation der Beschäftigten gewährleisten.

Die Gewerkschaften sehen sich angesichts der Folgen des Technikeinsatzes in der Elektro/nik/industrie einerseits der Aufgabe gegenüber, einen Beschäftigungsabbau in Teilbranchen zu verhindern oder sozialverträglich zu regulieren, andererseits sind sie mit der Herausforderung konfrontiert, auf die wachsenden Anteile hochqualifizierter Arbeitstätigkeiten in neuen Arbeitsfeldern mit Organisations- und Politikansätzen zu reagieren, um Gestaltungsansprüche von Technik und Arbeit realisieren zu können. Gleichzeitig erlangen neue Politikfelder, wie die Formulierung und Durchsetzung einer Industriepolitik, angesichts der Veränderungen in der Elektro/nik/industrie auch für gewerkschaftliche Interessenvertretung an Bedeutung.

3. Industrielle Beziehungen: Akteure und Verhandlungssysteme

Den industriellen Beziehungen in der Elektro/nik/industrie ist in den untersuchten Ländern gemeinsam, daß sowohl Gewerkschaften als auch Arbeitgeberverbände nicht auf Branchenebene separat organisiert sind, sondern daß Arbeitnehmer und Unternehmer von den Gewerkschaften bzw. Arbeitgeberverbänden der Metallindustrie vertreten werden. Gewerkschaftspolitik und Arbeitgeberpolitik sind in der Elektro/nik/industrie also immer Teil der entsprechenden Politik in der gesamten Metallindustrie. Die Verhandlungen zwischen Arbeitgeber- und Arbeitnehmerseite werden - sofern sie nicht auf Unternehmensebene ablaufen - stärker durch die Entwicklungen in den übrigen metallverarbeitenden Bereichen (wie der Automobilindustrie oder dem Maschinenbau) geprägt als durch die Entwicklungen in der Elektro/nik/industrie. Da die Arbeitsbedingungen und die technische Entwicklung in der Elektro/nik/industrie selbst schon sehr inhomogen sind - sie umfassen die High-tech-Bereiche der Computerentwicklung wie den noch quasi-handwerklichen Bau von Kraftwerken - gehen die Verhandlungen und Konflikte um neue Techniken nur in vermittelter Form in die Verhandlungen zwischen den für die Elektro/nik/industrie zuständigen Arbeitgeberverbänden und Gewerkschaften ein.

Die industriellen Beziehungen in der Elektro/nik/industrie in Deutschland, Großbritannien und Schweden sind dabei unterschiedlich strukturiert. Eine größere Einheitlichkeit weist die Arbeitgeberseite auf. Die Unternehmen sind in allen drei Ländern jeweils in einem Metallarbeitgeberverband organisiert: In Deutschland sind die Arbeitgeber der Elektro/nik/industrie Mitglieder regionaler metallindustrieller Arbeitgeberverbände, die im „Gesamtverband der metallindustriellen Arbeitgeberverbände (Gesamtmetall)" zusammengeschlossen sind; in Schweden sind sie Mitglied im Metallarbeitgeberverband „Verkstadsföreningen"(VF), in Großbritannien gehören sie zum Arbeitgeberverband der Metall- und Elektro/nik/industrie „Engineering Employers` Federation" (EEF).

Im Gegensatz zur Arbeitgeberseite zeigt die Gewerkschaftsseite ein heterogenes Bild: In Deutschland gibt es in der Metallindustrie - abgesehen von der Deutschen Angestellten-Gewerkschaft (DAG) - eine Industriegewerkschaft, in Schweden eine Angestellten- und eine Arbeitergewerkschaft sowie eine Vorarbeiter- und eine Ingenieursgewerkschaft, und in Großbritannien dominiert auch in der Elektro/nik/industrie der *Multi Unionism*, d.h. eine Vielzahl von Gewerkschaften, die sich sowohl nach Arbeitern und Angestellten wie nach gewerkschaftspolitischen Richtungen und Teilbranchen unterscheiden, repräsentieren die Interessen der Beschäftigten.

In Deutschland organisieren sich die Arbeitnehmer der Metallindustrie vor allem in der Industriegewerkschaft Metall. Im Unterschied zu den schwedischen und britischen Metallgewerkschaften sind in der IG Metall sowohl Arbeiter wie Angestellte organisiert, nur ein kleiner Teil der Angestellten organisiert sich getrennt in der branchenübergreifenden DAG.

In Schweden ist die gewerkschaftliche Vertretung der Arbeitnehmerseite heterogener als in der Bundesrepublik. Es gibt insgesamt vier Gewerkschaften, die für die Beschäftigten der Elektro/nik/industrie zuständig sind, diese gehören wiederum drei verschiedenen Dachverbänden an. Die größte Gewerkschaft ist die traditionelle Metallarbeitergewerkschaft *Svenska Metallindustriarbetareförbundet (Metall)*, die dem Dachverband LO angehört, der der sozialdemokratischen Partei nahesteht. Sie organisiert ausschließlich Arbeiter. Die Mitglieder der schwedischen Metallarbeitergewerkschaft kommen - ähnlich wie die Mitglieder der IG Metall in Deutschland - aus allen Branchen der Metallindustrie, die Beschäftigten der Elektro/nik/industrie sind also nur ein Mitgliedersegment unter anderen. Wie in den anderen schwedischen Industrien, ist die große Mehrheit der Angestellten der Elektro/nik/industrie in der Industrieangestelltengewerkschaft *Svenska Industritjänstemannaförbundet* (SIF) organisiert. Diese ist im Gegensatz zur Metallarbeitergewerkschaft nicht parteipolitisch gebunden und gehört zur gewerkschaftlichen Dachorganisation TCO. Im Angestelltenbereich konkurriert mit der SIF die *Sveriges Arbetsledareförbundet* (SALF), eine zweite TCO-Gewerkschaft, die ausschließlich mittlere Manager und Vorarbeiter in der Privatindustrie und im öffentlichen Sektor organisiert. Die SALF hat sich 1994 umbenannt in *Ledarna* („Die Leiter"), und vollzog damit - so die Begründung - eine „Anpassung an eine moderne Arbeitsorganisation", da immer weniger Mitglieder in ihrer Vorgesetztenrolle „arbetsledare" genannt würden, sondern eher „produktionsledare" oder „processledare". Außerdem ist in der Elektro/nik/industrie noch der Zivilingenieurverband *Civilingenjörsförbundet* (CF) vertreten, bei dem man ein Ingenieursexamen braucht, um Mitglied werden zu können. Der CF gehört zum Dachverband SACO/SR (*Sveriges Akademikers Central Organisation/Statsfjänstemännens Riksförbund*).

Die in der Elektro/nik/industrie aktiven Gewerkschaften stehen in allen drei untersuchten Ländern vor einem für ihre Organisationsfähigkeit strukturellen Problem: Die Umstrukturierungsprozesse in dieser Industrie haben bereits zu Beschäftigungsverlusten in der klassischen elektrotechnischen Industrie geführt und gleichzeitig Wachstumssektoren wie die Computerindustrie entstehen lassen, die die Gewerkschaften vor erhebliche Rekrutierungsprobleme stellen.

In Deutschland ist der gewerkschaftliche Organisationsgrad in der gesamten Elektro/nik/industrie im Vergleich zur Druckindustrie niedrig, in einzelnen Teilbereichen jedoch sehr unterschiedlich. Während - bezogen auf die Beschäftigten in Betrieben, in denen ein Betriebsrat gewählt wurde - der Anteil der IG Metall-Mitglieder an den Beschäftigten in der Elektroindustrie 1990 35,6 Prozent betrug (bei den Arbeitern lag er bei 51,5 Prozent, bei den Angestellten bei 12,9 Prozent), beträgt der Organisationsgrad der Beschäftigten in der Branche „Büromaschinen und Datenverarbeitung" 1990 22,4 Prozent (47,5 Prozent bei den Arbeitern, 8,8 Prozent bei den Angestellten). Gegenüber 1990 hat sich der Organisationsgrad 1994 in der Elektroindustrie nicht verändert, demgegenüber ist er in der Branche Büromaschinen und Datenverarbeitung auf 18,1 Prozent gesunken (wobei er bei den Angestellten auf 10,6 Prozent gestiegen ist, während er bei den Arbeitern auf 42,8 Prozent gesunken ist (IG Metall 1991b; 1995). Dagegen ist die Präsenz von Betriebsrats-Mitgliedern, die in der IG Metall organisiert sind, in den meisten Unternehmen der Elektro/nik/industrie hoch. Die meisten Betriebsratsgremien werden von IG Metall-Mitgliedern dominiert, während in einigen

Unternehmen der Computerindustrie die Betriebsräte mehrheitlich der DAG oder keiner Gewerkschaft angehören, wie in den Unternehmen amerikanischer Hersteller (Hewlett-Packard, IBM).

In Schweden ist der gewerkschaftliche Organisationsgrad in den klassischen Bereichen der Elektro/nik/industrie im Vergleich zu Deutschland und Großbritannien hoch, er liegt z.B. bei der Firma Ericsson im Arbeiterbereich bei über 90 Prozent und beträgt selbst bei den Beschäftigten bei IBM noch ca. 50 Prozent. Die betrieblichen Aktivitäten der Gewerkschaften zeigen sich vor allem in den zu den jeweiligen Gewerkschaften gehörenden *Klubs*, durch die die Gewerkschaften in den Betrieben fest verankert sind.

In Großbritannien ist - dem allgemeinen Trend folgend -der gewerkschaftliche Organisationsgrad in der Elektro/nik/industrie im letzten Jahrzehnt gesunken. Nach den Daten des „Workplace Industrial Relations Survey“ (WIRS 2) betrug der Organisationsgrad in der elektrotechnischen und elektronischen Industrie (Electrical and Instrument Engineering) im Jahre 1984 51 Prozent, bei den Arbeitern 69 Prozent und den Angestellten 31 Prozent (Millward/Stevens 1986, S. 55). Nach neueren Zahlen auf der Basis des „Labour Force Survey“ sank der Organisationsgrad in der elektrotechnischen und elektronischen Industrie im Jahre 1989 auf 36 Prozent und 1990 auf 34 Prozent (Bird u.a. 1992, S. 189). Wesentlich geringer ist der Organisationsgrad in der Büromaschinenindustrie (Office Machinery and Equipment), wo er 1989 12 Prozent und 1990 11 Prozent betrug. Die Gewerkschaft AEU verlor zwischen 1979 und 1989 39 Prozent ihrer Mitglieder, die EETPU verlor im gleichen Zeitraum 12 Prozent (Marsh 1992, S. 26). Anders als in der Druckindustrie ist in der elektrotechnischen und elektronischen Industrie der *Closed Shop* wenig verbreitet. 1978 betrug der Anteil der Beschäftigten in der elektrotechnischen Industrie, die in *Closed Shop*-Betrieben arbeiteten, zwischen 30 bis 35 Prozent und lag damit immerhin noch über dem Durchschnitt der Gesamtwirtschaft von 23 bis 28 Prozent (Dunn/Gennard 1984, S. 16), während in den neunziger Jahren der *Closed Shop* keine nennenswerte Rolle mehr spielt.

In *Deutschland* sind die Aushandlungsprozesse der Akteure der industriellen Beziehungen in der Elektro/nik/industrie bislang klar konturiert. Die Tarifverhandlungen werden auf Gewerkschaftsseite von der IG Metall und der DAG geführt, auf Arbeitgeberseite von den regionalen metallindustriellen Arbeitgeberverbänden oder direkt von Gesamtmetall. Die Tarifverhandlungen werden regional in den Bezirken geführt, aber überregional koordiniert. Meistens beginnen die Tarifverhandlungen für die alten Bundesländer im Tarifgebiet Baden-Württemberg. In den anderen Tarifgebieten werden die in Baden-Württemberg abgeschlossenen Tarifverträge anschließend in der Regel übernommen.

In *Schweden* haben traditionell die Metallarbeitergewerkschaft und die Angestelltengewerkschaft ebenso wie die relativ kleinen Gewerkschaften CF und SALF in sektoralen Verhandlungen, die zunächst von ihren Dachorganisationen mit dem Zentralverband der Arbeitgeber geführt werden, die Löhne und Gehälter für die Beschäftigten ausgehandelt, die in ihren Organisationsbereich fallen. Der schwedische Metallarbeitgeberband (VF) strebt seit Anfang der achtziger Jahre von den sektoralen Verhandlungen weg und will die Tarifverhandlungen möglichst auf die betriebliche Ebene verlagern. Dem widerstreben jedoch nicht nur die Gewerkschaften, sondern auch kleinere Betriebe, die keine eigenen Verhandlungen führen wollen. Generell hat in den neunziger Jahren vor allem in den großen Unternehmen der Elektro/nik/industrie die Unternehmens- und Betriebsebene als Aushandlungsort an Bedeutung gewonnen. Neben den Tarif-Verhandlungen über Löhne und Gehälter bilden in der schwedischen Elektro/nik/industrie die Verhandlungen nach dem Mitbestimmungsgesetz von 1976, die vor allem auf der Unternehmensebene stattfinden, eine tragende Säule des Systems der industriellen Beziehungen.

Wie in Schweden und Deutschland sind in *Großbritannien* die Verhandlungsbeziehungen in der Elektro/nik/industrie Bestandteil der weitergefaßten Metallindustrie. Im Unterschied zu Deutschland und selbst zu Schweden, das immerhin vier verschiedene Gewerkschaften in der Elektro/nik/industrie aufweist, sind die britischen Gewerkschaften in dieser Branche, trotz einer allgemeinen Tendenz zu Gewerkschaftszusammenschlüssen, immer noch durch eine Vielzahl von einzelnen Gewerkschaften, die sich nach ihrer Mitgliederstruktur und Stärke, ihrem Organisationsprinzip und auch in ihrer gewerkschaftspolitischen Orientierung unterscheiden, geprägt. In der Metall- und Elektro/nik/industrie waren 1980 zwanzig verschiedene Gewerkschaften in einer Tarifgemeinschaft zusammengeschlossen, der *Confederation of Shipbuilding und Engineering Unions* (CSEU). Die beiden größten Gewerkschaften in der Elektro- und Elektro/nik/industrie, AEU und EETPU (seit 1992 zur AEEU zusammengeschlossen) waren ihrem Ursprung nach Facharbeitergewerkschaften (*Craft Unions*), die jedoch schon früh un- und angelernte Arbeiter aufnahmen und in eigenen Sektionen auch Angestellte organisierten. Neben der AEEU sind im Bereich der Arbeitergewerkschaften noch TGWU (*Transport and General Workers` Union*), GMBATU (*General, Municipal, Boilermakers and Allied Trades Union*) aktiv, außerdem eine Reihe von kleineren Gewerkschaften, die nur von marginaler Bedeutung sind. Die MSF (*Manufacturing, Science, Finance*), die 1988 aus dem Zusammenschluß von ASTMS (*Association of Scientific, Technical and Managerial Staff*) und TASS (*Technical Administrative and Supervisory Section of the AUEW*) entstand, ist die größte Angestelltengewerkschaft der Elektro/nik/industrie.

Neben der wichtigen Rolle, die betriebsbezogene Verhandlungen in der britischen Metall- und Elektro/nik/industrie spielen, gab es hier auch eine lange Tradition zentraler Verhandlungen. Die Tarifgemeinschaft CSEU handelte mit dem Arbeitgeberverband *Engineering Employers` Federation* (EEF) nationale Abkommen aus. Dabei ging es vor allem um die Aushandlung von Mindestlöhnen, Wochenarbeitszeit, Bedingungen für Überstunden und Schichtarbeit und Beschäftigungssicherheit und Urlaubsregelung. Allerdings haben sich die Arbeitgeber 1989 nach dem Scheitern der Verhandlungen über die 35-Stunden-Woche definitiv aus weiteren nationalen Verhandlungen zurückgezogen und damit diese Phase des *Collective Bargaining* beendet. Deshalb bildet heute die betriebliche und Unternehmensebene den ausschließlichen Ort des *Collective Bargaining*, dessen Akteure das jeweilige Management und die von den in den einzelnen Gewerkschaften organisierten Beschäftigten gewählten *Shop Stewards* als die betrieblich-gewerkschaftlichen Interessenvertreter sind.

Unter unserer Fragestellung, wie die Institutionen und Akteure der industriellen Beziehungen jeweils die Entscheidungen über die Implementierung neuer Technik verarbeitet haben und in welchem Maße es dabei den Beschäftigten und ihren Interessenvertretungen gelungen ist, in Aushandlungsprozessen Beteiligungsrechte wahrzunehmen, ist es bedeutsam, daß sich in allen drei Ländern in der Elekto/nik/industrie Veränderungen in den industriellen Beziehungen und zum Teil neue Verhandlungskonstellationen feststellen lassen. Dabei geht der Trend generell in Richtung einer stärkeren Verbetrieblichung der Aushandlungsprozesse, die vor allem von den Unternehmern forciert und von der Arbeitnehmerseite unterschiedlich stark akzeptiert wird. In Deutschland hat sich eine Tendenz zur Verbetrieblichung erst in Ansätzen gezeigt, so z.B. in Öffnungsklauseln in Tarifverträgen und in der Aufwertung der Betriebsräte als Verhandlungspartner bei der betrieblichen Anpassung von Tarifverträgen. In Schweden gab es neben den zentralen Tarifverhandlungen schon immer Verhandlungen auf betrieblicher Ebene zwischen Unternehmensleitungen und Gewerkschaftsklubs, letztere nehmen nun durch den Trend zu unternehmensspezifischen sogenannten „Mitarbeiterverträgen" an Relevanz zu.

Drei unterschiedliche Aushandlungskonstellationen in Großbritannien

Die in Großbritannien für die Vereinbarungen von Lohn- und Gehaltstarifen und von Arbeitsbedingungen traditionell ausschlaggebenden Verhandlungen auf Unternehmensebene gewinnen seit einigen Jahren durch den Rückgang sektoraler Verhandlungen an zusätzlichem Gewicht. Mit dem Bedeutungszuwachs der Unternehmensebene haben sich auch unterschiedliche Konstellationen der industriellen Beziehungen ergeben. Für die Elektro/nik/industrie lassen sich grob drei Konstellationen von Arbeitsbeziehungen unterscheiden, die sich in den achtziger Jahren im Verlauf der technisch-organisatorischen Veränderungsprozesse besonders verstärkt haben.

Die erste Konstellation betrifft den anteilsmäßig größten Bereich der elektrotechnischen Industrie: Hier sind die Gewerkschaften und das Management auf Unternehmensebene dem traditionellen Muster der industriellen Beziehungen in der verarbeitenden Industrie Großbritanniens weitgehend gefolgt, obwohl sich in den letzten Jahren auch hier durch Gewerkschaftzusammenschlüsse und durch neue Managementstrategien sowie durch die Verarbeitung neuer Verhandlungsgegenstände Veränderungen ergeben haben. Diese Konstellation kann mit dem Stichwort *Multi Unionism* gekennzeichnet werden. Die betriebliche Ebene bildet hier den zentralen Ort des *Collective Bargaining,* dessen Akteure das jeweilige Management und die von den in den einzelnen Gewerkschaften organisierten Beschäftigten gewählten *Shop Stewards* als die betrieblich-gewerkschaftlichen Interessenvertretungen sind. Zur Koordinierung der Interessenvertretung der einzelnen Gewerkschaften sind auf Unternehmensebene *Joint (Combined) Shop Steward Committees* eingerichtet worden. Auf Initiative des Management hat in den letzten Jahren die Etablierung von *Single Table Bargaining* und von *Flexibility Agreements* an Bedeutung gewonnen; hiermit sollen die Aushandlungsprozesse angesichts des *Multi Unionism* rationalisiert werden.

Die zweite Konstellation, charakterisiert durch die Abwesenheit kollektiver bzw. gewerkschaftlicher Vertretung auf der Unternehmensebene, ist Ergebnis bewußter Managemententscheidungen, wird aber zumeist mehrheitlich von den dort Beschäftigten akzeptiert. Dieser *Non Union*-Sektor hat seinen Schwerpunkt in US-amerikanischen Unternehmen der Elektronik- und Computerindustrie (IBM, Hewlett-Packard, Motorola), findet sich aber auch vielfach in den neu gegründeten kleineren und mittleren Computerfirmen in den regionalen Wachstumszentren Großbritanniens. Die nicht vorhandenen kollektiven Vertretungsgremien werden hier vielfach substituiert durch managementinitiierte Partizipationsformen, die Informations- und Konsultationsaufgaben leisten unter Verzicht auf formelle Verhandlungsprozeduren. Die Arbeitsbeziehungen in den amerikanischen Elektronikfirmen werden unilateral vom Management gestaltet, ohne daß die Gewerkschaften einen Einfluß geltend machen können. Gleichwohl ist die Attitüde des Management in den seltensten Fällen aggressiv antigewerkschaftlich; aufgrund des praktizierten Managementstils und des Standards an Beschäftigung und Sicherheit, Entlohnung und Arbeitsbedingungen, die die Unternehmen ihren Beschäftigten gewähren können, gilt die Anwesenheit von Gewerkschaften als überflüssig (Findlay 1989; Cressey 1984).

Eine Hochburg des *Non Unionism* ist der US-amerikanische Computerhersteller IBM, der Mitte der achtziger Jahre in Großbritannien an vierzig Standorten insgesamt 18.000 Arbeitnehmer beschäftigte (Bassett 1987, S. 160). Die britischen Standorte folgen hierin - anders als in Deutschland und Schweden - der US-Zentrale. In einer Befragung von ACAS (*Advisory Conciliation and Arbitration Service*) sprachen sich lediglich 3,5 Prozent der IBM Beschäftigten für ein Verhandlungsrecht der Gewerkschaften aus, nur 4,4 Prozent wollten den Gewerkschaften beitreten (Beaumont 1987, S. 123; Bassett 1987, S. 163). Nach den Ergebnissen einer Befragung von vierzig Montage- und Produktionsarbeitern bei IBM sind die Beschäftigten keineswegs notorisch gewerkschaftsfeindlich, sondern halten die Existenz von Gewerkschaften, und darin stimmen sie mit dem Management überein, bei IBM für nicht notwendig (Dickson u.a. 1988, S. 506).

Die von Purcell und Gray (1986, S. 214) als „sophisticated human relations" bezeichnete Managementstrategie führt in den US-amerikanischen Computerfirmen dazu, daß eine Reihe von wenig formalisierten Informations- und Kommunikationsbeziehungen betrieblich zur Verfügung stehen, in deren Rahmen die Beschäftigten Beteiligungsmöglichkeiten bei der Gestaltung ihrer Entlohnungs- und Arbeitsbedingungen, bei der Regelung von Beschwerden und Anregungen, wie bei der Inanspruchnahme von Weiterbildungs- und Aufstiegsmöglichkeiten wahrnehmen können. Cressey betont in seiner Fallstudie den „non-institutional and functional way of participation" (Cressey u.a. 1985, S. 38), der an die Stelle kollektiver Vertretung tritt.

Verschiedene in Schottland durchgeführte Studien belegen, daß hier in der Mehrheit der Elektronikbetriebe von den Arbeitgebern keine Gewerkschaften anerkannt werden. Dies ist darauf zurückzuführen, daß neben der US-amerikanisch dominierten Halbleiterindustrie vor allem kleine und neugegründete Firmen keine Gewerkschaften anerkennen. Betrachtet man nicht die Zahl der Betriebe, sondern die Zahl der Beschäftigten, so kommt man zu dem Schluß, daß immerhin zwei Drittel der Beschäftigten in Betrieben arbeiten, in denen eine gewerkschaftliche Vertretung vorhanden ist (Beaumont 1986, S. 155; Sproull/MacInnes 1987; 1988).

Neben dem *Multi Unionism* und *Non Unionism* hat sich in der britischen Elektro/nik/industrie eine dritte Konstellation industrieller Beziehungen herausgebildet, die von den seit Anfang der achtziger Jahre errichteten japanischen Fertigungsstätten ausgeht, aber nicht auf diese beschränkt ist. Ihren spezifischen Ausdruck findet diese Konstellation in der Vereinbarung sogenannter *New Style Agreements* zwischen dem Unternehmensmanagement und jeweils einer einzelnen Gewerkschaft, in denen die Festlegung neuartiger Verhandlungsstrukturen und Schlichtungsverfahren verknüpft werden mit der Etablierung neuer Vertretungsgremien und weiterer personalpolitischer und arbeitsorganisatorischer Innovationen. Die mit diesen Vereinbarungen implizierten Veränderungen stellen im Traditionskontext der britischen industriellen Beziehungen eine soziale Innovation dar, die durch strategische Neuorientierungen der Akteure ermöglicht wurde. Die dabei etablierten neuen konsensual ausgerichteten Aushandlungs- und Beteiligungsformen werden auch für die zukünftige Entwicklung bedeutsam bleiben: „If such single union agreements become common, they would clearly change the nature of British workplace industrial relations.“ (Marsh 1992, S. 199)

Die *New Style Agreements,* die auch unter den Bezeichnungen *Single Union Agreement*, *No-Strike Agreement* oder *High-Technology Agreement* firmieren, haben in den achtziger Jahren eine erhebliche Aufmerksamkeit in der britischen Öffentlichkeit erlangt und zu heftigen Kontroversen und Polarisierungen in der britischen Gewerkschaftsbewegung geführt und auch unterschiedliche Kommentierungen von Managementseite erfahren. Die ersten Abkommen dieser Art wurden bei Toshiba, Sanyo und Hitachi am Anfang der achtziger Jahre abgeschlossen (Dunning 1986; Burrows 1986; Rico 1987; Bassett 1987; Oliver/Wilkinson 1990). Sie haben nachfolgende Abkommen geprägt, die inzwischen keineswegs mehr auf japanische *Transplants* der Unterhaltungselektronik-Industrie begrenzt sind.

Die Hauptinitiative zu den *New Style Agreements* ging von Vertretern des japanischen Managements aus, die seit Ende der siebziger Jahre zunächst mit *Joint Ventures* und der anschließenden Übernahme sowie dem eigenen Aufbau von Fertigungsstätten begannen. Japanische Unternehmen haben in Westeuropa häufig keine Gewerkschaften anerkannt (Bassett 1987, S. 89), in Großbritannien dagegen hat sich das japanische Management weniger häufig gegen die Vertretung von Gewerkschaften entschieden, jedoch in kaum einem Fall die traditionellen betrieblichen Gewerkschaftsvertretungsstrukturen einfach übernommen. Die strategische Option, für die sich die japanischen Unternehmen in Großbritannien am häufigsten entschieden haben, lief auf eine eigenständige aktive Anpassung an das britische System hinaus (Reitsperger 1986, S. 76).

Mit der Sicherstellung der Prämissen der japanischen Produktionsstrategie, die auf die effiziente Gewährleistung von Flexibilität, Kontinuität und hohen Qualitätsstandards abzielen, war ein Nicht-Akzeptieren des *Multi Unionism* und die Vermeidung von industriellen Konflikten und restriktiven Arbeitspraktiken verbunden. Die *Single Union Agreements* stellen aus der Sicht des japanischen Managements die oben genannten Prämissen sicher. Stellungnahmen von Managern japanischer Unternehmen in Großbritannien bekräftigen diese Bewertung, so z.B. George Harris, Personalmanager von Toshiba Consumer Products: „Along with the EEPTU we have charted an exciting new industrial relation approach that cuts out futile strike and offers fair rewards for all those involved.“ Dagegen haben Vertreter des britischen Managements bislang zurückhaltender auf derartige Innovationen reagiert, wenngleich Verbandsvertreter deren Wünschbarkeit durchaus betonen.

Entscheidend für die Ablehnung der Vorschläge für *Single Union Agreements*, die die Gewerkschaft EEPTU in den achtziger Jahren dem Management der Elektrokonzerne GEC (General Electric Company) und „Thorn-Emi“ machte (Burrows 1986, S. 56), dürfte gewesen sein, daß die Vereinbarung eines *Single Union Agreement* bei den vorhandenen *Multi Union*-Strukturen in den Unternehmen erhebliche Konflikte vorprogrammiert hätte. Deshalb sah MacFarlane, Generaldirektor des Arbeitgeberverbandes der Metall- und Elektro/nik/industrie EEF, auch derartige Abkommen allein durchsetzbar in neu gegründeten „greenfield sites“, wenn er auch keine Zweifel daran ließ, daß derartige Abkommen aus Arbeitgebersicht zukünftig erhebliche Vorteile bringen würden (MacFarlane, Rede auf einer IPM-Konferenz im Oktober 1985 zit. n. Bassett 1987, S. 88 u. 94).

Auf Seiten der Gewerkschaften waren ihrem Selbstverständnis nach vor allem die in der Elektro/nik/industrie vertretenen Gewerkschaften EETPU und AEU offensiv dazu bereit, auf die vom japanischen Management offerierten Angebote einzugehen (EEPTU 1984; AEU 1990). Sie schlossen die Mehrzahl der *New Style Agreements* ab. Es folgten einige weitere Gewerkschaften wie die TGWU und GMBU in eingeschränktem Ausmaß, während eine Reihe von Gewerkschaften, wie vor allem im Elektronikbereich die MSF, bei ihrer reservierten bis ablehnenden Haltung bleiben.

Die starken Mitgliederverluste von AEU und EETPU in den achtziger Jahren trugen dazu bei, daß der Prozeß einer Neuprofilierung forciert wurde, wobei beide Gewerkschaften auf einen Traditionsbestand gemäßigter, im politischen Spektrum „rechts“ angesiedelter Überzeugungen zurückgriffen (Chapple 1984; Kaiser 1989; Lloyd 1990). Am prononciertesten vollzog die EETPU seit Ende der siebziger, Anfang der achtziger Jahre eine programmatische und strategische Profilierung in Richtung einer kooperativen Tarif- und Betriebspolitik, einer pro-aktiven Technologiepolitik und einer „marktorientierten“ Organisationsstrategie, die Merkmale eines „business unionism“ (Gill 1991) aufweist.

Das erste derartige Abkommen wurde 1981 zwischen der EETPU und dem japanischen Elektronikproduzenten Toshiba für das Werk in Plymouth abgeschlossen. Es handelte sich hier nicht um ein sogenanntes „greenfield site“ sondern um ein britisches

Unternehmen, das in die Krise geraten war und nach einem *Joint Venture*-Zwischenspiel unter alleiniger japanischer Regie mit erheblich reduzierter Beschäftigung weitergeführt wurde. Bei der Neuaufnahme der Produktion lehnte das japanische Management die Anerkennung verschiedener Gewerkschaften ab und wollte nur noch die EETPU als Verhandlungspartner akzeptieren. Bei Hitachi in Herwaun (Südwales) und Sanyo-Industries in East-Anglia, ebenfalls Produzenten von Unterhaltungselektronik, kam es in den Jahren 1982 und 1984 unter ähnlichen Bedingungen zu *Single Union Agreements*, in diesen Fällen ebenfalls der EETPU. Ein von den ausgeschlossenen Gewerkschaften angerufenes TUC-Kommitee rügte die EETPU, „but it was not ordered to abondon the deal“ (Bassett 1987, S. 137).

Die Mehrzahl der *New Style Agreements* ist in der ersten Hälfte der achtziger Jahre in sogenannten „greenfield sites“ vereinbart worden, davon die meisten in neuerrichteten Werken der Elektro/nik/industrie „with no history of adversial industrial relations and the restrictive practices“ (Oliver/Wilkinson 1988, S. 133). Nach einem internen Bericht hatte die EETPU bis Mitte der achtziger Jahre 14 derartige Abkommen unterzeichnet, von denen 4.000 Mitglieder betroffen waren (Rico 1987, S. 70). Ende 1991 hatte die EETPU 70 und die AEU 50 derartige Abkommen abgeschlossen.

Die in den *New Style Agreements* in aller Regel vereinbarten Absprachen und Verpflichtungen sollen die Effizienz der Produktion durch die Gewährleistung eines flexiblen Arbeitseinsatzes der Beschäftigten sichern . Das schließt die Vermeidung von *Job Demarcations* ebenso ein wie die Bereitstellung von Weiterbildungsangeboten durch die Unternehmen und die Verpflichtung der Beschäftigten zur Teilnahme an Qualifizierungsmaßnahmen. Die Abkommen sehen außerdem die Einrichtung von neuartigen Informations- und Konsultationsgremien vor, denen bei der Aushandlung technischer, organisatorischer und sozialer Veränderungen auf der Unternehmensebene eine zentrale Rolle zugesprochen wird.

Der Mitarbeitervertrag und Projektgruppen als neue Aushandlungsformen in Schweden

In *Schweden,* wo die Tarifverhandlungen bis in die achtziger Jahre auf nationaler und sektoraler Ebene zentral erfolgten und bezüglich des einzelnen Betriebs gesetzlich geregelt sind (Mitbestimmungsgesetz), sind *Single Union Agreements* zwischen dem Unternehmen und einer einzigen Gewerkschaft nicht möglich. Es sind jedoch auch hier in der Elektro/nik/industrie Tendenzen zu einer Verbetrieblichung der Verhandlungsprozesse zu erkennen, bei denen der schweizerisch-schwedische Konzern ABB den ambitioniertesten Weg bei der Verlagerung möglichst vieler Aushandlungsgegenstände auf die betriebliche Ebene geht.

In Schweden bildet die gesetzliche Normierung der Mitbestimmung und ihre Spezifizierung in Vereinbarungen auf Industrie-, Branchen- und Unternehmensebene einen Eckpfeiler verhandelter Beteiligung, der durch tarifliche Verhandlungen ergänzt wird. Anfang der achtziger Jahre begannen die Arbeitgeber, sich aus zentralen Verhandlungen zurückzuziehen, diese wurden immer mehr auf die sektorale und betriebliche Ebene verlagert. Die Dachorganisation der Arbeitgeberverbände SAF weigerte sich, an zentralen Verhandlungen teilzunehmen und löste zu Beginn der neunziger Jahre ihr Tarifsekretariat auf. Forciert wurde die Tendenz zur Dezentralisierung der Tarifpolitik dabei vom Arbeitgeberverband der Metall- und Elektroindustrie. Die Löhne sollten die Ertragskraft der einzelnen Betriebe stärker berücksichtigen und den lokalen Verhältnissen angepaßt sein. Zentrale Tarifabkommen wurden von den Arbeitgebern für unzeitgemäß und unflexibel erklärt (Meidner 1994, S.7). Nach Meidner symbolisiert der Begriff „Mitarbeiter", der Mitte der achtziger Jahre in einer Reihe schwedischer Großunternehmen auftauchte, den Übergang von Gewerkschaftsloyalitäten zu Loyalitäten mit dem eigenen Betrieb. Der Begriff „Mitarbeiter" markiert jedoch nicht nur die Abkehr der Großunternehmen von zentralen Verhandlungen, sondern die Hinwendung zu Beteiligungsmodellen für die Belegschaft und den Versuch der Überwindung der Trennung von Arbeitern und Angestellten.

Die drei großen, weltweit agierenden schwedischen Unternehmen, die im Bereich der Elektro/nik/industrie aktiv sind (Asea/ABB, Ericsson, Electrolux), versuchen seit mehreren Jahren mit eigenen Beteiligungsmodellen sowohl die im Betrieb vertretenen Gewerkschaften wie die Beschäftigten insgesamt zur aktiven Mitarbeit an den strukturellen Umgestaltungen ihrer Betriebe zu gewinnen. Dabei geht es nicht zuletzt um die durch die neuen Techniken nahegelegte Angleichung des Status von Arbeitern und Angestellten im Kontext der technisch-organisatorischen Umstrukturierung von Unternehmens- und Arbeitsprozessen, die auch die bislang getrennten Vertretungsstrukturen der Gewerkschaften tangiert. Alle drei großen Elektro/nik/konzerne forcieren in der ersten Hälfte der neunziger Jahre aufgrund der technisch-organisatorischen Veränderungen und der sich verschärfenden internationalen Wettbewerbssituation Programme zur Restrukturierung von Unternehmens- und Arbeitsorganisationen, die auch Veränderungen der Arbeits- und Tarifbeziehungen intendieren und nach sich ziehen.

Der ABB-Konzern hat sich seit der Fusion des schwedischen Unternehmens Asea (Allgemeine Schwedische Elektrizitäts-Aktiengesellschaft) mit dem Schweizer Elektrounternehmen BBC als innovatives Unternehmen mit globaler Orientierung („being local world wide") positioniert (Björkman 1994; Hofmeier/Riegler 1995; Hirsch-Kreinsen 1996; Osterloh/Weibel 1996). In Schweden, wo 1993 knapp 26.000 Arbeitnehmer beschäftigt sind (weltweit sind es 206.000), hat ABB in der ersten Hälfte der neunziger Jahre ein ambitioniertes Reorganisationsprogramm implementiert. Das „T-5O Programm" zielt auf eine umfassende prozessorientierte Rationalisierung und Modernisierung mit dem Ziel, die Produkt-Durchlaufzeiten um 50 Prozent zu verringern und auf diese Weise hohe Qualitätsstandards, eine Flexibilisierung des Personaleinsatzes, Kosteneinsparungen und eine stärkere Markt- und Kundenorientierung zu erreichen. Maßnahmen sind dabei Dezentralisierung, Verringerung der Hierarchieebenen, Delegation von Kosten- und Produktionsverantwortung sowie die Einrichtung zielorientierter Projektgruppen und die breite Einführung von Gruppenarbeit. Aus Managementsicht ist der bisherige Verlauf der Restrukturierung erfolgreich im internationalen Vergleich mit anderen ABB-Unternehmen verlaufen; nach Ansicht schwedischer Forscher hat das Unternehmen dabei stets „auf eine gelungene Weise die spezifisch schwedischen Voraussetzungen einer industriellen Modernisierung ausgenutzt, nämlich ein hohes Ausbildungsniveau, eine demokratische Kultur, geringe Lohndifferenzen und hohen Beschäftigungsgrad" (Bergren/Björkman 1991, S. 28).

Das ABB-Management setzt bei seiner Restrukturierung von Unternehmens- und Arbeitsorganisationen auf eine stärkere direkte Einbindung und Beteiligung der Beschäftigten und versucht zugleich, die gewerkschaftliche Einflußnahme zu begrenzen. Diese Absicht wird in einer Stellungnahme des Managements aus dem Jahre 1992 in der folgenden Weise ausgedrückt: „We have been strengthened in our understanding that (...) the firm, via top management, shall communicate with each individual medarbetare and not, as now, initially through union representatives. It is important to talk with our medarbetare rather than to talk about them. Management's ongoing dialogue with each individual medarbetare is decisive to reach top efficiency in today's and tomorrow's work organization." (zit. n. Mahon 1994, S. 360)

In die Richtung direkter Beteiligung auf vertraglicher Ebene zielte der Abschluß von Mitarbeiterverträgen *(medarbetaravtal)* auf Unternehmensebene, die neben der Aufhebung der Trennung von Arbeitern und Angestellten flexiblere Vereinbarungen über Arbeitszeit, Arbeitseinsatz und Entlohnung anstreben. Allerdings sind bislang bei ABB lediglich zwei derartige Abkommen vereinbart worden. Im April 1991 wurde der erste Mitarbeitervertrag bei ABB-Service, einer Reparatur- und Instandhaltungsdivision abgeschlossen. Die traditionellen betrieblichen Klubs der einzelnen Gewerkschaften lösten sich auf - bei Beibehaltung der individuellen Mitgliedschaft in den jeweiligen Gewerkschaften - und bildeten einen „Mitarbeiterklub", der jetzt Verhandlungspartner der Unternehmensleitung ist.

Der Mitarbeiterklub von ABB-Service stellt eine wichtige Innovation innerhalb der industriellen Beziehungen in Schweden dar. Hier wird erstmals die Aufhebung der getrennten Verhandlungen von Arbeitern, Angestellten und Vorarbeitern praktiziert. Dieses *Single Table Bargaining,* d.h. die Verhandlungen zwischen Mitarbeiterklub und Arbeitgeber, integrieren die Interessen der einzelnen Gewerkschaftsklubs, da alle vier Gewerkschaften im Mitarbeiterklub vertreten sind. Die vom Management geförderte und auch von den neuen Techniken nahegelegte Zusammenarbeit verschiedener Statusgruppen in der Produktion fördert die Aufhebung der Trennung von Arbeitern und Angestellten. Dies bleibt nicht ohne Folgen für die industriellen Beziehungen, da die bisherigen getrennten Verhandlungen nach Statusgruppen (Arbeiter, Angestellte, Vorarbeiter, Ingenieure) den technisch-organisatorischen Bedingungen im Betrieb nicht mehr adäquat sind.

Im Herbst 1991 folgte als wichtigeres ABB-Unternehmen ABB-Atom (Västeras) mit einem eigenen Mitarbeitervertrag. Dieser wurde ebenfalls nicht individuell abgeschlossen, sondern von den betrieblichen Gewerkschaftsklubs mit der Unternehmensleitung ausgehandelt. Die zentrale Gewerkschaftsleitung der Metallarbeitergewerkschaft erkannte diesen Vertrag jedoch nicht an. Auch auf seiten der Angestelltengewerkschaft SIF gibt es Einwände gegen die neuen Verträge, die einer Instruktionsbroschüre der Gewerkschaftszentrale von 1992 zufolge „den Schutz der beruflichen Stellung des einzelnen Angestellten aushöhlen, indem sie darauf abzielen, die Beschäftigten flexibler einsetzen zu können“ (SIF 1992, S. 5). Die SIF überläßt es jedoch den einzelnen regionalen Untergliederungen, Verträge dieser Art in kollektiver Form auszuhandeln, falls sie rechtlich den zentralen Tarifverträgen nachgeordnet sind (ebd., S. 6). Der Mitarbeitervertrag wird von der SIF als ein Kollektivvertrag betrachtet, der die Anstellungsformen der Mitglieder an einer Arbeitsstätte festlegt: „Solange die zentralen Tarifverträge ihre gegenwärtige Form haben, kann der einzelne Klub nicht durch Verhandlungen diejenigen Rechte der Mitglieder aufgeben, die diese in zentralen Tarifverhandlungen erhalten haben. Eine solche lokale Übereinkunft ist deshalb ungültig.“ (ebd., S. 7) Lohnfragen und Fragen des Kündigungsschutzes sollen laut SIF bei Abweichungen im Mitarbeitervertrag zentralen Verhandlungen überlassen bleiben. Sogenannte Mitarbeitergruppen, die mit der Unternehmensleitung verhandeln, werden akzeptiert, solange die Mitglieder von den jeweiligen Gewerkschaften, in denen sie Mitglied sind, entsandt werden. Die Angestelltengewerkschaft wendet sich gegen den Versuch, Nicht-Gewerkschaftsmitgliedern in diesen Gremien Sitz und Stimme zu geben (ebd., S. 9).

Die skeptisch-ablehnende Haltung der zentralen Gewerkschaftsgemien hat den Abschluß weiterer Mitarbeiterverträge bisher blockiert: „the negotiating situation between the trade unions and the employer has become pretty locked up in adversarial positions that are expected to be held for some time“ (Björkman 1994, S. 13). Gleichzeitig zeigt die Evaluierung der Arbeitsplatzprogramme des „Schwedischen Fonds für das Arbeitsleben“ (*Arbetslivsfonden*), in deren Rahmen eine Reihe von ABB-Reorganisationsprojekten gefördert wurden, daß die Kommunikation und Beteiligung auf der Ebene von Projektgruppen zugenommen hat, während die traditionellen Aushandlungskanäle zwischen Management und Gewerkschaften eine zunehmend geringere Rolle spielen (Gustavsen u.a. 1995, S. 31).

Der multinationale schwedische Elektrokonzern Ericsson (mit 30.000 Beschäftigten in Schweden und weltweit 70.000 Beschäftigten) hat ein ähnlich umfassendes Programm wie ABB, um zu einer „komprimierten Organisation“ zu kommen und die Durchlaufzeiten zu verkürzen. Ericsson führt seine Versuche zur Umgestaltung der Arbeitsorganisation und der betrieblichen Beteiligungsstrukturen jedoch nicht nur in Kooperation mit den betrieblichen Gewerkschaftsklubs sondern auch den zentralen Gewerkschaftsleitungen durch. Dabei trafen sich die Interessen des Unternehmens mit denen der Metallarbeitergewerkschaft, auf deren Initiative hin Mitte der achtziger Jahre in den Ericsson-Unternehmen in Schweden eine Reihe von Programmen zur Arbeitsgestaltung gestartet wurden. Anstoß war der „Erneuerungsfond“, in den die Unternehmen 1985 Anteile ihres Gewinns für Weiterbildung und Arbeitsentwicklung eingezahlt hatten. In den einzelnen Betrieben sollten sich das Management und die verschiedenen Gewerkschaftsklubs zusammensetzen und über den Einsatz der Mittel des „Erneuerungs-Fonds“ und die Veränderung der Arbeitsorganisation verständigen.

Wie sich aus unseren Expertengesprächen mit Vertretern des Managements und der Gewerkschaften ergab, wurde in einer Stockholmer Fabrik von Ericsson Mitte der achtziger Jahre mit der Umgestaltung der Arbeitsorganisation begonnen. Es gab acht

Arbeitsgruppen, die aus Teilnehmern des Managements und der Gewerkschaften zusammengesetzt waren und ohne große Konfliktpunkte Umgestaltungsmöglichkeiten erarbeiteten, z.B. ein Weiterbildungsprogramm und Ideen zur Arbeitserweiterung und -bereicherung. In der Fabrik von Ericsson Telecom im Süden Stockholms war die Umorganisation der Arbeit damit verbunden, daß die Managementhierarchie verkürzt wurde, die Ingenieure ihren Arbeitsplatz im unmittelbaren Produktionsbereich haben und daß teilautonome Arbeitsgruppen eingeführt wurden. Die Gewerkschaften (SIF, SALF und Metall) treffen sich regelmäßig einmal im Monat mit dem Management und werden über alle für beide Seiten relevanten betrieblichen Belange unterrichtet. Die Gewerkschaften werden dabei auch zu Fragen der Umsetzung von Arbeitnehmern und der Einstellung neuer Manager konsultiert. Bei der Einstellung neuer Manager werden die Gewerkschaften angehört, die letzte Entscheidung bleibt jedoch bei der Firmenleitung. Bei besonderen Problemen, z.B. bei der Einführung einer größeren neuen Maschine werden Projektgruppen gegründet, die aus Managern und Arbeitnehmern bestehen. Die bei Ericsson vertretenen Gewerkschaften bemühen sich in allen zugehörigen Fabriken, daß in den Steuerungsgruppen, den Projektgruppen und den Arbeitsgruppen jeweils bis zu zwei Plätze für die Vertreter der Gewerkschaften vorgesehen sind. Wieviele Vertreter von welcher Gewerkschaft dabei sind, ist immer auch ein Verhandlungsgegenstand zwischen der Metallgewerkschaft und SIF. Die nationale Konzernleitung von Ericsson ist der Auffassung, daß sie über die Projektgruppen ihrer im Mitbestimmungsgesetz vorgegebenen Informationspflicht nachkommen. Es ist zwischen Gewerkschaften und Unternehmensleitung umstritten, ob die Gewerkschaften auch in der Steuerungsgruppe der jeweiligen Fabriken, d.h. in den Leitungs- und Entscheidungsgremien vertreten sein dürfen. Die Unternehmensleitungen sind meistens der Ansicht, daß die Gewerkschaften kein Recht haben, an diesen Gremien teilzunehmen. Bei den Verhandlungen zwischen Gewerkschaftsklub und Betriebsleitung werden bei Ericsson - wie in anderen schwedischen Betrieben auch - nur wenig formale Abkommen geschlossen, da das Mitbestimmungsgesetz vorsieht, daß jedes Protokoll, das von beiden Seiten unterzeichnet ist, schon Vertragscharakter hat.

Während insgesamt bei dem Elektrokonzern Ericsson arbeitsorganisatorische Innovationen einen hohen Stellenwert haben und auch in den neunziger Jahren im Rahmen eines an ABB orientierten Unternehmensprogramms FOCUS (For Our Customer) weiter verfolgt werden, gilt das dritte große schwedische Unternehmen der Elektroindustrie als „Konzern mit einer traditionellen Personal- und Organisationspolitik und einem im allgemeinen geringen Interesse an der Einbeziehung der Beschäftigten" (Berggren 1991, S. 55).

Neue Beteiligungsformen in Deutschland

Innovationen in den industriellen Beziehungen sind bei den großen Elektro/nik/konzernen auch in Deutschland festzustellen. Dabei sind, wie in Schweden, Tendenzen zu einer Verbetrieblichung zu erkennen. Wie diese Innovationen in Schweden bisher innerhalb des bestehenden Tarifvertragssystems und des Mitbestimmungsgesetzes ablaufen, so bilden in Deutschland das Tarifvertragssystem und das Betriebsverfassungsgesetz die Basis für die von den Unternehmern ausgehenden und von den Gewerkschaften und Betriebsräten mehr oder weniger unterstützten Veränderungsstrategien. Einrichtungen von Qualitätszirkeln, Arbeits- und Projektgruppen u.ä. haben - da diese nicht am Betriebsrat vorbei eingeführt werden können - zu einer allgemeinen Aufwertung des Betriebsrates im Vergleich zu sektoralen Verhandlungsebenen geführt.

Im Vergleich zu Großbritannien haben sich in Deutschland - ähnlich wie in Schweden - die Akteure und Institutionen der industriellen Beziehungen den strategischen Kalkülen der japanischen und amerikanischen Konzerne gegenüber als relativ resistent erwiesen. Die amerikanischen und japanischen Firmen versuchen regelmäßig, den Betriebsrat „zu einer Funktion der Unternehmensleitung" zu machen, wie es ein Betriebsrat in einem japanischen Unternehmen ausdrückte, sie können jedoch diese vorgegebene Form der Arbeitnehmerbeteiligung nicht umgehen und müssen sie zu einem Teil ihrer firmenspezifischen neuen „Unternehmenskultur" machen, um ihre Managementstrategien zu realisieren.

Die amerikanischen Firmen IBM und Hewlett-Packard gehören im Gegensatz zu anderen Konzernen der Elektro/nik/industrie nicht mehr dem Arbeitgeberverband an. Während Hewlett-Packard in den achtziger Jahren aus dem Metallarbeitgeberverband austrat, um eine Aussperrung der Belegschaft während eines Tarifkampfes zu vermeiden, erfolgte der Austritt (bzw. Nichteintritt) von IBM 1993 spektakulärer im Zuge einer Neustrukturierung des Unternehmens. Als Reaktion auf die gravierenden ökonomischen Probleme, in die das einstmals unangefochtene Erfolgsunternehmen Anfang der neunziger Jahre weltweit aufgrund einer zu schwerfälligen Anpassung an sich rasch verändernde Technologie- und Marktveränderungen geraten war, vollzog das Unternehmens-Management eine Aufspaltung in organisatorisch-rechtlich selbständige Gesellschaften. Während das Produktions-Unternehmen die Mitgliedschaft im Metall-Arbeitgeberverband beibehielt, traten die anderen Unternehmen (Software und Service, Entwicklung, Bildung, Informationssysteme) nicht dem Metallarbeitgeberverband bei. Das „starre Metall-Tarifkorsett" ersetzte das Unternehmen durch ein mit der DAG abgeschlossenes Haustarif-Regelwerk, das 13 Einzeltarife umfaßt und flexible Regelungen zur Arbeitszeit und zur Entlohnung enthält. Bei IBM beträgt die IG Metall-Mitgliedschaft unter der Belegschaft immerhin noch über 10 Prozent, bei Hewlett-Packard liegt sie unter einem Prozent. Beide Betriebe stehen einer gewerkschaftlichen Vertretung der Arbeitnehmerinteressen sehr ablehnend gegenüber, sie praktizieren ihre schon in den USA und Großbritannien geprobte gewerkschaftsfeindliche Haltung auch in ihren deutschen Niederlassungen. Vor allem die bis in die achtziger Jahre praktizierte „full employment"-Politik von IBM, d.h. Arbeitsplatzsicherheit für jeden Beschäftigten, sollte die Hinwendung der Belegschaft zu Betriebsrat und Gewerkschaft überflüssig machen.

Eine Besonderheit von IBM ist die enge Zusammenarbeit zwischen Management und nicht-gewerkschaftlichen Betriebsratsmitgliedern. Die IG Metall ist in den Betriebsräten von IBM-Werken meist nur mit einer Minderheit vertreten. IBM hat einige Formen einer „betrieblichen Demokratie" entwickelt, die parallel zum nicht zu umgehenden

Betriebsrat existieren: Alle Mitarbeiter haben das Recht, sich jederzeit mit Beschwerden an den obersten Chef zu wenden. Die Beschwerde muß allerdings sehr gut begründet sein und die Fakten müssen stimmen. Es gibt bei IBM außerdem die Methode der „Meinungsumfrage", bei der nach den Fähigkeiten des jeweiligen Vorgesetzten und des nächst höheren Managements gefragt wird.

Das japanische Elektronikunternehmen Sony führte in seinen deutschen Niederlassungen Qualitätszirkel ein und Abendversammlungen, an denen die Mitarbeiter Verbesserungsvorschläge für die Arbeit machen sollten. Das Sony-Management gerät häufiger in Konflikt mit den Betriebsräten; anders als bei IBM ist es ihm bisher nicht gelungen, einen managementfreundlichen Betriebsrat zu etablieren, so die Sicht eines Betriebsratsmitglieds.

Konzernweit praktizierte neue Beteiligungsformen gibt es auch im Philips-Konzern, zu dem seit Herbst 1991 auch der deutsche Grundig-Konzern gehört. Ausgangspunkt des neuen Beteiligungsmodells, das inzwischen in einer Betriebsvereinbarung reguliert wurde, war ein Mitte der achtziger Jahre konzernweit eingeführtes Qualitätssicherungskonzept. Facharbeiter, Techniker und mittlere Führungskräfte arbeiten in Qualitätszirkeln zusammen, um Fehlerquellen bei der Produktion zu vermeiden. Eine 1993 abgeschlossene Betriebsvereinbarung gibt der Mitarbeiterbeteiligung u.a. folgende Einzelziele: Sicherung und Verbesserung der Arbeitsbedingungen, Abbau gesundheitlicher und umweltschädlicher Belastungen am Arbeitsplatz, Verbesserung der Aufstiegschancen, Vermittlung sozialer und fachlicher Fähigkeiten, Bestimmung von Bildungsbedarf und Mitbestimmung am Arbeitsplatz. Die einzelnen Gruppen werden jeweils von einem Moderator geleitet, der die Mitglieder methodisch anleitet. Der Betriebsrat, dessen Rechte durch die Betriebsvereinbarung nicht berührt werden, soll nach dem Geist dieser Vereinbarung von der Funktion des Initiators wegkommen und stärker als Berater der Gruppenmitglieder und Vertrauensleute in Erscheinung treten (Hener u.a. 1990).

4. Neue Techniken als Gegenstand von Verhandlungen, Vereinbarungen und Beteiligung

Entsprechend den national unterschiedlich strukturierten industriellen Beziehungen in der Elektro/nik/industrie war zu erwarten, daß auch die Aushandlungsprozesse über die Einführung neuer Techniken unterschiedliche Verläufe nehmen. Für die drei Länder kann für die Elektro/nik/industrie generell gesagt werden, daß es im Unterschied zur Druckindustrie keine Anhaltspunkte dafür gibt, daß Entscheidungen über die Einführung neuer Techniken durch gewerkschaftliche und betriebliche Akteure blockiert oder verzögert worden wären. In allen drei Ländern hatten die Gewerkschaften eine grundsätzlich zustimmende Haltung gegenüber neuen Techniken. In Großbritannien und in der Bundesrepublik war diese Zustimmung verbunden mit Befürchtungen über eine Zunahme der Arbeitslosigkeit oder eine Dequalifizierung von Facharbeitern, in Schweden sahen die Gewerkschaften aufgrund ihrer seit den sechziger Jahren fehlenden Erfahrungen mit Arbeitslosigkeit in den neuen Techniken keinerlei Bedrohung.

In *Großbritannien* wurde innerhalb der Gewerkschaften des TUC Ende der siebziger Jahre eine Debatte über die Auswirkungen der neuen Techniken für die Beschäftigten in der industriellen Produktion begonnen. Hierbei nahmen zunächst Befürchtungen wachsender Arbeitslosigkeit und die Gefahren einer generellen Dequalifizierung der Arbeitstätigkeiten breiten Raum ein, wenn auch zugleich die möglichen positiven Folgen für das Wirtschaftswachstum der Industrie hervorgehoben wurden. Die grundsätzlich zustimmende Haltung zu neuen Techniken wurde verbunden mit Forderungen, die die Risiken für die Beschäftigten vermeiden helfen und sicherstellen sollten, daß die Beschäftigten an dem technischen Fortschritt gleichberechtigt partizipieren. Der gewerkschaftliche Dachverband TUC schlug dabei die Strategie der Verhandlung und Vereinbarung von *New Technology Agreements* vor, die gewährleisten sollte, daß negative Folgen für die Beschäftigten abgewehrt werden und die Beteiligung der Beschäftigten an den zu erwartenden Folgen der Technikeinführung gesichert sind (TUC 1979). Statt unilateraler Einführung durch das Management sollten Verhandlungen, die alle Aspekte der Innovationen einschließen müssen, diese technologiepolitischen Ziele durchsetzen helfen, die auch von den in der Elektro/nik/industrie vertretenen Gewerkschaften verfolgt wurden (TASS 1979; ASTMS 1980; Manwaring 1981).

Aufgrund der gewerkschaftlichen Initiative ist es vor allem zu Beginn der achtziger Jahre zum Abschluß einer ganzen Reihe von Technologieabkommen auf Unternehmensebene gekommen. Wie Dokumentationen und Auswertungen dieser Technologieabkommen (Manwaring 1981; Williams/Mosely 1982; Labour Research Department 1982; Rush/Williams 1984; Williams/Steward 1985) zeigen, ist die überwiegende Mehrzahl der Abkommen von Angestellten-Gewerkschaften abgeschlossen worden. Nach Wirtschaftszweigen sind die meisten *New Technology Agreements* im öffentlichen Sektor und in der Metallindustrie abgeschlossen worden. Dabei zählt die elektrotechnische Industrie und die elektronische Industrie innerhalb der Metallindustrie zu den Teilbranchen, in denen vergleichsweise häufiger derartige Abkommen vereinbart wurden (Williams/Steward 1985, S.61).

Zwei im Auftrag von NEDO (National Economic Development Office) durchgeführte Untersuchungen (auf der Basis von schriftlichen Befragungen und Interviews mit Managern und Gewerkschaftsvertretern) in Unternehmen der Elektro/nik/industrie vermitteln darüber hinaus ein Bild der Beteiligungsprozeduren bei technischen Veränderungen. In die Untersuchungen wurden 46 Elektronik-Unternehmen ohne Technologieabkommen und 9 Unternehmen mit Technologieabkommen einbezogen; die in diesen 55 Unternehmen beschäftigten Arbeitnehmer repräsentierten 14 Prozent der Beschäftigten der Elektro/nik/industrie (Rush/Williams 1984, S. 175). Generell war in den Unternehmen, auch ohne daß ein Technologieabkommen vereinbart worden ist, der Grad der Beteiligung der Beschäftigten bei technischen Veränderungen vergleichsweise hoch. Es gab formale konsultative Arrangements wie z.B. *Joint Consultative Committees*, *Works Committees* und *Joint Staff-Union Councils*, bei denen sich die Repräsentanten der Gewerkschaften und des Managements regelmäßig trafen. Außerdem wurden in einer Reihe von Unternehmen *Briefing Groups* und *Participation Meetings* installiert, die einmal oder zweimal im Jahr stattfanden. Auf einer weniger formellen Basis gab es in den Firmen Verbindungen zu den *Shop Stewards*, „discussion groups" und Treffen mit denjenigen Beschäftigten, die direkt von Veränderungen im Betrieb betroffen waren (ebd., S. 175). Zum anderen zeigen die Ergebnisse, daß der Abschluß eines Technologieabkommens in den Unternehmen dazu geführt hat, daß das Ausmaß der Beteiligung zugenommen hat. Die Befunde der beiden NEDO-Studien lassen zusammenfassend erkennen „that within the electronics industry there are firms which recognise the benefits of consultation and disclosure of information, both in terms of directly increasing the efficiency with which new technologies are introduced and, more generally, in creating a more conducive climate for good industrial relations" (ebd., S. 183).

Der Abschluß von besonderen Technologieabkommen ist dennoch in der Elektro/nik/industrie, ebenso wie in der Gesamtwirtschaft Großbritanniens, insgesamt von geringer Häufigkeit geblieben; seit Mitte der achtziger Jahre ist deren Vereinbarung vollends zum Erliegen gekommen und auch die bis dahin abgeschlossenen Vereinbarungen scheinen aus der betrieblichen Wahrnehmung weitgehend verschwunden zu sein.

In *Deutschland* stellt einen der ersten Ansätze, die negativen Folgen technisch-organisatorischer Rationalisierung für die Arbeitnehmer zu begrenzen, das Rationalisierungsschutzabkommen dar, das die IG Metall 1968 mit dem Arbeitgeberverband Gesamtmetall abschloß. Dieses folgte - wie die Rationalisierungsschutzabkommen in anderen Branchen - noch weitgehend der Logik der quantitativ-monetären Tarifpolitik; Rationalisierungsrisiken wurden vor allem monetär abgegolten (Böhle/Lutz 1974). Den ersten bedeutsamen Schritt zur Arbeitsgestaltungspolitik unternahm die IG Metall 1973 mit dem Lohnrahmentarifvertrag II. Er beschränkte sich auf das Tarifgebiet Nordwürttemberg/Nordbaden, war aber für die Tarifgeschichte der gesamten Bundesrepublik bedeutsam. Es wurde u.a. menschengerechte Arbeitsgestaltung als grundsätzliches Gebot festgelegt, Aufgabenerweiterung und Aufgabenbereicherung sollten angestrebt werden. Diese Schutzpolitik richtete sich vor allem auf die Beschäftigten mit repetitiver Teilarbeit, wie sie insbesondere in der traditionellen Elektroindustrie stark vertreten sind bzw. waren (Schauer u.a. 1984).

Seit Mitte der achtziger Jahre wird die Einführung neuer Techniken durch mehrere Konzepte sowohl von Arbeitnehmer- wie von Arbeitgeberseite geleitet, die die negativen Folgen der neuen Techniken für die Arbeitnehmer abwenden und mehr Beteiligungsmöglichkeiten erschließen sollen. Dabei unterscheiden sich die Vorstellungen, wieweit diese Beteiligungsmöglichkeiten gehen sollen. Generell läßt sich auch für die Bundesrepublik sagen, daß die Gewerkschaften den neuen Techniken nicht ablehnend gegenüberstanden, wobei sie zunächst vor allem den Schutz der Beschäftigten vor Arbeitsplatzverlust und vor Arbeitsintensivierung zu ihrem Thema machten.

Das Mitte der achtziger Jahre von der IG Metall initiierte „Aktionsprogramm Arbeit und Technik" forderte, daß die Gewerkschaft für den Technologieeinsatz in den Betrieben „sozialökologisch verträgliche Alternativen entwickeln" und nach Möglichkeiten zu deren Durchsetzung suchen sollte. Die Gestaltungsforderungen der Gewerkschaft sollten sich auf die einzelnen Betriebe konzentrieren, gleichzeitig sollte auch der zwischenbetriebliche Erfahrungsaustausch aktiviert werden, z.B. durch gegenseitige Betriebsbesichtigungen von Betriebsräten, gemeinsame Besuche in „gestaltungsinnovativen“ Unternehmen und in Forschungseinrichtungen. Mit „Zukunftswerkstätten“, gewerkschaftlichen Innovationsberatungsstellen und „Gestaltungsprojekten“ sollte Einfluß auf die Technikgestaltung gewonnen werden (IG Metall 1984; Kaßebaum 1990). Gewerkschaftliche Technologie- und Humanisierungspolitik müsse die Frage nach dem „Wie“ und dem „Was“ industrieller Produktion formulieren. Die Technologiepolitik der IG Metall sollte trotz der hohen Ansprüche auf Mitgestaltung und Mitbestimmung vor allem eine Technologiepolitik „von unten“ sein, allerdings unter Beteiligung von „Technikexperten“. Dabei wurden „Ansätze der Betroffenenbeteiligung“ für die Diskussion über die Technik begrüßt, aber managementinitiierte „fremdbestimmte Beteiligungsformen wie Qualitätszirkel oder Projektteams“ abgelehnt (IG Metall 1989, S. 632 f.).

In dem 1991 veröffentlichten Konzept „Tarifreform 2000“ hat die IG Metall die „Konzepte eines demokratischen Beteiligungsmodells“ weiterentwickelt. Ein Teil des Konzepts „Tarifreform 2000“, in dem es vor allem um die Veränderung der Manteltarif- und Rahmentarifverträge der IG Metall und um die Überwindung der Trennung von Arbeitern und Angestellten geht, beschäftigt sich mit Beteiligung und Mitbestimmung im Arbeitsalltag. Es werden Planungsgruppen und paritätisch besetzte Kommissionen vorgeschlagen, in denen Arbeits- und Technikgestaltung, Gesundheits- und Umweltschutz, Arbeitsablauf und Arbeitsorganisation, Arbeitspensum und Personalbesetzung gemeinsam zwischen Management und Arbeitnehmern besprochen werden sollen. Bei diesen „Beteiligungsgesprächen“ sollen immer Vertreter des Betriebsrats einbezogen werden, ebenso wie bei Qualitätszirkeln und Werkstattzirkeln, die von Arbeitgeberseite eingerichtet werden (IG Metall 1991a, S. 63). Von der Arbeitgeberseite aus hat Gesamtmetall ebenfalls Konzepte zum Thema vorgelegt und zwar mit den Arbeitskreisen „Neue Technik - Neue Arbeit“, „Mensch und Arbeit“ und „Mensch und Unternehmen“. Dabei geht es um ein Bemühen um die Akzeptanz der neuen Techniken auf Arbeitnehmerseite, die u.a. durch gründliche Information und durch verschiedene Beteiligungsformen wie Arbeitsgruppen gefördert werden sollen. Der Betriebsrat soll stärker informiert und beteiligt werden, allerdings nicht mehr Mitbestimmungsrechte bekommen (Gesamtmetall 1988; 1989; 1992).

In *Schweden* stehen die in der Elektro/nik/industrie aktiven Gewerkschaften den neuen Techniken fast ohne Einschränkung sehr aufgeschlossen gegenüber. Sie unterstützen die Einführung neuer Techniken, weil dadurch die Produktion effizienter werde und die Industriekonzerne nur durch eine effiziente Produktion in Schweden gehalten werden könnten. Die schwedische Metallarbeitergewerkschaft will erreichen, daß die qualifizierten Arbeiten in Schweden durchgeführt und nicht ins Ausland verlagert werden. Für dieses Ziel wird auch die Rationalisierung akzeptiert, selbst wenn sie zu Entlassungen führt.

Ein Vertreter des Metallarbeiterverbandes beschreibt diese Haltung, bei der ihm allmählich Zweifel kommen, in einem unserer Expertengespräche so: „Der schwedische Metallarbeiterverband hatte schon immer eine positive Einstellung zur Rationalisierung mit Hilfe von neuer Technik. Dies, obwohl die Veränderung, die die neue Technik mit sich geführt hat, mild gesagt, nicht immer eine Verbesserung für unsere Mitglieder bedeutet hat. Wir sind der Meinung gewesen, daß eine weiterentwickelte Anwendung neuer Technik eine Voraussetzung für eine erfolgreiche Konkurrenz unserer Unternehmen ist. Aber wir können nicht unter allen Umständen eine positive Haltung zu diesen Veränderungen einnehmen, besonders wenn man bedenkt, daß die Verschlechterungen für unsere Mitglieder auch zu niedriger Produktivität führen können."

Auch die Gewerkschaft der Industrieangestellten SIF stand der Einführung neuer Techniken positiv gegenüber. Für diese Position nennt sie in einer Stellungnahme von 1987 die Bedingung, daß die Arbeitnehmer durch Verhandlungen mit den Arbeitgebern einen gerechten Anteil am Produktivitätszuwachs erhalten, daß Arbeitskräfte, die durch neue Techniken freigesetzt werden, neue sinnvolle Arbeitsaufgaben erhalten und daß die Arbeitnehmer Einfluß auf die Einführung neuer Techniken nehmen können. Heute gibt es demgegenüber auch eine rückblickende Nachdenklichkeit: Eine Vertreterin der SIF sagte in einem Expertengespräch, daß vor allem die niedrige Arbeitslosenquote dazu geführt habe, daß die Einführung neuer Techniken für die schwedischen Gewerkschaften bisher kein Problem war. In der heutigen Rezession stellten neue Techniken ein Problem dar, da immer mehr Arbeitsplätze überflüssig würden. Auch die Vorarbeiter- und Managergewerkschaft SALF wie die Ingenieurgewerkschaft CF, die beide in der Elektro/nik/industrie eine Rolle spielen, unterstützten die Einführung neuer Techniken; die CF umso mehr, als ihre Mitglieder selber avancierte Technologien entwickeln.

Der schwedische Metallarbeitgeberverband (VF), der wie alle Arbeitgeberverbände den neuen Techniken positiv gegenübersteht, will mit den Gewerkschaften nur solche Vereinbarungen abschließen, die kein Hindernis für die Verbreitung neuer Techniken darstellen. Ein Vertreter des VF erklärte in einem Expertengespräch, daß die schwedischen Metallarbeitgeber hinsichtlich der neuen Techniken keine Differenzen mit den Gewerkschaften hätten. Über das Mitbestimmungsgesetz gäbe es die Möglichkeit, die Gewerkschaften in den Betrieben umfassend über die Einführung neuer Techniken zu informieren. Dies wird von den Arbeitgebern als grundweg positiv eingeschätzt, da die Gewerkschaften, wenn sie einmal informiert seien, nicht mehr gegen deren Einführung opponieren würden.

Die Verhandlungsprozesse über neue Techniken verliefen in den drei Ländern in der Elektro/nik/industrie unterschiedlich; im Vergleich zur Druckindustrie gab es jedoch in keinem Land offene Konflikte zwischen Arbeitgeber- und Arbeitnehmerseite, die auf die Einführung von neuen Techniken zurückzuführen gewesen wären. In Großbritannien verliefen die Verhandlungen unterschiedlich - entsprechend den oben beschriebenen drei verschiedenen Konstellationen der industriellen Beziehungen. In der Konstellation der traditionell strukturierten industriellen Beziehungen, in der die Hauptakteure, Gewerkschaften und Management, in der Wahrnehmung unterschiedlicher Interessenlagen aufeinandertreffen, ist der Aushandlungsprozeß auf den Mechanismus des *Collective Bargaining* konzentriert. Dabei sind im letzten Jahrzehnt in unterschiedlichem Ausmaß neue Wege beschritten worden, durch neuartige Formen von Vereinbarungen die technischen und organisatorischen Innovationen zu regeln. Im Fall der „neuen" industriellen Beziehungen, wie sie für Betriebe der japanisch dominierten Unterhaltungselektronik typisch sind, sind die Aushandlungsprozesse stärker durch die konsensual orientierten Haltungen der Akteure geprägt und vertraglich in die dort neu etablierten Arbeitsbeziehungen eingepaßt worden. In der dritten Konstellation der industriellen Beziehungen, die durch das Fehlen kollektiv-gewerkschaftlicher Vertretungspräsenz charakterisiert sind, erfolgt die Verarbeitung der technischen und organisatorischen Veränderungen nicht auf dem Wege von formellen Verhandlungen, sondern unilateral durch das Management, das sich allerdings durch informelle Beteiligungsmuster die Zustimmung und Akzeptanz der Beschäftigten sichert.

In Deutschland und in Schweden kam es in der Elektro/nik/industrie nicht zum Abschluß von speziellen „Technologie-Abkommen", es wurden jedoch in beiden Ländern in den Betrieben zahlreiche Vereinbarungen getroffen, deren Themen mit der Einführung neuer Techniken zusammenhängen, so z.B. Weiterbildungsvereinbarungen oder Vereinbarungen zum Datenschutz bei computergespeicherten Daten, die die Kontrolle des Arbeitnehmers bei der Arbeit ermöglichen könnte. In der Bundesrepublik ist dabei in den großen Betrieben für jede größere technisch-organisatorische Neuerung der Abschluß einer Betriebsvereinbarung zwischen Arbeitgeber und Betriebsrat üblich.

In Schweden wird jedes Protokoll, das nach entsprechend dem Mitbestimmungsgesetz und der Entwicklungsvereinbarung vorgesehenen Verhandlungen von Arbeitgebern wie Gewerkschaften unterzeichnet wird, wie eine schriftliche Vereinbarung behandelt. Da also in Schweden und Deutschland auf betrieblicher Ebene der institutionelle Rahmen für Verhandlungen bei der Einführung der jeweils unterschiedlichen neuen Techniken gegeben ist, gab es hier von seiten der Arbeitnehmerinteressenvertretung kein Bestreben, allgemein gehaltene Abkommen zu neuen Techniken abzuschließen, die doch wiederum nur den Rahmen für die Verhandlungen im Einzelfall abstecken könnten. Hier liegt auch ein Unterschied zwischen den Verhandlungsprozessen über neue Techniken in der Elektro/nik/industrie und in der Druckindustrie: Da die neuen Techniken der Elektro/nik/industrie im Gegensatz zur Druckindustrie die unterschiedlichsten Probleme aufwerfen, könnten sie nur schwer in einheitlichen oder in Modellvereinbarungen erfaßt werden.

In den drei untersuchten Ländern haben die Gewerkschaften den Anspruch formuliert, bereits in der Phase der Planung und Grundsatzentscheidung über technische Innovationen Einfluß und Kontrolle auszuüben. Sie sind dabei wenig erfolgreich gewesen. In Schweden müssen die gewerkschaftlichen *Klubs* zwar laut Mitbestimmungsgesetz von Anfang an über alle die Arbeitnehmer betreffenden Veränderungen informiert werden, es ist jedoch eine zwischen Gewerkschaften und Arbeitgebern umstrittene Frage, ob Gewerkschaftsvertreter bereits an den Steuerungs- und Planungsgruppen der Konzerne zu beteiligen sind. Nach Ansicht der Arbeitgeber reicht es, wenn die betrieblichen *Klubs* nach dem Mitbestimmungsgesetz informiert werden. Die ersten Entscheidungen über den Einsatz neuer Techniken fallen jedoch bereits auf der Planungsebene des Konzerns.

Dagegen wird der Einfluß der Gewerkschaften und betrieblichen Interessenvertretungen auf den Einsatz neuer Techniken vor allem in der Phase der betrieblichen Implementierung ausgeübt und erstreckt sich auf die Regelung von Veränderungen in der Arbeitsorganisation, der Personalbemessung, bei der Festlegung von Entlohnungsgrundsätzen und -methoden sowie bei Qualifikationsveränderungen und bei Fragen der Arbeitssicherheit und Gesundheitsvorsorge.

In Großbritannien erfolgt diese Beteiligung zum einen auf dem Wege der betrieblich üblichen Aushandlungsprozesse durch *Shop Stewards* und führte in den achtziger Jahren zu dem Abschluß einer Reihe von sogenannten *Flexibility Agreements* (Marsden/Thompson 1990). Zum anderen geschah sie auf dem Wege von informellen Beratungen und Diskussionen zwischen dem Management und den Beschäftigten auf der Abteilungs- und Arbeitsplatzebene.

In der Bundesrepublik wird die Arbeitnehmerseite üblicherweise über den Betriebsrat und auf dem Wege abgeschlossener Betriebsvereinbarungen an der Einführung neuer Techniken beteiligt. Auch hier gibt es informelle Beratungen zwischen Management und Beschäftigten auf der Abteilungs- und Arbeitsplatzebene. Speziell eingerichtete Arbeits- und Projektgruppen, die die Einführung neuer Techniken beraten sollen, sind in den achtziger Jahren selten gewesen.

Diese sind eher in der schwedischen Elektro/nik/industrie zu finden, wo das Mitbestimmungsgesetz die Einrichtung von Projektgruppen erleichtert, wie sie z.B. in den Unternehmen ABB und Ericsson eingerichtet werden, wenn technisch-organisatorische Innovationen bedeutende Veränderungen für die bisherige Arbeitsweise zur Folge haben. Eine neuere vergleichende Untersuchung von deutschen, schweizerischen und schwedischen Unternehmen des ABB-Konzerns kommt zu dem Ergebnis, daß „ganz offensichtlich Gruppenarbeit in den schwedischen Betrieben formal und faktisch weit mehr realisiert als in der Schweiz und in Deutschland ist (...). Zudem zeichnen sich die schwedischen Betriebe durch vielfältige, an den Arbeitsprozeß angelagerte Gruppenaktivitäten aus, die sich in deutschen Betrieben bislang nicht (...) finden lassen. Dies betrifft einmal formalisierte wöchentliche und monatliche Gruppentreffen, bei denen es im wesentlichen um Optimierungsaktivitäten geht. Zum zweiten besteht offensichtlich jederzeit die Möglichkeit, bei besonderen Anlässen kurzfristig informelle Gruppentreffen zu organisieren“ (Hirsch-Kreinsen 1996, S. 16).

Generell gesagt, beziehen sich alle Innovationen in den industriellen Beziehungen in den drei untersuchten Ländern seit Mitte der achtziger Jahre eher auf das zwar mit den neuen Techniken zusammenhängende, aber umfassendere Thema der Neustrukturierung von Arbeits- und Unternehmensorganisation, unter der sowohl die Verschlankung der Produktion (*Lean Production*), der Abbau von Hierarchie-Ebenen, die Verkürzung der Durchlaufzeiten, die Reintegration von Verwaltungs- und Ingenieursaufgaben in die Fertigung wie die Überwindung der Trennung von Arbeiter- und Angestelltentätigkeiten zu verstehen ist.

Bei den britischen *Flexibility Agreements* spielen deshalb die Veränderungen der *work practices* eine zentrale Rolle, da die traditionell von den Gewerkschaften und den Beschäftigten verteidigten *Job Demarcations* und *Restrictive Practices* einer Flexibilisierung des Arbeitseinsatzes und der Arbeitsorganisation Begrenzungen gesetzt haben. Die Ergebnisse einer Studie von Oliver und Wilkinson, die Mitte der achtziger Jahre an der Cardiff Business School durchgeführt wurde, läßt trotz eingeschränkter Repräsentativität erkennen, daß die Verbreitung von „modernen" Organisations- und Arbeitskonzepten zumindest in den größeren Unternehmen auch in Großbritannien zunimmt und viele Unternehmen in den achtziger Jahren Gruppenarbeit, flexiblen Personaleinsatz und Qualitätszirkel eingeführt haben (Oliver/Wilkinson 1988).

In der Bundesrepublik werden diese modernen Organisations- und Arbeitskonzepte in der Metallindustrie sowohl vom Arbeitgeberverband wie von der IG Metall gefördert, wobei die Gewerkschaft damit sowohl die Hoffnung auf mehr Beteiligungsrechte für die Arbeitnehmer, wie den Erhalt der Arbeitsplätze in Deutschland verbindet. In Schweden werden sie von Arbeitgeberseite unter dem Stichwort „neue Arbeitsorganisation", von Gewerkschaftsseite als „Konzept der guten Arbeit" (SMF 1985; 1989) forciert. Dabei ergibt sich in den untersuchten Ländern für die Metall- und Elektro/nik/industrie das Problem der tariflichen Trennung von Arbeitern und Angestellten, da dies ein Hindernis von flexiblem Personaleinsatz, Gruppenarbeit und Verlagerung von Angestelltentätigkeiten in der Fertigung ist. Die britischen *New Style Agreements* zwingen den Gewerkschaften den Versuch zur Überwindung der Differenzierung in verschiedene Gewerkschaften und verschiedene Tarifstrukturen auf; die Mitarbeiterverträge von ABB in Schweden und der Angestelltenstatus, den IBM von vorneherein allen Beschäftigten gibt, dienen ebenfalls der Überwindung eines unterschiedlichen Status für Arbeiter und Angestellte. Auch in der Bundesrepublik streben sowohl die Metallarbeitgeberverbände wie die IG Metall gleiche Tarifbestimmungen für Arbeiter und Angestellte an.

Dabei haben die britischen und schwedischen Gewerkschaften der Metall- und Elektro/nik/industrie einen größeren Weg zur Überwindung der Trennung zwischen Arbeiter- und Angestelltentätigkeiten hinter sich zu bringen als die Industriegewerkschaft Metall (die nur im Angestelltenbereich die DAG zur Konkurrenz hat). Der Zusammenschluß von AEU und EETPU zur AEEU 1992 stellt einen bedeutsamen Schritt zur Überwindung des Gewerkschaftspluralismus in der britischen Elektro/nik/industrie dar. In Schweden löste der Mitarbeitervertrag von ABB bei der Metallarbeitergewerkschaft und der Industrieangestelltengewerkschaft Überlegungen über einen Zusammenschluß aus. Aus der Perspektive der SIF ist dabei die Nähe der Metallarbeitergewerkschaft zu den Sozialdemokraten das größte Problem. Außerdem meint sie, daß die Arbeiter von der „neuen Arbeitsorganisation" sowieso viel mehr profitieren als die Angestellten, auch wenn die SIF grundsätzlich für die Überwindung der Trennung ist. „Fern am Horizont", so jüngst Rudolf Meidner (1994, S. 11), „zeichnet sich die Möglichkeit einer Fusion von LO und TCO ab".

Sowohl im Zusammenhang mit der Einführung neuer Techniken als auch der Umsetzung neuer Arbeitsorganisationskonzepte ist in den drei untersuchten Ländern eine

Tendenz zur Verbetrieblichung der Verhandlungen festzustellen. In Großbritannien scheiterten die sektoralen Verhandlungen zwischen den Metallgewerkschaften und den Arbeitgebern, deshalb werden nur noch Verhandlungen auf betrieblicher Ebene geführt. In Schweden will der Metallarbeitgeberverband soweit wie möglich von branchenweiten Verhandlungen wegkommen und die Verhandlungen auf die betriebliche Ebene verlagern. In der Bundesrepublik läßt sich anhand des Lohnrahmentarifvertrags I für Nordwürttemberg/Nordbaden für die Weiterbildung der Arbeitnehmer belegen, daß es auch hier Tendenzen zur einer Verbetrieblichung der Verhandlungen gibt. Danach muß der Arbeitgeber jährlich mit dem Betriebsrat den Qualifikationsbedarf beraten. Dabei kann der Betriebsrat die Qualifizierungsinteressen der Beschäftigten einbringen. Der Arbeitgeber muß „Art, Umfang und Durchführung der Qualifizierungsmaßnahmen“ mit dem Betriebsrat beraten, die Qualifizierungsmöglichkeiten sollen betriebsintern veröffentlicht werden (Bahnmüller u.a. 1993). Die schwedischen Metallarbeitgeber halten es für den wichtigsten Verhandlungspunkt zwischen Gewerkschaften und Unternehmen bei der Einführung neuer Techniken, daß beide sich über die Ausbildungsanforderungen bei Arbeiten mit neuen Techniken im jeweiligen Betrieb verständigen. Fragen der Aus- und Weiterbildung der Arbeitnehmer im Zusammenhang mit neuen Techniken werden in allen drei untersuchten Ländern zunehmend eine Frage von Aushandlungsprozessen im jeweiligen Unternehmen oder Betrieb.

Unterstützt werden diese in allen drei Ländern vorfindbaren Tendenzen der Dezentralisierung, der Etablierung neuer Aushandlungsinstitutionen (die mehr Konsultations- und Informationsgremien als Bargaining-Gremien sind) durch das Vordringen der vom Management forcierten Organisations- und Personalkonzepte, die weniger auf traditionelle tayloristische Kontrollmechanismen setzen, sondern an der Motivation und Leistungsbereitschaft der Beschäftigten anknüpfen und die Erzeugung von „commitment“ intendieren.

Wenn auch in Großbritannien am schwächsten ausgeprägt, finden sich in allen drei Ländern mit den veränderten Managementkonzepten korrespondierende Politikveränderungen auf Gewerkschaftsseite. Gegenüber der ersten Phase der Technikimplementation, in der die technologiepolitische Programmatik der Gewerkschaften bestimmt war durch die Konzentration auf Schutzinteressen (vor Entlassung, vor Dequalifizierung) kristallisiert sich seit Mitte der achtziger Jahre eine Umakzentuierung hin zu einer deutlichen pro-aktiven Technologiepolitik heraus (so im Konzept der „guten und solidarischen Arbeit“ der schwedischen Metallarbeitergewerkschaft, oder in den Programmen „Arbeit und Technik“ und „Tarifreform 2000“ der Industriegewerkschaft Metall, aber auch in technologiepolitischen Erklärungen der britischen Gewerkschaften der Metallindustrie (EEPTU und AEU jetzt AEEU sowie MSF). Diesen Forderungen nach einer Gestaltungsperspektive technischen und organisatorischen Wandels entsprechen Partizipationsangebote des Managements, über deren Ausgestaltung in höherem Maße auf Unternehmensebene verhandelt wird und damit die Tendenzen zu Produktivitäts-Allianzen verstärkt. Einschränkend sind freilich die entgegenwirkenden Momente zu berücksichtigen; sollte es sich, wofür einiges spricht, bei diesen Tendenzen um begrenzte Unternehmensentwicklungen handeln, so bleibt nach den Entwicklungstendenzen und -perspektiven für die rückständigen Sektoren zu fragen, gerade angesichts der Heterogenität der Elektro- und Elektronikindustrie. Ferner bleibt derzeit ungewiß, wie stabil sich diese Modernisierungstendenzen erweisen angesichts der sich massiv verändernden ökonomischen Rahmenbedingungen.

VI. Technikimplementation und industrielle Beziehungen im Bankensektor

Bei der Analyse der Wechselbeziehungen von neuen Techniken und industriellen Beziehungen erschien es uns sinnvoll, auch den Dienstleistungssektor miteinzubeziehen. Gerade unter dem Aspekt der Entwicklung und Veränderung der industriellen Beziehungen versprachen wir uns von der Berücksichtigung technisch-organisatorischer Innovationen im Dienstleistungssektor Aufschlüsse über die Herausbildung spezifischer Managementstrategien sowie neuer Formen der gewerkschaftlichen Interessenvertretung und Mitarbeiterbeteiligung.

Einschränkend ist freilich die Heterogenität des Dienstleistungssektors im Auge zu behalten, weshalb die Berücksichtigung einer Branche natürlich nicht das breite Spektrum von ökonomischer Relevanz, technisch-organisatorischen Entwicklungen und Arbeitsformen erfassen kann. Bei der Auswahl der in die Untersuchung einzubeziehenden Branche haben wir den Bankensektor gewählt, der aufgrund seiner zentralen Funktion im ökonomischen Zirkulationsprozeß in allen entwickelten Marktgesellschaften eine bedeutsame Stellung einnimmt und auch im Hinblick auf Beschäftigungs- und Arbeitsbedingungen für eine vergleichende Analyse hinreichende Ansatzpunkte bietet. Vor allem gehören die Banken als Kernbereich des Finanzdienstleistungssektors in allen drei Ländern zu den Feldern mit frühem und fortgeschrittenem Einsatz von neuen Informations- und Kommunikationstechnologien und liefern deshalb ausreichendes Anschauungsmaterial für die Bedingungen, den Verlauf und die Auswirkungen des Technikeinsatzes in vergleichender Perspektive.

1. Tendenzen der ökonomischen, organisatorischen und Beschäftigungsentwicklung

In allen drei Ländern hat der Bankensektor als einstmals stabiler und traditionsreicher Sektor in den letzten Jahrzehnten eine dynamische und innovative Entwicklung erfahren, in deren Verlauf die Marktbedingungen, Geschäftspolitiken, Organisations- und Personaleinsatzkonzepte sowie die Techniknutzung als auch die industriellen Beziehungen und Partizipationsmuster teilweise erhebliche Veränderungen erfahren haben. „Financial service markets, once characterized by great stability and continuity, not to say stodginess, are changing rapidly everywhere, partly as a result of increasing competition linked to both disintermediation and internationalization and partly as a result of the growing use of computerized technology." (Bertrand/Noyelle 1988, S. 8)

Im fortschreitenden Prozeß der Ausweitung des Sektors der staatlich und privatwirtschaftlich organisierten Dienstleistungen in den letzten Jahrzehnten hat in allen Ländern der Sektor der Finanzdienstleistungen eine erhebliche Aufwertung seiner Marktposition und Ausweitung seiner Geschäftsaktivitäten und Beschäftigung erfahren. Neben den Versicherungen sind es vor allem die Kreditinstitute, Investmentbanken und sonstigen Finanzinstitute, die diese Expansion getragen haben. Das Kreditgewerbe, im

Englischen spricht man von der „banking industry", ist zu einer Schlüsselindustrie geworden, die in vielfältiger Weise auch durch staatliche Regulierungen mit den ökonomischen Marktprozessen verknüpft ist. Die einschlägigen statistischen Indikatoren belegen eindeutig den Bedeutungszuwachs dieser Branche, die, gemessen an der gesamtwirtschaftlichen Entwicklung, überdurchschnittliche Wachstumstendenzen aufweist.

So ist in *Deutschland* der Anteil der Kreditinstitute an der gesamtwirtschaftlichen Bruttowertschöpfung kontinuierlich von 2,5 (1968) auf 4,0 Prozent (1988) gestiegen. Der Anteil der bei den inländischen Kreditinstituten arbeitenden Personen an der Gesamtzahl der Beschäftigten hat parallel von 2,0 Prozent im Jahre 1968 auf knapp 2,5 Prozent im Jahre 1988 zugenommen (Deutsche Bundesbank 1989, S. 14). Die absolute Beschäftigtenzahl hat sich im westdeutschen Kreditgewerbe im Zeitraum von 1970 bis 1990 um 50 Prozent erhöht von 429.000 (1970) auf 645.000 (1990). Im gleichen Zeitraum sind die ökonomischen Aktivitäten der Kreditinstitute in weit höherem Maße gewachsen; so ist im westdeutschen Kreditgewerbe das Geschäftsvolumen von 818 Mrd. DM im Jahr 1970 auf 3.984 Mrd. DM im Jahr 1988 gestiegen; hat sich also in diesem Zeitraum nahezu vervierfacht.

Der ökonomische Stellenwert und das Wachstum des Bankensektors in *Großbritannien* weisen ein ähnliches Muster auf. Mitte der achtziger Jahre entfielen auf den weiteren Bankensektor („Banking and bill discounting and other financial institutions") etwa 2 Prozent der Gesamtbeschäftigtenzahl. „Their macroeconomic significance is, however, more notable in a different context. Currently they account for about four per cent of the national output and contribute a surplus of £ 2.0 billion to the 'invisible' balance on the current account of the balance of payments." (Rajan 1987, S. 118) Im Zeitraum von 1970 bis 1990 hat sich die Beschäftigtenzahl im britischen Bankensektor nahezu verdoppelt von 253.000 (1970) auf 504.000 (1990); im gleichen Zeitraum haben die Depositenbanken ihr Geschäftsvolumen fast vervierfacht.

Ähnlich hat auch in *Schweden* die Bedeutung des Kreditgewerbes entsprechend zugenommen. Der relative Anteil der in den Bank- und Finanzinstituten („Banker och andra finansinstitut") Beschäftigten an den gesamten Erwerbspersonen ist von 1,0 Prozent im Jahre 1970 auf 1,5 Prozent im Jahre 1986 angestiegen. Im gleichen Zeitraum hat sich die Zahl der Beschäftigten im schwedischen Bankgewerbe von 41.000 auf 65.000 erhöht.

In allen drei Ländern hat der Bankensektor demnach seine ökonomische und personelle Expansion, die bereits in den fünfziger und sechziger Jahren begonnen hatte, auch in den siebziger und achtziger Jahren fortsetzen können. So gilt gleichermaßen für Schweden und Deutschland wie für Großbritannien, daß „the banks are somewhat exceptional in having a long record of profitability and growth in the post-war period" (Morris 1986, S. 3).

Auch andere ökonomische Indikatoren (wie Entwicklung von Ertrag, Gewinn, Produktivität) weisen die Bankensektoren in den siebziger und achtziger Jahren als prosperierende Wirtschaftszweige aus, wenn auch die statistischen Angaben aus Gründen unterschiedlicher Erhebungsverfahren methodisch nur begrenzt vergleichbar sind. „Productivity measures developed by the census bureaus of the various countries for the financial service sectors range from mediocre to poor, because of weakness in the underlying concepts“ (Bertrand/Noyelle 1988, S. 13). Verschiedene Konzepte zur Messung von Arbeitsproduktivität - wie in Großbritannien die Relation von „payment transactions“ pro Beschäftigten (Frazer 1982), in Deutschland die rechnerische Größe Geschäftsvolumen oder Bilanzsumme je Beschäftigten (Gürtler/Pusse 1988) - lassen gleichwohl im Ergebnis ein realisiertes Produktivitätspotential erkennen, dessen Wachstum jedenfalls zu einem erheblichen Anteil auf die Rationalisierungs- und Automatisierungsanstrengungen zurückzuführen ist. Das gilt vor allem für die Bereiche der Zahlungsverkehrsabwicklung: „while the volume of transactions cleared by the London clearing banks increased by 92 per cent in the ten years from 1972, their total employment rose by only 29 per cent over the same period“ (Child/Tarbuck 1985, S. 21). In Deutschland wurde das jährliche Wachstum der Buchungspostenzahl von durchschnittlich 4 Prozent in den achtziger Jahren mit etwa gleichbleibender Personalkapazität bearbeitet (Harmsen u.a. 1991, S. 103).

Angesichts der Besonderheiten der Finanz- und Kreditmärkte (Wechselkursschwankungen, Zinsveränderungen, Kreditrisiken u.ä.) haben es die Bankunternehmen mit weit mehr strategischen Parametern zu tun, denen sie in ihrem Agieren auf den Märkten Rechnung zu tragen haben. „In the banking sector profits are too heavily dependend upon interest rates, exchange rates and bad debts to be reliable components of a productivity equation.“ (Hewlett 1985, S. 40) Neben der forcierten Nutzung neuer Technikpotentiale ist deshalb die Entwicklung der Unternehmen des Kreditgewerbes in den beiden letzten Jahrzehnten gleichermaßen gekennzeichnet durch erhebliche Veränderungen in den Unternehmensstrukturen, den Organisationskonzepten und den Geschäftspolitiken.

Die Geschäfts- und Organisationsstrukturen der Kreditinstitute, die durchaus nationale Spezifika im Kontext unterschiedlicher Banksysteme aufweisen, haben sich dabei im Laufe der letzten Jahrzehnte angenähert. So verliert etwa das traditionelle Unterscheidungskriterium hinsichtlich des Bankensystems - die Dominanz eines Universalbankensystems in Schweden und Deutschland und eines Spezialbankensystems in Großbritannien - an Bedeutung in dem Maße, wie in Großbritannien „neuere Veränderungen zum einen von den immer universeller werdenden Depositenbanken aus(gehen), zum anderen von Spezialbanken wie den Teilzahlungskreditinstituten und den Sparkassen, die sich immer mehr zu Universalbanken entwickeln“ (Hein 1988, S. 201). Dieser Trend wird durch eine Internationalisierung und Globalisierung der Kapital- und Finanzmärkte und die sie begleitenden Prozesse von Liberalisierung und Deregulierung auf nationaler und internationaler Ebene unterstützt. Die Deregulierung und der wachsende Wettbewerb auf den Finanzmärkten haben die früher bestehenden Grenzziehungen zwischen den verschiedenen Finanzinstituten wie Banken, Sparkassen, Bausparkassen und Versicherungen tendenziell eingeebnet. Zugleich nimmt in allen Ländern die Konkurrenz durch das Auftreten von „near banks“ (Kreditkartenorganisationen) und branchenfremden Unternehmen („non banks“ wie

Warenhäuser und Automobilhersteller) zu. Schließlich ist seit den sechziger Jahren die Tendenz zur Internationalisierung erheblich verstärkt worden durch die Präsenz von Auslandsniederlassungen oder die Etablierung von Tochtergesellschaften sowie in steigendem Maße durch Übernahmen, Fusionen und Kooperationen im internationalen Maßstab, die durch die Schaffung des gemeinsamen europäischen Binnenmarktes zusätzliche Impulse erfahren haben (Duwendag 1988; Coleman 1994).

Den Kernbereich der Bankindustrie bilden in allen drei Ländern die Kreditbanken (bzw. Depositenbanken im angelsächsischen Bereich), zu deren wesentlichen Aufgaben die Annahme von Einlagen und die Kreditvergabe sowie die Abwicklung des Zahlungsverkehrs gehören und die unter dem Aspekt der Beschäftigung zugleich die tragenden Säulen des Kreditgewerbes bilden und deshalb im Hinblick auf die industriellen Beziehungen prägend wirken. Im Bankensektor finden sich in allen drei Ländern drei Bankengruppen: die privaten Geschäftsbanken, die Sparkassen und die Genossenschaftsinstitute; sie weisen aufgrund ihrer historischen Ursprünge, ihrer Rechtsformen und der Schwerpunkte ihrer Geschäftstätigkeiten unterschiedliche Profile auf.

Am eindeutigsten dominieren in *Großbritannien* die Geschäftsbanken das Kreditgewerbe, wobei es vor allem die großen vier Londoner Clearing-Banken sind, die dem Bankensektor ihren Stempel aufdrücken. Die Kontrolle des Clearing-Systems sichert diesen Banken ihre Dominanz im Bankgeschäft (Morris 1986, S.15), die sie auch zum beherrschenden Arbeitgeber macht; knapp zwei Drittel der im Bankensektor beschäftigten Arbeitnehmer arbeiten in den englischen und schottischen Clearing Banks (Rajan 1987, S. 118). Dagegen sind in Großbritannien die Bankengruppen der Sparkassen (TSB) und der Genossenschaftsinstitute (Co-operative Bank) von erheblich geringerem Gewicht hinsichtlich der Markt- und Beschäftigungsanteile; sie konnten allerdings, ähnlich wie die Bausparkassen, auf der Grundlage staatlicher Deregulierung der Finanzmärkte, seit den achtziger Jahren ihre Position ausbauen.

In *Schweden* haben dagegen aufgrund der historischen Entwicklung die aus den Landwirtschaftskassen entstandenen Genossenschaftsbanken (mit 392 Kreditinstituten) und die Sparkassen (mit 110 Instituten) beschäftigungspolitisch ein höheres Gewicht als die mehrheitlich privaten Geschäftsbanken, auf die andererseits größere Anteile am gesamten Geschäftsvolumen des Bankensektors entfallen (BAO 1989). Freilich sind beim Vergleich der schwedischen Geschäftsbanken mit ihren britischen und deutschen Pendants die unterschiedlichen Größenstrukturen zu bedenken; während die größten schwedischen Geschäftsbanken zwischen 5.000 und 8.000 Arbeitnehmer beschäftigen, bewegen sich die Beschäftigtenzahlen der großen britischen Clearing-Banken zwischen 40.000 und 70.000, die der großen deutschen Geschäftsbanken zwischen 30.000 und 55.000.

Vergleichsweise ausgewogen verteilen sich die Bankbeschäftigten in *Deutschland* auf die drei Bankengruppen: auf die öffentlich-rechtlichen Sparkassen mit regional begrenzten Geschäftsgebieten mit 263.000 Beschäftigten (in 596 Sparkassen mit 17.500 Zweigstellen), auf die genossenschaftlichen Kreditinstitute (Volks- und Raiffeisenbanken) mit 145.000 Beschäftigten (in 3.350 Instituten mit 15.800 Zweigstellen) und auf die Kredit- und Privatbanken mit 200.000 Beschäftigten (in 312 Kreditbanken mit 6.300 Zweigstellen) im Jahr 1988; am gesamten Geschäftsvolumen der Kreditinstitute sind die privaten Geschäftsbanken überproportional vertreten.

Ohne die im einzelnen beträchtlichen Unterschiede zwischen den einzelnen Bankengruppen, aber auch die Unterschiede zwischen einzelnen Bankunternehmen zu übersehen, lassen sich sowohl in den einzelnen Ländern als auch im internationalen Vergleich gleichartige Entwicklungstendenzen identifizieren.

Die sechziger Jahre bilden in allen drei Ländern den Ausgangspunkt einer quantitativ orientierten Expansion der Geschäftsaktivitäten der Kreditinstitute, die gleichermaßen zu einer Konzentrationsbewegung führte und zu einer Dezentralisierung in der Form einer Ausweitung der Zweigstellennetze. Vor allem bei den Sparkassen und Genossenschaftsinstituten ist der Prozeß von Zusammenschlüssen und Fusionen beschleunigt verlaufen. So hat sich in Deutschland die Zahl der Kreditinstitute von 13.359 in Jahre 1957 um mehr als die Hälfte auf 6.487 im Jahre 1975 reduziert und ist weiter zurückgegangen auf 4.379 Ende 1988. Dabei sank allein die Zahl der Kreditgenossenschaften von 11.795 (1957) auf 3.361 (1988), die der Sparkassen von 885 auf 596 im gleichen Zeitraum, während bei den privaten Kreditinstituten nur geringe Veränderungen zu registrieren sind (Rückgang von 364 (1957) auf 312 (1988) Unternehmen).

Ähnlich ist in Schweden die Zahl der Sparkassen von 450 Anfang der fünfziger Jahre auf 160 Anfang der achtziger Jahre und auf 104 im Jahre 1990 zurückgegangen; 1972 entstand durch Fusion die „Skandinaviska Enskilda Banken“ als größte Geschäftsbank. In Großbritannien hat Ende der sechziger Jahre eine Fusionswelle zur Herausbildung der vier Londoner Großbanken geführt. Im Sparkassensektor kam es Mitte der siebziger Jahre - auf der Basis des 1976 in Kraft getretenen Sparkassengesetzes, das bisherige Beschränkungen der Geschäftstätigkeiten aufhob - zu einer Konzentration und Neustrukturierung der „Trustee Savings Banks“ (TSB).

Diese gleichgerichteten Tendenzen zur Konzentration waren auf Unternehmensebene von Zentralisierungsmaßnahmen begleitet und haben vielfach, wie Baethge/Oberbeck (1986, S. 90) für Deutschland feststellen, die Herausbildung professioneller Leitungsstrukturen und strategisch-konzeptioneller Unternehmensführungen erst ermöglicht. Für Großbritannien hebt Cressey (1987, S. 7) hervor, daß dadurch „the relative importance of the head office function and the numbers employed there, has increased greatly“.

Neben den Unternehmenszentralen der Kreditinstitute mit ihren spezialisierten Abteilungen und Aufgabenbereichen sowie den angegliederten zentralen oder regionalen Rechenzentren ist das Kreditgewerbe organisatorisch und personell charakterisiert durch eine dezentral angelegte Struktur von Zweigstellen und Niederlassungen. Die Zweigstellen sind traditionell der Ort, an dem sich der Hauptanteil des Kundenkontaktes und -geschäftes abspielt. Deshalb war es stets Geschäftsziel der Bankinstitute, über ein flächendeckendes Netz von Filialen zu verfügen, um ihre Präsenz für Geschäfts- und Privatkunden zu gewährleisten (die englischen Retail-Banken heißen deshalb auch

„High street banks"). Die Kreditinstitute haben in den sechziger und siebziger, teilweise bis in die achtziger Jahre, ihre Zweigstellennetze erheblich ausgebaut, während seit den achtziger Jahren eine Reduzierung bei gleichzeitiger Ausdifferenzierung abgestufter Zweigstellen-Arten deutlichere Konturen annimmt. In Großbritannien haben die Clearing-Banken ihr Zweigstellennetz in den sechziger Jahren erheblich ausgeweitet, die Zahl der Zweigstellen (branches) stieg von 10.886 im Jahre 1960 auf einen Höchststand von 12.315 im Jahre 1968, in den siebziger Jahren erfolgte demgegenüber eine anhaltende Reduktion von Zweigstellen, von 11.838 (1972) verringerte sich deren Zahl auf 10.993 im Jahre 1984 (Morris 1986, S. 17). In Deutschland ist die Ausweitung des Zweigstellennetzes von größerem Umfang, die Zahl der Zweigstellen hat sich im Zeitraum von 1957 bis 1975 nahezu verdreifacht von 12.947 auf 37.407 (wobei die Zunahme nicht unerheblich der Fusionsentwicklung geschuldet ist); seither hat sich die Ausweitung abgeschwächt, 1989 betrug die Zahl der Zweigstellen knapp 40.000, wovon die Sparkassen (mit 44 Prozent) und die Kreditgenossenschaften (mit 40 Prozent) die dichtesten Zweigstellennetze unterhalten. Im internationalen Maßstab weist Deutschland eine „enorm hohe Bankstellendichte mit ca. 1.400 Einwohnern je Bankstelle auf" (Gürtler/Pusse 1988, S. 229); Bertrand und Noyelle (1988, S.17) beziffern für 1983 die Bankstellendichte für Deutschland auf 1.541, und für Schweden auf 2.318 Einwohner pro „bank branch". Die Zweigstellen stellen nicht nur einen kostenaufwendigen Bereich für die Unternehmen dar, sondern weisen auch arbeitsorganisatorische Besonderheiten aufgrund ihrer Größenstruktur auf, die auch unter dem Aspekt industrieller Beziehungen von Relevanz sind. „In den Zweigstellen herrschen üblicherweise 'Kleinbetriebs-Situationen' mit dominierender Stellung der Zweigstellenleiter" (Hindrichs u.a., S. 317).

Die ausgebauten Zweigstellennetze der Kreditinstitute bildeten in den sechziger und siebziger Jahren die Voraussetzung für eine quantitativ orientierte Expansion der Geschäftsaktivitäten, die ihre wesentliche Ursache in der gesellschaftlichen Durchsetzung der bargeldlosen Zahlung von Einkommen und anderen Geldleistungen hatte, die am frühesten in Schweden und am spätesten in Großbritannien erfolgte. Die Gewinnung von Kunden mit einem Girokonto, denen die Banken und Sparkassen dann weitere Bankprodukte und Dienstleistungen anbieten konnten, stand im Zentrum der Geschäftspolitik der Banken in dieser Phase, die zu einer erheblichen Ausweitung standardisierter Dienstleistungen (vor allem des Zahlungsverkehrs) führte, und die die Banken in allen Ländern mit einer Ausweitung der Beschäftigung und dem Einsatz von neuen Informations- und Kommunikationstechnologien bewältigten.

Fand neue Technologie zunächst nur in den kundenfernen Bereichen der Zahlungsverkehrsabwicklung und der internen Bankadministration - den sogenannten *back-office*-Bereichen - Anwendung, so werden seit den siebziger Jahren zunehmend Computertechnologien auch im direkten Kundengeschäft genutzt. Sie unterstützen und ermöglichen auf diese Weise zugleich die geschäftspolitische Umorientierung, die die Banken vornahmen. Angesichts von Sättigungstendenzen in den traditionellen Geschäftsfeldern verfolgen die Banken in ähnlicher Weise eine deutliche Orientierung in Richtung einer Diversifizierung ihrer angebotenen Dienstleistungen. Bei einer Ausdifferenzierung traditioneller banktypischer Angebote wie Geldanlage und Kreditfinanzierung werden gleichzeitig neue Beratungs- und Dienstleistungsangebote, etwa im Wertpapier-, Immobilien- und Auslandsgeschäft zur Erschließung neuer Privatkundenpotentiale, und im Geschäftskundenbereich Angebote von Liquiditäts- und Finanzplanungsservice, Cash-Management-Systeme oder Software-Angebote zur Bilanzbewertung entwickelt. In der Verfolgung dieser Unternehmensstrategien „qualitativer Wachstumsorientierung" (Baethge/Oberbeck 1986) im Sinne verstärkter Kunden- und Marktorientierungen, setzen die Kreditinstitute in allen drei Ländern auf organisatorische und personelle Veränderungen sowie - wie bereits in der ersten Phase quantitativen Wachstums - auf den forcierten und komplexer werdenden Einsatz von Informations- und Kommunikationstechnologien. „While cost saving through process automation remains an important incentive for investment in new technology, this has become tempered by a growing service orientation in the light of the changing market situation." (Child/Loveridge 1990, S.90)

2. Implementation von Informations- und Kommunikationstechnologien

Der Umgang mit Informationen - das Herzstück der Aktivitäten von Banken - hat diesen Sektor dazu prädestiniert, zu einem Pionier beim Einsatz neuer Informations- und Kommunikationstechnologien zu werden (Forester 1990, S. 250-274). Prägten bis in die fünfziger Jahre hinein konventionelle Arbeits- und Organisationsstrukturen die Bankarbeit, die seit den zwanziger Jahren durch die Einführung von einfachen mechanischen, später elektromechanischen Schreib-, Rechen- und Buchungsmaschinen und von einfachen Organisationsmitteln wie Karteien und Vordrucken in die Phase der Mechanisierung eingetreten war (Hoffmann 1985), so eröffnete die Entwicklung und Bereitstellung von elektronischen Datenverarbeitungstechniken vielfältige Möglichkeiten zur Automatisierung und Rationalisierung von Bankarbeit. „Der Einsatz elektronischer Medien für Kreditinstitute ist seither für die Unternehmen zum geschäftspolitischen Dauerthema" (Krämer 1988, S. 11) geworden und hat die Bankangestellten „einem bis dato unvorstellbaren Rationalisierungszugriff durch die neuen Technologien ausgesetzt" (Baethge/Oberbeck 1986, S. 18).

In den drei Ländern gehören die Banken zu den frühen Anwendern neuer Technik mit einem inzwischen sehr hohen Diffusionsgrad, der die interessierte Aufmerksamkeit zur alltäglichen Gewöhnung hat werden lassen. Dabei gehörten die nordeuropäischen Banken Ende der fünfziger Jahre zu den Pionieren der Nutzung neuer Techniken. 1961 setzte in Schweden die erste Geschäftsbank, die damalige „Sveriges Kreditbank", einen zentralen Großrechner ein, die anderen Banken folgten in den sechziger Jahren nach. Aber auch in Deutschland und in Großbritannien begann bereits in den fünfziger Jahren der EDV-Einsatz im Bankenbereich. Nach einer empirischen Studie hatte in Deutschland bereits 1955 die erste Bank EDV eingeführt, und „bis einschließlich 1970 waren 56 Prozent der (66) befragten Bankinstitute mit EDV-Geräten ausgestattet" (Grünewald 1984, S. 22; ähnlich auch Brandt u.a. 1978, S. 243-246 und Hörning/Bücker-Gärtner 1982, S. 37). In Großbritannien hatten die Hauptbanken bereits 1955 ein „subcommittee to consider the automatic handling of clearing and computerized bookkeeping" (Willman 1986, S. 216) eingerichtet, dem erste Installationen von EDV-Zentralrechnern bald folgten.

Seit den sechziger Jahren investierten die Banken verstärkt in die Installierung und den Betrieb neuer Techniken. Schweden weist dabei das höchste Investitionsvolumen pro Angestelltem auf. In Großbritannien stieg nach Angaben des „Banking Information Service" die Investitionssumme für neue Technikausrüstung in den Londoner Clearing Banken von £ 257 Millionen im Jahre 1975 auf £ 749 Millionen im Jahre 1981 (Cressey 1987, S. 42). In einer von Child und Tarbuck untersuchten Clearing Bank erhöhten sich im Zeitraum von 1977 bis 1983 die Investitionen in Informationstechnologie um das Siebeneinhalbfache, im Fall einer kleineren Regionalbank um das Achtfache (Child/Tarbuck 1985, S. 20). Auch die deutschen Banken wandten steigende Investitionsbeträge für die Installierung neuer technischer Infrastrukturen auf, wobei ähnlich wie in den anderen Ländern seit den siebziger Jahren der Aufwand für Software überproportional gestiegen ist.

Die Forcierung des Technikeinsatzes ließ den Bankensektor, neben den Versicherungen, zum fortgeschrittensten Anwenderbereich werden, sowohl im Vergleich zur Industrie als auch zu anderen Dienstleistungsbereichen. Für Großbritannien belegen Studien, daß die Bankindustrie „the most automated of all the services industries in Britain today" (Rajan 1985, S.55) ist. Eine deutsche Studie in der zweiten Hälfte der achtziger Jahre bestätigt den Befund, daß die „Banken bezüglich ihrer technischen Ausstattung einer der innovativsten Sektoren im Dienstleistungsbereich insgesamt sind" (Höflich-Häberlein/Häbler 1989, S. 89). Ebenso ist auch das schwedische Kreditgewerbe, wie aus unserem Expertengesprächen hervorgeht, vergleichsweise am weitesten fortgeschritten in der Implementierung neuer Techniken; „the banking and insurance sector is the most computerized part of the Swedish economy" (Bäckström 1989, S. 216). Hinsichtlich des Technikeinsatzes unterscheiden sich die drei untersuchten Länder auch kaum von der Mehrheit der OECD-Länder, die insgesamt „a similiar logic of change" aufweisen (Bertrand/Noyelle 1988, S. 9).

Nicht nur im zeitlichen Ablauf weisen dabei die Innovationen im Bankensektor parallele Verläufe in den einzelnen Ländern auf, auch Ziele und Schwerpunkte der Implementation technischer Innovationen folgen einem weitgehend ähnlichen Muster, wenn auch die Akzente von Bankengruppen und Kreditinstituten im einzelnen unterschiedlich gesetzt worden sind.

In der ersten Phase der Computernutzung im Kreditgewerbe, die Ende der fünfziger Jahre einsetzte und die sechziger Jahre dominierte, lag der eindeutige Schwerpunkt auf dem Aufbau zentraler Datenverarbeitungskapazitäten mit dem Ziel einer kostensparenden Automatisierung der Verarbeitung von Massendaten. Die Kreditinstitute begannen mit dem Einsatz von Großrechnern, die in zentralen oder regionalen Rechenzentren installiert wurden und die Abwicklung des expandierenden Zahlungsverkehrs bewerkstelligten. Die anfallenden Daten im Massengeschäft wurden in den Niederlassungen und Zweigstellen aufbereitet (dort zumeist auf Lochstreifen zwischengespeichert) und gesammelt zur zentralen Eingabe und Verarbeitung an die Rechenzentren -

zumeist durch Kuriere - weitertransportiert. Nach der Verarbeitung erhielten die Zweigstellen die verarbeiteten Listenausdrucke zurück zur weiteren Bearbeitung. „In the first (phase), large mainframe computers were employed to record customer accounts, print statements, and calculate interest or service changes. These installations mainly operated 'off-line' - i.e. data were sent on paper by road for processing at a computer centre and returned in the form of printed records for branch accounts.“ (Willman 1986, S. 217)

Die Installierung dieser Generation von Großrechnern zog arbeitsorganisatorisch eine Zentralisierung und Ausweitung der in der Datenerfassung - zumeist weiblichen - Beschäftigten nach sich, was bei geringen Qualifikationsanforderungen tayloristische Arbeitsstrukturen begünstigte. Dabei ist freilich zu berücksichtigen, daß während der Verarbeitung standardisierter Routinevorgänge im Bankgeschäft ohne Computerunterstützung die Arbeitsinhalte bereits „highly specialized, routinized and controlled before the advent of computerization in the 1960s“ (Lane 1988, S. 78) waren.

„Die Arbeitskonzentration im Zeitalter der Stapelverarbeitung führte zu spezialisierten Datenerfassungsabteilungen mit umfangreichen Belegvorbereitungs-, Additions- und Lochaufgaben“ (Nowak 1976, S. 110-111). Diese „erste Phase der Bürotechnisierung (belegorientierte Datenerfassung) war durch eine Ausdehnung von Routinetätigkeiten mit geringen Qualifikationsanforderungen (insbesondere Datenaufbereitung und formale Prüfung von EDV-Listen) gekennzeichnet“ (Hörning/Bücker-Gärtner 1982, S. 54). Personalpolitisch wurde diese Phase weitgehend durch eine Rekrutierung branchenfremder Arbeitskräfte bewältigt; der überwiegende Einsatz von Frauen beschleunigte den Prozeß der Feminisierung der Bankarbeit in den sechziger Jahren. Arbeitsorganisatorisch erfolgte die Implementation dieses ersten Technisierungsschubes unter Rückgriff auf tayloristische Funktionsaufteilung und Arbeitszergliederung, die die Basis von einfachen Kontrollstrategien des Managements bildeten (Czech u.a. 1988; MacInnes 1988). Insofern konnten die hoch arbeitsteilig organisierten, standardisierten und routinisierten Tätigkeiten der Datenaufbereitung, -eingabe und -kontrolle die Aussagen unterstützen, „that the computer does 'deskill' much clerical work“ (Crompton/Jones 1984, S. 46). Ähnlich auch Rajan, der feststellt, „deskilling is likely where working is organized on factory lines, as in an operating centre in banking“ (Rajan 1987, S. 8).

Allerdings haben sich seit Anfang der siebziger Jahre in den Banken mit der Verfügung über und dem Einsatz von neuen Technikpotentialen die Anwendungsmöglichkeiten von Computerleistung für Bankarbeit erheblich ausgeweitet und im Zusammenspiel mit veränderter Markt- und Arbeitsorganisation, neue Tätigkeits- und Qualifikationsprofile generiert. Im Kern ist mit der on-line-Verarbeitung von Informationen und der Terminalisierung der verschiedenen Bankbereiche die Diffusion von zentraler und dezentraler Computerunterstützung in allen Bereichen der Bankarbeiten vorangetrieben worden, so daß Ende der achtziger Jahre eine weitgehende informatorische Vernetzung in den Kreditinstituten etabliert ist. Diese Entwicklung vollzog sich im wesentlichen gleichgerichtet in den einzelnen Ländern, wobei es in der Regel die großen Geschäftsbanken waren, die aufgrund ihrer ökonomisch starken Position Schrittmacher spielten. So hat etwa von den drei deutschen Großbanken die Dresdner Bank 1984 die erste Ausbaustufe einer flächendeckenden bundesweiten Terminalisierung zum Abschluß bringen können mit dem Einsatz von rund 5.000 Terminals und mehr als 10.000 Endstellenrechnern (Morgen 1986, S. 60), und der Marktführer, die Deutsche Bank, hat 1987 die Ausstattung aller inländischen Geschäftsstellen mit insgesamt 15.000 Multifunktionsterminals für die Abwicklung aller Kassengeschäfte und die Kundenberatung abgeschlossen (Deutsche Bank 1987, S. 37). Allerdings gehörten bei einzelnen Innovationen, wie beim Einsatz von Geldausgabeautomaten oder dem Übergang zu „on-line real time" Computersystemen (Dialoganwendungen) die Sparkassen zu den Erstanwendern (Harmsen u.a. 1991; Willman/Holding 1990); dagegen kleinere Kreditinstitute, wie etwa die schwedischen Genossenschaftsbanken (Löwstedt 1984), zu den Nachzüglern.

Wurden die innovativen Potentiale der neuen Techniken einerseits zur weiteren Automatisierung der Prozesse der Verarbeitung von Informationen im Routinegeschäft eingesetzt, so bildeten sie zugleich und in wachsendem Maße die Grundlage dafür, neue Produktangebote bereitzustellen und zu vermarkten, die auch auf die Änderungen von Kundenorientierungen und -verhalten zielten. Damit verliert die früher klare Unterscheidung von Prozeß- und Produktinnovationen im Zuge der Technisierung an Trennschärfe, was von den Banken in ihr strategisches Kalkül aufgenommen wird. So hebt Rajan hervor, daß die „process-product dichotomy has been weakened. A number of new banking services owe their existence exclusively to new technology" (Rajan 1985, S. 69). Und Child und Loveridge benennen die Konsequenzen dieser Tendenz: „Process and product overlap considerably so that decision on the introduction and use of new technology are not simply concerned with the organisation of work but also with the nature and quality of the service." (Child/Loveridge 1990, S. 7)

Im wesentlichen lassen sich drei Tendenzen des Technikeinsatzes im Bankensektor unterscheiden, die im Verlauf der siebziger und achtziger Jahre forciert ausgebaut worden sind. Einmal ist im Bereich der Zahlungsverkehrsabwicklung die Automation weiter vorangeschritten und ist von den Banken primär mit dem Ziel der Kostenreduzierung betrieben worden. Der weitere Ausbau von Clearingzentralen, über die der Zahlungsverkehr zwischen den Bankinstituten abgewickelt wird und die Vereinbarung von Vereinheitlichungen, optische Beleglesung, die Entwicklung des beleglosen Zahlungsverkehrs, die Nutzung von Datenfernübertragung und der Übergang zur on-line-Bearbeitung sind Stationen auf dem Wege einer weiter automatisierten Zahlungsverkehrsabwicklung, die angesichts wachsender Geschäftsaufkommen von den Kreditinstituten forciert betrieben wurde. Die Abwicklung des Zahlungsverkehrs ist weiter in der Regel taylorisiert organisiert, allerdings ist der Anteil der in diesen Bereichen beschäftigten Arbeitnehmer(innen) rückläufig (Harmsen u.a. 1991).

Eine zweite Linie der Innovation, bei der sich Prozeß- und Produktinnovation verschränken, besteht in der Tendenz der Automatisierung von standardisierten Bankdienstleistungen, deren Abwicklung durch die Bereitstellung einer technischen Infrastruktur auf den Bankkunden verlagert wird. Diese Tendenz, die in Großbritannien bereits in der zweiten Hälfte der sechziger Jahre mit der Installierung von Geldautomaten auf elektromechanischer Funktionsbasis eingeleitet wurde (Willman 1986, S. 229), ist in den siebziger und achtziger Jahren durch die weitere Einführung von Geldausgabeautomaten und Kontoauszugsdruckern sowie Multi-Funktions-Terminals beschleunigt worden. Diese Selbstbedienung ist mittlerweile von den Bankkunden akzeptiert worden; am spätesten in Deutschland, wo die Dichte der Geldausgabeautomaten Mitte der achtziger Jahre hinter Schweden und Großbritannien zurücklag. So kamen 1983 auf einen Geldausgabe- und Bankautomaten in Schweden 700 Einwohner, in Großbritannien 4.900 und in Deutschland 38.500 Einwohner (BIZ 1985, S.16). Schritte in Richtung eines weiteren Ausbaus der Kunden-Arbeit durch „home-banking", Telefon-Banking und EFTPOS (Electronic Funds Transfer at the Point of Sales) sind allerdings in den achtziger Jahren in allen drei Ländern noch hinter den ursprünglichen Projektionen der Banken zurückgeblieben, haben aber in den neunziger Jahren einen weiteren Schub der Elektronisierung des Bankgeschäfts ausgelöst.

Neben diesen Tendenzen der Automatisierung, die durch die steigende Installation von Computerkapazitäten ermöglicht und forciert wurden, hat schließlich die Implementation EDV-gestützter Informationssysteme durch die dezentrale Computer-Terminalisierung vor allem die traditionellen Bereiche der Bankarbeit, die sogenannten *front-office*-Bereiche, einer gravierenden Veränderung unterzogen, die ihren sichtbaren Ausdruck im veränderten innenarchitektonischen Styling der Zweigstellen gefunden hat. Im Zusammenhang veränderter Marktkonzepte, die die Kreditinstitute in allen drei Ländern seit den siebziger Jahren verfolgen, erfahren die computerunterstützten Aufgabenbereiche der Bankangestellten eine arbeitsinhaltliche Aufwertung vor allem in den Bereichen, die primär im Kundenbetreuungs- und -beratungsgeschäft tätig sind. Die Zurückdrängung früher üblicher Spartengliederung führte zu integrierten Arbeits- und Aufgabenbereichen für die Bankangestellten. „The use of newer on-line technology improved the quality of staff employment (...) Processing inputs and outputs at on-line terminal not only required the new skill of terminal operation, but also constituted a more rounded task in contrast to simply sending out work to be processed in another unit. On the whole, the new technology also permitted staff to have a greater control over the pace and timing of their work." (Child u.a. 1984, S. 124)

Den wachsenden Anforderungen begegnen die Bankinstitute in den letzten Jahren mit einer verstärkten Konzentration auf Ausbildungs- und Weiterbildungsangebote für die Beschäftigten. Aufgrund der nationalen Unterschiede in den Berufsbildungssystemen der drei Länder lassen sich unterschiedliche Muster sowohl der Rekrutierung als auch der Weiterbildung erkennen, die in der historisch gewachsenen Tradition von Ausbildung verankert sind und sich auch nicht in kurzfristiger Perspektive verändern (Markgren 1986; Becke 1987; Streeck u.a. 1987, S. 85-93; Lane 1992). Als Resultat der technischen und organisatorischen Innovationen und des höheren Stellenwerts von Qualifizierungsmaßnahmen läßt sich gleichwohl auf unterschiedlichem Niveau und in unterschiedlichem Ausmaß eine Konvergenz hinsichtlich der Qualifikationsentwicklung in allen drei Ländern im Bankensektor beobachten, die in Richtung eines Anstiegs des Qualifikationsniveaus der Bankangestellten weist.

Dieser Trend bildet sich in den beiden letzten Jahrzehnten in eindeutiger Weise ab in den Veränderungen der Gehaltsgruppenstruktur im Bankenbereich. Einem relativen

Rückgang der Besetzung der unteren Gehaltsgruppen und damit der gering qualifizierten Beschäftigten korrespondiert in allen drei Ländern ein Anstieg der Beschäftigtenanteile in den mittleren und oberen Gehaltsgruppen. Dieser Trend ist am eindeutigsten und stärksten im privaten Bankgewerbe in Deutschland ablesbar, wo der Anteil der in den unteren Tarifgruppen 1-3 eingruppierten Beschäftigten von 25,8 Prozent im Jahre 1973 auf 7,6 Prozent im Jahre 1990 zurückgegangen ist; bei einer relativen Konstanz der Bankangestellten in den mittleren Tarifgruppen (57,4 Prozent 1973 und 55,4 Prozent 1990) hat sich der Anteil der in den höheren Gehaltsgruppen eingruppierten Beschäftigten (7-9) von 16,8 Prozent 1973 auf 37,0 Prozent 1990 verdoppelt. Im gleichen Zeitraum ist der Anteil der leitenden und außertariflichen Angestellten im privaten Bankgewerbe um 60 Prozent gestiegen und beträgt 1990 16 Prozent (Sauer 1991).

Für Schweden zeigt ein Vergleich der Gehaltsgruppenverteilung für die Jahre 1976 und 1989 (Acker/Ask 1989), daß der Anteil der obersten Gehaltsgruppen der Manager (Chef) sich von 3,6 Prozent auf 7,1 Prozent verdoppelt hat, und der Anteil der oberen Gehaltsgruppen (Befordrade) von 18,5 Prozent auf 22,1 Prozent angestiegen ist, während der Anteil der mittleren und unteren Gehaltsgruppen konstant geblieben ist und der Anteil der „Aspiranten“ rückläufig ist (von 12,6 Prozent auf 4,6 Prozent).

Ähnlich zeigt der Vergleich der Gehaltsstrukturverteilung für die Bankangestellten in den Londoner Clearing Banken für die Jahre 1975 und 1985 eine gleichgerichtete Entwicklung. Während die Anteile der unteren Gehaltsgruppen (Grade 1 und 2) von 56,0 Prozent (1975) auf 47,5 Prozent im Jahr 1985 zurückgegangen sind, ist in den mittleren Gehaltsgruppen (Grade 3 und 4) ein Anstieg von 23,1 Prozent (1975) auf 28,1 Prozent (1985) zu registrieren und auch die Anteile der oberen Gehaltsgruppen (Grade 4+ und Manager) sind in dem Zeitraum von 1975 bis 1985 von 20,9 Prozent auf 23,7 Prozent angestiegen (Morris 1986, S. 89).

Ein genauerer Blick zeigt zugleich, daß die innerbetrieblichen Arbeitsmärkte in allen drei Ländern eine geschlechtshierarchische Segmentierung aufweisen, die dadurch charakterisiert ist, daß die weiblichen Beschäftigten überproportional in den unteren und mittleren Gehaltsgruppen und damit den geringer qualifizierten Tätigkeitsfeldern konzentriert sind, wobei allerdings in den letzten Jahren verstärkte Ansätze der Banken zur Frauenförderung Wirkung zeigen und die Qualifizierungs- und Aufstiegschancen von Frauen in den Banken sich verbessern (Crompton 1989; Acker/Ask 1989; Hoffmann 1987; Figge/Quack 1990; Sauer 1991).

3. Industrielle Beziehungen: Akteure und Verhandlungssysteme

Die Thematisierung des Verhältnisses von neuen Techniken und industriellen Beziehungen im Bankensektor impliziert die Frage nach dem Charakter und den Besonderheiten industrieller Beziehungen im Kontext ökonomischer und technischer Modernisierungsprozesse. Gerade im Vergleich mit traditionellen industriellen Wirtschaftszweigen wie der Druckindustrie oder der Elektroindustrie und mit modernen Zweigen der Elektronik mit der Dominanz von Angestelltentätigkeiten, zielt das Interesse darauf, Besonderheiten der Akteure und der Aushandlungsysteme in den jeweiligen nationalen Kontexten herauszuarbeiten und zu fragen, in welchen Formen die Einführung der Informations- und Kommunikationstechnologien zum Gegenstand von Aushandlungen und Vereinbarungen wurden.

Daß Angestellte, und im besonderen Bankangestellte, aufgrund ihrer traditionell individualistischen Orientierungen und Verhaltensweisen ein distanziertes, wenn nicht gar ablehnendes Verhältnis zu Formen kollektiver Interessenwahrnehmung haben, ist eine begründete Annahme, die in der historischen Entwicklung des Bankensektors in Deutschland und Großbritannien Bestätigung erfährt, wurde doch in Deutschland im Bankbeamtentum „die Krone der Angestelltenschöpfung" (Kracauer 1971, S.84) gesehen, und reklamierten in Großbritannien die Bankangestellten den Status einer „aristocracy of clerical labour" (Lockwood 1958). Allerdings nötigt schon allein der schwedische Fall zur Korrektur der Annahme einer Unverträglichkeit von Bankangestellten und gewerkschaftlicher Organisierung.

Die schwedische Bankgewerkschaft, *Svenska Bankmannaförbundet* (SBmf), ist nicht nur die älteste Angestelltengewerkschaft Schwedens - 1887 gegründet - sondern hat im Verlauf ihrer Entwicklung seit den zwanziger Jahren ihre Organisationsfähigkeit ausbauen und stabilisieren können. Vor allem in den sechziger Jahren stieg die Mitgliederzahl durch den Beitritt von Frauen, die seither die Mehrheit der Mitglieder bilden. In den achtziger Jahren erhöhte sich die Mitgliederzahl um 10.000 (was in etwa der Zahl der in diesem Jahrzehnt im Bankensektor Neueingestellten entspricht) auf 49.000, davon sind 46 Prozent in den Geschäftsbanken, 33 Prozent in den Sparkassen, 8 Prozent in den Genossenschaftsbanken und 12 Prozent in anderen Finanzunternehmen beschäftigt. Als exklusive Bankangestelltengewerkschaft organisiert sie im engeren Bankbereich etwa 90 Prozent der Angestellten; lediglich „bankfremde" Arbeitnehmer (wie Reinigungskräfte) werden von zwei verschiedenen LO-Gewerkschaften organisiert, fallen aber kaum ins Gewicht. Die SBmf ist zwar Mitglied der Zentralorganisation der Angestellten (TCO), gehört aber keinem der Verhandlungskartelle an. Die Mitgliedschaft der Bankgewerkschaft erstreckt sich über alle Hierarchiestufen: „Thus in most companies the specialists and even the managers will be organized in the same union as the end user." (Docherty 1980, S. 136)

Als nationale Branchengewerkschaft gliedert sich die SBmf, die ihre Zentralorganisation in Stockholm hat, in insgesamt 57 regionale Abteilungen, die unterschiedliche Größenordnungen aufweisen. Neben dem Regionalprinzip hat allerdings seit den siebziger Jahren die gewerkschaftliche Organisation auf der jeweiligen Unternehmens- und Betriebsebene erheblich an Bedeutung gewonnen. Auf diese Weise ist die unterste gewerkschaftliche Organisationseinheit, der *Klub*, zum zentralen Bezugspunkt gewerkschaftlicher und betrieblicher Aktivität geworden. In den achtziger Jahren verfügt so die schwedische Bankgewerkschaft nicht nur über einen überdurchschnittlichen hohen Organisationsgrad, sondern auch über eine Infrastruktur von gewerkschaftlicher Interessenvertretung auf Unternehmens- und Betriebsebene. In den größeren Kreditinstituten bestehen neben Betriebsklubs zumeist auch regionale und zentrale gewerkschaftliche Klubs entsprechend der Organisationsebene der Banken. In den kleineren Kreditinstituten und den Zweigstellen werden zumeist eine oder mehrere „Kontaktpersonen" gewählt, die die Interessen der gewerkschaftlich organisierten Beschäftigten wahrnehmen. Insgesamt übten Ende der achtziger Jahre etwa 5.500 Bankangestellte für eine Periode von drei bis vier Jahren Wahlfunktionen in der Interessenvertretung aus.

Dem hohen Organisationsgrad auf Arbeitnehmerseite entspricht auf Arbeitgeberseite eine ähnlich hoher Organisationsgrad der Kreditunternehmen im Arbeitgeberverband BAO (*Bankinstitutens Arbetsgivareorganisation*). Als Reaktion auf das erst 1936 den Angestellten in Schweden gesetzlich eingeräumte Verhandlungsrecht, gründeten die Geschäftsbanken eine Verhandlungsorganisation. Ein erster nationaler Tarifvertrag für die Geschäftsbanken wurde allerdings zwischen den Tarifparteien erst 1946 abgeschlossen und begründete seither regelmäßige Verhandlungsrunden über Gehälter und allgemeine Arbeitsbedingungen sowohl für die Geschäftsbanken, als auch für die Sparkassen, die Genossenschaftsbanken und die anderen Kreditinstitute, deren Ergebnisse jeweils auf Unternehmensebene konkretisiert wurden. Seit den siebziger Jahren haben sich die Arbeitgeberverbände der einzelnen Sparten zusammengeschlossen, bei weiterbestehenden unterschiedlichen Fachverbänden. Die BAO ist nicht Mitglied des Arbeitgeber-Dachverbandes SAF. Insofern nimmt der Bankensektor, da auch die SBmf keinem Verhandlungskartell der Angestelltengewerkschaften angehört, schon früh die sich in Schweden erst in den späten achtziger und neunziger Jahren breiter durchsetzende Tendenz zu eigenständigen Branchenverhandlungen vorweg. Ebenso haben die Tarifparteien bereits früh die Dezentralisierung von Aushandlungen auf Unternehmensebene betrieben, die durch die Mitbestimmungsgesetzgebung der siebziger Jahre eingeleitet und unterstützt wurde. Dadurch sind die nach dem Zweiten Weltkrieg auf tariflicher Vereinbarung basierenden paritätischen Betriebsausschüsse auf Unternehmensebene aufgehoben worden und neue Verhandlungsprozeduren etabliert, die auf Mitbestimmung wie auf Konsultation zielen und so integrative Aushandlungsprozesse eröffneten. Ein 1981 abgeschlossenes Abkommen zwischen der SBmf und der BAO hat in der Konkretisierung des 1974 verabschiedeten Gesetzes über gewerkschaftliche Vertrauensleute die Möglichkeit der Budgetierung des Zeitaufwandes für Gewerkschaftsarbeit in den Kreditinstituten und für Weiterbildung geregelt und ausdrücklich festgehalten, daß die Gewerkschaftsarbeit für die Karriereaussichten von Bankangestellten als gleichwertig angesehen werden mit der Ausübung anderer Bankaufgaben.

Auf der Basis des 1977 in Kraft getretenen Mitbestimmungsgesetzes haben die Tarifparteien des schwedischen Bankgewerbes, BAO und SBmf, Anfang 1979 ein Mitbestimmungs-Abkommen vereinbart, in dem Mitbestimmungsrechte der Beschäftigten und der Gewerkschaftsrepräsentanten auf Branchenebene konkretisiert wurden. „The Agreement is adapted to the structure and organizational forms found in banks. The parties have a common goal of promoting the development of employee codetermination based on procedures incorporated in the banks' organizational structure for dealing with and making decisions on matters which may arise. (...) The aim of the Agreement is to facilitate the solution of problems in harmony and without undue waste of time. The Agreement shall not be applied to individual day-to-day business decisions." (BAO/SBmf 1984, S. 1)

Im einzelnen regelt das Abkommen die Verfahren der Information, Entscheidungsbeteiligung und Verhandlungen sowie die mitbestimmungsrelevanten Gegenstandsbereiche, darunter auch die Entwicklung und Einführung neuer Computertechnologien. Die Einbeziehung der Gewerkschaftsrepräsentanten in den Entscheidungsprozeß soll den Bankangestellten die Möglichkeit geben, „to influence decisions which affect their own working conditions" (ebd., S. 2). Das Abkommen sichert den gewerkschaftlichen Klubs Informations- und Mitentscheidungsrechte zu (ebd., S. 3). Um die Mitbestimmung im Entscheidungsprozeß zu gewährleisten, sieht das Abkommen sowohl die Vertretung von Gewerkschaftsrepräsentanten in den lokalen Unternehmensleitungen vor als auch die Einrichtungen von ständigen Kommissionen oder temporären Arbeits- und Projektgruppen (ebd., S. 4). Die Verfahrensregeln des Abkommens sind im wesentlichen auf die lokale Unternehmensebene bezogen, bei Nichteinigung oder übergreifenden Entscheidungen können Verhandlungen an zentrale Instanzen der beiden Parteien delegiert werden.

In einem zweiten Abschnitt benennt das Abkommen im einzelnen die unter die Mitbestimmung fallenden organisatorischen, technischen und personellen Regelungstatbestände. Ausdrücklich sieht das Mitbestimmungsabkommen vor, daß die Einbeziehung der Gewerkschaftsvertreter in die Entscheidungsprozesse über Systementwicklung zu einem Zeitpunkt erfolgen soll, zu dem die Konzeption vom Unternehmen erarbeitet wird. „It is urgent that the SBmf local organization takes part in the systems development process already from the conceptual and feasibility study stage" (ebd., S. 8). Ferner wird der Gewerkschaft das Recht eingeräumt, Berater von außerhalb auf Kosten des Unternehmens heranzuziehen. „If the bank and the SBmf local organization on the bank level agree that the necessary competence is not available in the bank for a comprehensive examination of questions of broad importance, the SBmf local organization has the possibility of calling in an outside consultant for this purpose. The costs of such a consultant shall be defrayed by the bank." (ebd., S. 9)

Das Mitbestimmungsabkommen im Bankgewerbe normiert - also teilweise sehr detailliert - die Rechte der Beschäftigten und ihrer Gewerkschaft in Fragen, die im Zusammenhang mit der Einführung neuer Techniken auftreten. Es sieht Verhandlungsprozeduren nur in den Fällen vor, in denen übergreifende Aspekte zur Entscheidung anstehen oder eine Einigung auf der lokalen Ebene nicht zu erzielen ist. Die Tendenz zur dezentralen Entscheidungsfindung wird noch dadurch verstärkt, daß auf lokaler wie auf Unternehmensebene konkretisierende Abkommen von beiden Seiten vereinbart werden können.

Das im Bankgewerbe vereinbarte Mitbestimmungsabkommen war initiiert worden durch die gesetzliche Regelung der Mitbestimmung, die 1977 in Kraft trat. Daß das Branchenabkommen im Bankgewerbe im Jahre 1979 vergleichsweise früh abgeschlossen wurde - die Mehrzahl der Branchen- und Unternehmensvereinbarungen zur Mitbestimmung erfolgten in Schweden erst ab 1982 - verweist auf die traditionell ausgeprägte Mitbestimmungskultur im Bankensektor, in dem ein kooperativer Politikstil im Arbeitsmilieu der Banken und in den Interessenorientierungen der Bankangestellten seine Entsprechung findet.

In *Deutschland* reichen erste wesentlich standespolitisch geprägte Interessenzusammenschlüsse der „Bankbeamten" in das letzte Jahrzehnt des 19. Jahrhunderts zurück (Hampp 1985). Eine Konkurrenzgründung zum „Deutschen Bankbeamtenverein" erfolgte noch vor dem Ersten Weltkrieg mit dem „Allgemeinen Verband der deutschen Bankbeamten", der deutlicher an gewerkschaftlichen Zielen von Interessenvertretung orientiert und in der Weimarer Republik dem freigewerkschaftlichen Afa-Bund angeschlossen war (Aufhäuser 1960).

Mit der organisatorischen Neubegründung der Gewerkschaften nach dem zweiten Weltkrieg kam es aufgrund der Nicht-Einigung zwischen der Deutschen Angestellten-Gewerkschaft (DAG) und dem Dachverband des Deutschen Gewerkschaftsbundes (DGB) zu einer Konkurrenzsituation zweier Gewerkschaften im Bankenbereich, die unterschiedliche Organisationsprinzipien repräsentieren: während die DAG am Berufsverbandsprinzip festhielt, bestand der DGB auf dem Industrieverbandsprinzip (Fehrmann/Metzner 1981; Hartfiel 1961). Diese unterschiedlichen Vertretungsprinzipien prägten seither im Bankensektor die Entwicklung gewerkschaftlicher Vertretung. Für den privaten Dienstleistungsbereich entstand auf DGB-Seite 1949 „die Gewerkschaft Handel, Banken und Versicherungen (HBV) als berufsübergreifende Gewerkschaft aller Arbeitnehmer mit dem expliziten Ziel, eine Konkurrenzorganisation zur DAG in diesem Sektor zu werden". Während die DAG „mit ihrer formalen Konstitution 1949 viele der ab 1945 wiedergegründeten Vorgängerorganisationen der gewerkschaftlichen Angestelltenvertretung der Weimarer Republik absorbierte" (Bayer 1980, S. 2), wurde die HBV „als formale Organisation gegründet, die sich ihre soziale Basis erst zu 'schaffen' hatte" (ebd., S. 23). Während die DAG in den fünfziger und sechziger Jahren aufgrund ihrer Mitgliederstärke dominierte und seither auf einem Niveau von etwa 500.000 Mitgliedern stagniert, gelang der HBV, seit den siebziger Jahren ihre Mitgliederzahl von 158.000 (1970) auf 405.000 (1990) zu erhöhen. Beide Gewerkschaften rekrutieren Mitglieder nicht allein im Bankensektor. Der Organisationsbereich der HBV erstreckt sich über die Dienstleistungssektoren Handel, Banken und Versicherungen, wobei der Bankensektor lediglich ein Segment in der Gesamtmitgliedschaft ausmacht. Betrug der Anteil der Bankangestellten an der Gesamtmitgliedschaft der HBV 1950 lediglich 3,8 Prozent, so erreichte er 1975 mit 17,5 Prozent eine Höchstmarke und fiel (aufgrund der starken Mitgliederzuwächse im Handel) 1987 auf 14,3 Prozent. In der DAG blieb der relative Anteil der Bankangestellten stets unterhalb von 10 Prozent und betrug absolut 1983 44.000 Mitglieder (Niedenhoff/Pege 1987, S. 292-94), während 1987 55.000 Bankangestellte Mitglied der HBV waren (HBV 1988, S. 72). Während die DAG ihr Mitgliederpotential eher im „mittleren" Bankangestelltenbereich rekrutiert, liegt bei der HBV der Schwerpunkt in der Organisierung in den unteren Gehaltsgruppen (Schmidt 1991). Faßt man beide Gewerkschaften zusammen, so weist der Bankensektor einen Organisationsgrad von insgesamt rund 20 Prozent auf, der auch in der Phase der Personalexpansion in den siebziger und achtziger Jahren keine nennenswerte Veränderung erfuhr. Eine ähnliche Größenordnung weist der Organisationsgrad im Sparkassensektor auf, in dem neben der DAG die DGB-Gewerkschaft *Öffentliche Dienste, Transport und Verkehr* (ÖTV) die Organisationszuständigkeit hat, aufgrund von frühen Absprachen innerhalb des DGB (Bayer

1980, S. 107-116), die inzwischen von der HBV in Frage gestellt, aber durch eine Schiedskommission des DGB erst jüngst erneuert wurden.

Gerechtfertigt ist die Zuständigkeit der ÖTV im Sparkassenbereich durch die Tatsache, daß dieser Sektor aufgrund seines öffentlich-rechtlichen Charakters tarifpolitisch vom „Verband kommunaler Arbeitgeberverbände" repräsentiert wird. Tarifliche Festlegungen von Gehalt und Arbeitsbedingungen der Sparkassenangestellten sind deshalb Bestandteil der Tarifvereinbarungen im öffentlichen Dienst; eine tarifpolitische Eigenständigkeit ist daher für den Sparkassenbereich nur eingeschränkt vorhanden. Die sozial- und tarifpolitischen Interessen der Privat- und Aktienbanken werden vom „Arbeitgeberverband des privaten Bankgewerbes" wahrgenommen, dem 95 Prozent der Banken angehören. Der Bereich der genossenschaftlichen Kreditinstitute ist seit 1979 eine Tarifgemeinschaft mit dem Arbeitgeberverband des privaten Bankgewerbes eingegangen. Zwischen dieser Tarifgemeinschaft und den Gewerkschaften DAG und HBV werden im regelmäßigen Turnus Gehaltstarifverträge und Manteltarifverträge auf nationaler Ebene vereinbart. Anfang der neunziger Jahre sind die tarifpolitischen Regelungen in insgesamt fünf Tarifverträgen geregelt.

Neben den überbetrieblichen Tarifverhandlungen und -vereinbarungen ist auch im Bankensektor die Betriebsverfassung mit den gesetzlich geregelten Informations-, Beratungs- und Mitbestimmungsrechten der gewählten Betriebsräte bedeutsam für die Artikulation und Durchsetzung der Interessen der Bankangestellten. Die Präsenz von Betriebsräten in Kreditinstituten hat in den letzten beiden Jahrzehnten zugenommen (Seelmann 1992). Vor allem in Deutschland arbeitende ausländische Banken versuchen aktiv die Einrichtung von Betriebsräten zu vermeiden (Müller 1993). In den öffentlich-rechtlichen Sparkassen vertritt der Personalrat die Interessen der Beschäftigten, wobei die Personalvertretungsgesetze weniger weitreichend sind. Seit der Novellierung des Betriebsverfassungsgesetzes 1989 sind in den Banken eigene Sprecherausschüsse der leitenden Angestellten eingerichtet. Der vergleichsweise geringe gewerkschaftliche Organisationsgrad im Bankensektor wird gewissermaßen kompensiert durch die Präsenz von Betriebsräten. So sieht sich die HBV - ähnlich wie die DAG - primär als „Betriebsrätegewerkschaft": „Unsere Organisation konzentriert sich bei betrieblichen wie überbetrieblichen Auseinandersetzungen noch immer ganz überwiegend auf die in der HBV organisierten Betriebs- und Personalratsmitglieder" (HBV 1988, S. 290). „Die Großbanken, insbesondere ihre Zentralen, haben sich in den letzten Jahren immer mehr als die Organisationszentralen der Gewerkschaft HBV im Bankgewerbe herausgeschält" (Hindrichs u.a. 1990, S. 317). Kennzeichnend für die betrieblichen Interessenvertretungsstrukturen im Bankensektor ist freilich, daß der Anteil der nicht-gewerkschaftlich organisierten Betriebsratsmitglieder vergleichsweise hoch ist; er betrug nach der Betriebsratswahl 1987 47,9 Prozent, bei der Betriebsratswahl 1978 hatte er noch bei 38,5 Prozent gelegen (HBV 1984, S. 177; HBV 1988, S. 288). Dieser Sachverhalt unterstützt die Tendenz, daß sich die betrieblichen Interessenvertretungen stärker an den betrieblichen Gegebenheiten der Unternehmen orientieren als an überbetrieblichen gewerkschaftlichen Zielvorstellungen.

Der Betriebsrat als zentraler Akteur der betrieblichen Arbeitsbeziehungen - und ähnliches gilt für den Personalrat der Sparkassen - wird vom Management der Banken durchaus anerkannt und respektiert. Aber nicht als verlängerter Arm gewerkschaftlicher Gegenmacht, sondern als unternehmensbezogener Partner. Aus der Sicht von Vertretern des Bankmanagements werden „die Betriebsräte und ihre Funktion als integraler Bestandteil der Unternehmenskultur akzeptiert“ (Weis 1990, S. 56). „Je partnerschaftlicher Geschäftsleitung und Betriebsrat zusammenarbeiten, um so weniger bedarf es der Mitwirkung der Gewerkschaften bei der Lösung innerbetrieblicher Probleme.“ (ebd., S. 60)

In *Großbritannien* datiert eine erste Welle gewerkschaftlicher Organisierung von Bankangestellten Ende des Ersten Weltkrieges und dokumentiert sich in der Gründung der *Bank Officers' Guild* (BOG), die Anfang der zwanziger Jahre erhebliche Mitgliederzuwächse verzeichnete und mit 30.000 Mitgliedern im Jahre 1922 einen Höchststand und zugleich bereits ihren Zenit erreichte (Behringer 1985). Die Mitgliederrückgänge der folgenden Jahre waren eine unmittelbare Folge davon, daß die Banken die Gründung einer branchenweit operierenden Gewerkschaft mit der Initiierung bankenloyaler „Firmengewerkschaften“, den „in-house staff associations“ beantworteten. „The banks were opposed to the union, refusing recognition and supporting internal staff associations. The staff associations were subsidised by the banks, three in the major banks having no subscriptions and the other three charging only nominal subscriptions, and they were largely under the bank's control. They opposed the BOG on behalf of the employers, so that a relationship of hostile competition between staff association and the union developed.“ (Blackburn 1967, S. 148)

Seit den zwanziger Jahren prägt deshalb die Konkurrenz zweier unterschiedlicher Konzepte von Interessenvertretung - „two contending models of unionism“ (Cressey 1987, S. 3) - Gestaltung und Verlauf der industriellen Beziehungen im Bankenbereich. Wenn zwar auch in anderen Wirtschaftssektoren „staff associations“ existieren, so sind sie doch „most common in the finance sector and within the latter have been established longest in the clearing banks“ (Morris 1986, S. 3). In den dominierenden Londoner Großbanken konnten die *Staff Associations* in den siebziger und achtziger Jahren ihren Mitgliederbestand erheblich ausweiten auf Kosten der dem TUC angeschlossenen Bankgewerkschaft *National Union of Bank Employees* (NUBE), die 1946 aus dem Zusammenschluß der BOG und der schottischen SBA (*Scottish Bankers Association*) entstand und sich 1979 umbenannte in *Banking, Insurance and Finance Union* (BIFU), als sie ihren Organisationsbereich über den Bankensektor hinaus ausweitete auf Versicherungen und Bausparkassen. So stieg die Mitgliederzahl der Staff Association in der Barclays Bank von 19.000 (1971) auf 45.000 im Jahre 1985, während die BIFU-Mitgliederzahl im gleichen Zeitraum von 25.000 auf 15.300 zurückging; ähnlich in der National Westminster Bank, wo die Staff Association ihre Mitgliederzahl von 23.700 (1971) auf 34.200 (1985) erhöhte, während die BIFU-Mitgliederzahl von 19.600 auf 17.400 sank; abweichend davon stieg in der Lloyds Bank die Mitgliederzahl der Staff Association im gleichen Zeitraum von 16.000 auf 21.700, während BIFU ebenfalls ihre Mitgliederzahl von 10.300 auf 13.300 erhöhen konnte (Morris 1986, S. 109). Lediglich in der vierten Londoner Clearing Bank, der Midland Bank, war die BIFU mit einem Organisationsgrad von 44 Prozent der Bankangestellten Mitte der achtziger Jahre die führende Gewerkschaft vor der Staff Association und einer weiteren TUC-Gewerkschaft, der damaligen ASTMS (und heutigen MFS). Die MFS (*Manufacturing, Science, Finance*) ist stärker im Versicherungssektor vertreten, während sie im Bankensektor eine geringere Rolle spielt. Dagegen ist die BIFU in den Sparkassen (TSB) und der genossenschaftlichen „Co-operative Bank" als dominierende Gewerkschaft vertreten und hat dort „membership agreements" mit dem Management vereinbart, die gewissermaßen einer *Closed Shop*-Regelung entsprechen. Insgesamt hat die BIFU, die ihre Mitglieder auch in Versicherungen und anderen Finanzinstitutionen rekrutiert, wenngleich mehrheitlich im Bankensektor, ihre Mitgliederzahl in den achtziger Jahren - entgegen dem allgemeinen Trend der britischen Gewerkschaften - noch erhöhen können: sie stieg von 131.800 (1979) auf 168.408 (1988). Der Finanzdienstleistungssektor mit den Banken als Kernbereich nimmt in den britischen industriellen Beziehungen insofern eine Sonderstellung ein, als er, verglichen mit anderen privaten Dienstleistungssektoren, über einen anhaltend hohen gewerkschaftlichen Organisationsgrad verfügt, was im wesentlichen auf die starke Präsenz der Staff Associations zurückzuführen ist. Vor allem in den Londoner Großbanken prägen die unterschiedlichen Organisations- und Politikkonzepte der beiden rivalisierenden Gewerkschaftstypen die Verhandlungsprozeduren und -inhalte.

Die „opposing principles of organisation and competing objectives" sind von Morris und Willman in der Gegenüberstellung von „Externalism" und „Internalism" charakterisiert worden. Der „Externalism" der nationalen Gewerkschaft BIFU basiert auf „bargaining above the level of the company; full time officials employed by the union rather than the banks and a geographical branch structure with no institutional (i.e. employer) boundaries". Dem kontrastiert der „Internalism" der Staff Associations mit dem „organising principle that staff associations are company specific or internal to one employer" und der „ideological dimension in stressing common interests between employer and employees" (Morris/Willman 1986, S. 5-6).

An den ideologischen und organisationspolitischen Differenzen scheiterten in den siebziger und achtziger Jahren drei Ansätze, in Verhandlungen und Gesprächen einen Zusammenschluß der beiden Organisationen herbeizuführen (Morris 1987). Die drei Staff Associations der Londoner Clearing Banken hatten sich 1980 zur *Clearing Banks Union* (CBU) zusammengeschlossen, diesen Zusammenschluß aber 1987 mit dem Ende der Phase sektoraler Verhandlungen und der Auflösung des Arbeitgeberverbandes *Federation of London Clearing Bank Employers* (FLCBE) wieder aufgelöst.

Ideologisch orientierte sich das Selbstverständnis der BIFU und ihrer Vorgänger am traditionellen Bezug kollektiver gewerkschaftlicher Interessenvertretung, wenn die Organisationen sich auch nie die Militanz der klassischen „blue collar"-Gewerkschaften zu eigen machten, sondern immer eine moderate Selbstverpflichtung auferlegten, die ihren Tribut an den Ethos von Bankarbeit mit der Betonung von „respectability" entrichtete. Gleichwohl hält BIFU am Interessengegensatz von Arbeitnehmer und Unternehmer als Kernbestand gewerkschaftlicher Programmatik und Politik fest.

Dagegen stellen den ideologischen Bezugspunkt der Staff Associations die gemeinsamen Werte und Ziele dar, die aus der Besonderheit der Banken und ihrer Beschäftigten resultieren. „Banking is different from other occupations; in banking there is no split between labour and capital; no 'us' and 'them', for everyone is one of 'us'. Therefore we can best settle our problems amongst ourselves without interference from outsiders who do not understand us". (Blackburn 1967, S. 98) In ihrer Programmatik und praktischen Politik betonen die Staff Associations die Absicht „to foster a spirit of goodwill, mutual dependence and trust between the staff of the Bank and the Directorate and Management of the Bank", heißt es beispielsweise in der Satzung der National Westminster Staff Union. Oder ähnlich der Generalsekretär der Midland Bank Staff Association 1972: „Both employer and employee derive their welfare from the same business, and sooner or later, both sides have to learn to live together in peace. This lends itself to the quiet working out of problems between Management and Staff, and appeals therefore to be thoughtful rather than to be militant." (zit. n. Morris 1986, S. 100)

Mit dieser Orientierung sicherten sich die Staff Associations von ihrer Gründung an die wohlwollende Unterstützung der Bank-Unternehmen, deren paternalistische Unternehmenspolitik sie nicht in Frage stellten. Das „paternalistic ethos of the bank" (Morris/Willman 1988, S. 4) hat seine Verankerung in einer Unternehmenspolitik und -kultur, die über Jahrzehnte vom Management generiert wurde und den Bank-Angestellten durchaus, über die Mechanismen des internen Arbeitsmarktes, stabile Beschäftigungsperspektiven und Karrierechancen eröffneten und so gemeinsame Werte und Normen befestigten.

Die ideologische Übereinstimmung zwischen Staff Associations und Banken kam auch in der gemeinsam geteilten „domestic orientation" und der Ablehnung von nationalen industrieweiten Vereinbarungen zum Ausdruck. Bis in die fünfziger Jahre hatten die Staff Associations keine formellen Verhandlungsrechte vereinbart, sondern begnügten sich mit informellen Konsultationsrechten bei der Vereinbarung von Gehalt und Arbeitsbedingungen. Erst in den fünfziger Jahren, „between 1953 and 1956 the major banks introduced arrangements for settling pay rates via negotiations with in-house staff associations" (Willman 1986, S. 223). Umso strikter waren von den Banken die Forderungen der BOG/NUBE nach einer Anerkennung als Verhandlungspartei und nach nationalen Verhandlungen immer zurückgewiesen wurden. Das im Bankensektor jahrzehntelang praktizierte informelle System kollektiver Regulierung erfuhr erst Ende der sechziger Jahre einen gravierenden Wandel, als die Banken der Etablierung einer „national bargaining machinery" zustimmten. Die NUBE hatte zu Beginn der sechziger Jahre bei der ILO eine Klage wegen Beeinträchtigung gewerkschaftlicher Rechte („unfair labour practices") eingereicht, was in Großbritannien die Einsetzung einer Regierungskommission nach sich zog (Cameron Report 1963) und schließlich zur Aufnahme von Gesprächen zwischen NUBE und den Banken führte. Nach deren Scheitern startete NUBE eine breite Mobilisierungsaktion („Action 67") mit einem Forderungspaket, in dem die Forderung nach Anerkennung verknüpft wurde mit Gehalts- und Arbeitszeitforderungen (5-Tage-Woche), was - erstmals im Bankensektor -

in Streikaktionen mündete und schließlich die Banken einlenken ließ. NUBE wurde damit „the first white-collar union in this century to gain recognition as a negotiating body by means of unaided industrial action“ (Heritage 1983, S. 131).

Ende der sechziger Jahre fand somit im Bankensektor ein Übergang vom bis dato üblichen „domestic bargaining“ zum „national bargaining“ statt, der, unter veränderter Konstellation, in der zweiten Hälfte der achtziger Jahre wieder rückgängig gemacht wurde. Entgegen dem allgemeineren Trend, wie er sich in den siebziger Jahren in Großbritannien als Verlagerung vom industrieweiten *multi-employer* zum *single-employer bargaining* durchsetzt, kennzeichnet den Bankensektor in dieser Phase die Tendenz zur zentralisierten Verhandlungsebene. „There has been little drift towards company or plant level bargaining from the national level“ (Cressey 1987, S. 91). Von Ende der sechziger bis Mitte der achtziger Jahre war das Verhandlungssystem in den großen Clearing Banks demnach charakterisiert durch zentralisierte nationale Verhandlungen über Entgelt, Zulagen, Arbeitszeit, Urlaub u.ä. Danach begann das „national system of bargaining“ im Bereich der Clearing Banks sich aufzulösen; der „general trend to a new enterprise-level focus“ (Morris 1986, S. 68) wird formell eingeleitet durch den Rückzug der Midland Bank - die in der ersten Hälfte der achtziger Jahre aufgrund von Verlusten im amerikanischen Finanzmarkt in Schwierigkeiten geraten war - aus dem nationalen Verhandlungssystem. Bereits Anfang der achtziger Jahre hatte eine andere Großbank, Barclays, einseitig Ausweitungen der Öffnungs- und Arbeitszeiten verfügt. Die zunehmenden Differenzierungs- und Flexibilisierungsschritte der einzelnen Banken führten deshalb im Jahre 1987 zur Auflösung des Unternehmerverbandes, der *Federation of London Clearing Bank Employers* (FLCBE), und zur Rückkehr der „corporate“ oder „domestic“ orientierten Verhandlungsebene. So zeichnet sich demnach Mitte der achtziger Jahre im Bankenbereich, soweit es den Hauptsektor der großen Clearing Banks betrifft, als Folge des wachsenden Wettbewerbsdrucks, der Deregulierung auf den Finanzmärkten und des zunehmenden Technik-Einsatzes eine Verlagerung ab: „from a system of national regulation of collective labour matters in the industry to a more fragmented, company based system of sophisticated human resource management“ (Morris/Willman 1988, S. 2).

Unterhalb der Bargaining-Ebene verfügen die gewerkschaftlich organisierten Beschäftigten der Banken und Versicherungen über Vertretungsstrukturen in zweifacher Hinsicht. Einmal sind in den Banken auch für die TUC-Gewerkschaften seit den siebziger Jahren Vertretungspositionen in der Gestalt von „Seconded Staff Representatives“ etabliert worden. Diese werden von den Gewerkschaften (sowohl von BIFU und MSF, als auch von den Staff Associations, die bereits früher darüber verfügten) nominiert und von ihren beruflichen Tätigkeiten ganz freigestellt, von den Unternehmen für die Dauer von drei Jahren bezahlt und mit Arbeitsmöglichkeiten ausgestattet. Die „sec reps“ erhalten so faktisch den status von „fulltime union officers“ und fungieren als „industrial relations all-rounders, part negotiators, grievance handlers and representatives of union views to management“ (Cressey 1987, S. 91). In den Londoner Großbanken sind jeweils zwei bis drei „sec reps“ für BIFU und die Staff Association tätig, in den kleineren Banken ein bis zwei.

Die „seconded staff representatives“ sind verantwortlich dem von den Gewerkschaftsmitgliedern gewählten „Institutional Committee“ auf Unternehmensebene. Diese Komitees repräsentieren „the highest 'in house' body for staff and acts as a conduit between staff and the official union and between staff and management over a whole host of items of staff interest“ (Cressey 1987, S. 92). Unterhalb dieser Ebene haben die Gewerkschaften in den letzten Jahren mit dem Auf- und Ausbau von „Jointly Accredited Office Representatives“ („JAORs“) begonnen, um angesichts einer weitgehend zentralisierten Vertretungssstruktur auch auf der „office floor“-Ebene Vertretungen für ihre Mitglieder einzurichten. In ihren Aufgaben und Funktionen entsprechen die JAOR's den klassischen *Shop Stewards* im Produktionssektor, ohne freilich über eine ähnlich starke Verankerung und Verhandlungsmacht zu verfügen. Das Fehlen einer „tradition of work-place control“ in den Banken hatte für die Gewerkschaften die Konsequenz: „they could not have controlled the actual implementation of technical change closely“ (Morris 1986, S. 81).

4. Neue Techniken als Gegenstand von Verhandlungen, Vereinbarungen und Beteiligung

Wir haben oben dargestellt, daß im Bankensektor in den drei Ländern die unternehmenspolitischen Schwerpunkte und der Computereinsatz sich in durchaus vergleichbarer Weise in den letzten beiden Jahrzehnten entwickelt haben. Das auf dem Markt angebotene Potential an Hardware und Software steht in ähnlicher Weise den Kreditinstituten zur Verfügung und wird von ihnen implementiert; den Veränderungen auf den Märkten begegnen die Unternehmen mit einer Strategie der Kostenreduzierung durch weitere Automatisierung und Rationalisierung einerseits, sowie durch eine Diversifizierung und Ausweitung von kundenbezogenen Dienstleistungs- und Beratungsangeboten andererseits.

Wollten die Bankunternehmen angesichts zunehmender Konkurrenz auf den Finanzmärkten ihre Position behaupten und verbessern, mußten sie vor allem die technischen und organisatorischen Potentiale der Informations- und Kommunikationstechnologie in einer Weise nutzen, die zu einer Steigerung der Qualität und Flexibilität der Produkte und Dienstleistungen wie der Arbeitsprozesse beitragen. Dabei gewinnen anspruchsvollere Formen der Nutzung der Humanressourcen wachsende Bedeutung. Sicher gehören die Banken traditionell zu jenen Sektoren, die schon früh durch die Etablierung von *high-trust relations* charakterisiert sind. Dennoch haben die technischen und organisatorischen Veränderungen im Zuge der Einführung von Informationstechnologie zu Umstrukturierungen geführt, die es für die Banken unter veränderten Bedingungen erforderlich machen, Akzeptanz und *Commitment* der Beschäftigten stets aufs Neue zu erzeugen.

Im Verlauf der technischen und organisatorischen Umstrukturierungen vollzieht sich auf Managementseite eine Verlagerung von Strategien der Kontrolle zu strategischen Optionen, die stärker auf die Herstellung und Gewährleistung von *Commitment* auf seiten der Bankangestellten zielen. In der ersten Phase der Computerimplementation, primär eingesetzt zur Bewältigung der Massen-Routinetätigkeiten im Zahlungsverkehr, zielten die Prozeßinnovationen primär auf eine Strategie der Kostenreduzierung. Die technische und arbeitsorganisatorische Implementation des ersten Technisierungsschubs erfolgte unter Rückgriff auf tayloristische Funktionsdifferenzierung und Arbeitszergliederung, die die Basis von einfachen Kontrollstrategien bildeten. Mit der weiteren Automatisierung dieser Arbeitsbereiche in den achtziger Jahren verliert dieser Beschäftigungssektor der standardisierten *back office*-Arbeiten quantitativ an Bedeutung; gleichzeitig gewinnt geschäftspolitisch die Ausweitung und Diversifizierung der von den Banken angebotenen Finanzprodukte und -dienstleistungen an Relevanz. Auf dem technischen Hintergrund der Computerterminalisierung der Banken erlangen die mit Prozeßinnovationen zunehmend verschränkten Produktinnovationen und damit die Qualität und Flexibilität der Banktätigkeiten erheblich an Gewicht angesichts sich verschärfender Konkurrenzverhältnisse auf den Finanzmärkten.

Zur Akzeptanz des Computereinsatzes durch die Beschäftigten im Bankgewerbe hat dabei wesentlich beigetragen, daß es den Banken gelungen ist, weitgehend Entlassungen als Folge des Computereinsatzes zu vermeiden. Im Gegenteil, die anhaltende Personalexpansion hat bis in die achtziger Jahre die Sicherheit der Beschäftigung zu einem akzeptanzfördernden Faktor aufgewertet. Als bedeutsamer noch erwies sich, daß die arbeitsorganisatorische Gestaltung des Computereinsatzes im Bereich bankspezifischer Aufgaben zu einer Höherqualifizierung der Bankarbeiten führte. Insgesamt verschiebt sich das qualifikatorische Eingangsniveau bei der Personalrekrutierung nach oben; in gleichem Maße erfährt der Bereich der Weiterbildung im Rahmen von unternehmensinternen wie externen Maßnahmen erheblich an Gewicht. Der wachsende Stellenwert, den die Banken der Weiterbildung zumessen, erfüllt für das Management zugleich die Funktion, die Bankangestellten in die Unternehmensziele und -aktivitäten effektiver zu integrieren, normative Handlungsorientierungen zu festigen und eine Verbesserung der Kommunikations- und Kooperationsbeziehungen zu erreichen.

In allen drei Ländern erfolgten die Entscheidungs- und Einführungsprozesse neuer Techniken in den Banken ohne nennenswerte oder gar spektakuläre Widerstände der Bankangestellten und ihrer Gewerkschaften. So hebt Morris für den englischen Bankensektor „the absence of marked resistance to the processes of technical change or to issues of managerial prerogative in the area of work organisation“ (Morris 1986, S. 2) hervor und Cressey (1987, S. 42) charakterisiert den Bankensektor als einen Bereich, „that have computerized successfully and without a great measure of upheaval or of organised opposition from bank staffs.“ Ähnlich wie andere für Schweden (Hedberg 1979), konstatieren Baethge und Oberbeck auch für die Bundesrepublik Deutschland, daß „Konflikte zwischen Unternehmensleitungen und Beschäftigten (...) keinen nennenswerten Einfluß auf die Gestaltung von Rationalisierungsprojekten und somit von neuen Arbeitsstrukturen in den Betrieben gehabt“ (Baethge/Oberbeck 1986, S. 79) haben.

Zu dieser Entwicklung trug wesentlich bei, daß sich der Technikeinsatz unter Rahmenbedingungen ökonomischer Expansion und Prosperität vollzog. In keinem der drei Länder ist grundsätzlich die Entscheidungsmacht des Managements über technische und organisatorische Veränderungen in Frage gestellt worden, doch lassen die Beteiligungsansprüche und -prozeduren Unterschiede erkennen, die die Einführung der Informations- und Kommunikationstechnologien jeweils spezifisch prägten. Diese Unterschiede finden eine Erklärung in der unterschiedlichen politischen und organisatorischen Struktur der Interessenvertretung der Bankangestellten sowie ihren technologie- und arbeitspolitischen Positionen und Forderungen, welche Vereinbarungen zwischen den Tarifparteien und den betrieblichen Parteien von unterschiedlicher Reichweite und praktischer Geltung zur Folge hatten.

Positionen der Akteure zu neuen Techniken: Zwischen Risiko und Chance

Von den Gewerkschaften im Bankensektor aller drei Länder wurden seit Mitte der siebziger Jahre in verstärktem Maße Relevanz und Implikationen des Einsatzes neuer Techniken erörtert. Diese Thematisierung erfolgte zu einem Zeitpunkt, zu dem die wesentlichen Managemententscheidungen über die technischen und organisatorischen Umstrukturierungsprozesse im Bankgewerbe bereits weitgehend abgeschlossen waren. Die gewerkschaftliche Thematisierung des Computereinsatzes stand in der zweiten Hälfte der siebziger und den achtziger Jahren weitgehend unter dem Leitmotiv von „Risiko und Chance“. Dabei wurden von den britischen und deutschen Gewerkschaften deutlich stärker als von der schwedischen Bankgewerkschaft die negativen Konsequenzen des Computereinsatzes in den Vordergrund gestellt. Gewerkschaftliche Prognosen gingen von einer erwarteten Tendenz zu massivem Arbeitsplatzabbau und zu einer breiten Dequalifizierung der beruflichen Tätigkeiten im Bankgewerbe aus; sie setzten in ihren Forderungen daher den Schwerpunkt auf Schutznormen zur Arbeitsplatzsicherung und Vermeidung von Dequalifizierungsprozessen.

Die Folgen der Einführung neuer Techniken im Finanzsektor werden in *Großbritannien* von der BIFU 1980 erstmals systematisch erörtert auf dem jährlichen Gewerkschaftskongreß und standen in den folgenden Jahren regelmäßig auf der Tagesordnung zur Beschlußfassung an. Vor allem die 1982 veröffentlichte Broschüre „New Technology, Insurance and Finance“ (die 1988 in einer leicht aktualisierten Fassung erschien) faßt die Grundlinien der Technologiepolitik der BIFU zusammen. Im einleitenden Text des Generalsekretärs der BIFU, Leif Mills, heißt es zur generellen Politik-Alternative im Hinblick auf neue Techniken: „We realise that our industry must continue to expand its services and improve the level of real profitability for the benefit of our staff and the community. One of the ways in which that could be done is the proper application of micro-technology. There are two options on micro-technology within our industry: first, that the new technology will be arbitrarily and somewhat indiscriminately applied - that would be disastrous for employment, job content and morale; second, therefore is an agreed method and timing of introduction of the processes for the benefit of all. It is up to us to ensure that the second option is the one that is pursued.“ (BIFU 1982, S. 3)

Die Stellungnahme selbst skizziert auf der Grundlage der verfügbaren Informationen zum Stand der Einführung neuer Techniken die Folgen für die Beschäftigten. Ausführlich werden dabei die Gefährdung von Arbeitsplätzen durch weitere Automatisierung der Tätigkeiten im Finanzsektor, gravierende Veränderungen von Arbeitsorganisation und Arbeitsinhalten und die physischen und psychischen Belastungen durch Bildschirmarbeit benannt. Die 1988 aktualisierte Fassung der Broschüre akzentuiert darüberhinaus die möglichen - für die Beschäftigten negativen - Folgen durch die beginnende Einführung der elektronischen Zahlung am *Point of Sale* (EFTPOS).

Aus der Beschreibung und Analyse der Auswirkungen der Neuen Techniken leiten sich die gewerkschaftlichen Leitlinien für Entscheidungen über den Technikeinsatz ab, nach denen „the most effective systems and equipment should be adopted in order to expand services and thus provide improved job opportunities, higher rewards and a reduction in working hours for employees, within the framework of a more prosperous industry“ (BIFU 1982, S. 26).

Über diese allgemeine Zielvorstellung strebte BIFU mit den Finanz-Unternehmen einen Konsens an, der in der Form eines von beiden Seiten vereinbarten *New Technology Agreement* ratifiziert werden soll. Das von der BIFU 1981 erstmals veröffentlichte „Model Agreement on New Technology“ sollte dafür einen Rahmen bilden, indem es prozedurale und substantielle Regelungen vorschlägt, die bei der Entscheidung und Einführung neuer Techniken gestaltend zur Wirkung kommen sollten. Die prozeduralen Richtlinien sehen vor, daß die Entscheidung über die Auswahl neuer technischer Systeme und Ausrüstungen vor deren Implementation zwischen dem Unternehmen und der Gewerkschaft einvernehmlich erfolgt. Dazu wird das Unternehmen verpflichtet, rechtzeitige und ausführliche Informationen regelmäßig zur Verfügung zu stellen. Des weiteren spezifiziert das Modell-Abkommen die substantiellen Regelungen, die bei der Implementation der technischen Veränderungen zu treffen sind. Im einzelnen werden für die Komplexe Beschäftigungssicherung, Arbeitsinhalte, Entlohnung, Gesundheit und Arbeitssicherheit Forderungskataloge formuliert, die u.a. vorsehen, daß ein Personalabbau ausgeschlossen und über Versetzungen und Umschulung gemeinsam beraten wird, daß die Arbeitszeit auf eine 28-Stunden-Woche verkürzt wird, den Beschäftigten ausreichende Weiterbildungsmöglichkeiten angeboten werden und eine strikte Einhaltung von Arbeitsschutznormen vor allem bei Bildschirmarbeit gewährleistet wird. Im Kern bedeutet das von Gewerkschaftsseite vorgeschlagene Technikabkommen, bereits im Planungs- und Entscheidungsstadium des Einsatzes neuer Techniken an der Gestaltung beteiligt zu werden.

Für den Fall, daß die Einführung neuer Techniken ohne die Vereinbarung von Technikabkommen unilateral von Unternehmensseite erfolgen sollte, drohte BIFU Gegenwehr an. Bereits in einer Entschließung des Gewerkschaftskongresses 1980 kündigte BIFU gegenüber den Unternehmen an, „that unless such co-operation is forthcoming this Union will actively oppose any management attempts to unilaterally introduce such technology within the Banking and Finance Industry“. Eine Entschließung des Gewerkschaftskongresses 1984 bekräftigte diese „policy of resistance to new technology in the absence of negotiated new technology agreements“, und in abgeschwächter Form forderte eine Entschließung von 1988 die nationale Gewerkschaftsführung auf

„to encourage a policy of non-co-operation with the implementation of new technology unless firm guarantees of no job losses are obtained“.

Programmatisch bildet dabei für die Technologiepolitik der BIFU die Forderung nach „worker participation“ den Bezugspunkt. „The union believes that the problems resulting from technological change will be overcome only by worker participation with the full involvement of BIFU. We aim to pursue our efforts to negotiate for such worker participation in all companies where we are represented.“ (BIFU 1982, S. 22)

Demgegenüber leiten die in den großen Londoner Clearing-Banken mehrheitlich vertretenen Staff Associations aus ihrem Selbstverständnis den Anspruch an die Banken ab, durch Informationen, Diskussionen und Konsultationen an den Einführungsprozessen neuer Techniken beteiligt zu werden. „Our attitude as a Union“, so der Generalsekretär der CBU, John Cousins, „ought to be welcoming new technology and new concepts with the one proviso that the employers agree to discuss their implementation with us before the event, not afterwards.“ (CBU 1984, S. 3)

Die Resonanz, die die Kampagne der TUC-Gewerkschaften zu Beginn der achtziger Jahre gefunden hatte, veranlaßte überraschenderweise auch die Staff Associations zu einer Stellungnahme. In einer 1984 veröffentlichten Broschüre, erarbeitet von einer „CBU New Technology and Developments Working Party“, werden in durchaus ähnlicher Weise wie von BIFU, die Entwicklungstrends der Einführung neuer Techniken im Bankgewerbe dargestellt und die Auswirkungen für Beschäftigungsbedingungen, Arbeitstätigkeiten und Aufstiegschancen der Bankangestellten benannt. Ebenfalls in einem „Model New Technology Agreement“ formulieren die Staff Associations ihre Forderungen. Diese folgen dem Selbstverständnis dieser Organisationen und sind insofern moderater als die Forderungen von BIFU; gleichwohl fordern sie von den Unternehmen „commitment to full consultation on the introduction and application of new technology“ (CBU 1984, S. 28). Ausdrücklich wird die Management-Prärogative („the bank's right to manage“) anerkannt und eine „generally supportive role towards the technological revolution“ (ebd., S. 5) eingenommen; gleichwohl beanspruchen die Staff Unions „that the introduction of new systems takes place in a structured way with due regard to the interest of members“ (ebd., S. 5). „The staff and their unions must be fully involved in future technological plans. The banks must seek the views of those who will be affected by their proposals and take those views into account.“ (ebd., S. 24)

In *Deutschland* beginnen in den siebziger Jahren die Gewerkschaften verstärkt mit der Thematisierung der Folgen des EDV-Einsatzes im Kreditgewerbe und begründen ihre Forderungen an den Gesetzgeber und die Unternehmer. Im Vordergrund der gewerkschaftlichen Argumentation steht zunächst die Beschäftigungsentwicklung und deren Gefährdung. „Als Folge der neuen Techniken und der organisatorischen Rationalisierungsmaßnahmen nimmt die Gefahr des Abbaus von Arbeitsplätzen auch im Bankgewerbe zu (...) Über alle Bereiche gerechnet, wird die Zahl der Arbeitsplätze im Bankgewerbe in den Jahren bis 1990 sinken (Schätzungen schwanken zwischen 3 und 23 Prozent). Davon werden die verschiedenen Bereiche des Bankgewerbes und des

Bankbetriebes aber durchaus unterschiedlich betroffen sein." (Schwegler/ Humml 1983, S. 16 u. 19)

Neben gravierenden Beschäftigungseinbrüchen erwarten die Gewerkschaften, so ihre Analysen und Prognosen, „für einen erheblichen Teil der Bankangestellten Auswirkungen auf ihre beruflichen Qualifikationen. So werden mit dem Wegfall bzw. dem Wandel bisheriger Funktionen durch Übertragung auf das EDV-System die dafür bisher geforderten Qualifikationen entwertet" (ebd., S. 18). Ein DAG-Vertreter formuliert Anfang der achtziger Jahre die Prognose, daß bis 1990 „80 Prozent der Bank- und Sparkassenangestellten nach unten wegrutschen und maximal 20 Prozent haben noch höhere Qualifikationen." (zit. n. Wenningmann/Oberbeck 1983, S. 53)

Neben den negativen Beschäftigungswirkungen und der Entwertung von Qualifikationen werden von den Gewerkschaften weitere negative Konsequenzen für die Arbeits- und Leistungssituation der Bankangestellten thematisiert. „Als Folge der technischen und organisatorischen Veränderungen ergeben sich - nach Teilbereichen differenziert - mehr oder weniger gravierende Veränderungen von Arbeitsinhalten, Arbeitsanforderungen und Arbeitsbelastungen (Humml 1980, S. 453).

Ähnlich werden auch von der DAG die Auswirkungen des EDV-Einsatzes wahrgenommen: „Die Veränderung der Arbeitsplätze führt größtenteils zu einer Erweiterung der Anforderungen bei zunehmender Leistungsverdichtung. Sie bewirkt aber auch, daß abwechslungsreiche Sachbearbeitertätigkeiten zu repetitiven, sich ständig wiederholenden Arbeiten reduziert und im Fließbandprinzip neu angeordnet werden. Die Gefahr der Sinnentleerung der Arbeit ist groß, weil die Arbeit monotoner wird, aber auch dadurch, daß sie den einzelnen isoliert, weil sie ihm keinen genügenden menschlichen Kontakt am Arbeitsplatz erlaubt." (Brandt 1978, S. 61)

Die gewerkschaftliche Einschätzung der Gefahren, die für die Arbeitnehmer im Bankgewerbe aus den Technisierungs- und Rationalisierungsprozessen resultieren, wird Ende der siebziger Jahre in gewerkschaftlichen Forderungskatalogen aufgegriffen, die sich zunächst in der Forderung nach einem Rationalisierungsschutzabkommen bündeln. Der gewerkschaftliche Entwurf beinhaltet im wesentlichen die Forderungen nach einer Erweiterung der Informationsrechte der Interessenvertretungen, nach einem Rechtsanspruch auf berufliche Fort- und Weiterbildung und einen tariflichen Kündigungsschutz bei Rationalisierungen (HBV 1978). Des weiteren werden gewerkschaftliche Forderungen nach Arbeitszeitverkürzung, Humanisierung der Arbeit und einer Abwehr von Leistungskontrolle und Arbeitsintensivierung erhoben und in den achtziger Jahren präzisiert.

Die Unternehmen im Kreditgewerbe und ihre Verbände setzen in ihren Stellungnahmen, Analysen und Prognosen über die Tendenzen und Folgen des wachsenden Technikeinsatzes die Akzente konträr zu gewerkschaftlichen Positionen und weisen damit zugleich einen weitergehenden Regelungsbedarf auf tariflicher und gesetzlicher Ebene zurück. Bei der allgemeinen Charakterisierung des Entwicklungsverlaufs werden zwar ebenfalls Risiken und Chancen des Computereinsatzes thematisiert, dabei aber im Tenor vor allem die Chancen für die Unternehmen und ihre Beschäftigten positiv akzentuiert. „Wandel und Veränderung dürfen nicht mehr als etwas zunächst Negatives und möglichst zu Vermeidendes angesehen werden. Vielmehr muß von allen Mitarbeitern und Führungskräften Veränderung als etwas Selbstverständliches akzeptiert und als Chance begriffen werden, die Zukunft zu meistern, die Position des eigenen Unternehmens zu stärken und damit Arbeitsplätze und persönliche Entwicklungsmöglichkeiten zu erhalten." (Schütte 1986, S. 619)

Die von den Gewerkschaften verbreitete „Job-Killer-Legende" weisen die Arbeitgeber vehement zurück. Vielmehr gehen sie davon aus, daß auf der Basis neuer Techniken zugleich neue und zusätzliche geschäftspolitische Aufgaben entstehen und damit Personalmehrbedarf entsteht. Als ebenfalls „unhaltbar" wird von Arbeitgeberseite die These zurückgewiesen, „wonach der Einsatz neuer Techniken stets berufliche Abwertung bedeute bzw. zu einer erheblichen Verringerung der Anforderungen am Arbeitsplatz führe" (Sauer 1982, S. 502). Vielmehr erwarten die Arbeitgeber, „daß sich der Prozeß der permanenten Höherqualifizierung eher verstärkt fortsetzen wird" (ebd., S. 505). „Verstärkte Anforderungen werden künftig an die Mobilität und Flexibilität der Mitarbeiter gestellt werden, da der Trend zu höherqualifizierten Tätigkeiten in den nächsten Jahren mit einem abflachenden Personalzuwachs einhergehen dürfte. Von daher werden die Fähigkeit und die Bereitschaft zur Weiterbildung und Umschulung im Kreditgewerbe einen noch höheren Stellenwert als bisher erhalten." (Sauer 1984, S. 255)

Insgesamt sehen die Arbeitgeber in der Herstellung einer Akzeptanz der neuen Techniken durch die Beschäftigten einen entscheidenden Faktor, dem sie durch Informations- und Beteiligungsangebote sowie durch Weiterbildungsprogramme Rechnung tragen. „Nur die rechtzeitige Information und die Einbeziehung des Personals in die Entscheidungsprozesse, losgelöst von den rechtlichen Problemen der Mitbestimmung, werden es ermöglichen, diesen Umstrukturierungsprozeß (...) ohne Schaden durchzustehen." (Steiner 1986, S. 91)

Im Zuge des wachsenden Computereinsatzes im Bankensektor in *Schweden* hat auch die schwedische Bankgewerkschaft SBmf in der zweiten Hälfte der siebziger Jahre die Debatte über die Auswirkungen des Computereinsatzes aufgegriffen. Eine Arbeitsgruppe formulierte eine Stellungnahme, die 1979 vom nationalen Gewerkschaftskongreß beraten und verabschiedet wurde. Einmal hebt das Positionspapier hervor, daß die zunehmende Computernutzung im Bankgewerbe die Gefahr mit sich bringe, Arbeitsplätze zu vernichten und zu einer Dequalifikation der Arbeitstätigkeiten der Bankangestellten führen könne. Zum anderen werden in den neuen Techniken Chancen gesehen, die zur Aufwertung und Ausweitung qualifizierter Arbeiten mit Computerunterstützung führen können. Um diese möglichen positiven Perspektiven zu fördern, verlangt die Bankgewerkschaft Einflußmöglichkeiten der Bankangestellten auf die Entscheidungen und die Einführungsprozesse. Die gewerkschaftliche Stellungnahme fordert nicht nur Informations- und Konsultationsrechte, sondern verlangt, daß die gewerkschaftliche Vertretung in der Bank Vorschläge des Managements ausdrücklich billigen muß. Ferner forderte die Bankgewerkschaft eine Verkürzung der Arbeitszeit auf 30 Wochenstunden, um auf diese Weise die Bankangestellten an den Produktivitätsgewinnen zu beteiligen; die Ausweitung der Arbeitszeiten auf Abendschichten und Wochenenden lehnt die SBmf dagegen ab.

Eine 1983 auf dem nationalen Gewerkschaftskongreß der SBmf verabschiedete Entschließung akzentuierte deutlicher die positiven Perspektiven des Computereinsatzes im Bankbereich. Der Einsatz neuer Informations- und Kommunikationstechnologien könne prinzipiell die Wettbewerbsfähigkeit der Banken sichern und damit die Einlösung der gewerkschaftlichen Forderungen nach Gehaltsverbesserungen, Arbeitszeitverkürzungen, Gleichberechtigung und Weiterbildung gewährleisten. Um diese Ziele zu erreichen, sei eine ausreichende Information, Beratung und Mitbestimmung durch die Bankangestellten erforderlich. Im Hinblick auf die Beschäftigungsentwicklung geht die SBmf davon aus, daß weitere Rationalisierungsschritte zu einem geringeren Arbeitskräftebedarf, gleichzeitig aber die Erweiterung der Palette der Finanzdienstleistungen zu einem personellen Mehrbedarf führen können. Für die von weiteren Automatisierungs- und Rationalisierungsschritten betroffenen Angestellten, in erster Linie Frauen, sollen gezielte Weiterbildungsmaßnahmen angeboten werden. Insgesamt bildet die Qualifikationspolitik einen Schwerpunkt der gewerkschaftlichen Forderung, um Beschäftigungsmöglichkeiten angesichts der sich verändernden Anforderungen zu sichern. Damit soll zugleich die Politik zur Gleichstellung von Frauen unterstützt werden.

Im Hinblick auf die Gestaltung der Arbeitsorganisation und -tätigkeiten verlangt das Programm der SBmf die Ermöglichung der Einflußnahme der Angestellten auf die Planung und Ausführung. Entscheidungen sollen im wechselseitigen Einvernehmen zwischen Bankunternehmen und gewerkschaftlichem *Klub* getroffen werden. Dazu schlägt die Bankgewerkschaft ein prozedurales Modell vor: „Es ist wesentlich, daß es für die Entwicklungsarbeit ein deutliches Arbeitsmodell gibt, wo jede neue Phase in der Untersuchungsarbeit dem Klub die Möglichkeit zu Auswertung und Entscheidung bietet, bevor die nächste Phase anfängt. Um die Untersuchungsarbeit fortzusetzen muß Einigkeit darüber vorhanden sein. Spezifische Abkommen über das Entwicklungsmodell sollen getroffen werden. Diese spezifischen Abkommen sollen auch das Recht der gewerkschaftlichen Vertrauensleute auf die für das Projekt notwendige Ausbildung regeln" (SBmf 1983, S. 7). Ihre technologiepolitische Position hat die Bankgewerkschaft bis zum Ende der achtziger Jahre fortgeschrieben, wobei auch in den letzten Jahren die aktive Unterstützung des Computereinsatzes weiter an Gewicht gewinnt. Auch in der Berichterstattung der regelmäßig erscheinenden Zeitung der SBmf („Bankvärlden") läßt sich die Akzentverschiebung ablesen. Dominierten Ende der siebziger Jahre noch Berichterstattungen, die in erster Linie negative Konsequenzen der neuen Techniken für die Bankangestellten in den Vordergrund rückten, so ändert sich der Tenor in der ersten Hälfte der achtziger Jahre in Richtung einer positiveren Haltung gegenüber technisch-organisatorischen Veränderungsprojekten in den Banken.

Insgesamt also ist die Technologiepolitik der schwedischen Bankgewerkschaft seit Ende der siebziger Jahre charakterisiert durch eine positive Beurteilung des Computereinsatzes; die gewerkschaftlichen Forderungen in diesem Politikfeld zielen auf eine ausdrückliche Beteiligung der Bankangestellten am Prozeß der Entwicklung von Arbeitsorganisation und Arbeitsinhalten. Die Übereinstimmung in der allgemeinen Beurteilung des Technikeinsatzes im Bankgewerbe zwischen der Bankgewerkschaft und dem Arbeitgeberverband kommt zum Ausdruck in einer gemeinsamen Stellungnahme von BAO und SBmf zur technologischen Entwicklung, auf die sich beide Tarifparteien im März 1983 einigten („Joint Recommendations of the BAO and the SBmf respecting Technological Developments"). Die Stellungnahme, die auf einer gemeinsamen Evaluation der technischen und organisatorischen Entwicklung in den Banken seit Ende der siebziger Jahre basiert, betont die gemeinsame Überzeugung, daß „continued success for Swedish banking in growing international competition requires continued development of computer aids. Such a development is facilitated if the employees have, as result of suitable education, received adequate knowledge of the possibilities which the new technology can offer, as well as of the problems which are associated with the utilization of a new technology" (BAO/SBmf 1984, S. 2). Ferner stimmen beide Verbände in der Einschätzung überein, daß „computerization will lead to a change in the nature of many of the tasks and assignments performed in the banking sphere, and that this in turn will make it necessary for companies to implement training measures" (ebd., S. 1). Ferner widmet sich die Stellungnahme den Problemen der Bildschirmarbeit. Um zu vermeiden, daß bei zunehmender Bildschirmarbeit physische und psychische Belastungen für die Beschäftigten auftreten, betonen beide Verbände die Dringlichkeit, daß „companies devote an increased level of attention to the problems involved in display terminal work and that efforts are made to organize the work so as to avoid continuous display terminal work" (ebd., S. 2).

Aushandlungen der Einführung neuer Techniken

Die unterschiedlichen Akzentuierungen der programmatischen Aussagen und Forderungen der Bankgewerkschaften ebenso wie die unterschiedlichen Positionen, die das Management der Kreditinstitute und die Arbeitgeberverbände vertraten, führten in den drei Ländern mit unterschiedlichen Verhandlungssystemen zu abweichenden Mustern von Vereinbarungen auf sektoraler und Unternehmensebene und hatten unterschiedliche Partizipationsmuster im Prozeß der Technikimplementation zur Folge.

Großbritannien: Widerstand des Managements und Human Resource Management

In *Großbritannien* prägen die von den beiden Hauptakteuren des Systems der industriellen Beziehungen im Bankensektor vertretenen Positionen die Verlaufsformen und Resultate der Einführung neuer Techniken in den Banken in den siebziger und achtziger Jahren. In diesen Prozessen erfahren, vermittelt über Kontroversen und Kompromisse, die Partizipationsansprüche der Gewerkschaften und der Beschäftigten vorwiegend Ablehnungen und Einschränkungen, gleichzeitig aber öffnen sich auch Möglichkeiten von Partizipationschancen, die dazu beitragen, daß die Einführungsprozesse von Informationstechnologien ohne größere Friktionen und mit aktiver Unterstützung der Beschäftigten verlaufen. Im großen und ganzen setzt sich die Managementseite durch, der es gelingt, den weitreichenden Politik-Ansatz der Gewerkschaften, der auf eine

Einschränkung der Management-Prärogative zielte, abzuwehren. Auch wenn es freilich dem Management gelingt, die Technikentscheidungen unilateral zu konzipieren und durchzusetzen, werden die Gewerkschaften und die Beschäftigten einbezogen: in vielfältiger Weise und auf unterschiedlichen Ebenen werden Informations- und Konsultationsmechanismen etabliert, die den Implementationsprozeß begleitend unterstützen.

Mit ihren Forderungen nach Verhandlungen über die Entscheidungs- und Implementationsprozesse neuer Techniken im Finanzsektor treffen die Gewerkschaften in den achtziger Jahren auf eine überwiegend schroffe Ablehnung bei den Vertretern des Managements und des Arbeitgeberverbandes. An dieser Ablehnungsfront des Managements scheitert im Bereich der großen Clearing-Banken die Vereinbarung von *New Technology Agreements* (NTA). „With the exception of some localised success the unions have been notably unsuccessful in securing N.T.A.s. This failure to install N.T.A.s. means that unions have been able to document the process of technical change and its likely effects but have in the main been excluded from the process of consultation or negotation about it.“ (Cressey 1988, S. 5)

Es sind vor allem die großen Londoner Clearing-Banken, die den gewerkschaftlichen Forderungen ablehnend begegnen. „The major banks greeted the union's approach over technology with intransigence and open hostility, arguing that the size and strategic importance of investments in new technology make it essential that managerial prerogative is undiluted in this area. Technology was, and largely remains, a non-negotiable issue in UK banking.“ (Murray 1989, S. 522)

Auch im Fall der von MacInnes untersuchten schottischen Clearing-Bank lehnte das Management die Vereinbarung eines *New Technology Agreements* ab. Die Zurückweisung der Gewerkschaftsforderung erfolgte in diesem Fall weniger schroff. Auf dem Erfahrungshintergrund von „peaceful industrial relations in Scotbank“ (MacInnes 1988, S. 138), konnte das Management wirksam verweisen auf „its record of 20 years successful introduction of microelectronic new technology and the common interest of staff in maintaining the bank's competitiveness. It saw no widespread concern from staff about the implications of new technology which it needed to address, and was under no obligation through either domestic or national procedural agreements to negotiate or consult on the issue.“ (ebd., S. 135)

Nick Cowan, Direktor und Sekretär der *Federation of London Clearing Bank Employers* seit 1980, sieht in den gewerkschaftlichen Forderungen im Kern den Versuch, über die technologische Entwicklung eine gewerkschaftliche Kontrolle auszuüben und hält dieses für „quite unacceptable to management“ (Cowan 1982, S. 77), weil es die Management-Prärogative in Frage stellt. Das Festhalten an der Unilateralität des Entscheidungsprozesses läßt Cowan die Forderung nach „mutuality“, wie sie von den *New Technology Agreements* eingefordert wird, zurückweisen. „Recognising the total unacceptability of any concept of 'mutuality' in many of the areas covered, and recognising that managements in other industries have steadfastly refused to regard most of these items as even being subject to negotiation, it is unlikely that the bank unions regard a total model agreement of this type as a really serious prospect with any employer." (ebd., S. 78)

Die programmatisch formulierten Positionen der Managementseite, die eine Einschränkung der Kontrolle durch die Gewerkschaften zurückweisen, entsprechen zugleich der tatsächlichen Struktur der Entscheidungen, die durch unilaterale zentrale Prozesse geprägt sind. Aus Fallstudien im britischen Bankensektor geht hervor, daß die Entscheidungen über die Auswahl der Technik und deren Einsatz in der Regel dominiert werden von der oberen Managementebene. Child und Tarbuck beschreiben, wie der Entscheidungsprozeß des oberen Managements begleitend unterstützt wird von „the work of specialised central management services departments, which themselves often carry out systems development work with equipment suppliers, thus in effect removing the design process even further from its level of eventual application. The remoteness of the new technology decision process in banks does not facilitate wide discussion and participation" (Child/Tarbuck 1985, S. 31). Auch mittlere und untere Management-Ebenen sind in den Prozeß der Entscheidungsfindung nicht einbezogen, so etwa „branch managers generally were not consulted prior to new technologies being implemented in their branches" (ebd., S. 23).

Wenn einerseits die Unternehmen des Bankensektors den Angestellten und Gewerkschaften keine Partizipationsmöglichkeiten im Prozeß der Planung und Entscheidung über den Einsatz neuer Techniken einräumten und die technologiepolitischen Forderungen der Gewerkschaften zurückwiesen, läßt sich demgegenüber für die Phase der Einführung neuer Techniken auf der Ebene des Unternehmens und unterer Organisationseinheiten, den Zweigstellen, für die achtziger Jahre zunehmend feststellen, wie von Managementseite initiierte Beteiligungsformen eingeführt und praktiziert werden. „Although the banks have consistenly refused to negotiate over the strategic issues of the direction of innovation with the unions (...) they have become more prepared to consult in order to ensure staff acceptance." (Morris 1986, S. 74-5) Formen und Reichweite der Informations- und Konsultationsprozeduren sind vielfältig, teilweise beziehen sie ausdrücklich die Gewerkschaften ein, teilweise aber stellen sie unter Ausschluß der Gewerkschaften direkte Kommunikationsbeziehungen zu den Angestellten her (CBU 1984, S. 24-5; Morris 1986, S. 83).

Ohne Einbeziehung von Gewerkschaften zielen verstärkt Ansätze des Managements darauf, „to manage communication with staff" (Morris 1986, S. 69). Die einzelnen Managementaktivitäten reichen von Rundschreiben und Bank-Zeitschriften bis zur Einrichtung von Qualitäts-Zirkeln und Konsultations-Gremien. In der Co-operative Bank hat das Management seit Mitte der achtziger Jahre im Kontext einer strategischen Neuorientierung der Geschäfts- und Personalpolitik eine neue „communications strategy" eingeleitet, die auf eine stärkere Einbindung der Angestellten in die „bank culture" zielt. Die Bank „introduced new systems of team briefings and a senior managers conference into the existing structure of employee involvement based on management meetings, newspapers and publications" (Wilkinson 1989, S. 20).

Mit der „policy of greater employee involvement" (Morris 1986, S. 79) verfolgt das Management im Finanzsektor mehrere Ziele. Einmal stellt diese Politik eine Reaktion auf die gewerkschaftliche Thematisierung und Politisierung der Einführung der Informations- und Kommunikationstechnolgien dar, deren Forderungen nach Verhandlungen über Technologieabkommen das Management abwehren will, indem es alternative Angebote macht. Ein andermal zielen die Partizipationsangebote an die Beschäftigten darauf ab, deren Motivation und Bereitschaft sicherzustellen und zu fördern, auf die die Banken angesichts wachsender Konkurrenz der Finanzinstitute untereinander und dem damit verbundenen größeren Stellenwert von qualifizierter Kundenberatung stärker angewiesen sind. Schließlich haben drittens die Erfahrungen bei der Einführung neuer Techniken den Banken verdeutlicht, daß eine Implementation, die die betroffenen Arbeitnehmer nur unzureichend informiert, zu Friktionen führen kann, welche durch frühzeitige und gründliche Einbeziehung der Beschäftigten vermieden werden können.

Der Direktor der Arbeitgebervereinigung der Londoner Clearing-Banken, Nick Cowan, hatte deshalb bereits Anfang der achtziger Jahre für die Etablierung von Konsultationsverfahren plädiert. „Managements should appreciate the importance of proper consultation in the successful implementation of new technology" (Cowan 1982, S. 80) und zur Begründung ausgeführt: „Consultation is very valuable to management and to employees. It is of prime importance in getting acceptance of change but also in avoding stupid and expansive mistakes. Employees do have a great deal to contribute in many areas of business, including the use and suitability of new equipment, and should have the opportunity to make this contribution before management makes a final decision." (ebd., S. 79)

Die in der stärkeren Betonung von Beteiligungsformen zum Ausdruck kommende Managementpolitik steht im Einklang mit neueren Tendenzen der Herausbildung eines *Human Resource Management*, das in Großbritannien in den letzten Jahren an Publizität und praktischer Bedeutung gewonnen hat. „Certainly banking with a high degree of unitarism appears fertile ground for human resource management and opportunities do exist for banks to create sustained competitive advantage through staff quality." (Wilkinson 1989, S. 21) *Human Resource Management* zielt im Hinblick auf die Gestaltung der industriellen Beziehungen auf „co-operation and identification with the organisation but within the context of managerial prerogative and control" (ebd., S. 2). Der Einführungsprozeß neuer Techniken in den britischen Banken verlief bislang nach eben diesem Muster, bei dem es dem Management gelang, „to sustain unilateral control over the decision-making process while maintaining the consent of their employees to change and the need for it" (Morris 1986, S. 80).

Deutschland: Rationalisierungsschutzabkommen und betriebliche Vereinbarungen

Auf der tariflichen Regelungsebene hatten im Bankensektor in *Deutschland* die Gewerkschaften HBV und DAG sich seit Ende der siebziger Jahre auf den Abschluß eines Rationalisierungsschutzabkommens konzentriert, über das 1978 erste Verhandlungen mit den Arbeitgeberverbänden begannen. Nach fünfjährigen - häufig von Arbeitgeberseite verzögerten - Verhandlungen einigten sich die Tarifparteien 1983 in Verbindung mit der Gehaltstarifrunde auf den Abschluß eines Rationalisierungsschutzabkommens für das Bankgewerbe.

Hatten die Arbeitgeber des Bankgewerbes zunächst den gewerkschaftlichen Vertragsentwurf abgelehnt und einen Regelungsbedarf verneint, so trugen sie schließlich den Tarifkompromiß mit. Die Motivlage der Arbeitgeber wird von einem Arbeitgebervertreter des privaten Bankgewerbes in folgender Weise charakterisiert: „Wir waren ja der Auffassung, daß wir dieses Abkommen nicht brauchen. Wir sehen den Personalabbau nicht. Wir haben das mehr unter politischen Gesichtspunkten abgeschlossen: Wir hatten noch keines und das Aufkommen der Technologiediskussion hat sehr zur Verunsicherung beigetragen. Da haben die Gewerkschaften Morgenluft gewittert, dem konnten wir uns nicht entziehen. Das Abkommen hat zur Beruhigung in den Betrieben beigetragen." (zit. n. Wenningmann/Oberbeck 1983, S. 102)

Das Rationalisierungsschutzabkommen („Tarifvereinbarung zur Absicherung von Arbeitsplätzen und Einkommen bei Rationalisierungsmaßnahmen") für das Bankgewerbe regelt im wesentlichen Beteiligungsrechte des Betriebsrates, Weiterbeschäftigungs- und Qualifizierungsansprüche der Beschäftigten und Abfindungsregelungen bei Kündigungen. Es folgt insofern im Prinzip den traditionellen Rationalisierungsschutzabkommen, wie sie erstmals in den sechziger Jahren etwa in der Metallindustrie vereinbart wurden und vorrangig auf Milderung und finanzielle Kompensation negativer Rationalisierungsfolgen abstellten. Wenn das Abkommen im Bankgewerbe auch in einzelnen Regelungsbereichen vor allem im Hinblick auf Weiterbildungsansprüche weitergehende Ansprüche festschreibt, bleibt doch das Rationalisierungsschutzabkommen im wesentlichen defensiv; Gestaltungsansprüche, die sich auf Veränderungen der Arbeitsplätze, Inhalte, Organisation beziehen, wurden ausgespart. Von der HBV ist deshalb die „Beschränkung auf den traditionellen Rationalisierungsschutz" eingeräumt und das Abkommen als „Einstiegsantwort" (Humml 1984, S. 142) gewertet worden. Die DAG sah mit diesem Abkommen ihre Ziele „weitgehend realisiert" (DAG 1983, S. 78).

Bilanzierungen der Erfahrungen mit dem Rationalisierungsschutzabkommen im Bankgewerbe aus gewerkschaftlicher Sicht zeigen, daß bei der betrieblichen Umsetzung des Tarifvertrages erhebliche Defizite aufgetreten sind. So zeigten Erfahrungen, „daß sich viele Betriebs- und Personalräte des Bankgewerbes noch sehr schwer tun, ihre Rechte entsprechend auszuschöpfen. Noch wird - ähnlich wie auf der Basis des Betriebsverfassungsgesetzes - zu spät und zu wenig strategisch in den betrieblichen Rationalisierungsprozeß eingegriffen. Die frühzeitigen Informations- und Beratungsrechte werden in der Regel erst dann genutzt, wenn es darum geht, direkte personelle Konsequenzen zu regeln bzw. abzufedern" (Humml 1984, S. 142). Im Hinblick auf das Wirksamwerden der tariflich vereinbarten Weiterbildungs- und Umschulungsansprüche, wird aus gewerkschaftlicher Sicht kritisch festgestellt, „daß die Betriebs- und Personalräte im Bankgewerbe die Möglichkeiten dieses Teils des Rationalisierungsschutzabkommens noch nicht voll erkannt haben. Weiterbildung und Umschulung orientiert sich noch immer viel zu stark an den bisherigen Gepflogenheiten betrieblicher Bildungsmaßnahmen." (ebd.)

Insgesamt hat das Rationalisierungsschutzabkommen auf Unternehmensebene zu keinen gravierenden Auseinandersetzungen geführt. Einerseits greifen die vereinbarten Tarifnormen nur in sehr eingeschränktem Maße in die Gestaltungsprärogativen der Unternehmen ein. Andererseits waren rationalisierungsbedingte Kündigungen im Bankenbereich bislang seltene Ausnahmen, Umsetzungen dagegen wurden mehrheitlich einvernehmlich bewältigt, und die Weiterbildungs- und Umschulungsansprüche des Tarifvertrages waren durchaus kompatibel mit den Weiterbildungsanstrengungen, die die Bankinstitute in den siebziger und achtziger Jahren selbst verstärkt unternommen haben.

Einen Schritt über das Rationalisierungsschutzabkommen hinaus markiert der Abschluß einer Gesamtbetriebsvereinbarung im Februar 1983 in der Commerzbank (Kohl/Schütt 1984). Im Vergleich mit dem Tarifvertrag ist die Betriebsvereinbarung in einer Reihe von Regelungen konkreter und weitergehend. In der Betriebsvereinbarung verpflichtet sich die Bank, den Gesamtbetriebsrat (GBR) „möglichst frühzeitig über die Umsetzung der Gesamtplanung und über geplante Ausweitungen der EDV zu informieren. Über die überschaubaren Auswirkungen auf die Arbeitsplätze, Arbeitsinhalte, Arbeitsqualifikationen und Arbeitsabläufe ist der GBR unter Vorlage oder Einsichtnahme der erforderlichen Planungsunterlagen zu unterrichten" (BV-Commerzbank I.1). Über die Maßnahmen zur Arbeitsplatzsicherung, Umschulung und Fortbildung und zu Abfindungszahlungen hinaus, die dem Rationalisierungsschutzabkommen entsprechend geregelt sind, sieht die Betriebsvereinbarung die Mitbeteiligung des Betriebsrates bei der Gestaltung der Arbeit vor, um Arbeitsinhalte und Qualifikationen zu erhalten.

Die Arbeitsgestaltung hat danach einzusetzen:

- „in der frühen EDV-Einsatzplanung bei der Festlegung der Schnittstellen zwischen menschlicher Arbeit und Computerleistung
- in der Gestaltung der EDV-Arbeit selbst und
- bei der Zuordnung von EDV-bezogenen und EDV-freien Tätigkeiten."

Um die von der EDV bedrohten Qualifikationen der betroffenen Arbeitnehmer nach Möglichkeit zu erhalten, verpflichtet sich die Bank, die einzusetzende oder zu entwikkelnde Anwendungs-Software grundsätzlich zur Unterstützung von Entscheidungen anzuwenden. Die Beteiligten verpflichten sich, miteinander über die entsprechende Ausgestaltung der EDV-Arbeit auch unter den Gesichtspunkten der Software-Ergonomie zu beraten (III.1-2). Weiter sieht die Betriebsvereinbarung bilaterale Beratungen beim Einsatz der EDV-gestützten Leistungsrechnung und Personalkostenbudgetierung vor; d.h. bei der Personalbedarfs- und Leistungsvorgabenermittlung. Schließlich enthält sie eine Reihe von Regelungen, die gewährleisten sollen, daß eine „Leistungs- oder Verhaltenskontrolle der Arbeitnehmer durch die eingesetzten bzw. geplanten EDV-Systeme nicht stattfindet" (IX, 1).

Aus gewerkschaftlicher Sicht gilt die Betriebsvereinbarung mit der Commerzbank als ein erster Schritt einer konzeptionellen Neuorientierung der gewerkschaftlichen Rationalisierungs- und Technikgestaltungspolitik. Von HBV-Vertretern ist das Abkommen „als Einstieg in die Regelung der Problematik der Automatisierung qualifizierter Arbeitsvorgänge bewertet (worden). Mit dem Stichwort 'Software-Ergonomie' deutet sich hier eine Strategie gewerkschaftlicher Politik an, die auf den Eingriff in die betrieblichen EDV-Programme hinausläuft. Über alternative Gestaltungsmöglichkeiten will man verhindern, daß in steigendem Maße qualifizierte Tätigkeitsfelder für Angestellte durch den Computer übernommen werden“ (Wenningmann/ Oberbeck 1983, S. 111). Aus der Sicht eines Vorstandsmitglieds der Commerzbank zwingt das Abkommen die Bank „zu einer weiträumigen Planung und zu besonders verantwortungsvollem Handeln. Womit freilich nicht bewiesen wäre, daß die Institute sich auch ohne solche Abkommen nicht in ähnlicher Weise auf die neuen Entwicklungen eingestellt hätten.“ (Spiegel 1986, S. 9)

Allerdings sind die teilweise weitreichenden Gestaltungsansprüche bislang in der Praxis kaum realisiert worden. Zwei Jahre nach Abschluß der Vereinbarung, 1985, beschreibt der Gesamtbetriebsratsvorsitzende der Commerzbank, Jurkat, die Hauptprobleme aus der Sicht des Betriebsrates: „Es ist bis heute nicht gelungen, gerade diese richtungsweisenden Regelungen, die ja zumindest zum Teil ein Vorgriff auf das vom DGB beschlossene Konzept 'Mitbestimmung am Arbeitsplatz' sind, praktisch umzusetzen. Unser Problem besteht darin, daß wir auf dem Papier Anspruchsgrundlagen geschaffen haben, die bis heute nur sehr unvollständig bis gar nicht genutzt wurden. Konkret stellen sich für uns folgende Probleme.

- Wie kontrollieren und beeinflussen wir die EDV-Einsatzplanung?
- Welche Vorschläge machen wir bei der EDV-Einsatzplanung, um zu erreichen, daß der Verantwortungswert der Arbeit erhalten bleibt?
- Wie muß die Anwendungs-Software aussehen, durch die Entscheidungen des Arbeitnehmers nicht ersetzt, sondern unterstützt werden?
- Wie können von uns Gesichtspunkte der Software-Ergonomie in die EDV-Planung eingebracht werden?“ (Jurkat, zit. n. Becker-Töpfer 1987, S. 104f.)

Nach Ansicht des Betriebsratsvorsitzenden mangelt es in erster Linie an Sachverstand im Hinblick auf eine alternative Gestaltung der Arbeitsorganisation und der Arbeitsabläufe von Bankarbeit. „Sachverständige, die dazu aus Arbeitnehmersicht die nötigen bankspezifischen Kenntnisse, EDV-Kenntnisse und arbeitswissenschaftlichen Erkenntnisse einbringen können, gibt es nicht. Der Sachverstand, der hier gefordert ist, ist weitestgehend in den Orga-Abteilungen der Banken angesiedelt.“ (Jurkat, zit. n.ebd., S. 105)

Wie Untersuchungen aus den siebziger und achtziger Jahren zeigen (Brandt u.a. 1978; Gaugler u.a. 1980; Grünewald 1984; Czech u.a. 1988; Harmsen u.a. 1991), waren Betriebsräte bei technischen und organisatorischen Innovationen in Banken in der Entscheidungs- und Planungsphase nicht beteiligt, während sie bei der betrieblichen Implementation ihre Funktion betrieblicher Interessenvertretung bei der Wahrnehmung von Schutzinteressen durch die Vereinbarung von Betriebsvereinbarungen durchaus ausübten. „Die Schwerpunkte der betrieblichen Interessenvertretung bei betrieblichen Rationalisierungsmaßnahmen lagen vor allem in der Wahrnehmung defensiver Schutzfunktionen (...) Bei der Entwicklung einer systematischen Gestaltungspolitik, die versucht, auf die Art des Technikeinsatzes im Sinne der Ausschöpfung der Produktivitätspotentiale technischer Rationalisierungen und gleichzeitiger Verbesserung von Arbeitsqualität und Berufschancen der ArbeitnehmerInnen zu gestalten, fühlen sich die Interessenvertretungen überfordert.“ (Harmsen u.a. 1991, S. 261-2) Die Untersuchungen im Banken- und Versicherungsbereich von Baethge/Oberbeck kommen gleichfalls zu dem Befund, daß „Art und Umfang der Nutzung bestimmter technischer Lösungsformen im Rahmen langwieriger betrieblicher Entscheidungsprozesse getroffen werden“ (1986, S. 73), bei denen Beschäftigte und Betriebsräte nicht beteiligt sind. Die Autoren konstatieren deshalb eine „faktisch nicht existierende Einflußnahme der Beschäftigten und ihrer organisierten Interessenvertreter auf den Prozeß der Systementwicklung und Neustrukturierung von Arbeitsabläufen“ (ebd., S. 80).

Die Ursachen hierfür bestehen in einer restriktiven Informations- und Beteiligungspolitik des Managements, die sich allerdings in Richtung einer verstärkten konsultativen Einbeziehung der betroffenen Arbeitnehmer verändert. In einem Fall wird von einem Experten der Organisationsabteilung eines Kreditinstituts eingestanden: „Wir haben die Mitarbeiter zu wenig informiert, was beinahe zum Sturz des Systems geführt hätte.“ (ebd., S. 79) Eine wesentliche Ursache für die „Ohnmacht“ der Beschäftigten und ihrer Interessenvertretungen liegt nach Baethge/Oberbeck in der wachsenden Komplexität systemischer Rationalisierungsprozesse, die eine Reaktion auf unmittelbare und punktuelle Auswirkungen technisch-organisatorischer Veränderungen obsolet werden läßt. Alternative komplexe Gestaltungskonzepte, die diesem neuen Charakter systemischer Rationalisierung angemessen wären, fehlen auf seiten der Betriebsräte wie der Gewerkschaften, die bislang eher defensive Positionen vertreten haben.

Schweden: Partizipation durch Projektarbeit

Im Bankensektor in *Schweden* stellen sich, im Vergleich, aufgrund der starken Vertretungsposition und der pro-aktiven Haltung der Bankgewerkschaft, Voraussetzungen und Formen der Arbeitnehmerpartizipation anders dar.

Eine wesentliche Unterstützung der gewerkschaftlichen Forderungen nach Partizipation stellt das 1977 in Kraft getretene Mitbestimmungsgesetz dar, das die Grundlage bildete für das 1979 zwischen dem schwedischen Bankarbeitgeberverband BAO und der Gewerkschaft SBmf vereinbarte Mitbestimmungs-Abkommen, das die Mitbestimmungsrechte der Beschäftigten und der Gewerkschaftsvertreter auf Branchenebene regelt ebenso wie für die konkretisierenden Abkommen auf Unternehmensebene. Vollzog sich einerseits der Technikeinsatz unter den Rahmenbedingungen ökonomischer Expansion und Prosperität des schwedischen Kreditgewerbes und blieben die zentralen Entscheidungen über technische und organisatorische Veränderungen in der Hand des

Managements, so weisen doch zugleich die Beteiligungsprozesse Besonderheiten auf, die zurückverweisen auf die besondere Tradition und Gestalt der industriellen Beziehungen in Schweden. Deutlich ist erkennbar, daß in den Banken Beteiligungsformen etabliert worden sind, durch die die betroffenen Bankangestellten und ihre gewerkschaftlichen Repräsentanten auf dem Weg der Mitarbeit in Projektgruppen aktiv in diese Implementationsprozesse in wachsendem Maße einbezogen werden.

Während aus Untersuchungen in den frühen siebziger Jahren (Hedberg 1979) hervorgeht, daß die Gewerkschaften und die betroffenen Beschäftigten überhaupt nicht in die Entscheidungsphase und nur marginal in der Implementationsphase einbezogen waren, läßt sich aus jüngeren Studien (Löwstedt 1984; Widman 1985; Stymne 1992) und Expertengesprächen erkennen, daß bei technisch-organisatorischen Veränderungen im schwedischen Kreditgewerbe in den achtziger Jahren die Beteiligung der Gewerkschaft im Rahmen von Projekt- und Arbeitsgruppen eine wachsende Bedeutung erlangt hat.

So im Fall einer mittleren schwedischen Geschäftsbank, die Anfang der achtziger Jahre ein neues Konzept für das Angebot an Finanzdienstleistungen sowie für die technische Ausstattung und die Organisation der Zweigstellen entwickelte und zunächst in zwei Zweigstellen einführte (Widman 1985 und Expertengespräche). Die Bank mit ca. 170 Zweigstellen und ca. 2.500 Beschäftigten strebte mit diesem Veränderungsprojekt ein kundenorientiertes Marktkonzept mit einer stärkeren Dezentralisierung von Verantwortlichkeiten und Entscheidungen an, um auf diese Weise ihre ökonomische Effizienz zu verbessern. Die Konzeption der neuen Organisationsstruktur wurde im Auftrag des Managements von einem externen Berater entwickelt. Bestandteil des Konzepts war auch ein Konzept für eine neue Zweigstellenorganisation („Branch-Office 90"). Diesem Konzept lag die Zielorientierung zugrunde, einen verbesserten Kundenservice bei gleichzeitiger Kostenreduktion zu gewährleisten. Dazu wurde der Automatisierungsgrad erhöht, indem Routinetransaktionen der Kunden an Geldautomaten und Kundenterminals verlagert wurden, und zugleich der Bereich qualifizierter Kundenberatung und des Verkaufs von Finanzdienstleistungen aufgewertet und ausgeweitet.

Das Zweigstellenkonzept wurde vom Management zentral - unter Beteiligung eines externen Beraters - beschlossen. Für die praktische Umsetzung in zunächst zwei Pilotprojekten wurde eine Projektgruppe installiert, in die der Gewerkschaftsklub einen Vertreter delegierte. Im Verlauf der Projektarbeit traten keine strittigen Punkte zwischen Management und Gewerkschaftsvertreter auf; der einzige Konfliktpunkt brachte vielmehr den lokalen Gewerkschaftsvertreter in Konflikt mit den tariflich vereinbarten Arbeitszeitregelungen. Der geltende Manteltarifvertrag schloß eine Arbeitszeit nach 17.30 Uhr aus. Da die Projektgruppe aber eine Arbeitszeit bis 18.00 Uhr vorsah, um der Kundennachfrage zu entsprechen, wurden, mit Zustimmung des Gewerkschaftsvertreters, die Bankangestellten zu Teilzeitbeschäftigten umdefiniert, was eine andere Arbeitszeitregelung legalisierte. Einkommensmäßig wurde diese Umdefinition mit einer Gehaltserhöhung honoriert. In diesem Fall hatte sich der Gewerkschaftsvertreter zwar über tarifliche Arbeitszeitbestimmungen hinweggesetzt, die Entscheidung wurde aber von den betroffenen Beschäftigten akzeptiert und von der Gewerkschaftszentrale nicht negativ sanktioniert.

Im Fall der schwedischen Genossenschaftsbanken (Löwstedt 1984 und Expertengespräche) ist Anfang der siebziger Jahre auf nationaler und zentraler Managementebene die Entscheidung für die Ausstattung der Zweigstellen mit Kassenterminals getroffen worden. Im Rahmen einer „Direktoren-Gruppe“ wurden in Zusammenarbeit mit EDV-Spezialisten die Vorprüfungen und Klärungen soweit vorangetrieben, daß 1976 die Entscheidung, in den Zweigstellen Kassenterminals zu installieren, von dieser Managementebene getroffen wurde. Für die detaillierte Planung und Vorbereitung der Einführung wurde eine Referenzgruppe als „speaking partner“ eingerichtet, der zwei Kassierer, der Leiter einer Regionalbank, ein Wirtschaftsprüfer und der Leiter einer Zweigstelle angehörten. Letzterer war gleichzeitig Gewerkschaftsrepräsentant und Mitglied des Vorstands der Bankgewerkschaft. In dieser Projektgruppe wurde über die Anschaffung der Kassen-Terminals und die arbeitsorganisatorische Ausgestaltung beraten, bevor 1979 die erste Inbetriebnahme in Zweigstellen erfolgte.

In einer genossenschaftlichen Regionalbank Mittelschwedens war die Umsetzung der Entscheidung des Aufsichtsrates für die Einführung von Kassenterminals ebenfalls begleitet von der Einrichtung einer Projektgruppe mit vier Mitgliedern. Ihr gehörten an: ein Manager, der die Entscheidung vorbereitet hatte, ein EDV-System-Spezialist, ein Experte für Weiterbildungsmaßnahmen und ein Vorstandsmitglied des gewerkschaftlichen Klubs. In den Beratungen traten keine strittigen Punkte auf; formelle Verhandlungen fanden deshalb auch nicht statt.

Murray berichtet von den Einführungsprozessen von Kassenterminals in einer größeren schwedischen Geschäftsbank: „In one of Sweden's biggest commercial banks union representatives sit on the company's highest strategy-making committee, specific technology development committees, and are involved in both centralized and formal negotiations, and localized and informal discussion and agreement on workplace design issues. At this bank union representatives have been involved in the development of a cashier terminal project from the outset and have influenced, through 'hard discussion' rather than negotiation, the choice of the system acquired, work station design and education and training for system use. Emphasis is placed on workers' self-organization through workplace study circles, funded by the bank through paid overtime, where branchs staff have the opportunity to learn about the new system and develop proposals regarding the organization of branch work and job design“ (Murray 1989, S. 528). Child and Loveridge (1990, S. 321) heben in einer vergleichenden Untersuchung von Technik-Einführungsprozessen in Banken hervor: „it was usual in the Swedish cases for representatives of the workers who would operate with the new technology to join project teams which considered technological options and drew up recommendations for the selection of equipment and systems.“

Insgesamt, so läßt die Entwicklung in den schwedischen Kreditinstituten in den achtziger Jahren erkennen, hat die Tendenz einer stärkeren Einbindung der Gewerkschaften und der Bankangestellten in die Implementationsprozesse neuer Techniken sich verstärkt. Ein entscheidender Impuls dazu ging von den vereinbarten Mitbestimmungsregelungen aus, die prozedurale Vorgehensweisen normierten. Im Zusammenhang mit der gewerkschaftlichen und politischen Thematisierung der neuen Techniken hat in diesem Zeitraum auch das Interesse der Bankangestellten an einer Beteiligung zugenommen.

Zusammenfassend läßt sich der unterschiedliche Charakter und die Reichweite der Arbeitnehmerpartizipation in den Prozessen der Einführung neuer Techniken im Bankgewerbe in den drei Ländern in ihren Unterschieden wie folgt charakterisieren: In Großbritannien trug die geringe institutionelle Verankerung von Interessenvertretungsstrukturen dazu bei, daß managementorientierte Konsultationsmechanismen etabliert und die gewerkschaftliche Vertretung tendenziell marginalisiert wurden. In der Bundesrepublik hat dagegen die Verankerung der Institutionen der Betriebsverfassung einer solchen Tendenz entgegengewirkt, wenn auch die gewerkschaftliche Vertretungsposition schwach geblieben ist. Dagegen hat in Schweden die staatlich initiierte Mitbestimmungsgesetzgebung, zusammen mit der organisatorischen Stärke der Bankgewerkschaft, sozial-innovative Partizipationsmuster in der Implementationsphase neuer Techniken hervorgebracht (Müller-Jentsch/Sperling 1995).

Veränderungstendenzen im Bankensektor in den neunziger Jahren

Die Implementierung neuer Informations- und Kommunikationstechnologien erfolgte in den Kreditinstituten aller drei Länder in den siebziger und achtziger Jahren unter Vorzeichen ökonomischer Prosperität und anhaltender Expansion der Beschäftigung. Diese günstigen Verlaufsbedingungen beginnen sich in der ersten Hälfte der neunziger Jahre zu verändern. Die Folgen der anhaltenden Deregulierung und Globalisierung der Finanzmärkte, des anwachsenden Wettbewerbs der Finanzdienstleistungsanbieter und der weiter voranschreitenden Elektronisierung der Bankgeschäfte führen zu einer Reihe strategischer und organisatorischer Veränderungen und Umstrukturierungen, die die Beschäftigungs- und Arbeitssituation der Bankangestellten tangieren und so auch die Akteure der industriellen Beziehungen mit neuen Herausforderungen konfrontieren. Ob das Kreditgewerbe zur Stahlindustrie der neunziger Jahre wird, wie es ein einprägsamer Slogan schon Mitte der achtziger Jahre prognostizierte (Bertrand/Noyelle 1988; Cartellieri 1990), scheint noch nicht eindeutig entscheidbar, wenn auch klar ist, daß für Europas Banken und ihre Beschäftigten das „goldene Jahrzehnt“ vorbei ist (Weimer 1994) und sich die „Flitterwochen“ dem Ende zuneigen, wie Cressey and Scott (1992) mit Blick auf die britischen Clearing-Banken feststellen. Insgesamt gewinnt im Kreditgewerbe die Formel von den „nervösen neunziger Jahren“ (Flöther u.a. 1993) an Boden, wenngleich die Banken und Sparkassen in den einzelnen Ländern bislang in unterschiedlichem Ausmaß vom Umbruch der Markt-, Organisations- und Beschäftigungskonzepte betroffen sind.

Am heftigsten von der Krise getroffen wurde der Bankensektor in *Schweden* in der ersten Hälfte der neunziger Jahre. Ausgelöst durch eine spekulative Überhitzung vor allem des Immobilienmarktes, die ihre Ursache in einer abrupten Deregulierung der

Finanzmärkte in den achtziger Jahren (Stymne 1992) hatte und verschärft wurde durch die tiefe ökonomische Rezession, geraten Anfang der neunziger Jahre eine Reihe von Kreditinstituten an den Rand des Ruins, deren Auswirkungen durch staatliche Eingriffe gemildert werden und den Weg bereiten für eine Neustrukturierung der Bankenlandschaft durch Fusionen und Konsolidierungsschritte. Die staatlichen Interventionen griffen in Managemententscheidungen ein und ließen der einbezogenen Bankgewerkschaft keine eigenständigen Handlungsmöglichkeiten. Die Maßnahmen der Konsolidierung und Neustrukturierung des Bankensektors werden von den ökonomischen Imperativen der Sanierung diktiert; einem Personalabbau von 10.000 Beschäftigten in der ersten Hälfte der neunziger Jahre (ebensoviele Arbeitsplätze, wie in den achtziger Jahren neu entstanden waren) konnte sich die Bankgewerkschaft nicht verweigern.

Die konsensuell orientierten Aushandlungsmuster im schwedischen Bankensektor sind durch die Bankenkrise nicht suspendiert worden. Allerdings hat sich die Konzentration auf Projektgruppenarbeit bei der technischen und organisatorischen Ausgestaltung von Innovationen verlagert hin zu einer defensiven Orientierung auf eine Vermeidung von Nachteilen des Strukturwandels. In einer aktuellen Stellungnahme sieht sich die Bankgewerkschaft Sbmf - die sich 1994 durch einen Kongreßbeschluß umbenannt hat in *Finansförbundet*, um die Breite des Finanzdienstleistungssektors zu dokumentieren, in dem ihre Mitglieder arbeiten - in der Zukunft „starken Belastungen ausgesetzt". „Im nachhinein können wir feststellen, daß die Warnungen, die in den verschiedenen Untersuchungen zum Ausdruck kamen, sich als richtig erwiesen, als zu Beginn der neunziger Jahre der Zusammenbruch kam. 1995 ist das Veränderungstempo weiterhin hoch. Rationalisierungen und Strukturwandel stellen Anforderungen an höhere berufliche Qualifikation und neue Arbeitsbedingungen für die Beschäftigten. Die in den achtziger Jahren erhobenen Forderungen haben uns eingeholt und dazu beigetragen, daß wir unsere Einstellungen ändern müssen. Wir müssen die Möglichkeiten unserer Mitglieder zu einer aktiven Mitwirkung am Veränderungsprozeß weiterentwickeln, um deren Kompetenz und Engagement aufrechtzuerhalten und zu verbessern." (Finansförbundet 1995, S. 6)

In *Großbritannien* führte der Beginn der schwersten und längsten Rezession in der britischen Nachkriegsgeschichte im Frühjahr 1990 auch in der Bankindustrie zu krisenbedingten Ertrags- und Gewinneinbrüchen (Cressey/Scott 1992). Dem begegneten die Kreditinstitute in den folgenden Jahren mit Neustrukturierungen wie Fusionen (so wurde die Midland Bank 1992 von der Hongkong and Shanghai Banking Corporation übernommen und die TSB-Sparkasse fusionierte 1995 mit der Lloyds Bank) und mit drastischen Kosteneinsparungen. Insgesamt sind in der ersten Hälfte der neunziger Jahre im Bankensektor in Großbritannien 120.000 Arbeitsplätze abgebaut worden und die Zahl der Zweigstellen wurde um mehr als 3.000 verringert, was einer Reduzierung um ein Viertel entspricht. Gleichzeitig wurde neben den organisatorisch-personellen Rationalisierungsmaßnahmen der Ausbau der Informations- und Kommunikationstechnologie weiter forciert; so stellt das Telebanking einen wachsenden Markt dar. Mitte der neunziger Jahre hat sich die Ertrags- und Gewinnsituation der britischen Banken nachhaltig verbessert. Während die Banken wieder gut verdienen, ist ein Ende der Rationalisierung und Umstrukturierung noch nicht in Sicht, die zu weiterem Personalabbau führen werden, so die Prognose der Bankgewerkschaften, die sich wesentlich auf eine Beschäftigungssicherung konzentrieren und Gestaltungsperspektiven kaum zur Geltung bringen können.

Der Bankensektor in *Deutschland* ist in der ersten Hälfte der neunziger Jahre von ähnlich gravierenden Krisenentwicklungen wie in Schweden und Großbritannien verschont geblieben. So hat sich die Ertragslage und die Beschäftigungssituation im deutschen Bankgewerbe in diesen Jahren im allgemeinen noch günstig entwickelt. Allein im privaten Bankgewerbe ist seit 1993 eine - wenn auch geringe - Abnahme der Beschäftigtenzahlen zu registrieren, während bei den Sparkassen und den Kreditgenossenschaften noch - freilich geringere - Zunahmen zu verzeichnen sind. Allerdings hält ein leichter Rückgang der Zweigstellen an; von insgesamt 48.200 Zweigstellen Ende 1995 sind im Verlauf des Jahres 500 geschlossen worden. Gleichwohl kündigen sich auch im Bankensektor Deutschlands in den neunziger Jahren Veränderungsprozesse an, die in eingeleiteten Neustrukturierungen von Banken und Sparkassen, dem weiteren Technikeinsatz und Veränderungen der Arbeitsorganisation zum Ausdruck kommen. Die breite Rezeption von Restrukturierungsprogrammen, in deren Zentrum das Konzept des *Lean Banking* steht (D'Alessio/Oberbeck 1994; Sperling 1997), zielt auf eine Beschleunigung von Reorganisationsmaßnahmen unter Kosten- und Effizienzgesichtspunkten, um Flexibilität und Wettbewerbsfähigkeit der Banken und Sparkassen zukünftig zu sichern. Neben organisatorischer Restrukturierung von Aufbau- und Ablauforganisation, der Verschlankung von Hierarchien und einer kundenbezogenen Neuschneidung der Vertriebswege, gewinnt der weiter anhaltende und forcierte Einsatz von Informations- und Kommunikationstechnologien eine wachsende Bedeutung bei der Rationalisierung und Standardisierung von Arbeitsabläufen wie beim Ausbau neuer Vertriebswege der Bankdienstleistungen (Telefon-Banking, Home Banking, Internet). Die Perspektiven der weiteren Entwicklung sind vielfach noch offen und ungewiß, von seiten der Gewerkschaften und der Betriebsräte wird die Beschäftigungssicherung ins Zentrum ihrer Interessenvertretung gerückt, ohne daß umsetzungsfähige Positionen und Konzepte zur Gestaltung technisch-organisatorischer Innovationen einen relevanten Stellenwert erlangen.

Insgesamt finden in den neunziger Jahren auf den volativer werdenden Finanzdienstleistungsmärkten in den Banken und Sparkassen aller drei Länder strategische Neupositionierungen statt, die technische und organisatorische Veränderungen stärker als in den achtziger Jahren auch an Kostenkalkülen orientieren. Personalabbau wird deshalb auch in dieser Branche zur Begleiterscheinung von Reorganisation. Hatten sich die Gewerkschaften in der ersten Phase der Einführung der Computertechnologie vielfach auf Krisenszenarien bezogen, die massive Personalreduzierungen prognostizierten, so werden diese Befürchtungen nun zwar - zwei Jahrzehnte später - realitätshaltiger, ohne daß den gewerkschaftlichen und betrieblichen Interessenvertretungen Gestaltungsalternativen zur Verfügung stehen. In die strategischen Entscheidungsprozesse sind Gewerkschaften und Interessenvertretungen weiterhin nicht einbezogen, bei der Umsetzung von Reorganisationsmaßnahmen wurden sie partiell einbezogen, am ehesten bei Aspekten wie Aus- und Weiterbildung, Arbeitszeitregelungen und den Modalitäten der Personalanpassung.

Der Entwicklungstrend der industriellen Beziehungen im Bankensektor geht, mit länderspezifischen Modifikationen, in Richtung eines von den Unternehmen forcierten *Human Resource Management*, das die Gewerkschaften tendenziell marginalisiert, die gewählten Interessenvertretungen im Unternehmen einbezieht und vor allem auf direkte Beteiligung der Bankangestellten als unternehmerisch denkende Mitarbeiter setzt. In der Prosperitätsphase der siebziger und achtziger Jahre ist dieses Kalkül des Managements weitgehend aufgegangen - am deutlichsten in Großbritannien und am schwächsten in Schweden -; ob es die aktuellen Umstrukturierungen in den neunziger Jahren weiterhin prägt, scheint wahrscheinlich, wenn auch nicht völlig gesichert.

VII. Angleichung ohne Konvergenz: Varianten und Effekte der Technik-Aushandlung

Unserer Untersuchung lagen zwei Hauptziele zugrunde: Zum einen wollten wir für die ausgewählten Branchen und Länder die arbeitspolitischen Auseinandersetzungen um die Einführung und Anwendung neuer Techniken rekonstruieren und ihre inhaltlichen Ergebnisse (Vereinbarungen) und prozeduralen Innovationen (institutioneller Wandel) dokumentieren. Zum anderen wollten wir die differierenden, länder- und branchenspezifischen Systeme industrieller Beziehungen im Hinblick auf die Bewältigung der technischen Herausforderungen unter den Kriterien von ökonomischer Effizienz (*Efficiency*) und sozialer Rationalität (*Equity*) evaluieren.

Wir nehmen im Schlußkapitel diese Forschungsziele wieder auf, indem wir die in den vorangegangenen Kapiteln dokumentierten Befunde mit Hilfe unseres in Kapitel II explizierten konzeptionellen Ansatzes - demzufolge die Einführung und Anwendung neuer Techniken als ein politischer Aushandlungsprozeß auf unterschiedlichen Ebenen zu begreifen ist - vergleichend interpretieren.

1. Konvergenz oder Divergenz: Eine neue/alte Kontroverse

Der Verlauf der technisch-organisatorischen Modernisierung hat in den fortgeschrittenen Industrieländern die Kontroverse darüber neu belebt, ob Tendenzen einer Konvergenz oder einer Divergenz der Systeme industrieller Beziehungen sich durchsetzen. Daß diese Kontroverse nicht einfach zugunsten der einen oder anderen Seite zu entscheiden ist, zeigen die von uns in den Kapiteln IV bis VI resümierten Entwicklungstendenzen in den branchen- und nationalspezifischen Systemen industrieller Beziehungen.

Im dritten Kapitel haben wir für den untersuchten Zeitraum - Mitte der siebziger Jahre bis Ende der achtziger Jahre - anhand relevanter Indikatoren die ökonomische und technische Entwicklung in den drei Ländern dargestellt und die national-spezifischen Konstellationen der Akteure und Institutionen der industriellen Beziehungen in ihrer jeweiligen Entwicklung in dieser Zeitperiode skizziert. Mit Schweden, Großbritannien und Deutschland wurden drei Länder ausgewählt, die hinsichtlich ihrer historischen, politischen und soziokulturellen Strukturen ebenso Unterschiede aufweisen wie in bezug auf ihre ökonomische Entwicklung und die Ausprägungen ihrer industriellen Beziehungen.

Alle drei Länder haben seit Mitte der siebziger Jahre in vergleichbarer Weise neue Techniken zur Produkt- und Prozeßinnovation eingesetzt. Dabei standen sie gleichermaßen vor der Aufgabe, mittels des Technikeinsatzes nicht nur die ökonomische Produktivität (*Efficiency*) zu sichern und zu steigern, sondern auch den Anforderungen sozialer Rationalität (*Equity*) Rechnung zu tragen. Wie die Analyse des Verlaufs der Technikeinführung in den drei Ländern zeigte, gibt es nur geringe Evidenzen dafür, daß die Institutionen und Organisationen der Interessenvertretung der Beschäftigten sich als effizienzmindernd erwiesen, wenngleich die Ausbalancierung von ökonomischer und sozialer Effizienz unterschiedliche Formen und Verläufe erkennen ließ. So erwies sich das deutsche System der industriellen Beziehungen aufgrund seiner flexiblen Anpassung in der Lage, nicht nur eine stabile Grundlage für eine produktivitätsorientierte Technikimplementation, sondern gleichzeitig die Berücksichtigung der sozialen Interessen der Beschäftigten zu sichern. Schweden hat bis Ende der achtziger Jahre ein hohes Maß sozialen Ausgleichs aufrechterhalten können, allerdings hat die Abschwächung der Produktivität Erosionstendenzen des „schwedischen Modells" bewirkt. Die Bilanz Großbritanniens weist in den achtziger Jahren Produktivitätssteigerungen auf, denen eine Fragmentierung der industriellen Beziehungen korrespondiert, die unterschiedliche Konstellationen der Verknüpfung von *Efficiency* und *Equity* hervorgebracht hat.

An die Ergebnisse unserer Darstellung knüpfen wir im folgenden an, wenn wir die Aushandlungsprozesse bei der Einführung neuer Techniken aus vergleichender Perspektive resümieren und die Frage nach den unterschiedlichen Formen und der Reichweite der Arbeitnehmerpartizipation im Prozeß technisch-organisatorischer Modernisierung erneut aufgreifen. Bei der Thematisierung der Interdependenz von industriellen Beziehungen und neuen Techniken geht es uns um den Aufweis und die Erklärung der divergenten Entwicklungen und Resultate sowie um die zukünftigen Perspektiven des Wandels.

Gleichermaßen lassen wir uns von der Frage leiten, ob ähnlich gerichtete Technisierungsschübe zu einer Annäherung und Angleichung institutioneller Verarbeitungsmuster führen. Wir prüfen dabei Argumente der aktuellen Debatte, die Prozesse der technischen und organisatorischen Modernisierung in fortgeschrittenen Industrieländern mit Tendenzen zur Konvergenz bzw. Divergenz der Systeme industrieller Beziehungen verknüpfen. So verweisen Child und Loveridge (1990, S. 15) darauf, daß „certain aspects of the convergence debate are revived in discussions on new technology". Ähnlich argumentieren Cressey and Jones (1991, S.493-495), wenn sie konstatieren, daß „convergence in employment systems is back on the political and intellectual agenda", aber vor einem Rückgriff auf eine „vulgar convergence thesis" gleichermaßen warnen wie davor, „to assume that the forces for convergence are irrelevant". Pointiert weist Lane in ihren vergleichenden Studien nach, daß die Akteure trotz gleicher Herausforderungen „continue to interact in nationally distinctive ways to cope with these challenges" (1989, S. 292). Ähnlich betonen Turner und Auer gegenüber einer „neuen Konvergenztheorie": „the political, economic and social contexts are crucial in determining outcomes, both for the shape of new work organization and the accompanying prospects of 'new industrial relations'„ (1994, S. 41). In jüngster Zeit haben die Autoren der Automobilstudie des MIT prononciert in Richtung einer Konvergenzlogik argumentiert, indem sie die „Lean Production" zum generalisierten Produktions- und Organisationskonzept des nächsten Jahrhunderts erklärt haben (Womack u.a. 1991).

Angesichts der Differenziertheit und Komplexität der Interdependenz von industriellen Beziehungen und neuen Techniken ist nicht zu erwarten, daß die kontrovers behandelte Frage nach Konvergenz oder Divergenz mit einem eindeutigen Votum zu entscheiden sein wird. Auch unsere Befunde berechtigen nicht zu einem eindeutigen Urteil - weder in dem Sinne, daß divergierende Tendenzen sich verstärken, noch in die Richtung, daß konvergente Entwicklungen sich durchsetzen. Wir sehen in den einzelnen Entwicklungen, die in den Aushandlungsprozessen zum Ausdruck kommen, ebenso wie in den vereinbarten Regelungen und Normierungen sowie den institutionellen wie organisatorischen Veränderungen durchaus ähnliche Tendenzen sich durchsetzen, die dennoch in den nationalen und sektoralen Kontexten unterschiedliche Reichweiten und Auswirkungen erlangen.

Im folgenden werden wir diesen Zusammenhängen detaillierter nachgehen, indem wir die Entwicklung der Aushandlungsprozesse, der vereinbarten Regelungen und neu entstehenden institutionellen Arrangements vergleichend darstellen. Dabei konzentrieren wir uns zunächst auf die Frage, wie die mit der Einführung neuer Techniken hervorgerufenen Herausforderungen von den Akteuren rezipiert wurden und welche organisatorischen wie institutionellen Modifikationen und Innovationen sie ausgelöst haben. Weiter fragen wir nach den spezifischen Arenen der Aushandlungsprozesse und vergleichen neben deren Formen auch deren Resultate, einschließlich ihrer rückwirkenden Effekte auf jene. Der längere Zeitraum unserer Untersuchung von über einem Jahrzehnt erlaubt es, die Aushandlungsprozesse auch als Lernprozesse der Akteure zu begreifen, in deren Verlauf diese ihre programmatischen und organisatorischen Kompetenzen neu zu bestimmen sowie veränderte institutionelle Arrangements zu etablieren versuchen.

2. Lernprozesse der Akteure: Von der Schutz- zur Gestaltungsperspektive

Betrachtet man die Einführung von Informations- und Kommunikationstechnologien als einen Lernprozeß der Akteure, so lassen sich in durchaus ähnlicher Weise in den Ländern und Branchen zwei Phasen ausmachen, deren erste - seit Mitte der siebziger Jahre - unter Bedingungen von hoher Unsicherheit eine Phase der Orientierung darstellt, in der die ersten programmatischen Festlegungen und darauf basierende Aushandlungen erfolgen; während in der zweiten Phase, die etwa Mitte der achtziger Jahre einsetzt, auf der Basis der breit erfolgten Einführung von technischen Neuerungen und der erzielten Vereinbarungen eine Weiterentwicklung der programmatischen Positionen sowie der Aushandlungsformen erfolgt.

Seit Mitte der siebziger Jahre beginnen in allen drei Ländern die Konturen der auf der Mikroelektronik basierenden Technologien und deren Einsatzmöglichkeiten sich deutlicher abzuzeichnen und treten in den Wahrnehmungshorizont von Politik und Öffentlichkeit. In dieser ersten Phase der Orientierung reflektieren die Hauptakteure der industriellen Beziehungen die möglichen Konsequenzen und Folgen der Informations- und Kommunikationstechnologien und erarbeiten sich programmatische Positionen. So werden vor allem von den Gewerkschaften Forderungen aufgestellt, die dann zu Konflikt- und Verhandlungsgegenständen im Kontext der jeweiligen nationalen industriellen Beziehungen werden. Im Prozeß der weiteren technologischen Innovationen und ihrer Anwendungen erfahren die programmatischen Positionen Umakzentuierungen und Präzisierungen. In der Terminologie von Walton/McKersie (1965) und Tracy/Peterson (1986) lassen sich diese Prozesse als „attitudinal structuring“ begreifen: als Verhandlungsprozesse, in denen von den Akteuren Vorentscheidungen über Gegenstände, Ebenen und Regelungsformen für die nachfolgenden Aushandlungsprozesse getroffen werden.

Resümiert man die erste Phase, die der gesellschaftlichen Thematisierung von neuen Techniken und ihren vielfältigen Auswirkungen auf Arbeitswelt, Freizeit, Kommunikation und anderen Bereichen, dann sind die Einschätzungen und Prognosen zunächst noch unsicher und kontrovers. Sie weichen aber zunehmend optimistischen Erwartungen, indem Chancen zur Erhöhung von Produktivität, Wettbewerbsfähigkeit und Wohlstand erkannt werden; freilich bleiben Bedenken vor allem hinsichtlich negativer Beschäftigungswirkungen und Dequalifizierungsprozesse bestehen.

In den Stellungnahmen der zentralen Arbeitgeberverbände wie der Branchenverbände der drei Länder dominieren in den siebziger Jahren deutlich optimistisch akzentuierte Interpretationen und Sichtweisen. Forderungen nach Unterstützung von Innovationen werden an staatliche Instanzen adressiert; während ein Handlungsbedarf für die Entwicklung der Arbeitsbeziehungen nicht gesehen wird. „The policies of employers' associations in regard to technological change are generally broad and vague (...) However, most national employer bodies regard technological change as both necessary and inevitable.“ (Lansbury 1989, S. 13) Auf der Unternehmensebene formuliert das Management in aller Regel ähnlich allgemeine Positionen, in denen die Erhaltung der Wettbewerbsfähigkeit zum Bezugspunkt für eine erforderliche technische Modernisierung erklärt wird, deren Umfang und Auswirkungen im einzelnen zu diesem frühen Zeitpunkt auch für das Management vielfach noch unbestimmt sind.

Die Gewerkschaften der drei Länder knüpfen in ihren programmatischen Beschlußfassungen, die in der zweiten Hälfte der siebziger Jahre erfolgen, an die öffentliche Thematisierung der erwarteten Auswirkungen neuer Techniken an. Sie akzentuieren dabei die Zwiespältigkeit der Folgen in Topoi von „Risiko und Chance“ oder „challenge and opportunity“. In ähnlicher Weise rekurrieren dabei die Gewerkschaften auf die programmatischen Debatten, in denen in den fünfziger und sechziger Jahren bereits in den einzelnen Ländern gewerkschaftliche Positionen zur Automatisierung formuliert worden waren[8]. Diese Debatten thematisierten in erster Linie die Gefahren technologischer Arbeitslosigkeit und technisch bedingter Qualifikationsverluste für die Beschäftigten, betonten aber gleichzeitig die Chancen von Produktions- und Wohlstandssteigerungen durch weitere Automatisierung, sofern sie „sozialverträglich“ erfolge.

[8] Exemplarisch für diese ersten Automatisierungsdebatten waren in Deutschland die Beiträge auf den Automationskongressen der IG Metall 1963 und 1965 (Friedrichs 1963; 1965), für Großbritannien die TUC-Dokumente „Memorandum on Automation“ (1955) und „Automation and Technological Change“ (1965) (Willman 1986) sowie für Schweden die von den LO-Kongressen verabschiedeten Stellungnahmen „Trade Unions and Structural Change“ (1961) und „Trade Unions and Technological Change“ (1966) (Sandberg u.a. 1992).

Indem die Gewerkschaften die Herausforderungen neuer Techniken im Interpretationsrahmen dieser früheren Debatten wahrnehmen, knüpfen sie an eine Sichtweise an, die die Folgen von Technikeinsatz in einer *distributiven* Perspektive thematisiert. Exemplarisch wird diese Logik in einem zentralen Beschluß des britischen Gewerkschaftsdachverbandes TUC ausgedrückt: „We have to maximise the benefits and minimise the costs of the new technology. We have to ensure that the benefits are distributed equitably" (TUC 1979, S. 56) Aus dieser distributiven Perspektive werden Forderungen abgeleitet, die zentral auf die Sicherung von Arbeitsplätzen und Beschäftigungsverhältnissen, Qualifikationserhalt, Weiterbildung und Arbeitszeitverkürzungen zielen, und die deshalb in der tariflichen und betrieblichen Arena zum Gegenstand von Aushandlungsprozessen und Vereinbarungen gemacht werden. Diese in der ersten Phase technologiepolitischer Thematisierung dominierende Perspektive distributiver Logik, die - bei freilich konträrer Interessenakzentuierung - auch von den Arbeitgeberverbänden in ihren Stellungnahmen geteilt wird, basiert darauf, daß die Dynamik der Gestaltungsprozesse von Technik, Organisation und Arbeit selbst weitgehend ausgeblendet bleibt. Hammarström spricht im Hinblick auf die schwedische Entwicklung der siebziger Jahre davon, daß die Computertechnologie als eine „black box" in den gewerkschaftlichen Forderungen und den Verhandlungsprozessen fungierte: „they get not involved in the content of the box but get guarantees of the uses" (Hammarström 1987, S. 201).

Aus dem Verlauf der Aushandlungsprozesse über neue Techniken in den achtziger Jahren, wie wir sie für die Branchen rekonstruiert haben, wird erkennbar, daß der technologiepolitische Diskurs der Akteure eine Veränderung erfährt gegenüber den siebziger Jahren. Diese Veränderungen verweisen gleichermaßen auf die Ausdifferenzierung der Technologieprozesse (elastische Potentiale der Informations- und Kommunikationstechnologie, Vernetzung und systemische Einsatzformen) wie auf die Verarbeitung der Erfahrungen mit dem Einsatz von neuen Techniken und deren Auswirkungen für die Beschäftigten. Die „Negativ-Szenarien", die massive Beschäftigungsverluste und Dequalifizierungstendenzen prognostiziert hatten, werden einer Revision unterzogen: positive Effekte des Technikeinsatzes für die Beschäftigten treten deutlicher hervor. Die *distributiven* Momente treten hinter den *integrativen* zurück. Sandberg analysiert am Fall der schwedischen Gewerkschaften den Wandel von einer distributiven zu einer „Produzentenperspektive" (Sandberg u.a. 1992); ähnlich wird in Deutschland der Wandel von einer „Schutzpolitik" zu einer „Gestaltungspolitik" in der wissenschaftlichen und gewerkschaftlichen Debatte begründet (Bleicher 1987; Schabedoth 1991).

Im Vergleich zeigt sich, daß dieser technologiepolitische Perspektivenwechsel - selbst wenn er noch widersprüchlich und unentfaltet ist - in Schweden und Deutschland am weitesten vorangeschritten ist, während es in Großbritannien nur wenige Anzeichen für einen derartigen Wandel gibt. Wir führen diese Unterschiede im technologie- und arbeitspolitischen Diskurs wesentlich auf die Erfahrungen und Lernprozesse zurück, die die Akteure im Kontext der jeweiligen Arbeitsbeziehungen gemacht haben.

In *Schweden* haben - auf der Grundlage eines konsensual ausgerichteten Aushandlungssystems - die Erfahrungen seit den siebziger Jahren die Herausbildung einer proaktiven beteiligungsorientierten Technologiepolitik verstärkt, was für alle drei Branchen in ähnlicher Weise gilt. Unterstützt worden ist die Orientierung zu einer Gestaltungsperspektive durch die Erfahrungen mit der für Schweden spezifischen „verhandelten Mitbestimmung", die in der Arbeit von Projekt- und Entwicklungsgruppen und der Heranziehung von externen Beratungsleistungen ebenso zum Ausdruck kommt wie in der Beteiligung beider Akteure an staatlich geförderten Forschungs- und Aktionsprogrammen zur Arbeits-, Organisations- und Technikgestaltung. Bereits frühzeitig verfügte Schweden neben Norwegen über eine nationale Infrastruktur arbeitsorientierter Forschung und Entwicklung, die in den siebziger und achtziger Jahren in der Regie des Arbetsmiljöfonden (AMF) durch staatlich geförderte Programme, wie das Entwicklungsprogrammm „Neue Technologie, Arbeitsorganisation und Arbeitsschutz" 1982-1986 und das LOM-Programm (Leitung, Organisation, Mitbestimmung) in den Jahren 1985-1990, ausgebaut wurde (Gustavsen 1988; Oscarsson u.a. 1990; Sandberg u.a. 1992; Naschold 1992) und die Kontakte zwischen den Tarifparteien förderte.

In diesen Programmen war es den Akteuren möglich, Kompetenzen in technischer, organisatorischer und sozialer Hinsicht zu erwerben. Das in der schwedischen Druckindustrie durchgeführte „Demos-Projekt" (Ehn 1988) und vor allem das „Utopia-Projekt", das die Entwicklung von alternativer Technikgestaltung und -anwendung zum anspruchsvollen Ziel hatte, dokumentieren hierbei den fortgeschrittensten Stand (Sandberg u.a. 1992, S. 243 f.). Auch auf Arbeitgeberseite sind von der technischen Abteilung des SAF Pilotprojekte zu sozio-technischen und arbeitsorganisatorischen Gestaltungen der „neuen Fabrik" (Aguren/Edgren 1983) bereits in den siebziger Jahren initiiert und später fortgeführt worden (Auer/Riegler 1988; Berggren 1991; Sandberg u.a. 1992). Die dabei gewonnenen Erfahrungen kommen in gemeinsamen Stellungnahmen zur Arbeits- und Technikgestaltung beider Tarifparteien zum Ausdruck. Diese Aktivitäten und gemeinsamen Stellungnahmen haben in Schweden bereits eine in die sechziger Jahre zurückreichende Tradition (wie im „Entwicklungsrat für Fragen der Zusammenarbeit", der vertraglich 1969 installiert wurde) und finden ihre Fortsetzung in gemeinsamen Stellungnahmen in der Bankindustrie und in dem Entwicklungsabkommen in der privaten Industrie von 1982, das unter dem Titel „Effizienz und Partizipation" eine integrative Perspektive aufweist. In der zweiten Hälfte der achtziger Jahre kulminiert der technologie- und arbeitspolitische Diskurs der Gewerkschaften in Beschlußfassungen der Metallgewerkschaft und des Dachverbandes der Arbeitergewerkschaften LO, die den Versuch unternehmen, ein positives handlungsanleitendes Konzept von „guter" und „solidarischer Arbeit" zu entwickeln (SMF 1985 und 1989; LO 1991; Drinkuth/Kaßebaum 1994).

In *Deutschland* markiert die technologiepolitische Konferenz des DGB im Jahre 1985 eine Zäsur der gewerkschaftlichen Diskussion über neue Techniken, die über das Konzept von gewerkschaftlicher Schutzpolitik hinaus Ansätze zu einer eigenständigen und umsetzungsorientierten Handlungsperspektive entwickelte (Bleicher 1987; Bispinck/Helfert 1987), die seit der zweiten Hälfte der achtziger Jahre von den Einzelgewerkschaften und dem DGB weiter konkretisiert worden sind; so im 1989 verabschiedeten „Technologie- und rationalisierungspolitischen Arbeitsprogramm zur Zukunft der Arbeit" der Gewerkschaft Handel, Banken und Versicherungen (HBV) für den Banken- und Dienstleistungsbereich (HBV 1989) wie in den Programmen der IG Metall „Arbeit und Technik" (IGM 1984) und „Tarifreform 2000" (IGM 1991a) für die Metall- und Elektroindustrie. Für den Druck- und Medienbereich allerdings scheiterte Ende der achtziger Jahre der Versuch, ein technologiepolitisches Aktionsprogramm zu entwickeln (Bundesmann-Jansen 1993). Auch in Deutschland wird die Ausbildung von technischer und organisatorischer Gestaltungskompetenz wesentlich durch die Beteiligung der Tarifparteien an staatlich geförderten Programmen zur „Humanisierung der Arbeit" und „Arbeit und Technik" unterstützt, in deren Rahmen sowohl Kooperationsprojekte mit Unternehmen als auch gewerkschaftseigene Gestaltungsprojekte durchgeführt werden. Ebenso haben die Einrichtungen von Beratungsangeboten im Rahmen der gewerkschaftlichen Technologieberatungsstellen (TBS) des DGB und der Beratungsstellen für Technologiefolgen und Qualifizierung (BTQ) der DAG zu einem Kompetenzzuwachs auf seiten der gewerkschaftlichen und betrieblichen Akteure geführt. Auch auf seiten der sektoralen Arbeitgeberverbände sind vor allem für den Bereich der Elektroindustrie im Rahmen des von Gesamtmetall eingerichteten Gesprächskreises „Mensch und Arbeit" praktische Gestaltungsprojekte initiiert und evaluiert sowie entsprechende Handlungsanleitungen formuliert worden. In verschiedenen Dokumentationen für ihre Mitgliedsfirmen hat Gesamtmetall in den letzten Jahren technologie- und arbeitspolitische Stellungnahmen erarbeitet, die ausdrücklich eine Gestaltbarkeit der technischen und organisatorischen Neuerungen betonen (Gesamtmetall 1988; 1989; 1992; Kador 1993).

Dagegen erweisen sich in *Großbritannien* die Orientierungen und Ressourcen der Akteure und die Erfahrungen in den Aushandlungsprozessen als ungünstiger und hinderlich für den Übergang zu einer integrativ orientierten Gestaltungspolitik von Arbeit und Technik. In Großbritannien scheiterte 1980 eine zwischen den Vorständen der Dachverbände der Arbeitgeber (CBI) und der Gewerkschaften (TUC) bereits gemeinsam abgestimmte Stellungnahme zum Einsatz und der Gestaltung neuer Techniken am späteren Einspruch des Arbeitgeberverbandes (Bamber/Willman 1983; Levie 1984).

Der Rückzug der konservativen Regierung aus tripartistischen Arrangements und das weitgehende Fehlen einer arbeitsbezogenen Forschungsinfrastruktur hat in den achtziger Jahren in Großbritannien gemeinsame Programme zur Technik- und Arbeitsgestaltung auf Branchen- und Unternehmensebene nahezu vollständig eingeschränkt, so daß kaum Erfahrungen von staatlich geförderten Arbeits- und Technikgestaltungsprojekten möglich waren. Die britischen Arbeitgeberverbände, die ihre Funktion im Verhandlungssystem aufgrund des Bedeutungsverfalls sektoraler Verhandlungen weitgehend an die Unternehmen abgegeben haben, entfalten keine nennenswerten technologiepolitischen Aktivitäten. Auch von den britischen Gewerkschaften ist in den achtziger Jahren, anders als in Schweden und Deutschland, keine ausdrückliche Weiterentwicklung ihrer technologiepolitischen Programme und Positionen vorgenommen worden. So hat etwa die Bankgewerkschaft BIFU ihr Ende der siebziger Jahre formuliertes technologiepolitisches Programm Ende der achtziger Jahre weitgehend unverändert aufgelegt. Am ehesten haben in der Elektronikindustrie die dort vertretenen Gewerkschaften EEPTU und AEU neue technologie- und arbeitspolitische Impulse aufgegriffen; im Verein mit einem von Unternehmen verfolgten *Human Resource Management* haben sie zu für Großbritannien neuartigen, gemeinsam verabschiedeten Stellungnahmen und Vereinbarungen geführt.

Bedeutsam für die Erlangung programmatischer und praktischer Kompetenz ist gewesen, daß - wie aus den Expertengesprächen hervorgeht - in Schweden und Deutschland die gewerkschaftlichen Dachverbände wie die Einzelgewerkschaften technologiepolitische Stabsstellen eingerichtet haben, was in Großbritannien nur in geringerem Ausmaß der Fall war. Für den Ausbau einer arbeitspolitischen Orientierung und Handlungskompetenz erwies sich weiterhin als relevant, daß in Deutschland gewerkschaftliche Schulungs- und Beratungsangebote von den Betriebsräten im Rahmen ihrer gesetzlich verbürgten Rechte wahrgenommen und in Schweden ebenfalls Beratungsdienstleistungen von gewerkschaftlichen Vertretern auf der Unternehmensebene nachgefragt werden können, während derartige Möglichkeiten den betrieblichen Interessenvertretungen in Großbritannien nur in sehr eingeschränktem Umfang zur Verfügung stehen (Wassermann 1989).

Der Vergleich der programmatischen Aussagen zu den Auswirkungen und den Gestaltungsperspektiven neuer Techniken läßt erkennen, wie im Prozeß des „attitudinal structuring“ auf seiten der Akteure Veränderungen sich im Laufe der achtziger Jahre abzeichnen, die zu einer neu akzentuierten Sicht der Prozesse technischer und sozialer Innovationen führen. Der eingeleitete Wandel von einer Schutz- zu einer Gestaltungspolitik bzw. von einer Rationalisierungs- zu einer Modernisierungspolitik ist dabei unterschiedlich ausgeprägt in den Branchen und Ländern; er manifestiert sich in den Aushandlungsprozessen und den Formen der substantiellen und prozeduralen Normierungen, die den Einsatz neuer Techniken zu regeln suchen.

3. Aushandlungsmodi: integrativ, konsultativ, dezentral

Die Aushandlungsprozesse der Technikimplementation in den Branchen der drei untersuchten Länder lassen die folgenden Veränderungstendenzen erkennen. In dem Maße, wie punktuelle technische Neuerungen an Bedeutung verlieren gegenüber vernetzten, systemischen Einsatzmustern technisch-organisatorischer Innovationen, treten integrative an die Stelle distributiver Aushandlungen. Das bedeutet zugleich, daß Aushandlungsprozesse stärker konsultativen Charakter annehmen und ihre traditionelle - am Fall der klassischen Lohntarifauseinandersetzung orientierte - konfrontative Form verlieren. Es erweist sich in Fragen der Technik- und Arbeitsgestaltung zunehmend, daß „the pure arms-length bargaining model does not work“ (Sandberg 1993, S. 6). Weiterhin geht mit diesen Veränderungen eine Tendenz zur Dezentralisierung einher; zentrale oder sektorale Verhandlungen werden zur Unternehmensebene verlagert und können sich bis zu Abteilungen und Arbeitsgruppen erstrecken. Schließlich erweitert sich der Kreis der an diesen Aushandlungsprozessen beteiligten Akteure: Formen repräsentativer Beteiligung von Arbeitnehmervertretungen werden ergänzt oder substituiert durch Formen direkter Beteiligung der von technischen und organisatorischen Veränderungen betroffenen Arbeitnehmer(gruppen).

Wir treffen auf Momente dieser komplexen Veränderungen in allen Branchen der drei Länder, wenngleich durch die Einbettung in unterschiedliche institutionelle und organisatorische Konstellationen der Stellenwert und ihre Reichweite erheblich differieren. So ist zwar generell „a broad cross-national trend toward the decentralization of bargaining in industrial relations“ (Turner 1991, S. 1) festzustellen, doch verweisen Ferner und Hyman (1992, S. XXI) zu Recht darauf, daß „one problem in assessing the impact of decentralization is that the connotations of the term vary markedly in different national contexts“.

Den historisch ausgeprägten Strukturen und Traditionen des Voluntarismus entsprechend, lag es in *Großbritannien* nahe, daß die Gewerkschaften den Versuch unternahmen, die Auswirkungen neuer Techniken als neuen Verhandlungsgegenstand in die etablierten „bargaining procedures“ zu integrieren, weil ihnen andere institutionalisierte Wege nicht zur Verfügung standen. Die Gewerkschaften haben mit der Forderung nach dem Abschluß von *New Technology Agreements* Ende der siebziger Jahre einen ambitionierten Versuch gestartet, substantielle und prozedurale Vereinbarungen zum Technikeinsatz tariflich mit der Arbeitgeberseite auf Branchen- und Unternehmensebene auszuhandeln. Ihre Resultate blieben allerdings in der ersten Phase, in den siebziger Jahren, von begrenzter Wirkung (Manwaring 1981; Williams/Steward 1985; Gill 1985), erfahren aber seit den achtziger Jahren in der Form von *Flexibility Agreements* und *New Style Agreements*, in denen arbeitsorganisatorische Innovationen bilateral vereinbart werden, eine Neubelebung.

Im Bankensektor scheiterte der Ansatz am Widerstand der Großbanken; lediglich in einigen kleineren Finanzinstituten kam es zur Aushandlung von Technologieabkommen. In der Elektroindustrie kam es ebensowenig zu branchenweiten Vereinbarungen, während in einer Reihe von Unternehmen technisch-organisatorische Umstellungen zum Gegenstand von dezentralen Verhandlungen und Vereinbarungen gemacht wurden, vor allem für Bereiche der Angestelltentätigkeiten. In der nationalen Zeitungsindustrie kam es zu einem Eklat, als die Mitglieder der von der Technikeinführung am stärksten betroffenen Setzergewerkschaft ebenso wie die der Nicht-Facharbeitergewerkschaft die von den nationalen Gewerkschaftsführungen mit den Arbeitgeberverbänden vorbereitete Technikvereinbarung („Program for Action“) Ende der siebziger Jahre ablehnten. Die Aushandlung der Einführung neuer Techniken verlagerte sich auf die Unternehmensebene und führte dort teilweise zu Vereinbarungen, in einigen spektakulären Fällen aber zur aggressiven Weigerung seitens des Managements, über technisch-organisatorische Veränderungen zu verhandeln.

Die auf Unternehmensebene ausgehandelten Technologie-Abkommen fügen sich ein in die allgemeine Tendenz der Verlagerung vom *Multi-Employer Bargaining* zum *Single-Employer Bargaining*, die sich in den siebziger und achtziger Jahren im privatwirtschaftlichen Sektor Großbritanniens weitgehend durchsetzt und dabei allerdings auch das stark dezentralisierte, informelle *Workshop Bargaining* zurückdrängt. Das Unternehmen oder der Betrieb wird so zur zentralen Aushandlungsarena der technisch-organisatorischen Veränderungen in den achtziger Jahren. Dabei gewinnen Konsultations-Mechanismen, die in entsprechenden Gremien auf Unternehmensebene *(Joint Consultation Committees)* Gestalt annehmen, an Bedeutung. Knüpfen diese Gremien an dem *Multi-Unionism* an, so werden in einigen spektakulären Fällen, vor allem in der Elektroindustrie, durch die Vereinbarung von *New Style Agreements* neuartige Vertretungsstrukturen geschaffen durch die Anerkennung nur einer Gewerkschaft und die Etablierung von neuartigen Gremien wie *Company Advisory Board* oder *Company Members' Board*. MacShane sieht hierin bereits eine Annäherung „an das europäische Modell von Betriebsräten, die auf Betriebsebene die Vertretung der Arbeitnehmer am Arbeitsplatz in erster Instanz wahrnehmen" (1991, S. 716).

Aufgrund der rechtlich nicht abgesicherten Position bleiben diese institutionellen Arrangements freilich prekär, insofern sie unter dem Vorbehalt der Anerkennung durch die Arbeitgeberseite stehen. Regelungen zur Technik- und Arbeitsgestaltung in den - vor allem in der Elektronikindustrie stark verbreiteten - „nicht-gewerkschaftlichen" Sektoren basieren in hohem Maße auf Mechanismen, die von Unternehmerseite initiiert und dominiert werden, aber gleichwohl den Arbeitnehmern Beteiligungsmöglichkeiten einräumen, um die aktive Einbindung der Beschäftigten in Modernisierungsprozesse zu gewährleisten. Aber auch in den noch traditionellen Sektoren der industriellen Beziehungen verdeutlichen empirische Befunde der letzten Jahre, daß die Aushandlungsprozesse ihre konfrontativen und distributiven Merkmale tendenziell verlieren und an ihre Stelle konsensual erzielte *Flexibility Agreements* (Marsden/Thompson 1990) und integrative *Single-Table Bargaining* Prozeduren (Marginson/Sisson 1990) treten.

In *Schweden* hatte die in den siebziger Jahren parlamentarisch verabschiedete Mitbestimmungsgesetzgebung Rahmenbedingungen geschaffen, die den Aushandlungsprozessen über den Einsatz neuer Techniken eine stabile prozedurale Grundlage boten, die von der Vertretung der gewerkschaftlich hochorganisierten Beschäftigten, den *Klubs*, genutzt wurde. Das Mitbestimmungsgesetz und die auf Branchen- und Unternehmensebene erfolgten Konkretisierungen der Beteiligungsrechte (Information, Konsultation, Verhandlung) schufen in allen drei Branchen seit Ende der siebziger Jahre einen stabilen Rahmen, innerhalb dessen die beteiligten Akteure auf Unternehmensebene den Einsatz neuer Techniken ausgehandelt haben. Die Aushandlungsprozesse nahmen dabei stärker den Charakter von gemeinsamen Konsultationen als von harten Verhandlungen an. Die Präsenz der gewerkschaftlichen Vertretung auf Unternehmensebene und das Fehlen davon getrennter Repräsentationsorgane haben die Vermittlung gewerkschaftlicher Technologie- und Arbeitspolitik mit den Arbeitsinteressen der Beschäftigten unterstützt. Dabei sind den Arbeitnehmern Möglichkeiten direkter Partizipation in Form von Projekt- und Entwicklungsgruppen eingeräumt worden, ohne daß diese bislang in Gefahr gerieten, gegen gewerkschaftlichen Einfluß ausgespielt zu werden. Gleichwohl ist die Umsetzung und Konkretisierung des Mitbestimmungsgesetzes in der zweiten Hälfte der siebziger und in den achtziger Jahren in unterschiedlichem Ausmaß auf Branchen- und Unternehmensebene erfolgt. Dem Charakter des Mitbestimmungsgesetzes als Rahmengesetz entsprechend, hatte die konkretisierende Festlegung und Ausgestaltung der Verhandlungsprozeduren und -gegenstände sektoral und lokal zu erfolgen, um den jeweiligen spezifischen Bedingungen Rechnung zu tragen.

Im Bankensektor ist bereits 1979 von den beiden Tarifparteien, dem Arbeitgeberverband BAO und der Bankgewerkschaft SBmf, ein Mitbestimmungsabkommen vereinbart worden, das im einzelnen die Verfahren der Information und Beteiligung sowie die mitbestimmungsrelevanten Gegenstandsbereiche, darunter auch die Entwicklung und Einführung von Computertechnologie, regelte. Auf der Ebene der Unternehmen des Finanzdienstleistungssektors sind im Anschluß daran betriebliche Mitbestimmungsabkommen vereinbart worden, die Informations- und Konsultationsmechanismen konkretisieren, ohne über den vom Branchenabkommen gesteckten Rahmen hinauszugehen. Sind im Finanzdienstleistungssektor schon zu Beginn der achtziger Jahre etwa zweihundert betriebliche Mitbestimmungsabkommen vereinbart worden, so ist in der Metall- und Elektroindustrie erst im Jahre 1983 ein Branchen-Mitbestimmungsabkommen in Kraft getreten, nachdem 1982 - nach fünfjährigen kontroversen und zeitweise ausgesetzten Verhandlungen - die Vereinbarung eines Mitbestimmungsabkommens für die private Industrie zwischen dem Arbeitgeberverband SAF, dem Gewerkschaftsdachverband LO und dem Verhandlungskartell der Angestellten-Gewerkschaften PTK erfolgt war. Die betriebliche Umsetzung ist in den achtziger Jahren in der gesamten privaten Industrie sehr zögernd verlaufen. „In reality, very few local agreements were concluded, although the local parties often act as if they have a local agreement.“ (Brulin 1995, S. 200)

Abweichend von den vorgenannten Branchen ist in der schwedischen Druckindustrie kein Branchenabkommen zum Mitbestimmungsgesetz vereinbart worden. Allerdings waren bereits in den siebziger Jahren - teils vor dem Inkrafttreten des Mitbestimmungsgesetzes - auf Unternehmens- und Branchenebene sowohl zwischen den Betriebs- wie den Tarifparteien Abkommen ausgehandelt wurden, die die prozeduralen Verfahren bei ökonomischen, technischen und organisatorischen Veränderungen festlegten. Auch in den achtziger Jahren haben in der Druckindustrie betriebliche Abkommen den Prozeß der Technikimplementation begleitet (Elam/Börjeson 1991).

Insgesamt hat in Schweden die Arbeitsgesetzgebung der siebziger Jahre, die mit der Ausbreitung neuer Techniken zeitlich zusammenfiel, ohne von ihr primär verursacht zu sein, die Aushandlungspraxis der kollektiven Akteure intensiviert und dabei dezentrale Verfahren und Arrangements gefördert. Ist die schwedische Mitbestimmungsgesetzgebung in der Substanz eine „reform of negotiating procedures“ (Sandberg u.a. 1992, S. 47), so zeigen die Erfahrungen, daß unter häufigem Verzicht auf formale Vereinbarungen auf Unternehmensebene, die konsensual orientierten Aushandlungsprozesse an Bedeutung zugenommen haben. „At workplace level, there has been a genuine shift in favour of more bipartite decision-making.“ (Edlund u.a. 1989, S. 30) Zum Ausdruck kommt dieser in „concrete projects and bipartite schemes to activate the individual employee. It is presumed that codeterminiation proceeds on a higly informal basis“

(ebd., S. 27). Diese Tendenz zu dezentralen und gering formalisierten Aushandlungsprozeduren im Verlauf der Einführung technischer und organisatorischer Innovationen ist in Schweden in den letzten Jahren forciert worden durch politisch-strategische Initiativen der Arbeitgeberverbände, sich aus den zentral koordinierten Verhandlungen über Einkommensfragen ebenso zurückzuziehen wie aus tripartistischen Arrangements (Ahlen 1989; Kjellberg 1992).

Tendenzen der Dezentralisierung der Aushandlungsprozesse bei der Implementation neuer Techniken, die sich auch in *Deutschland* durchsetzen, tragen hier zu einer Modifikation des dualen Systems der industriellen Beziehungen bei. In seiner historischen Herausbildung gründet es auf der Funktionsdifferenzierung zwischen zwei Regelungsinstitutionen und -arenen: der gesetzlich normierten Betriebsverfassung, die die Grundlage des Interessenausgleichs auf Betriebs- und Unternehmensebene zwischen Management und Betriebsrat darstellt, und der Tarifautonomie, die zwischen den Akteuren Gewerkschaft und Arbeitgeberverband die überbetrieblich-sektorale Vereinbarung von Normen gewährleistet. Wesentlich im Zuge des technisch-organisatorischen Wandels kommt es seit den achtziger Jahren verstärkt zu einer Verlagerung von Aushandlungsprozessen von der sektoralen zur betrieblichen Ebene. Kollektivvertragliche Regelungen auf sektoraler Ebene behalten zwar ihre Geltung, die konkretisierende Ausgestaltung der tarifvertraglichen Normen und Rahmenregelungen und die Generierung neuer Regelungstatbestände verlagert sich aber stärker auf die Unternehmens- und Betriebsebene und eröffnet hier auch der direkten Beteiligung von Arbeitnehmergruppen Spielräume.

In der Metall- und Elektroindustrie hatte bereits Ende der sechziger Jahre ein zwischen den Tarifparteien abgeschlossenes Rationalisierungsschutz-Abkommen die negativen Folgen technischer und arbeitsorganisatorischer Rationalisierung in Form personeller Ausgleichsmaßnahmen und monetärer Kompensation von Personalabbau geregelt. Ihre Fortsetzung und Erweiterung finden diese tariflichen Regelungen in den siebziger und achtziger Jahren, allerdings weitgehend begrenzt auf das Tarifgebiet Nordwürttemberg/Nordbaden der IG Metall, mit der Vereinbarung eines Absicherungsabkommens (1978) und eines Lohnrahmenabkommens (1988). Mit ihnen werden kompensatorische Schutznormen für Qualifikations- und Lohneinbußen im Zuge technisch-organisatorischer Veränderungen geregelt und, neben zeitlich begrenzten Lohnabsicherungen, auch Qualifizierungsansprüche der Beschäftigten normiert (Bahnmüller u.a. 1993).

Im Bankensektor wird nach fünfjähriger Verhandlung im Jahre 1983 ein Rationalisierungsschutz-Abkommen (Tarifvereinbarung zur Absicherung von Arbeitsplätzen und Einkommen bei Rationalisierungsmaßnahmen) von den Tarifparteien vereinbart, das einerseits der Logik des traditionellen Rationalisierungsschutzes folgt, andererseits weiterreichende Qualifizierungsansprüche normiert, die auf Unternehmensebene durch Betriebsvereinbarungen konkretisiert und auch ergänzt werden.

In der Druckindustrie erweitert der 1978 - nach einem längeren Arbeitskampf mit Schwerpunktstreiks und Aussperrungen - von den Tarifparteien vereinbarte Tarifvertrag über rechnergesteuerte Textsysteme durch längerfristige Arbeits- und Einkommenssicherung für die Berufsgruppe der Setzer den Schutz vor negativen Folgen des Technikeinsatzes und regelt zugleich Arbeitsbedingungen bei Bildschirmarbeit.

In der tariflichen Arena bleiben in den achtziger Jahren weitere Aushandlungen zur Gestaltung von Arbeit und Technik weitgehend aus, was sich wesentlich daraus erklärt, daß die tarifpolitische Agenda in diesem Zeitraum bestimmt wird von der Auseinandersetzung um die Verkürzung der Arbeitszeit, die in allen drei Branchen zum zentralen Gegenstand von Tarifkonflikten wird. Gleichzeitig verstärkt der tarifliche Kompromiß über die Arbeitszeitverkürzung, welcher den Betriebsparteien die Regelungskompetenz für die konkrete Ausgestaltung von Lage und Dauer der Arbeitszeit überläßt, die Tendenz, auf Unternehmens- und Betriebsebene - in der Rechtsform von Betriebsvereinbarungen - Arbeitsbedingungen zu regeln. Deshalb verlagert sich in Deutschland während der achtziger Jahren auch die Auseinandersetzung um die Einführung von neuen Techniken zu einem erheblichen Teil auf die betriebliche Ebene, auf der Betriebsvereinbarungen zur Bildschirmarbeit, zum Datenschutz, zur Weiterbildung und zur Gruppenarbeit ausgehandelt werden.

Wir sehen folglich in allen drei Ländern in den achtziger Jahren, wie im Zuge der technisch-organisatorischen Veränderungen die Unternehmensebene als Arena von Aushandlungsprozessen eine Aufwertung erfährt. Institutionell ermöglicht und abgesichert ist diese Verlagerung in Deutschland durch die gesetzlich kodifizierten Informations-, Beratungs- und Mitbestimmungsrechte des Betriebsrates als Interessenvertretung der im Unternehmen beschäftigten Arbeitnehmer, die Anfang der siebziger Jahre und erneut Ende der achtziger Jahre durch Novellierungen des Betriebsverfassungsgesetzes ausgeweitet wurden, sowie durch die Übertragung von tariflicher Regelungskompetenz auf die betrieblichen Akteure. In Schweden wurde diese Verlagerung durch die mit dem Mitbestimmungsgesetz und in seiner Folge durch bilaterale Abkommen auf Branchen- und Unternehmensebene konkretisierten Verhandlungsrechte der betrieblich-gewerkschaftlichen Interessenvertretungen institutionell ermöglicht. In Großbritannien, wo vergleichbare gesetzliche Regulierungen nicht vorhanden sind, stützt sich die Dezentralisierung auf die Tradition fragmentierter und dezentralisierter Aushandlungsprozesse, die vom Management und den *Shop Stewards* getragen wurden. Hieran knüpften die Aushandlungen über technische und organisatorische Veränderungen auf Unternehmensebene an, wobei die Aushandlungsprozeduren und Vereinbarungen ein höheres Maß an Formalisierung erfahren und zur Herausbildung neuer Arrangements führen, die von bilateralen Vereinbarungen neuer Art *(New Technology Agreements, Flexibility Agreements, New Style Agreements)* bis zu entkollektivierten Vereinbarungen zwischen Management und einzelnen Arbeitnehmer(gruppen) reichen.

Hat sich im Zuge der Implementation neuer Techniken in den Produktions- und Dienstleistungssektoren der Ort der Aushandlungen stärker zur Unternehmensebene hin verlagert, so hat sich - damit einhergehend - zugleich die Form der Aushandlungen verändert. Feststellbar ist, wie aus den Branchendarstellungen hervorgeht, ein allgemeiner Trend, der darin zum Ausdruck kommt, daß bei der Aushandlung des Einsatzes neuer Techniken Formen der Information und Konsultation im gleichen Maße an Bedeutung gewinnen wie verteilungsorientierte traditionelle Verhandlungsformen zurückgedrängt werden. Im Verständnis der Akteure wie in theoretischen Analysen (Altmann/Düll 1987; Batstone u.a. 1987) stellen gemeinhin traditionelle Verhandlungen, die am Typus von klassischen Lohnverhandlungen orientiert sind, die „härtere" Variante von Aushandlungsprozessen dar; sie sind machtorientiert und über ihren Ausgang entscheidet die Möglichkeit der Mobilisierung organisatorischer Ressourcen (wie Streik und Aussperrung). Dagegen gelten Konsultationen als „weichere" oder „schwächere" Variante von Aushandlungsprozessen, bei denen die Akteure auf den Einsatz von Machtmitteln weitgehend verzichten und stärker auf Kompetenz und Kommunikation setzen, um Kompromiß-Lösungen herbeizuführen.

Allerdings verdeutlicht der Verlauf der Technikeinführung in den verschiedenen Ländern und Branchen, daß eine zu stark polarisierte Gegenüberstellung von Verhandlung und Konsultation die Verlaufsformen der Aushandlungsprozesse nicht angemessen wiedergibt. Vielmehr zeigt sich eine Komplementarität von Verhandlungs- und Konsultationsprozessen; beide Formen können sich teilweise überlappen und je nach Aushandlungsgegenstand unterschiedliches Gewicht haben. So plädiert Marchington (1987) in einer Analyse der britischen Erfahrungen für ein „complementary model" und Beirne/Ramsay (1992, S. 9) verweisen darauf, daß „consultation may take on a tacit bargaining style or negotiating may take a higly accommodative, 'integrative' form". Auch die schwedischen und deutschen Erfahrungen verweisen auf das Nebeneinander von Verhandlungen und Konsultationen (Sandberg u.a. 1992; Helfert 1992).

4. Verhandlungsgegenstände: Von der Besitzstandssicherung zur Qualifizierung und Arbeitsgestaltung

Bei dem überaus komplexen Gegenstand „Neue Techniken" mußte von den Akteuren die Agenda - worüber Verhandlungen und Konsultationen zwischen welchen Akteuren und auf welchen Ebenen erfolgen sollten - erst noch ausgehandelt werden.

Technisch-organisatorische Innovationen in Unternehmen erfolgen in abgestuften, wenn auch sich überlagernden Prozessen, die von Phasen der grundsätzlichen Entscheidung über den Technikeinsatz und der Auswahl unter den alternativen technischen und organisatorischen Lösungen bis zur Phase der Implementation im Unternehmen reichen, die in der Folge, aufgrund von Bewertungen der praktischen Resultate, weitere Veränderungsprozesse - selten grundsätzlicher, zumeist inkrementaler Art - auslösen. Der programmatische Anspruch der Gewerkschaften zielte in aller Regel auf eine umfassende Beteiligung, beginnend bei den Grundsatzentscheidungen bis zur Implementation und praktischen Erprobung der neuen Techniken. In welchen Phasen und in welchem Ausmaß sind gewerkschaftliche und betriebliche Interessenvertretungen und die Betroffenen realiter beteiligt worden?

Die Befunde aus Fallstudien und Untersuchungen, die auf repräsentativen Befragungen basieren, zeigen ein übereinstimmendes Bild. Demnach bleibt der Bereich der strategischen Entscheidungen auf Unternehmensebene Aushandlungsprozessen weitgehend entzogen. Damit ist nicht gesagt, daß die strategischen Entscheidungen über Investitionen in neue Techniken und über deren Einsatzkonzepte einer zwingenden technischen oder betriebswirtschaftlichen Logik folgen, die bloß exekutiert würde; im Gegenteil weisen diverse Befunde, die bislang von sozialwissenschaftlicher Forschung noch kaum systematisch erhoben worden sind, darauf hin, daß diese Entscheidungen durchaus zwischen verschiedenen beteiligten Akteuren (wie zwischen Herstellern und Technikanwendern oder zwischen Technik-, Finanz-, Personalbereichen innerhalb des Unternehmens-Management) „ausgehandelt" werden; aber im Rahmen unserer Untersuchung konnten wir diesen intraorganisatorischen Bargaining-Prozessen nicht nachgehen. Allerdings zeigen Befunde aus den Ländern und Branchen, daß das Management dort, wo Mitbestimmungsmöglichkeiten der Interessenvertretungen institutionalisiert sind, arbeits- und personalpolitische Erwägungen in seine Entscheidungen einbezogen hat; dies gilt stärker für Deutschland und Schweden als für Großbritannien.

Die Interessenvertretungen der Arbeitnehmer konnten in aller Regel keine umfassenden Beteiligungsrechte bei den Entscheidungen über Technikauswahl und -einsatz geltend machen und durchsetzen, während es dem Management gelang, seine Prärogative zu behaupten. Nur in seltenen Fällen - so in einzelnen Unternehmen der britischen Zeitungsindustrie - hat das Management sein „right to manage" konfrontativ durchgesetzt. In der Regel hat das Management bei seinen Entscheidungen zur Technikauswahl die Interessen der Beschäftigten miteinbezogen, um deren Akzeptanz nicht aufs Spiel zu setzen. Auch unsere Expertengespräche ergeben kein anderes Bild. Wie seitens der betrieblich-gewerkschaftlichen Vertreter eingeräumt wird, war nicht nur die Weigerung der Unternehmensleitungen, sondern auch die fehlende Kompetenz der Interessenvertretung dafür verantwortlich, daß alternative Optionen für strategische Entscheidungen bei Produkt- und Prozeßinnovationen in Aushandlungen zwischen den Akteuren kaum eine Rolle spielten. Während die fehlenden Aushandlungsmöglichkeiten in Großbritannien teilweise eine Erklärung in den politisch-programmatischen Orientierungen der Gewerkschaften finden, bleiben auch in Schweden und Deutschland, wo der Mitbestimmungsanspruch hinsichtlich strategischer Entscheidungen programmatisch von den Gewerkschaften stärker betont wird, die betrieblichen und gewerkschaftlichen Akteure von strategischen Entscheidungsprozessen weitgehend ausgeschlossen.

Die von der „Europäischen Stiftung zur Verbesserung der Lebens- und Arbeitsbedingungen" in der zweiten Hälfte der achtziger Jahre durchgeführte repräsentative Befragung von insgesamt 7.500 Managern und Arbeitnehmervertretern in zwölf EU-Mitgliedsländern zur Beteiligung von Arbeitnehmervertretern bei der Einführung von Informationstechnologien zeigt, daß in strategischen Fragen wie Marktstrategie, Investitionsentscheidungen und Produktentwicklung zwischen 40 und 60 Prozent aller Arbeitnehmervertreter von jeglicher Einflußnahme ausgeschlossen sind und nur 5 bis 10 Prozent über Beteiligungsrechte verfügen (Fröhlich u.a. 1991; Cressey/Williams 1991; Krieger/Lange 1992). Dagegen zeigen die Ergebnisse der europäischen Studie zugleich, daß, im Gegensatz zu strategischen Entscheidungen in der Planungsphase, die Beteiligung von Arbeitnehmervertretern bei operativen Entscheidungen, im Verlauf der Technikimplementation, eine erheblich höhere Intensität erreicht.

Es sind also im wesentlichen die aus der Einführung neuer Techniken sich ergebenden Folgen, die von den Akteuren der industriellen Beziehungen seit Mitte der siebziger Jahre zum Gegenstand von Aushandlungsprozessen gemacht werden. Standen zunächst die materiellen Schutzinteressen der Beschäftigten angesichts der erwarteten Folgen der Technikeinführung im Vordergrund von Konflikten und Aushandlungen, so erlangen Gestaltungsinteressen erst in der zweiten Phase der Technikimplementation stärker an Gewicht.

In diesem Verlauf, den wir für die drei Branchen nachgezeichnet haben, ist eine allgemeine Tendenz zur Ausweitung der Gegenstände erkennbar, die in den Regelungshorizont der Akteure treten. In der ersten Phase der Technikimplementation standen die direkten Auswirkungen auf die Arbeitsplatzsicherheit im Vordergrund und wurden ergänzt um die - ebenfalls negativ prognostizierten - Folgen für die Qualifikationen der Beschäftigten. Daneben blieben generell Fragen der Einkommenssicherung und -steigerung weiterhin im Zentrum von kollektiven Aushandlungsprozessen ebenso wie Fragen der Arbeitszeit und deren Gestaltung. Insgesamt erlangen seit Mitte der achtziger Jahre in der zweiten Phase der Technikimplementation darüberhinaus Aspekte der Weiter- und Fortbildung, des Personaleinsatzes und der Arbeitsorganisation an Bedeutung, deren ausgestaltende Regelungen für einzelne Beschäftigtengruppen sich zunehmend von der Branchen- zur Unternehmensebene hin verlagern und zu einer Aufwertung der Akteure auf der Unternehmensebene führen. Allerdings weist diese generelle Verlagerungstendenz der Themen und Aushandlungen der Folgen neuer Techniken nationale und sektorale Unterschiede auf.

So wie in den siebziger Jahren zunächst die globalen Beschäftigungsfolgen und Qualifikationsauswirkungen im Zentrum der politischen und gesellschaftlichen Thematisierung der neuen Techniken standen (neue Techniken als „Job-Killer“), sind diese auch von den Akteuren der industriellen Beziehungen aufgegriffen worden, wobei auf Gewerkschaftsseite Forderungen nach der Sicherung von Arbeitsplätzen, Qualifikation und Einkommen im Vordergrund standen. In nahezu allen Branchen und Ländern erfolgten in der ersten Phase der Technikimplementation seit Mitte der siebziger Jahre Aushandlungen, deren Ergebnisse im Rahmen von Rationalisierungsschutz-Abkommen und Technologie-Abkommen im Kern auf einem „Tausch“ basierten. Von den Gewerkschaften und betrieblichen Areitnehmervertretern wird der Prozeß der technisch-organisatorischen Innovationen ausdrücklich als Mittel zur Produktivitätssteigerung akzeptiert; im Gegenzug wird von den Arbeitgeberverbänden und den Unternehmen die Zusicherung gegeben, Entlassungen aufgrund von technisch-organisatorischen Neuerungen soweit wie möglich auszuschließen oder durch kompensatorische Maßnahmen (wie Umsetzungen, Versetzungen, Weiterqualifikation oder Abfindungen) abzumildern.

Die heftigsten Konflikte traten in der ersten Phase der Computer-Einführung in allen drei Ländern in der Druckindustrie auf, die in branchenweiten oder unternehmensbezogenen Arbeitskämpfen kulminierten, während in den anderen Branchen die Technikeinführung keine direkten Streikaktionen auslöste. Die vergleichsweise hohe Konfliktintensität in der Druckindustrie erklärt sich aus der kollektiven Bedrohung der beruflich-fachlichen und sozialen Existenz des Berufstandes der Setzer, die, basierend auf ihrer hohen gewerkschaftlichen Organisierung und erfolgreich praktizierter „sozialer Schließung“ ihres Arbeitsmarktes, über eine starke Kontrollposition im Arbeitsprozeß verfügten. Aufgrund ihrer strategischen Position im Produktionsprozeß und ihrer Organisationsstärke (die in den *Chapels* der britischen Zeitungsindustrie ihre ausgeprägteste Bastion hatte) konnten die Setzer in der Druckindustrie in allen drei Ländern in der zweiten Hälfte der siebziger Jahre ihre Schutzinteressen weitgehend durchsetzen und in branchenweiten oder betrieblichen Aushandlungen arbeitsorganisatorische und -inhaltliche Besitzstandswahrungen und - zumindest zeitlich befristete - Beschäftigungsgarantien erreichen. Die in Vereinbarungen festgeschriebenen Regulierungen bedeuteten für die Unternehmen der Druckindustrie, vor allem der Zeitungsdruckereien, daß der vollen Ausschöpfung der Rationalisierungs- und Technisierungspotentiale Grenzen gesetzt wurden, die erst mit zeitlicher Verzögerung die volle Nutzung der technischen Innovationen zuließen.

Sowohl in der Elektroindustrie, hier vor allem in der Elektronikindustrie, als auch im Bankensektor hat der Gesichtspunkt der Beschäftigungssicherung in Aushandlungsprozessen der siebziger und achtziger Jahre eine weniger dominante Rolle gespielt, weil hier Arbeitnehmer und Gewerkschaften negative Beschäftigungsfolgen weniger drastisch erfuhren. Gleichwohl sind in bilateralen Vereinbarungen auf Branchen- oder Unternehmensebene Regelungen zur Besitzstandssicherung und zur Kompensation bei Personalabbau getroffen worden.

Insgesamt hat die Beschäftigungssicherung bei technischen Neuerungen in Großbritannien einen höheren Stellenwert als in Schweden und Deutschland, was zum einen begründet ist in der weiter ausgebauten gesetzlichen Regelung von Beschäftigungsverhältnissen in den beiden Ländern (so in den personalen Mitbestimmungsrechten des deutschen Betriebsrates oder dem 1974 in Schweden verabschiedeten Kündigungsschutzgesetz). Zum anderen sind diese Differenzen erklärbar vor dem Hintergrund der Arbeitsmarktentwicklung, die in unterschiedlich hohen Arbeitslosenraten zum Ausdruck kommt sowie in dem unterschiedlichen Stellenwert, den die Arbeitsmarktpolitik in den drei Ländern hat. So förderte zweifellos die schwedische aktive Arbeitsmarktpolitik, die bis Anfang der neunziger Jahre von einer „sozialdemokratischen Reformbürokratie“ (Rothstein 1985) politisch gesteuert und administriert wurde, „eine legitimatorische Entlastung der Gewerkschaften und den Konsens für eine Modernisierungsstrategie ohne Massenarbeitslosigkeit“ (Czada 1988, S. 90). Ähnlich schuf die Neufassung des Arbeitsförderungsgesetzes bereits Ende der sechziger Jahre in der Bundesrepublik günstigere Bedingungen für eine aktive Arbeitsmarktpolitik, während in Großbritannien in den achtziger Jahren die konservative Regierung eine aktive Arbeitsmarktpolitik nachdrücklich ablehnte.

Die in der zweiten Hälfte der siebziger Jahre vorgelegten Prognosen über die Beschäftigungs- und Arbeitsfolgen des Einsatzes neuer Techniken gingen überwiegend von massivem Beschäftigungsabbau und von negativen Folgen für die weitere Entwicklung von berufsfachlichen Kenntnissen und Fähigkeiten aus, die in einer generellen Dequalifikation für Industriearbeit und Dienstleistungsarbeit kulminieren würden. Auch wenn die tatsächliche Entwicklung in den achtziger Jahren nach Branchen und Tätigkeitsbereichen unterschiedlich verlaufen ist, wie aus den Branchendarstellungen hervorgeht, hat dennoch insgesamt die These einer generellen Dequalifizierung keine Bestätigung erfahren. Die Annahme einer zwangsläufigen Dequalifizierungstendenz ist seit Mitte der achtziger Jahre praktisch revidiert worden. Damit einhergehend sind Notwendigkeiten von Qualifizierungsprozessen durch Ausbildung, Fort- und Weiterbildung stärker in den Horizont von Aushandlungen der Akteure getreten und fanden Eingang in Regelungen, die auf Branchen- oder Unternehmensebene vereinbart wurden. So läßt sich in den drei Branchen und Ländern feststellen, daß Ansprüche von Beschäftigten und Erfordernisse von Unternehmen an erweiterten Qualifizierungen in unterschiedlicher Reichweite zum Thema von Verhandlungen in den achtziger Jahren werden.

Die tariflichen und betrieblichen Vereinbarungen über Qualifizierungsmaßnahmen weisen kaum kontroverse Verhandlungsverläufe auf, geht es doch um Gegenstandsbereiche, bei denen sich die Interessen von Unternehmen und Interessenvertretungen überschneiden. Zielt die Managementseite mit der Ausweitung von Qualifizierungsmaßnahmen auf eine effiziente und flexible Bewältigung der steigenden technischen und organisatorischen Anforderungen, so verbinden die Interessenvertretungen mit Qualifizierungsprogrammen für die Beschäftigten Chancen für höhere Einkommen, sichere Beschäftigungsverhältnisse und größere Dispositions- und Handlungsmöglichkeiten in der Arbeit. Während die Gewerkschaften deshalb die Weiterbildungsansprüche ausweiten und für alle Beschäftigten absichern wollen, findet aus Unternehmenssicht der Umfang von Qualifizierungsprogrammen vielfach eine Begrenzung am betrieblichen Bedarf (Mahnkopf 1991; Rainbird 1990). Im Ergebnis führt dies in der Regel sowohl in Produktions- wie Dienstleistungssektoren zu selektiven Qualifizierungsangeboten, die überproportional den privilegierten Beschäftigtengruppen zugute kommen, während die geringer qualifizierten Beschäftigtengruppen nur partiell einbezogen werden. In dem Maße, wie Weiterbildung zu einem Gegenstand von Aushandlungsprozessen zwischen den Akteuren der industriellen Beziehungen wird, unterstützt dies zugleich die Tendenz zur Dezentralisierung der Aushandlungsebene. Denn wenn auch Rahmenabkommen auf Branchenebene die Ansprüche und Formen von Personalplanung, Personalentwicklung und Qualifizierungsmaßnahmen in allgemeiner Weise regeln, bleibt deren Umsetzung auf die Ausgestaltung durch die Betriebsparteien angewiesen (Bahnmüller u.a. 1993).

Weisen die Aushandlungsprozesse über Qualifizierungsanpassungen, die im Zuge der weiteren Implementation neuer Techniken an Bedeutung zunehmen, eine integrative Perspektive auf und orientieren sich in der Tendenz an Positivsummenspielen, so gilt dies ähnlich für arbeitsorganisatorische Veränderungen, die in zunehmendem Maße Gegenstand von Aushandlungen zwischen den Akteuren werden. Auch wenn die Konturen eines neuen „post-fordistischen“ Produktions- und Organisationsmodells noch keineswegs endgültig ausgemacht sind und weiterhin recht unterschiedliche Ausprägungen von Management- und Organisationskonzepten nach Branchen, Unternehmen und Ländern vorfindbar sind, weisen die vorliegenden Befunde doch auf eine verallgemeinerbare Tendenz. Die flexiblen Gestaltungsspielräume einer auf der Mikroelektronik basierenden Technologie eröffnen arbeitsorganisatorische Optionen, die eine Abkehr von traditionellen Mustern der Arbeitsteilung präferieren. Von Managementseite werden diese Optionen seit der zweiten Hälfte der achtziger Jahre verstärkt genutzt, um in der veränderten Wettbewerbssituation nicht nur Kostenentlastungen zu erreichen, sondern auch die Qualität der Produkte und Dienstleistungen zu erhöhen und Flexibilitäts- und Motivationspotentiale der Beschäftigten wirksamer zu nutzen.

Vor allem in jenen Industriesektoren, in denen bislang unangefochten tayloristische Organisationsprinzipien dominierten, wie - neben der Automobilindustrie - in der klassischen Elektroindustrie, sind in den letzten Jahren Ansätze in allen drei Ländern festzustellen, die darauf zielen, die organisatorischen Rigiditäten arbeitsteiliger Organisation abzumildern, um Flexibilitätsgewinne zu erzielen. In der Druckindustrie hat die technisch induzierte Umgestaltung der Arbeitsorganisation, bei der die Setzer ihre frühere zentrale Kontrollposition verloren, zu einer Integration der vormals streng separierten Beschäftigungsgruppen in der Druckvorlagenherstellung geführt und die Durchsetzung neuer Arbeitsorganisationskonzepte gefördert. Im Bankgewerbe, in dem in der ersten Phase der Implementation von Computern der Zuschnitt der Tätigkeiten im Bereich der Abwicklung des Zahlungsverkehrs nach bürokratisch-zentralistischen Organisationsprinzipien erfolgte, ist in der zweiten Phase die Gestaltung der marktnäheren Arbeitsbereiche stärker an ganzheitlichen Arbeitstätigkeiten orientiert, wobei vor allem auf die Nutzung fachlicher und sozialer Kompetenz der Beschäftigten gesetzt wird.

Nach Abschluß der ersten Phase, in der die Strukturen und Prozesse von Unternehmensorganisation und Arbeitsorganisation nicht grundsätzlich verändert worden waren, beginnt in der zweiten Hälfte der achtziger Jahre eine Phase von Veränderungen, die sowohl zur Forcierung der flexiblen Potentiale weiterentwickelter Informations- und Kommunikationstechnologien führen als auch veränderten Organisationskonzepten einen höheren Stellenwert zuweisen. Die Verlagerung der Orientierung von „high tech" zu „high org" konfrontiert auch die Akteure der industriellen Beziehungen mit neuen Verhandlungsgegenständen und -feldern. Die einsetzende Abkehr von tayloristisch-fordistischen Konzepten der Organisation der Arbeit öffnet unterschiedliche Optionen für die Nutzung von Gestaltungsspielräumen sowohl auf seiten des Managements als auch der Interessenvertretungen der Arbeitnehmer. Die Einführung von Qualitätszirkeln und von Gruppenarbeit sind dabei zwei zentrale Gestaltungsansätze, um die Motivation der Beschäftigten und die Flexibilität des Personal- und Arbeitseinsatzes zu erhöhen; die damit den Beschäftigten offerierte direkte Beteiligung stellt die institutionalisierte Interessenvertretung vor neue Herausforderungen.

In *Schweden* - und allgemein in Skandinavien - reicht die Einführung von Gruppenarbeit zurück in die sechziger und siebziger Jahre und erlangte im Kontext der soziotechnischen Gestaltungsansätze von Arbeitsforschern wie Emery und Thorsrud (1982) praktische Relevanz. Vor allem die Umgestaltung der Arbeitsorganisation, verbunden mit technischen Innovationen wie der Ersetzung von kurzgetakteten Fließbändern in den Montagewerken der Automobilhersteller Saab und Volvo durch neue Transporttechniken, begründete die Vorreiterrolle schwedischer Konzepte von „demokratischer" teilautonomer Gruppenarbeit (Sandberg 1982; Auer/Riegler 1988; Berggren 1991). Boyer (1992, S. 98) spricht deshalb vom schwedischen Modell der Massenfertigung als einem „demokratischen Fordismus“. Auch in der Metall- und Elektroindustrie erlangt die Einführung von Gruppenarbeit in den achtziger und neunziger Jahren wachsende Bedeutung (Kaßebaum 1994, S. 156 f). Das Management verfolgte damit das Ziel, die in Schweden in den achtziger Jahren hohen Fluktuations- und Absentismusraten zu reduzieren und zugleich Qualitätsstandards zu optimieren. Für die Gewerkschaften verbinden sich mit Gruppenarbeit Ziele der Verbesserung der Arbeitsbedingungen sowie einer Erhöhung der Qualifikation und der Handlungsspielräume der Beschäftigten, die an einem Konzept von „guter Arbeit“ orientiert sind. Der Ausgleich von Interessenlagen erfolgt in Schweden aufgrund der „verhandelten Mitbestimmung“ in der Form von gemeinsamen Projektgruppen, die die Ausgestaltung der Gruppenarbeit regulieren, ohne dies in der Regel in formellen Verträgen zu ratifizieren.

Eine Anfang der neunziger Jahre von Wissenschaftlern und Gewerkschaftern der Industrieangestellten-Gewerkschaft SIF durchgeführte Befragung von Unternehmen der Metall- und Elektroindustrie in einer Region Schwedens zeigt, daß in knapp drei Viertel der befragten Unternehmen seit Mitte der achtziger Jahre Produktionsgruppen oder Arbeitsteams eingeführt worden sind. In zwei Drittel der Fälle ging die Initiative vom Management aus, während in einem Fünftel die Einführung einer gemeinsamen Initiative von Management und betrieblichen Gewerkschaftsvertretern zuzuschreiben war. Während in 30 Prozent der Unternehmen das Management einseitig die neue Arbeitsorganisation einführte, waren in 60 Prozent der Fälle die Gewerkschaften an der Ausgestaltung und Konkretisierung durch Projektgruppen und Ausschüsse beteiligt (Nilsson/Henmark 1993). Die Einführung von Qualitätszirkeln von seiten des Managements erlangte in Schweden in der ersten Hälfte der achtziger Jahre Bedeutung - Mitte der achtziger Jahre bestanden nach Umfragen der Metallgewerkschaft in 44 Prozent der Unternehmen Qualitätszirkel (Kaßebaum 1994, S. 160) -, schwächte sich aber in der zweiten Hälfte der achtziger Jahre wieder ab, teils weil die Gewerkschaften eine ablehnende Haltung einnahmen (Brulin 1995, S. 213), teils weil die weitergefaßten Organisationskonzepte eines Qualitätsmanagements in den Unternehmen diese integrierten.

In *Großbritannien* verbreitete sich die Einführung und Praktizierung von Qualitätszirkeln in Unternehmen der Fertigungsindustrie ebenso wie des Dienstleistungsbereichs im Verlauf der achtziger Jahre. Untersuchungen und Fallstudien (IDS 1985; Collard/Dale 1989; Hill 1991) zeichnen insgesamt ein Bild, nach dem zwar in einzelnen Fällen Qualitätszirkel scheiterten, in der Mehrzahl die Einführung aber zu Produktionsverbesserungen führte und von den Beschäftigten, denen sie Mitsprachemöglichkeiten einräumten, mitgetragen wurde. Widerstand und mangelnde Unterstützung durch das mittlere Management waren dabei größere Hindernisse bei der Qualitätszirkel-Arbeit als eine ablehnende Haltung durch die gewerkschaftlichen Interessenvertreter. Der Gewerkschafts-Dachverband TUC hatte Anfang der achtziger Jahre in einer Stellungnahme seine ambivalente Position gegenüber Qualitätszirkeln zum Ausdruck gebracht: „Trade unions have been urging employers for decades to give workers more control over the job they do. QCs are a belated recognition of employees' expertise and knowledge and the need to put them to use. At the same time trade unionists may be understandably sceptical about the merits of the latest in a succession of 'vogue' management techniques.“ (TUC 1981) Vor allem die technologiepolitisch pro-aktiven Gewerkschaften, wie die Elektriker-Gewerkschaft EEPTU, haben im Verlauf der achtziger Jahre ihre offensive unterstützende Haltung gegenüber Qualitätszirkeln und weiterreichenden arbeitsorganisatorischen Innovationen programmatisch bekräftigt und praktisch an deren Umsetzung mitgewirkt.

Die in Großbritannien traditionell stark verankerten tayloristisch-fordistischen Produktionskonzepte hatten arbeitspolitisch durch die gewohnheitsrechtlich festgeschriebenen Abgrenzungen zwischen Tätigkeitsbereichen, die wiederum als Zuständigkeitsdomänen einzelner berufsbezogener Gewerkschaften galten, ein hohes Maß an Stabilität gewonnen. Die Implementation des japanischen Produktionsmodells in den *Transplants* japanischer Unternehmen in Großbritannien (White/Trevor 1983; Oliver/Wilkinson 1988) bewirkte in den achtziger Jahren arbeitsorganisatorische Innovationen auch in britischen Unternehmen. In wachsendem Maße veränderten die Unternehmen traditionelle Arbeitspraktiken durch Verflüssigungen der Abgrenzungen zwischen den Tätigkeitsbereichen, unterstützt durch Qualifizierungsprozesse und die Ausweitung von Gruppenarbeit (ACAS 1988; Kirosingh 1989). Die auf den Abbau interner Rigiditäten und der Erlangung funktionaler Flexibilität zielenden Veränderungen, wurden auf Betriebs- und Unternehmensebene durchgesetzt, entweder auf dem Wege informeller Übereinkünfte oder durch formalisierte *New Style Agreements* und *Flexibility Agreements* zwischen Management und Gewerkschaften.

Die Einführung von Qualitätszirkeln und Gruppenarbeit gewann auch in *Deutschland* eine wachsende Dynamik im Verlauf der achtziger Jahre. Für Ende der achtziger Jahre wird die Zahl der Unternehmen mit Qualititätszirkeln auf 1.000, die Anzahl der Qualitätszirkel selbst auf 3.000 bis 4.000 geschätzt (Deppe 1988, S. 171); im Laufe der achtziger Jahre macht eine wachsende Zahl von Unternehmen Erfahrungen mit Qualitätszirkeln (Bungard/Antoni 1993). Die Weiterentwicklung des Qualitätsmanagements in Unternehmen durch Praktizierung kontinuierlicher Verbesserungsprozesse ist seit Anfang der neunziger Jahre - zusammen mit der Ausweitung von Gruppenarbeitskonzepten - schwerpunktmäßig in der Automobilindustrie und im Maschinenbau, aber auch in anderen Zweigen der Produktion und Dienstleistung zu beobachten. Entgegen einer anfangs eingenommenen skeptischen bis ablehnenden Haltung von Gewerkschaften gegenüber diesen neuen Organisationskonzepten, hat sich im Verlauf der achtziger Jahre aufgrund der praktischen Erfahrungen die Position der gewerkschaftlichen und betrieblichen Interessenvertretungen verändert. Die gesetzlichen Beratungs- und Mitbestimmungsrechte der Betriebsräte ließen die arbeitspolitische Regulierung von Qualitätszirkeln und Gruppenarbeit zum Gegenstand von Aushandlungen mit dem Management werden. Zumindest in den Unternehmen mit stabilen Vertretungsstrukturen sind die Verfahrensweisen bei der Einführung von Qualitätszirkeln und Gruppenarbeit in Betriebsvereinbarungen geregelt (Breisig 1991) und räumen so den Beschäftigten und den Interessenvertretungen in der Auseinandersetzung mit einem auf Konsens und

Beteiligung orientierten Management neue Felder der Kooperation und Gestaltung im Prozeß der anhaltenden technischen und organisatorischen Modernisierung ein (Sperling 1994).

Insgesamt tragen die verschiedenen arbeitsorganisatorischen Innovationen zu einer Aufwertung von Formen direkter Partizipation bei, die den Flexibilitätserfordernissen der Unternehmen gleichermaßen Rechnung tragen wie den veränderten Qualifizierungs- und Arbeitsinteressen und den sozial-kulturellen Wertorientierungen der Beschäftigten. Diese Veränderungen werden anhalten und durch die neuen Dezentralisierungs- und Vernetzungspotentiale der Informations- und Kommunikationstechnologien weitere Schubkraft erfahren. Offen bleibt derzeit, inwieweit damit Verschiebungen von kollektiv-repräsentativen zu individuell-direkten Vertretungsformen erfolgen. Tendenzen dazu finden sich in allen untersuchten Branchen der drei Länder, in einem freilich unterschiedlichen Ausmaß. Die bisherige Stabilität gewerkschaftlicher Organisation in Schweden läßt einen generellen Bedeutungsverfall institutionalisierter Vertretungsmechanismen eher unwahrscheinlich erscheinen, während in Großbritannien ein weiteres Zurückdrängen der Gewerkschaften wahrscheinlich ist. In Deutschland steht die Stabilität der Vertretung durch den Betriebsrat absehbar nicht zur Disposition, wenn auch ein neues Gleichgewicht von repräsentativer und direkter Partizipation sich erst noch einspielen muß.

5. Varianten und Entwicklungstendenzen der Technik-Aushandlung

Eine unserer Ausgangsüberlegungen war, daß die jeweiligen Systeme der industriellen Beziehungen über spezifische Institutionen verfügen, die den Beschäftigten Verfahren der Beteiligung bei der Festlegung und Gestaltung von Entlohnungs- und Arbeitsbedingungen einräumen. Die Akteure haben dazu je spezifische Konfliktaustragungs- und Konsensfindungsverfahren gefunden und institutionalisiert. Auch weiterhin stehen Aushandlungen von Entlohnungs- und Arbeitsbedingungen im Zentrum der Auseinandersetzungen zwischen den Akteuren; Auseinandersetzungen um neue Techniken haben sie nicht verdrängt, aber veränderte Konstellationen geschaffen. Die Implementation von Produkt- und Prozeßinnovationen haben nicht nur zum Wandel der Arbeits- und Produktionsbedingungen in den Unternehmen geführt, sondern auch die etablierten institutionalisierten Arrangements der kollektiven Arbeitsbeziehungen unter Veränderungsdruck gestellt. Wir haben die technisch-organisatorische Rationalisierung und Modernisierung als konfliktträchtige Verhandlungs- und Anpassungsprozesse konzeptualisiert, deren Verlauf und Resultate durch die institutionellen und organisatorischen Ressourcen sowie die strategischen Orientierungen der Akteure wesentlich bestimmt werden. Die Verarbeitung der technisch-organisatorischen Innovationen auf Unternehmens- und Branchenebene läßt sich deshalb „als Prozeß sozialer Interaktionen von Aktoren“ auffassen, in dem „Entscheidungsprozesse stattfinden und Interessenkonflikte möglich, ja wahrscheinlich sind“ (Hotz-Hart 1989, S.23).

Mit dieser Sichtweise unvereinbar sind alle Konzepte eines technologischen Determinismus. Gegen dessen Geltung ist vor allem die neue Technik-Qualität der Mikroelektronik angeführt worden, der ein hohes Maß an Variabilität und Gestaltungsoffenheit bei der Anwendung in Arbeits- und Organisationsprozessen eigen ist. Auch wenn McLoughlin und Clark (1988, S. 11) zu Recht davor warnen, das „technologische Baby" nicht mit dem „deterministischen Badewasser" auszuschütten, spricht für das alte Konzept eines technologischen Sachzwangs ebenso wenig wie für ein neues deterministisches Argument, das aus der Gestaltungsnotwendigkeit und -offenheit der neuen Techniken gleichsam einen Sachzwang in Richtung Partizipation ableitet und Partizipation zum „Königsweg bei der Einführung neuer Technologien" (Frese 1987, S.15) adelt. Vielmehr illustrieren die für die einzelnen Branchen und Länder nachgezeichneten Verlaufsmuster, daß die Einführung und Implementation neuer Techniken eine neue Runde arbeitspolitischer Auseinandersetzungen eingeleitet und einen neuen Zyklus der praktischen Thematisierung von Partizipation begründet haben (Ramsay 1977). Entgegen den anfangs gehegten Befürchtungen und Hoffnungen erwiesen sich die Akteure der industriellen Beziehungen als lern- und anpassungsfähig, um sich den Herausforderungen des umfassenden Technikeinsatzes zu stellen und sich vielfältiger Aushandlungsmodi zu bedienen.

Entsprechend dem in Kapitel II begründeten Modell politischer Aushandlungen können die Prozesse und Ergebnisse der „Technikaushandlung" für die einzelnen Branchen in den drei untersuchten Ländern schematisch wie in den folgenden Abbildungen 3, 4 und 5 (s. S. 232-234) dargestellt werden.

Aus dem Verlauf der Technikeinführungen und ihrer Aushandlungen ergibt sich, in welcher Weise die Implementation neuer Techniken von den unterschiedlichen Akteuren im Rahmen differierender Aushandlungssysteme verarbeitet worden ist. Weder sind im nennenswerten Ausmaß die Einführung der Informations- und Kommunikationstechnologien behindert noch die Interessen der Beschäftigten prinzipiell negiert worden. Freilich weist die Berücksichtigung der Interessen der Beschäftigten unterschiedliche Formen und Intensitäten auf, die wesentlich abhängig sind von den institutionalisierten Systemen der industriellen Beziehungen und den technisch-organisatorischen Innovationen selbst.

Resümiert man die Vielfältigkeit der Aushandlungsprozesse und -resultate, wird erkennbar, daß bei weiterbestehender institutioneller Divergenz der - sich gleichwohl verändernden - Verhandlungssysteme, die Verhandlungsstrategien der Akteure und die sich herausbildenden Partizipationsmuster tendenziell konvergieren.

Pointiert läßt sich der historische Verlauf der Einführung neuer Techniken, bei dem wir zwei Phasen unterschieden haben, als ein Prozeß darstellen, der von einem *unilateralen* Einsatz in der ersten Phase, über die Nutzung von *formalisierten bilateralen* Verhandlungen schließlich zur Herausbildung von *multilateralen* Aushandlungsprozeduren in der zweiten Phase verläuft. Diesem Verlagerungsprozeß korrespondiert der Charakter der Entscheidungen und Einführungen selbst.

Abbildung 3: Technik-Aushandlung in der Druckindustrie

	Großbritannien	**Deutschland**	**Schweden**
Akteure	schwacher Arbeitgeberverband Unternehmensleitungen konkurrierende Gewerkschaften mit starker Tendenz zu Fusionen (NGA, SOGAT, NUJ) (Mediengewerkschaft: GPMU) Chapels Shop Stewards	starker Arbeitgeberverband Unternehmensleitungen starke Industriegewerkschaft im Übergang zur Mediengewerkschaft (IG Medien) kleine Gewerkschaften (DAG, HBV, DJV) Betriebsräte Vertrauensleute	starker Arbeitgeberverband Unternehmensleitungen konkurrierende Gewerkschaften (GF, HTF, SALF, CF) gewerkschaftliche Klubs
Verhandlungssystem	Tarifverhandlungen auf Unternehmensebene (single-employer bargaining)	Branchen-Tarifverhandlungen gesetzliche Mitbestimmung durch Betriebsräte	Branchen-Tarifverhandlungen Kooperationsvereinbarungen zwischen Gewerkschaften verhandelte Mitbestimmung auf Unternehmensebene durch Klubs
Verhandlungsstrategien	distributiv	distributiv/integrativ	integrativ
Partizipationsmuster	unilaterale Regulierung durch Management unilaterale Regulierung durch Arbeitsgruppen (Chapels)	starke bilaterale Rahmenvereinbarung auf Branchenebene bilaterale Betriebsvereinbarungen repräsentative Mitbestimmung durch Betriebsräte	bilaterale Rahmenvereinbarungen auf sektoraler und Unternehmensebene repräsentative Beteiligung durch Klubs direkte Beteiligung durch Projekt-gruppen

Abbildung 4: Technik-Aushandlung in der Elektroindustrie

	Großbritannien	Deutschland	Schweden
Akteure	schwacher Arbeitgeberverband Unternehmensleitungen konkurrierende Gewerkschaften (AEEU, TGWU, GMWU, ASF, MSF u.a.) mit Tendenz zu Zusammenschlüssen Shop Stewards	starker Arbeitgeberverband Unternehmensleitungen starke Industriegewerkschaft (IG Metall) und kleine Angestelltengewerkschaft (DAG) Betriebsräte Vertrauensleute	starker Arbeitgeberverband Unternehmensleitungen konkurrierende Gewerkschaften: starke Arbeitergewerkschaft (Metallarbeitergewerkschaft), starke Angestelltengewerkschaft (SIF), kleine Vorarbeitergewerkschaft, Ingenieurgewerkschaft gewerkschaftliche Klubs
Verhandlungssystem	Tarifverhandlungen auf Unternehmensebene (single-employer bargaining) formelle Konsultationen (company members' board, advisory board)	Multi-Branchen-Tarifverhandlungen gesetzliche Mitbestimmung durch Betriebsrat	Multi-Branchen-Tarifverhandlungen verhandelte Mitbestimmung auf Unternehmensebene durch Klubs Mitarbeitervertrag
Verhandlungsstrategien	distributiv/integrativ	distributiv/integrativ	integrativ
Partizipationsmuster	unilaterale Regulierung durch Management bilaterale Regulierung durch neue Vereinbarungen auf Unternehmensebene (Flexibility & New Style Agreements) managementinitiiert: Qualitätszirkel, Gruppenarbeit	bilaterale Rahmenvereinbarungen auf Branchenebene repräsentative Mitbestimmung durch Betriebsräte direkte Beteiligung durch Qualitätszirkel und Gruppenarbeit	bilaterale Mitbestimmung auf sektoraler und Unternehmensebene repräsentative Beteiligung durch Klubs direkte Beteiligung durch Projektgruppen, Qualitätszirkel, Gruppenarbeit

Abbildung 5: Technik-Aushandlung im Bankensektor

	Großbritannien	**Deutschland**	**Schweden**
Akteure	sich auflösender Arbeitgeberverband Unternehmensleitungen konkurrierende Gewerkschaften (BIFU, Staff Association) schwache Gewerkschaftsrepäsentanz in Unternehmen (seconded representatives)	starker Arbeitgeberverband Unternehmensleitungen konkurrierende Gewerkschaften (HBV, DAG, ÖTV) Betriebsräte	starker Arbeitgeberverband Unternehmensleitungen homogene, starke Gewerkschaft (SBmf) gewerkschaftliche Klubs
Verhandlungssystem	Tarifverhandlungen auf Unternehmensebene (single-employer bargaining) informelle Konsultationen	Branchen-Tarifverhandlungen gesetzliche Mitbestimmung durch Betriebsräte	Branchen-Tarifverhandlungen verhandelte Mitbestimmung auf Unternehmensebene durch Klubs informelle Konsultation
Verhandlungsstrategien	distributiv	distributiv/integrativ	integrativ
Partizipationsmuster	unilaterale Regulierung durch Management Human Resource Management	schwache bilaterale Rahmenvereinbarungen auf Branchenebene repräsentative Mitbestimmung durch Betriebsräte	starke bilaterale Mitbestimmungs-abkommen auf sektoraler und Unternehmensebene direkte Beteiligung durch Projektgruppen

In der ersten Phase, als erstmals Entscheidungen über den Einsatz neuer Techniken in den Unternehmen anstanden, ging es zunächst um primär technikorientierte Einsatzkonzepte. Für das Management und die Arbeitgeberverbände boten sich hergebrachte tayloristisch-fordistische Organisationskonzepte an, mit denen die Unsicherheiten des Technikeinsatzes bewältigt werden konnten. Die betrieblichen Interessenvertretungen und Gewerkschaften begegneten der neu auftretenden Unsicherheit gleichfalls mit einem Rückgriff auf herkömmliche - distributiv orientierte - Strategiemuster, ohne damit den unilateralen Entscheidungen über den Technikeinsatz ihrerseits organisatorische Gestaltungsansätze entgegensetzen zu können. Zur Reduzierung der Unsicherheiten beim ersten Einsatz neuer Techniken und der Bewältigung der kontrovers beurteilten Auswirkungen auf Beschäftigungssicherung und Qualifikationsentwicklung rekurrierten die Akteure auf die eingespielten Verhandlungskanäle und -routinen. In bilateralen Aushandlungen und wechselseitigen Zusicherungen, wie sie in Form von generalisierten kollektivvertraglichen Regelungen auf sektoraler und Unternehmensebene erfolgten, wurde dem Management generell das Vorrecht der technisch-organisatorischen Gestaltung zugestanden, unter dessen Zusicherung, die Beschäftigungs- und Qualifikationsinteressen der Arbeitnehmer zu berücksichtigen. Diese formalisierten bilateralen Vereinbarungen bildeten einen Rahmen für konkretisierende Aushandlungen.

In dem Maße allerdings, wie die weitere technische Modernisierung immer weniger tayloristisch-fordistischen Organisationsprinzipien folgt, sondern die Erprobung und Nutzung neuer Strukturen der Unternehmens- und Arbeitsorganisation ein größeres Gewicht in der Praxis der Unternehmen erhält, erweisen sich die traditionellen Aushandlungsprozesse zunehmend als unangemessen. Anders als technikzentrierte Rationalisierung folgt eine organisationszentrierte Modernisierung mit Hilfe neuer Informations- und Kommunikationstechnologien nicht mehr dem „one best way"; sie weist vielmehr differenzierende Verläufe nach Unternehmen, Sparten und Arbeitstätigkeiten auf, die mit formalisierten Aushandlungen allein nicht umfassend zu gestalten sind. Seit Mitte der achtziger Jahre lassen die Aushandlungen von technisch-organisatorischen Innovationen in den Branchen der drei Länder eine - in Reichweite und Intensität variierende - Tendenz zur „Multilateralisierung" erkennenn. Bei teilweise weiterbestehenden, teilweise aber auch aufgegebenen formalisierten Verhandlungen und weiter praktizierten Konsultations- und Mitbestimmungsverfahren erlangen geringer formalisierte Aushandlungsmodi auf Unternehmens- und Arbeitsgruppenebene verstärkt Bedeutung ebenso wie managementinitiierte Partizipationsangebote. Die Implementation der Informations- und Kommunikationstechnologien erweist sich somit als Katalysator eines sozial-innovativen Umstrukturierungsprozesses, in dessen Verlauf Management und betriebliche Interessenvertreter ebenso wie Arbeitgeberverbände und Gewerkschaften nach neuen stabilen Kompromissen suchen.

Wenn wir mit unseren empirischen Befunden und analytischen Ergebnissen zeigen konnten, daß die Prozesse der Technikimplementation und Technikaushandlung in mancher Hinsicht Angleichungen in den (länder- und branchenspezifischen) Systemen industrieller Beziehungen herbeigeführt haben, ohne indes deren grundsätzliche Differenzen aufzuheben, dann befinden wir uns in Übereinstimmung mit neueren komparativen Analysen.

So argumentieren beipielsweise Visser (1996) und Crouch (1996) in ihren resümierenden Vergleichen, daß die während der achtziger Jahre eingetretenen Veränderungen für die meisten europäischen Länder zum einen in der Schwächung neokorporatistischer Strukturen der Interessenvermittlung und zum anderen in der Dezentralisierung bzw. Verlagerung regulativer Kompetenzen auf die Unternehmens- und Betriebsebene zusammengefaßt werden können, daß aber die Effekte dieser Veränderungen für die einzelnen Länder und deren Systeme industrieller Beziehungen recht verschiedenartig waren.

In *Schweden* (und generell in Skandinavien) haben die Gewerkschaften kaum an organisatorischer Stärke eingebüßt; sie dominieren weiterhin den moderat dezentralisierten korporatistischen Verbund organisierter Interessen. Freilich haben die Arbeitgeberverbände mehr als die Gewerkschaften die Auflösung der zentralen Verhandlungskartelle betrieben. Aber selbst wenn die Tendenzen zur Dezentralisierung stärker geworden sind, zeichnet sich bislang kein genereller Trend zur Verbetrieblichung (sondern eher zur Sektoralisierung) der Tarifbeziehungen ab, schon gar nicht ist mit einer Dekollektivierung der Arbeitsbeziehungen zu rechnen.

In *Deutschland* haben die Bemühungen von Arbeitgeber- und Regierungsseite, das großflächige, sektorale Tarifsystem zu deregulieren und für die Betriebsparteien zu öffnen, nicht unwesentlich dazu beigetragen, einen dezentralisierten und flexibilisierten (Meso- und Mikro-)Korporatismus zu etablieren, freilich mit beachtlichem Terraingewinn für die Arbeitgeber auf Kosten der Gewerkschaften, während die Betriebsräte hingegen in einem erheblichen Maße an regulativer Kompetenz hinzugewannen. Somit kann zwar von einer Tendenz zur Verbetrieblichung der Tarifbeziehungen gesprochen werden, aber keineswegs von einer zur Dekollektivierung der Arbeitsbeziehungen.

In *Großbritannien* hatte die von Regierungsseite vehement betriebene Politik der Deregulierung eine Schwächung der Gewerkschaften als Tarifverbände zur Folge; und die von den Unternehmen faktisch vollzogene Verbetrieblichung der Tarifbeziehungen führte schließlich zum Kollaps der Arbeitgeberverbände. Heute koexistieren Systeme eines dezentralisierten Collective Bargaining zwischen Management und *Shop Stewards* mit einem anwachsenden Unternehmenssektor, in dem eine weitreichende Dekollektivierung der Arbeitsbeziehungen zugunsten von *Human Resource Management* (wenn nicht Ärgerem) zur Regel geworden ist.

Industrielle Beziehungen sind eingebettet in nationalkulturelle Traditionen mit historisch gewachsenen Institutionen; ihre weitere Entwicklung bleibt pfadabhängig; historische Zäsuren mit radikalem Systemwechsel sind die Ausnahme. Wir können daher mit geringem spekulativen Risiko erwarten, daß die Entwicklung nicht auf die Konvergenz zu einem einheitlichen europäischen Modell der industriellen Beziehungen hinausläuft.

Literaturverzeichnis

ACAS (Advisory Concilitation and Arbitration Service) 1976: Industrial Relations in the National Newspaper Industry, HMSO, London

ACAS 1977: Industrial Relations in the Provincial Newspaper and Periodical Industries, HMSO, London

ACAS 1988: Labour Flexibility in Britain. The 1987 ACAS Survey, London

Acker, J., Ask, A.-M., 1989: Wage Differences between Women and Men and the Structure of Work and Wage Setting in Swedish Banks: A Report of a Preliminary Study, Arbetslivscentrum, Stockholm

Adler, P.S., 1988: Automation, Skill and the Future of Capitalism, in: Berkeley Journal of Sociology, Vol. 23., S. 1-36

Adler, P.S., Boreys, B., 1989: Automation and Skill: Three Generations of Research on the NC Case, in: Politics and Society, Vol. 17, S. 377-402

AEG-Telefunken 1983: Neue Arbeitsstrukturen in Teilefertigung und Montage, Teil I: Teilefertigung, Teil II Montage, 2 Bde., Frankfurt/New York

AEEU (Amalgamated Engineering and Electricians Union) 1993: Engineering the Future, London

AEU (Amalgamated Engineering Union) 1990: The Dawn of a New Era. A Progressive Partnership, London

Aguren, S., Edgren, J., 1983: Neue Wege der Produktions- und Fabrikplanung, Erfahrungen aus Schweden, Eschborn

Ahlén, K., 1989. Swedish Collective Bargaining Under Pressure: Inter-union Rivalry and Incomes Policies, in: British Journal of Industrial Relations, Vol. 27, S. 330-346

Albage, L. G., 1986: Recent Trends in Collective Bargaining in Sweden. An Employer's View, in : International Labour Review, Vol. 125, S. 107-122

Altmann, N., Binkelmann, P., Düll, K., 1982a: Neue Arbeitsformen, betriebliche Leistungspolitik und Interessen der Beschäftigten, in: Soziale Welt, 33. Jg., S. 440-465

Altmann, N., Binkelmann, P., Düll, K., Stück, H., 1982b: Grenzen neuer Arbeitsformen, Frankfurt/New York

Altmann, N., Deiß, M., Döhl, V., Sauer, D., 1986: Ein „Neuer Rationalisierungstyp“. Neue Anforderungen an die Industriesoziologie, in: Soziale Welt, 37. Jg., S. 189-207

Altmann, N., Düll, K., 1987: Rationalisierung und neue Verhandlungsprobleme im Betrieb, in: WSI-Mitteilungen, 40. Jg., S. 261-269

Altvater, E., Mahnkopf, B., 1996: Grenzen der Globalisierung. Ökonomie, Ökologie und Politik in der Weltgesellschaft, Münster

Amin, A., Dietrich, M., 1991: Towards a New Europe? Structural Change in the European Economy, Aldershot

Andreasen, L.E., Coriat, B., den Hertog, F., Kaplinsky, R. (Hg.), 1995: Europe’s Next Step. Organisational Innovation, Competition and Employment, London

ASTMS (Association of Scientific, Technical and Managerial Staff) 1980: Technological Change and Collective Bargaining, London

Atkinson, J., Meager, N., 1986: Changing Working Patterns: How Companies achieve Flexibility to meet New Needs, NEDO, London

Auer, P., Riegler, C., 1988: Gruppenarbeit bei Volvo: Aktuelle Tendenzen und Hintergründe, Stockholm/Berlin

Auer, P., Riegler, C., 1994: Schweden: Ende der Vollbeschäftigung, in: inforMISEP, Beschäftigungsobservatorium Nr. 46, Berlin, S. 16-23

Aufhäuser, S., 1960: Eine unromantische Betrachtung zum Geschichtsbild der Angestelltenbewegung, Berlin

Bäckström, A., 1989: New Technology, Economic Progress and Employment in Sweden, in: Bamber, G. J., Lansbury, R. D. (Hg.), New Technology: International Perspectives on Human Resources and Industrial Relations, London, S. 212-225

Baethge, M., Oberbeck, H., 1986: Zukunft der Angestellten. Neue Technologien und berufliche Perspektiven in Büro und Verwaltung. Frankfurt/New York

Bahnmüller, R. Bispinck, R., Schmidt, W., 1993: Betriebliche Weiterbildung und Tarifvertrag. Eine Studie über Probleme qualitativer Tarifpolitik in der Metallindustrie, München/Mering

Bain, G.S. (Hg.), 1983: Industrial Relations in Britain, Oxford

Bamber, G., 1988: Technological Change and Unions, in: Hyman, Streeck 1988, S. 204-216

Bamber, G., Willman, P., 1983: Technological Change and Industrial Relations in Britain, in: Bulletin of Comparative Labour Relations, No. 12, S. 101-121

BAO (Bankinstitutens Arbetsgivareorganisation) 1989: The Swedish Credit Market, Stockholm

BAO, SBmf (Svenska Bankmannaförbundet) 1984: Codetermination Agreement and Joint Recommendations respecting Technological Developments, Stockholm

Bartölke, K., Henning, H., Jorzik, H., Ridder, H.-G., 1991: Neue Technologien und betriebliche Mitbestimmung, Opladen

Bassett, P., 1987: Strike Free. New Industrial Relations in Britain, Revised Edition, London

Batstone, E., 1988: The Reform of Workplace Industrial Relations. Theory, Myth and Evidence, Oxford

Batstone, E., Gourlay, S., 1986: Unions, Unemployment and Innovation, Oxford

Batstone, E., Gourlay, S., Levie, U., Moore, R., 1987: New Technology and the Process of Labour Regulation, Oxford

Bayer, H., 1980: Zur gewerkschaftlichen Organisation der Angestellten im privaten Dienstleistungsgewerbe. Organisationsstrukturelle Wandlungen der DGB-Gewerkschaft Handel, Banken und Versicherungen in Konkurrenz zur Deutschen Angestellten-Gewerkschaft 1950-1975, Frankfurt

Beaumont, P., 1986: Industrial Relations Policies in High Technology Firms, in: New Technology, Work and Employment, Vol. 1, S. 152-159

Beaumont, P., 1987: The Decline of Trade Union Organisation, London

Bechtle, G., Lutz, B., 1989: Die Unbestimmtheit post-tayloristischer Rationalisierungsstrategie und die ungewisse Zukunft industrieller Arbeit - Überlegungen zur Begründung eines Forschungsprogramms, in: Düll. K., Lutz, B. (Hg.), Technikentwicklung und Arbeitsteilung im internationalen Vergleich, Frankfurt/New York, S. 9-91

Becke, G., 1987: Qualifikationsveränderungen und technisch-organisatorischer Wandel im Banken- und Sparkassensektor der Bundesrepublik Deutschland, Sozialforschungsstelle, Dortmund

Beckenbach, N., 1983: Industriearbeit als gesellschaftliche Arbeit, Frankfurt/New York

Beckenbach, N., 1984: Industrialisierung, in: Kerber, H., Schmieder, A. (Hg.), Handbuch Soziologie. Zur Theorie und Praxis sozialer Beziehungen, Reinbek bei Hamburg, S. 246-252

Beckenbach, N., 1991: Industriesoziologie, Berlin/New York

Becker-Töpfer, E., 1987: Einführung Arbeitsgruppe 1, in: Bleicher, S. (Hg.), Technik für den Menschen, Köln, S. 100-108

Bednarz-Braun, I., 1987: Frauenarbeit in der Elektroindustrie, in: WSI-Mitteilungen, 40. Jg., S. 354-362

Behr, M., Pohlmann, M., 1991: Die Rolle der Betriebsräte im Innovationsprozeß, in: WSI-Mitteilungen, 44. Jg., S. 250-258

Behringer, P., 1985: Soziologie und Sozialgeschichte der Privatangestellten in Großbritannien, Frankfurt/Berlin/New York

Beirne, M., Ramsay, H., 1992: Manna or monstrous regiment? Technology, control and democracy in the workplace, in: Beirne, M., Ramsay, H. (Hg.), Information Technology and Workplace Democracy, London/New York, S. 1-55

Bell, D., 1990: Die dritte technologische Revolution und ihre sozioökonomischen Konsequenzen, in: Merkur, 44. Jg., S. 28-47

Benson, I., Lloyd, J., 1983: New Technology and Industrial Change, London

Benz-Overhage, K., Brumlop, E., Freyberg, T.v., Papadimitriou, Z., 1982: Neue Technologien und alternative Arbeitsgestaltung, Frankfurt/New York

Berggren, C., 1986: Top Management and Codetermination in Swedish Companies: Greater Union Influence Results in Better Decisions, in: Economic and Industrial Democracy, Vol. 7, S.99-108

Berggren, C., 1991: Von Ford zu Volvo. Automobilherstellung in Schweden, Berlin/Heidelberg/New York

Berggren, C., Björkman, T., 1991: Vad kan vi lära av Sverige?, in: 90-talets industriarbete i Sverige. En antologi, Stockholm, S. 15 - 41

Bergmann, J., 1990: Rationalisierungsdynamik - Organisation industrieller Arbeit - Gesellschaftliche Ungleichheit, in: Institut für Sozialwissenschaftliche Forschung (Hg.), Vorträge zum 25jährigen Bestehen des ISF und zum 65. Geburtstag von Burkart Lutz, München, S. 23-31

Bergmann, J., Hirsch-Kreinsen, H., Springer, R., 1986: Rationalisierung, Technisierung und Kontrolle des Arbeitsprozesses, Frankfurt/New York

Bertrand, O., Noyelle, T., 1988: Human Resources and Corporate Strategy. Technological Change in Banks and Insurance Companies: France, Germany, Sweden, United States. OECD, Paris

BIBB/IAB (Hg.) 1987: Neue Technologien: Verbreitungsgrad, Qualifikation und Arbeitsbedingungen, Analysen aus der BIBB/IAB-Erhebung 1985/86, Nürnberg

Bieber, D., Möll, G., 1993: Technikentwicklung und Unternehmensorganisation. Zur Rationalisierung von Innovationsprozessen in der Elektroindustrie, Frankfurt/New York

Bielstein, K., 1988: Gewerkschaften, Neo-Konservatismus und ökonomischer Strukturwandel. Zur Strategie und Taktik der Gewerkschaften in Großbritannien, Bochum

BIFU (Banking, Insurance and Finance Union) 1982: New Technology in Banking, Insurance and Finance, London

Bird, D., Kirosingh, M., Stevens, M., 1992: Membership of Trade Unions in 1990, in: Employment Gazette, Vol. 100, No. 4, S. 185-190

Birke, M., Schwarz, M., 1989: Neue Techniken - neue Arbeitspolitik? Neuansätze betrieblicher Interessenvertretung bei der Gestaltung von Arbeit und Technik, Frankfurt/New York

Bispinck, R., Helfert, M., 1987: Technischer Wandel und gewerkschaftliche Arbeitspolitik, in: WSI-Mitteilungen, 40. Jg., S. 314-327

Bispinck, R., WSI-Tarifarchiv, 1989: Tarifliche Regelungen und Leistungen 1949-1989, WSI-Arbeitsmaterialien 22, Düsseldorf

BIZ (Bank für internationalen Zahlungsverkehr) 1985: Systeme des Zahlungsverkehrs in elf Industrieländern, Bad Wörrishofen

Björkman, T., Lundquist, K., 1987: Work Relations, Capital Accumulations, Technological and Social Change, in: Himmelstrand, U. (Hg.), The Multiparadigmatic Trend in Sociology, Uppsala

Björkman, T., 1994: The comparative international ABB study: „The meaning of being local world wide“, Royal Institute of Technology, Stockholm

Bjorn-Andersen, N., Borum, F., 1979: Demokratisierung der Gestaltung von Informationssystemen, in: Hansen, H. R./Schröder, K. T./Weihe, H. J. (Hg.), Mensch und Computer, München/Wien, S. 327-347

Blackaby, D., Hunt, L., 1989: The Manufacturing Productivity 'Miracle': A Sectoral Analysis, in: Green, F., (Hg.), The Restructuring of the UK Economy, New York-London, S. 122-130

Blackburn, R.M., 1967: Union Character and Social Class. A Study of White-Collar Unionism, London

Blauner, R., 1964: Alienation and Freedom. The Factory Worker and His Industry, Chicago

Bleicher, S. (Hg.), 1987: Technik für den Menschen - Soziale Gestaltung des technischen Wandels, Köln

Böhle, F., Lutz, B., 1974: Rationalisierungsschutzabkommen. Wirksamkeit und Probleme, Göttingen

Boyer, R., 1992: Neue Richtungen von Managementpraktiken und Arbeitsorganisation. Allgemeine Prinzipien und nationale Entwicklungspfade, in: Demirovic, A., Krebs, H.-P., Sablowski, T. (Hg.): Hegemonie und Staat. Kapitalistische Regulation als Projekt und Prozeß, Münster, S. 55-103

Brandt, G., 1978: Zentrale Themen und gesellschaftliche Bedingungen der Industriesoziologie seit Mitte der sechziger Jahre, in: Bolte, K.M. (Hg.), Materialien aus der soziologischen Forschung. Verhandlungen des 18. Deutschen Soziologentages 1976 in Bielefeld, Darmstadt, S. 785-803

Brandt, G., 1990: Arbeit, Technik und gesellschaftliche Entwicklung, Frankfurt/New York

Brandt, G., Kündig, B., Papadimitriou, L., Thomae, J., 1978: Computer und Arbeitsprozeß. Eine arbeitssoziologische Untersuchung der Auswirkungen des Computereinsatzes in ausgewählten Betriebsabteilungen der Stahlindustrie und des Bankgewerbes, Frankfurt/New York

Brandt, H., 1978: Sicherheit für Angestellte - Die Politik der DAG, in: Protokoll des 12. Bundeskongresses der DAG, Hamburg

Braverman, H., 1974: Labor and Monopoly Capital. The Degradation of Work in the Twentieth Century, New York

Braverman, H., 1977: Die Arbeit im modernen Produktionsprozeß, Frankfurt/New York (dt. Ü. von Labor and Monopoly Capital)

Breisig, T., 1991: Betriebsvereinbarungen zu Qualitätszirkeln - Eine Inhaltsanalyse, in: Die Betriebswirtschaft, 51. Jg., S. 65-77

Bright, J.R., 1958: Automation and Management, Boston

Brown, W., 1986: The Changing Role of Trade Unions in the Managing of Labour, in: British Journal of Industrial Relations, Vol. 24, S. 161-168

Brulin, G., 1995: Sweden: Joint Councils under Strong Unionism, in: Rogers, J., Streeck, W. (Hg.), Works Councils. Consultation, Representation and Cooperation in Industrial Relations, Chicago/London, S. 189-216

Brulin, G., Nilsson, T., 1991: From Societal to Managerial Corporatism: New Forms of Work Organization as a Transformation Vehicle, in: Economic and Industrial Democracy, Vol. 12, S. 327-346

Brulin, G., Victorin, A., 1992: Improving the Quality of Working Life: The Swedish Model, in: OECD, New Directions in Work Organisation. The Industrial Relations Response, Paris, S. 149-167

Buchanan, D., Boddy, D., 1983: Organisations in the Computer Age: Technological Imperatives and Strategic Choice, Aldershot

Bundesmann-Jansen, J., 1993: Zum Stellenwert der gewerkschaftlichen Betriebspolitik im Rahmen der aktuellen Reformdiskussion, Düsseldorf/Köln

Bundesmann-Jansen, J., Pekruhl, U., 1992: Der Medienkonzern Bertelsmann. Neues Management und gewerkschaftliche Betriebspolitik, Köln

Bungard, W., Antoni, C., 1993: Gruppenorientierte Interventionstechniken, in: H. Schuler (Hg.): Lehrbuch Organisationspsychologie, Bern/Göttingen, S. 377-404

Burgess, P., 1994: Struktur und Standpunkt des britischen Arbeitgeberverbandes CBI, in: Lecher, W., Platzer, H.W. (Hg.), Europäische Union -Europäische Arbeitsbeziehungen?, Köln, S. 91-98

Burrows, G., 1986: 'No-Strike' Agreements and Pendulum Arbitration, London

Cahill, J., Ingram, P., 1988: Changes in Working Practices in British Manufacturing Industry in the 1980s: A Study of Employee Concessions Made During Wage Negotiations, London

Cartellieri, U., 1990: Überkapazität erzwingt Auslese, in: Die Bank, 30. Jg., S. 366-371

CBI (Confederation of British Industry) 1980: Jobs: Facing the Future, London

CBU (Clearing Bank Union) 1984: New Technology and Developments. CBU Discussion Document, London

Cecchini, P., 1988: Europa '92 - Der Vorteil des Binnenmarktes, Baden-Baden

Chapple, F., 1984: Sparks Fly - A Trade Union Life, London

Child, J., 1967: Industrial Relations in the British Printing Industry - The Quest for Security, London

Child, J., 1972: Organizational Structures, Environment and Performance: the Role of Strategic Choice, in: Sociology, Vol. 6, S. 2-22

Child, J., 1985: Managerial Strategies, New Technology and the Labour Process, in: Knights, D., Willmott, H., Collinson, D. (Hg.), Job Redesign. Critical Perspectives on the Labour Process, Aldershot, S. 107-141

Child, J., Loveridge, R., 1990: Information Technology in European Services. Towards A Microelectronic Future, Oxford

Child, J., Loveridge, R., Harvey, J., Spencer, A., 1984: Microelectronics and the Quality of Employment in Services, in: Marstrand, P (Hg.), New Technology and the Future of Work and Skills, London/Dover, S. 163-190

Child, J., Tarbuck, M., 1985: The Introduction of New Technologies. Managerial Initiative and Union Response in British Banks, in: Industrial Relations Journal, Vol. 16, S. 19-33

Clark, J., McLoughlin, I., Rose, H., King, R., 1988: The Process of Technological Change. New Technology and Social Choice in the Workplace, Cambridge

Claydon, T., 1989: Union Derecognition in Britain in the 1980s, in: British Journal of Industrial Relations, Vol. 27, S. 214-224

Clegg, H., 1970: The System of Industrial Relations in Great Britain, Oxford

Cleverley, G., 1976: The Fleet Street Disaster: British National Newspapers as a Case Study in Mismanagement, London

Clutterbuck, R., 1984: Industrial Conflict and Democracy, London

Cockburn, C., 1983: Brothers. Male Dominance and Technological Change, London

Coleman, W., 1994: The Financial Services Sector, The Future of Industry in Europe, Vol. 13, FAST, Brüssel

Collard, R., Dale, B., 1989: Quality Circles, in: Sisson, K. (Hg.), Personnel Management in Britain, Oxford, S. 356-377

Cowan, N., 1982: Effects on Staff and Organization, in: The Institute of Bankers (Hg.), The Banks and Technology in the 1980s. London, S. 61-86

Cressey, P., 1984: Participation in the Electronics Sector: The Como Case Study, University of Glasgow

Cressey, P., 1987: Industrial Relations in the British Clearing Banks and Banks of Issue, University of Glasgow.

Cressey, P., 1988: Technocracy and Banking. The use of Information Technology, University of Glasgow

Cressey, P., Eldridge, J., MacInnes, J., 1985: Just Managing: Authority and Democracy in Industry, Milton Keynes

Cressey, P., Jones, B., 1991: A New Convergence ? Introduction to a Special Issue of Work, Employment and European Society, in: Work, Employment and Society, Vol. 5, S. 493-495

Cressey, P., Williams, R., 1991: Mitbestimmung in Europa. Neue Technologien und die Rolle der Arbeitnehmerbeteiligung im technologischen Wandel, Dublin/Luxemburg

Cressey, P., Scott, P., 1992: Employment, Technology and Industrial Relations in the UK Clearing Banks: is the Honeymoon over?, in: New Technology, Work and Employment, Vol. 7, S. 83-96

Crompton, R., 1989: Women in Banking. Continuity and Change since the Second World War, in: Work, Employment and Society, Vol. 3, S. 141-156

Crompton, R., Jones, G., 1984: White-Collar Proletariat. Deskilling and Gender in Clerical Work, London

Crouch, C. 1996: Revised Diversity: From the Neo-Liberal Decade to Beyond Maastricht, in: Van Ruysseveldt, Visser 1996, S. 358-375

Crozier, M., Friedberg, E., 1979: Macht und Organization, Königstein i.T.

Czada, R., 1988: Auf dem Weg zur Produktionspolitik. Zur Entwicklungslogik neokorporatistischer Gewerkschaftseinbindung in Schweden, in: Müller-Jentsch, W. (Hg.): Zukunft der Gewerkschaften. Ein internationaler Vergleich, Frankfurt/New York, S. 70-99

Czech, D., Schumm-Garling, U., Weiß, G., 1988: Rationalisierte Sachbearbeitung im Bankgewerbe, Frankfurt/New York

DAG (Deutsche Angestellten-Gewerkschaft) 1983: Tätigkeitsbericht 1979-1983, Hamburg

D'Alessio, N., Oberbeck, H., 1994: „Lean Banking": Klassische Rationalisierung mit anderen Vorzeichen oder Metapher für eine neue Marktorientierung der Finanzdienstleister?, in: SOFI-Mitteilungen, Nr. 21, S. 53-64

Daniel, W. W., 1987: Workplace Industrial Relations and Technical Change, London

Deppe, J., 1988: Qualitätszirkel in Theorie und Praxis, in: Zeitschrift Führung + Organisation, 57. Jg., S. 171-174

Deutsche Bank 1987: Geschäftsbericht, Frankfurt

Deutsche Bundesbank 1989: Längerfristige Entwicklung des Bankensektors und Marktstellung der Kreditinstitutsgruppen, in: Monatsberichte, H. 4, S. 13-22

Dickens, L., Hall, M., 1995: The State: Labour Law and Industrial Relations, in: Edwards, P. (Hg.), Industrial Relations. Theory and Pratice in Britain, Oxford, S. 255-303

Dickson, T., Mc Lachlan, H.V., Prior, P., Swales, K., 1988: Big Blue and the Unions: IBM, Individualism and Trade Union Strategy, in: Work, Employment and Society, Vol. 2, S. 506-520

Docherty, P. 1980: Some Mismatches Constraining User Choice in Systems Development, in: Mowshowitz, A. (Hg.), Human Choice and Computers, Amsterdam, S. 135-148

Donovan, T. N., 1968: Royal Commission on Trade Unions and Employers' Association, Report, HMSO, London

Dostal, W., 1988: Beschäftigungswandel in der Druckerei- und Vervielfältigungsindustrie vor dem Hintergrund technischer Änderungen, in: Mitteilungen aus der Arbeitsmarkt- und Berufsforschung, 21. Jg., S. 97-114

Drinkuth, A., Kaßebaum, B. (Hg.), 1994: „Ohne die Beschäftigten geht es nicht!" - Arbeitsstrukturen und Mitarbeiterbeteiligung im internationalen Vergleich, Köln

Duhm, R., Mückenberger, U., 1984: Betriebliche Kontrollstrategien bei computerisierten Arbeitsprozessen, in: Jürgens, U., Naschold, F. (Hg.), Arbeitspolitik, Leviathan Sonderheft 5, Opladen, S. 252-291

Düll, K., Bechtle, G., 1988: Die Krise des normierten Verhandlungssystems - Rationalisierungsstrategien und industrielle Beziehungen im Betrieb, in: Bolte, K.M. (Hg.), Mensch, Arbeit und Betrieb, Weinheim, S. 215-244

Düll, K., Bechtle, G., Moldaschl, M., 1991: Massenarbeiter und Personalpolitik in Deutschland und Frankreich. Montagerationalisierung in der Elektroindustrie I, Frankfurt/New York

Dunlop, J.T., 1958: Industrial Relations Systems, New York

Dunn, S., Gennard, J., 1984: The Closed Shop in British Industry, London

Dunning, J., 1986: Japanese Participation in British Industry, London

Duwendag, D. (Hg.), 1988: Europa-Banking, Baden-Baden

Eberwein, W., Tholen, J., 1990: Managermentalität. Industrielle Unternehmenleitung als Beruf und Politik. Frankfurt

Edlund, S. Hellberg, I., Melin, T. Nyström, B., 1989: Views on Co-determination in Swedish Working Life, Lund

Edquist, C., Jacobsson, S., 1988: Flexible Automation. The Global Diffusion of New Technology in the Engineering Industry, Oxford

Edwards, P. et al., 1992: Great Britain: Still Muddling Through, in: Ferner, A., Hyman, R.. (Hg.), Industrial Relations in the New Europe, Oxford, S. 1-68

Edwards, R.C., 1979: Contested Terrain, New York

Edwards, R.C., 1981: Herrschaft im modernen Produktionsprozeß, Frankfurt/New York, (dt. Ü. von Contested Terrain)

EEPTU (Electrical, Electronic, Telecommunication and Plumbing Union) 1984: The Union for your Future, London

Ehn, P., Sandberg, A., 1983: Local Union Influence on Technology and Work Organisation. Some results from the DEMOS-Projekt, in: Briefs, U., Ciborra, C., Schneider, C. (Hg.), Systems Design for, with and by the Users, Amsterdam, S. 427-437

Ehn, P.,1988: Work-Oriented Design of Computer Artifacts, Stockholm

Ekdahl, L., 1988: Den fackliga kampeus gränser - Grafiker, ny teknik och gränstvister pa tidningarna, Stockholm

Elam, M., Börjeson, M., 1991: Workplace Reform and the Stabilization of Flexible Production in Sweden, in: Jessop, B.,Kastendieck, H., Nielsen, K., Pedersen, O. (Hg.), The Politics of Flexibility, Aldershot, S. 314-337

Elger, T., 1990: Technical Innovation and Work Reorganization in British Manufacturing in the 1980s: Continuity, Intensification or Transformation?, In: Work, Employment and Society, Additional Special Issue, S. 67-102

Elvander, N., 1983: Die Gewerkschaftsbewegung in Schweden: Geschichte, Programm, politische Beziehungen, in: Rühle, H., Veen, H.J. (Hg.), Gewerkschaften in Demokratien Westeuropas, Paderborn, S. 327-402

Emery, F., Thorsrud, E., 1982: Industrielle Demokratie, Bern

Erd, R., Müller-Jentsch, W., 1979: Ende der Arbeiteraristokratie? Technologische Veränderungen, Qualifikationsstruktur und Tarifbeziehungen in der Druckindustrie, in: Prokla, 9. Jg., S. 17-47

Erixon, L., 1994: A Swedish Economic Policy. A Reindication of the Rehn-Meidner Model, Working Paper No. 20, Institutet för arbetslivsforskning, Stockholm

Euler, H.-P., 1987: Neue Arbeitsstrukturen in der Elektroindustrie, Frankfurt/New York

Fehrmann, E., Metzner, U., 1981: Angestellte und Gewerkschaften, Köln

Ferner, A., Hyman, R. (Hg.), 1992: Industrial Relations in the New Europe, Oxford

Fietzek, L., Weber-Deutschmann, C., 1984, Zur Entwicklung der qualitativen Tarifpolitik in der IG Druck und Papier, Discussion Paper, WZB, Berlin

Figge,K., Quack, S., 1990: Die Auswirkungen des europäischen Binnenmarktes 1992 auf die Beschäftigung von Frauen im Kreditgewerbe der BRD, Discussion Paper, WZB, Berlin

Finansförbundet 1995: „I grevens tid." Finansförbundet syn pa framtiden, Stockholm

Findlay, P., 1989: Trade Unionism and Employee Representation in the Scottish Electronics Industry, Working Paper, Department of Business Studies, University of Edinburgh

FitzRoy, F.R., Kraft, K. (Hg.), 1987: Mitarbeiterbeteiligung und Mitbestimmung in Unternehmen, Berlin/New York

Flanders, A., 1970: Management and Unions. The Theory and Reform of Industrial Relations, London

Flöther, K.-H., Laupenmühlen, M., Schnittke, J., 1993: Die nervösen neunziger Jahre, in: Die Bank, 33. Jg., S. 697-701

Floyd, C., Mehl, W.-M., Reisin, F.-M., Schmidt, G., Wolf, G., 1987: SCANORAMA - Methoden, Konzepte, Realisierungsbedingungen und Ergebnisse von Initiativen alternativer Softwareentwicklung und -gestaltung in Skandinavien, SoTech-Werkstattbericht Nr.30, Düsseldorf

Forester, T. (Hg.), 1985: The Information Technology Revolution. Oxford

Forester, T., 1990: Die High-Tech Gesellschaft, Stuttgart/München

Forsebäck, L., 1977: Sozialpartner und Arbeitsmarkt in Schweden, Stockholm

Fox, A., 1974: Beyond Contract: Work, Power and Trust Relations, London

Frazer, P., 1982: How not to measure Bank Productivity, in: The Banker, August, S. 103-105

Freeman, Ch., 1989: R & D, Technical Change and Investment in the UK, in: Green, F., (Hg.), The Restructuring of the UK Economy, New York/London, S. 199-224

Freemann, R. B., Medoff, J. L., 1979: The Two Faces of Unionism, in: Public Interest, Vol. 57, S. 69-93

Freemann, R. B., Medoff, J. L., 1984: What Do Unions Do?, New York

Frese, M., 1987: Partizipation - Schlüssel zur Akzeptanz, in: IBM-Nachrichten, 37. Jg., S.13-17

Friedman, M., 1971: Kapitalismus und Freiheit, Stuttgart

Friedrichs, G. (Red.), 1963: Automation und technischer Fortschritt in Deutschland und den USA, Frankfurt

Friedrichs, G. (Red.), 1965: Automation. Risiko und Chance, 2 Bde., Frankfurt

Fröhlich, D., Gill, C., Krieger, H., 1991: Roads to Participation in the European Community - Increasing Prospects of Employee Representatives in Technological Change, Dublin/Luxembourg

Funder, M., 1995: Stand und Perspektiven der Mitbestimmung. Von der institutionenorientierten Mitbestimmungs- zur Industrial Relations-Forschung, Düsseldorf

Gall, G., 1992: Fighting Back: The Employers' Offensive in the Newspaper Industry and the National Union of Journalists' Response to it, Paper presented to the 10 th Annual International ASTON/UMIST Conference in Birmingham

Gall, G., 1993: What Happened to Single Unions Deals? - a Research Note, in: Industrial Relations Journal, Vol. 24, S. 71-75

Gallie, D., 1978: In Search of the New Working Class. Automation and Social Integration within the Capitalist Enterprise, Cambridge

Gaugler, E., Althauser, U., Kolb, M., Mallach, A., 1980: Rationalisierung und Humanisierung von Büroarbeiten, Ludwigshafen

Gebbert, C., 1989: Auf dem Weg zur lernenden Organisation - schwedische FuE-Förderung am Beispiel der Zeitungsherstellung, ASIF-Arbeitspapiere, Nr. 19, Bielefeld

Gennard, J., 1987: The NGA and the Impact of New Technology, in: New Technology, Work and Employment, Vol. 2, No. 2, S. 126-141

Gennard, J., 1990: A History of the National Graphical Association, London

Gennard, J., Dunn, S., 1983: The Impact of New Technology on the Structure and Organisation of Craft Unions in the Printing Industry, in: British Journal of Industrial Relations, Vol. 21, S. 17-32

Genosko, J., 1990: Gewerkschaften - Monopolistische Institutionen oder Mechanismen zur Förderung der Effizienz?, in: Jahrbücher für Nationalökonomie und Statistik, Bd.207/6, S. 594-604

Gesamtmetall (Hg.) 1988: Neue Technik - Neue Arbeit, Köln

Gesamtmetall (Hg.) 1989: Mensch und Arbeit. Gemeinsame Interessen von Mitarbeitern und Unternehmen in einer sich wandelnden Arbeitswelt, Köln

Gesamtmetall (Hg.) 1992, Mensch und Unternehmen. Mit qualifizierten und motivierten Arbeitnehmern die Wettbewerbsfähigkeit stärken, Köln

GF (Grafiska Fackförbundet) 1991, Tesnisk Utveckling - Utan Mänkslig Avveckling, Stockholm

Gildemeister, R., Wetterer, A., 1992: Wie Geschlechter gemacht werden. Die soziale Konstruktion der Zweigeschlechtlichkeit und ihre Reifizierung in der Frauenforschung, in: Knapp, G.-A., Wetterer, A. (Hg.), Traditionen Brüche. Entwicklungen feministischer Theorie, Freiburg, S. 201-254

Gill, C., 1985: Work, Unemployment and the New Technology, Cambridge

Gill, C., 1991: British Trade Unionism in Retreat in the 1980's, in: Jeppesen, H.-J./Lind, J. (Hg.) Changes in Labour Market and Industrial Relations in Europe, Aalborg, S. 193-214

Glynn, A., Harrison, J., 1980: The British Economic Disaster, London

GMB (General, Municipal, Boilermakers and Allied Trades Union) 1991: The New Agenda, London

Goldberg, W., Wolff, R., 1980: Verhandelte oder kodifizierte Mitbestimmung. Ein Vergleich der Mitbestimmungsregelungen in der Bundesrepublik Deutschland und in Schweden, in: Die Betriebswirtschaft, 40. Jg., S. 205-227

Goodhart, D. Wintour, P., 1986: Eddie Shah and the Newspaper Revolution, Sevenoaks

Greifenstein, R., Jansen, P., Kißler, L., 1993: Gemanagte Partizipation. Qualitätszirkel in der deutschen und französischen Automobilindustrie, München/Mering

Grünewald, U., 1984: Elektronische Datenverarbeitung im Bankgewerbe, Berichte zur beruflichen Bildung, hrsg. vom Bundesinstitut für Berufsbildung, Heft 69, Berlin/Bonn

Guest, R.H., 1983: Organizational democracy and the quality of work life: the man on the assembly line, in: Crouch, C., Heller, F. (Hg.), Organizational Democracy and Political Processes. International Yearbook of Organizational Democracy, Vol.I, Chichester, S. 139-153

Gürtler, J., Pusse, L., 1988: Mittelfristige Entwicklung von Beschäftigung und Arbeitsproduktivität im Kreditgewerbe: Tendenzen und betriebliche Maßnahmen, in: Mitteilungen aus der Arbeitsmarkt- und Berufsforschung, 21. Jg., S. 222-243

Gustavsen, B., 1988: Das LOM - Programm, in: Fricke, W., Jäger, W. (Hg.), Sozialwissenschaften und industrielle Demokratie, Bonn S. 39-81

Gustavsen, B., Hofmaier, B., Philips, M.E., Wikman, A., 1995: Paths of Development, Stockholm

Hack, L., 1987: Die dritte Phase der industriellen Revolution ist keine „technische Revolution", in: Bechmann, G., Rammert, W. (Hg.), Technik und Gesellschaft, Jahrbuch 4, Frankfurt, S. 26-60

Hammarström, O., 1987: Swedish Industrial Relations, in: Bamber, G.J., Lansbury, R.D. (Hg.), International and Comparative Industrial Relations, London, S. 187-207

Hampp, R., 1985: Vom Bankier zum Bankangestellten - Historische Etappen der sozialen und beruflichen Entwicklung, in: Hoffmann, U. (Hg.), Geldwelt, Band 1: Zur Geschichte der Bankangestellten, München, S. 15-129

Hanami, T., Blanpain, R., (Hg.), 1987: Industrial Conflict Resolution in Market Economies. A Study of Canada, Great Britain and Sweden, Deventer

Hardes, H.-D., Schmitz, F., 1991: Tarifverträge zur betrieblichen Weiterbildung - Darstellung und Analyse aus arbeitsökonomischer Sicht, in: Mitteilungen aus der Arbeitsmarkt- und Berufsforschung, 24. Jg., S. 658-672

Harmsen, D.-M., Weiß, G., Georgieff, P., 1991: Automation im Geldverkehr. Wirtschaftliche und soziale Auswirkungen, Opladen

Hartfiel, G., 1961: Angestellte und Angestelltengewerkschaften in Deutschland. Entwicklung und gegenwärtige Situation von beruflicher Tätigkeit, sozialer Stellung und Verbandswesen der Angestellten in der gewerblichen Wirtschaft, Berlin

Haug, F., 1982: Gewerkschaften und Frauenfragen, in: Die Mitbestimmung, 28. Jg., S. 70-73

HBV (Gewerkschaft Handel, Banken und Versicherungen) 1978: Rationalisierungsschutz im Bankgewerbe, Diskussionsgrundlage, Düsseldorf

HBV 1984: Geschäftsbericht 1980-1983, Düsseldorf

HBV 1988: Geschäftsbericht 1984-1987, Düsseldorf

HBV 1989: Zur Zukunft der Arbeit im privaten Dienstleistungsbereich. Technologie- und rationalisierungspolitisches Arbeitsprogramm, Düsseldorf

Hedberg, B., 1979: The Design and Impact of a Real-Time Computer System: A case Study of a Swedish Commercial Bank, in: Bjorn-Andersen et al. (Hg.): Impact of Systems Change in Organisations, Amsterdam, S. 37-85

Hein, M., 1988: Marktwirtschaftliche Banksysteme, in: Obst, H. (Hg.), Geld-, Bank- und Börsenwesen, Stuttgart, S. 201-206

Heinrich, K.-D., Schäfer, D., 1982: Bessere Arbeitsstrukturen in der Elektromontage, Frankfurt/New York

Helfert, M., 1980: Ökonomische Entwicklung und gewerkschaftliche Auseinandersetzung mit technischem Fortschritt, in: Gewerkschaftliche Monatshefte 31. Jg., S. 242-250

Helfert, M., 1992: Betriebsverfassung, neue Rationalisierungsformen, lean production, in: WSI-Mitteilungen, 45. Jg., S. 505-521

Hener, F., Kaßebaum, B., Meijer, F., 1990: Mehr Demokratie durch Qualitätszirkel?, in: Die Mitbestimmung, 36. Jg., S. 560-563

Heritage, J., 1983: Feminisation and Unionisation. A Case Study from Banking, in: Garmanikow, E., Morgan, D., Purvis, J., Taylorson, D. (Hg.), Gender, Class and Work, London, S. 131-148

Hewlett, N., 1985: New Technology and Banking Employment in the EEC, in: Futures, Vol. 17, S. 34-44

Hildebrandt, E., Seltz, R., 1989: Wandel betrieblicher Sozialverfassung durch systemische Kontrolle? Die Einführung computergestützter Produktionsplanungs- und -steuerungssysteme im bundesdeutschen Maschinenbau, Berlin

Hill, S., 1991: Qualitätsmanagement und flexible Unternehmen, in: Flecker, J., Schienstock, G. (Hg.), Flexibilisierung, Deregulierung und Globalisierung, München/Mering, S. 89-109

Hinrichs, K., 1988: Vollbeschäftigung in Schweden. Zu den kulturellen Grundlagen und den Grenzen erfolgreicher Arbeitsmarkt- und Beschäftigungspolitik, in: Politische Vierteljahresschrift, 29. Jg., S. 569-590

Hindrichs, W., Mäulen, C., Scharf, G. 1990: Neue Technologien und Arbeitskampf, Opladen

Hirsch, B.T., Addison, J.T., Genosko, J., 1990: Eine ökonomische Analyse der Gewerkschaften, Regensburg

Hirsch-Kreinsen, M., 1996: Internationalisierung der Produktion. Strategien, Organisationsformen und Folgen für Industriearbeit, in: WSI-Mitteilungen, 49. Jg., S. 11-18

Hirschman, A.O., 1974: Abwanderung und Widerspruch. Reaktionen auf Leistungsabfall bei Unternehmen, Organisationen und Staaten, Tübingen

Hirst, P., Thompson, G., 1996: Globalization in Question. The International Economy and the Possibilities of Governance, Oxford

Hoffmann, U. (Hg.), 1985: Geldwelt, Band 1: Zur Geschichte der Bankangestellten, München

Hoffmann, U., 1987: Sind „die Damen in den Banken auf dem Vormarsch"? - Frauenarbeit in der Bank seit 1950, in: Tatschmurat, C. (Hg.), Geldwelt, Band 2: Zur Gegenwart der Bankangestellten, München, S. 51-82

Höflich-Häberlein, L., Häbler, H., 1989: Diffusion neuer Technologien und ihre Auswirkungen im privaten Dienstleistungssektor, in: Schettkat, R., Wagner, M. (Hg.), Technologischer Wandel und Beschäftigung. Fakten, Analysen, Trends, Berlin/New York, S. 71-119

Hofmaier, B., Riegler, C., 1995: Staatlich geförderte Unternehmensentwicklung in Schweden, in: Arbeit, 4. Jg., S. 249-270

Hogarth, T., 1993: Worker Support for Organisational and Technical Change: Workplace Industrial Relations in U.K. Manufacturing - The Case Study Evidence, in: Work, Employment and Society, Vol. 7, S. 189-212

Hörning, K.H., Bücker-Gärtner, H., 1982: Angestellte im Großbetrieb. Loyalität und Kontrolle im organisatorisch-technischen Wandel, Stuttgart

Hotz-Hart, B., 1988: Comparative Research and New Technology: Modernization in Three Industrial Relations Systems, in: Hyman, Streeck 1988, S. 61-74

Hotz-Hart, B., 1989: Modernisierung von Unternehmen und Industrien bei unterschiedlichen industriellen Beziehungen, Bern/Stuttgart

Humml, K., 1980: Rationalisierungsmaßnahmen im Bankenbereich und Ansätze gewerkschaftlicher Gegenwehr, in: WSI-Mitteilungen, 33. Jg., S. 445-455

Humml, K., 1984: Rationalisierungsschutz im Bankgewerbe, in: Die Mitbestimmung, 30. Jg., S. 142-143

Hyman R., Elger, T., 1982: Arbeitsplatzbezogene Schutzstrategien: Englische Gewerkschaften und „Restrictive Practices", in: Dohse, H., Jürgens, U., Russig, H. (Hg.), Statussicherung im Industriebetrieb, Frankfurt/New York, S. 407-442

Hyman, R., 1984: Die Krankheit der britischen Gewerkschaftsbewegung: Gibt es ein Heilmittel?, in: Prokla, 14. Jg., S. 40-58

Hyman, R., Ferner, A. (Hg.), 1994: New Frontiers in European Industrial Relations, Oxford

Hyman, R., Streeck, W. (Hg.), 1988: New Technology and Industrial Relations, Oxford

IDS (Incomes Data Services) 1985: Quality Circles, Study 352, London

IG Druck und Papier 1985: Perspektiven, Frankfurt.

IG Druck und Papier 1988: Daten, Fakten, Entwicklungen 3, Stuttgart

IG Metall 1984: Aktionsprogramm Arbeit und Technik. Der Mensch muß bleiben, Frankfurt

IG Metall 1989: Geschäftsbericht des Vorstandes der IG-Metall 1986-1988, Frankfurt

IG Metall 1991a: Tarifreform 2000. Ein Gestaltungsrahmen für die Industriearbeit der Zukunft, Frankfurt

IG Metall 1991b: Ergebnisse der Betriebsratswahlen 1990, Frankfurt

IG Metall 1995: Ergebnisse der Betriebsratswahlen 1994, Frankfurt

IRS (Industrial Relations Services) 1993: Single Union Deals Survey, in: IRS Employment Trends 528 u. 529, London

Jacobs, E., 1981: Stop Press: 'Times' Disput, London

Jansen, R., Stooß, F., (Hg.), 1993: Qualifikation und Erwerbssituation im geeinten Deutschland. BIBB/IAB - Erhebung, 1991/92, Berlin-Bonn

Jordan, B., 1988: Die britischen Gewerkschaften - ihre Situation, ihre Handlungsmöglichkeiten, in: IG Metall (Hg.), Arbeit und Gesellschaft solidarisch gestalten. Die Zukunft der sozialstaatlichen Demokratie, Köln, S. 83-90

Jürgens, U., Naschold, F., 1994: Arbeits- und industriepolitische Entwicklungsengpässe der deutschen Industrie in den neunziger Jahren, in: Zapf, W., Dierkes, M., (Hg.), Institutionenvergleich und Institutionendynamik, Berlin, S. 239-270

Kador, F. J., 1993: Die Arbeitswelt im Umbruch. Herausforderungen an Gestaltungsansätze in den Unternehmen, in: Fricke, W. (Hg.), Jahrbuch Arbeit und Technik, Bonn S. 111-118

Kaiser, A., 1989: Die britische Gewerkschaftsbewegung im Umbruch - zum Ausschluß der EEPTU aus dem Dachverband TUC, in: Stinshoff, R. (Hg.), Die lange Wende, Oldenburg, S. 73-109

Kaßebaum, B., 1990: Betriebliche Technologiepolitik. Arbeitsgestaltung in der Politik der IG Metall, Frankfurt/New York

Kaßebaum, B., 1994: Betriebliche Arbeitsgestaltung und Beteiligung als Elemente schwedischer Produktionspolitik, in: Drinkuth, A., Kaßebaum, B. (Hg.), S. 138-164

Keefe, J.M., 1992: Do Unions Hinder Technological Change?, in: Mishel, L., Voos, P., (Hg.): Unions and Economic Competitiveness, Armonk/London, S. 109-141

Kelley, M.R., 1989a: Alternative Forms of Work Organization Under Programmable Automation, in: Wood, S. (Hg.), The Transformation of Work, London, S. 235-246

Kelley, M.R., 1989b: Unionization and Job Design Under Programmable Automation, in: Industrial Relations, Vol. 28., S. 174-187

Kelly, J., Bailey, R., 1989: British Trade Union Membership, Density and Decline in the 1980s: A Research Note, in: Industrial Relations Journal, Vol. 20, S. 54-61

Kern, H., Brumlop, E., Heine, H., Kern, B., Müller, M., Sperling, H.J., 1976: Neue Formen betrieblicher Arbeitsgestaltung, Bonn

Kern, H., Sabel, C., 1994: Verblaßte Tugenden. Zur Krise des deutschen Produktionsmodells, in: Soziale Welt, Sonderband 9, S. 605-624

Kern, H., Schumann, M., 1970: Industriearbeit und Arbeiterbewußtsein, 2 Bde., Frankfurt

Kern, H., Schumann, M., 1984: Das Ende der Arbeitsteilung? Rationalisierung in der industriellen Produktion, München

Kerst, C., 1991: Neue Technologien und Wege der Qualifikationsbeschaffung in der Druckvorstufe, Arbeitsgruppe für sozialwissenschaftliche Forschung (ASIF), Bielefeld

Kessler, S., Bayliss, F., 1992: Contemporary British Industrial Relations, London

Kirosingh, 1989: Changed Working Practices, in: Employment Gazette, Vol. 97, S. 422-429

Kjellberg, A., 1984: Radikalisierung oder Japanisierung?, Die Entwicklung des „schwedischen Modells" industrieller Beziehungen in den achtziger Jahren, in: Prokla, 14 Jg., S. 59-77

Kjellberg, A., 1992: Sweden: Can the Model Survive?, in: Ferner, Hyman 1994, S. 88-142

Knights, D., Willmott, H. (Hg.), 1990: Labour Process Theory, Basingstoke

Knights, D., Willmott, H., Collinson, D. (Hg.), 1985: Job Redesign. Critical Perspectives on the Labour Process, Aldershot

Kohl, H., Schütt, B., 1984: Wie sich der Rationalisierung erwehren? Das Beispiel Commerzbank, in: Die Mitbestimmung, 30. Jg., S. 144-145

Korpi, W., 1978: The Working Class in Welfare Capitalism: Work, Unions and Politics in Sweden, London

Kotthoff, H., 1981: Betriebsräte und betriebliche Herrschaft. Eine Typologie von Partizipationsmustern im Industriebetrieb. Frankfurt/New York

Kotthoff, H., 1994: Betriebsräte und Bürgerstatus. Wandel und Kontinuität betrieblicher Mitbestimmung, München/Mering

Kracauer, S., 1971: Die Angestellten, Frankfurt

Krämer, C., 1988: Elektronische Medien in Kreditinstituten, Münster

Krieger, H., Lange, R., 1992: Der 'New Deal' für die 90er Jahre. Die Verzahnung repräsentativer und direkter Arbeitnehmerbeteiligung in Europa, in: WSI-Mitteilungen, 45. Jg., S. 788-799

Labour Research Department 1982: Survey of New Technology, Bargaining Report 22, London

Lane, C., 1987: Capitalism or Culture? A Comparative Analysis of the Position in the Labour Process and Labour Market of Lower White-Collar Workers in the Financial Services Sector of Britain and the Federal Republic of Germany, in: Work, Employment and Society. Vol. 1., S. 57-83

Lane, C., 1988: New Technology and Clerical Work.in: Gallie, D. (Hg.): Employment in Britain, Oxford, S. 67-101

Lane, C., 1989: Management and Labour in Europe, Aldershot

Lane, C., 1992: Technologischer Wandel und kaufmännische Angestelltenarbeit in Großbritannien, in: Littek, W., Heisig, K., Gondek, H.-D. (Hg.), Organisation von Dienstleistungsarbeit, Berlin, S. 201-217

Lansbury, R.D., 1989: Technological Change and Labour Relations, Introduction, in: Gladstone, A. (Hg.), Current Issues in Labour Relations: An International Perspective, Berlin/New York, S. 11-16

Lansbury, R.D., Sandkull, B., Hammarström, O., 1992: Industrial Relations and Productivity: Evidence from Sweden and Australia, in: Economic and Industrial Democracy, Vol. 13, S. 295-329

Lash, S., 1985. The End of Neo-Corporatism? The Breakdown of Centralised Bargaining in Sweden, in: British Journal of Industrial Relations, Vol. 23, S. 215-239

Latreille, P. L., 1992: Unions and the Inter-Establishment Adoption of New Microelectronic Technologies in the British Private Manufacturing Sector, in: Oxford Bulletin of Economics and Statistics, Vol. 54, S. 31-50

Lecher, W., 1987: Mitbestimmung und Arbeitnehmerberatung in Schweden, WSI-Arbeitspapiere Nr. 15, Düsseldorf

Lehner, F. et al., 1993: The Future of Industry in Europe, Vol. I, New Markets, New Structures, New Strategies, FAST, Brüssel

Levie, H., 1984: Arbeitnehmer, Gewerkschaften und technischer Wandel in Großbritannien, in: Warneke, P. (Hg.), Technischer Wandel und Einflußmöglichkeiten der Arbeitnehmer in Europa, Berlin, S. 127-144

Levine, D.I., Tyson, L.D., 1990: Participation, Productivity, and the Firms Environment, in: Blinder, A. S., (Hg.), Paying for Productivity: A Look at the Evidence, Washington

Lindbeck, A. et al., 1993: Options for economic and political reform in Sweden, in: Economic Policy, Vol. 17, S. 219-246

Linotype-Hell AG, 1995, in: DRUPA Pocket Guide 1995, Eschborn

Lloyd, J., 1990: Light and Liberty. The History of the EEPTU, London

LO (Landsorganisationen i Sverige) 1991: Det utvecklande arbetet, Stockholm

LO 1996: Gerechtigkeit. Zusammenfassung der Projektgruppe Soziale Gerechtigkeit für den 23. Kongress des Schwedischen Gewerkschaftsbundes, Stockholm

Lockwood, D., 1958: The Blackcoated Worker, London

Löwstedt, J., 1984: The Introduction of Cashier Terminals in the Swedish Förenings Bank Movement, Stockholm

Lundberg, E., 1985: The Rise and Fall of the Swedish Model, in: Journal of Economic Literature, Vol. 23, S. 1-36

Lutz, B. (Hg.), 1985: Soziologie und gesellschaftliche Entwicklung, Frankfurt/New York

Lutz, B., Schmidt, G., 1977: Industriesoziologie, in: König, R. (Hg.), Handbuch der empirischen Sozialforschung, Bd. 8: Beruf, Industrie, Sozialer Wandel, 2. Auflage, Stuttgart, S. 101-262

Machin, S., Wadhwani, S., 1991: The Effects of Unions on Organizational Change and Employment, in: Economic Journal, Vol. 101, S. 835-854

MacInnes, J., 1987: Thatcherism at Work - Industrial Relations and Economic Change, Milton Keynes

MacInnes, J., 1988: New Technology in Scotbank: Gender, Class and Work, in: Hyman, Streeck 1988, S. 128-143

MacShane, D., 1991: Vom Haß zur Liebe - Britische Gewerkschaften und Europa, in: Gewerkschaftliche Monatshefte, 42. Jg., S. 710-721

Mahnkopf, B., 1991: A Modernization Approach of German Trade Unions: Further Training through Collective Bargaining, Discussion Paper, WZB Berlin

Mahon, R., 1994: Wage Earners and/or Co-Workers?: Contested Identities, in: Wallace, C., Mahon, R. (Hg.), Swedish Social Democracy: A Model in Transition, Toronto, S. 347-372

Malsch, T., Seltz, R. (Hg.), 1987: Die neuen Produktionskonzepte auf dem Prüfstand, Berlin

Manwaring, T., 1981: The Trade Union Response to New Technology in: Industrial Relations Journal, Vol. 12, S. 7-26

Marchington, M., 1987: A Review and Critique of Research on Developments in Joint Consultation, in: British Journal of Industrial Relations, Vol. 25, S. 339-352

Marginson, P., Sisson, K., 1988: The Management of Employees, in: Marginson, P. et al. (Hg.), Beyond the Workplace, Oxford, S. 80-121

Marginson, P., Sisson, K., 1990: Single-Table Talk, in: Personnel Management, May, S. 46-49

Markgren, B., 1986: Business Graduates in Banks, Working Paper. Department of Business Administration, Universität Uppsala

Marsden, D., Thompson, M., 1990: Flexibility Agreements and their Significance in the Increase in Productivity in British Manufacturing since 1980, in: Work, Employment and Society, Vol. 4, S. 83-104

Marsh, D., 1992: The New Politics of British Trade Unionism, Houndmills/London

Martin, A., 1984: Trade Unions in Sweden: Strategic Responses to Change and Crisis, in: Gourevitch, P. et al. (Hg.), Unions and Economic Crisis: Britain, West Germany and Sweden, London, S. 187-359

Martin, A., 1992: Foreword in: Sandberg, A. et al., S. VII-XXIV

Martin, R., 1981: New Technology and Industrial Relations in Fleet Street, Oxford

Martin, R., 1984: New Technology and Industrial Relations in Fleet Street: New technology will make it possible for managers to manage in: Warner, M. (Hg.), Microprocessors, Manpower and Society, Aldershot, S. 240-252

Mayhew, K., 1991: The Assesment: The UK Labour Market in the 1980s, in: Oxford Review of Economic Policy, Vol. 7, S. 1-17

Mc Loughlin, I., Clark, J., 1988: Technological Change at Work, Milton Keynes

Meidner, R., 1994: Modell Schweden. Erfolge, Schwächen und Zukunftsperspektiven der schwedischen Gewerkschaftsbewegung, WSI-Mitteilungen, 47. Jg., S. 1-12

Meidner, R., Hedborg, A., 1984: Modell Schweden. Erfahrungen einer Wohlfahrtsgesellschaft, Frankfurt/New York

Melvern, L., 1986: The End of the Street, London

Metcalf, D., 1989: Water Notes Dry Up: The Impact of the Donovan Reform Prosposals and Thatcherism at Work on Labour Productivity in British Manufacturing Industry, in: British Journal of Industrial Relations, Vol. 27, S. 1-31

Metcalf, D., 1990: Trade Unions and Economic Performance: The British Evidence, in: Brunetta, R., Dell'Aringa, C. (Hg.), Labour Relations and Economic Performance, London, S. 283-303

Metcalf, D., 1993: Industrial Relations and Economic Performance, in: British Journal of Industrial Relations, Vol. 31, S. 255-283

Millward, N., 1994: The New Industrial Relations?, London

Millward, N., Stevens, M., 1986: British Workplace Industrial Relations 1980-1984, Aldershot

Millward, N., Stevens, M., Smart, D., Hawes, W. R., 1992: Workplace Industrial Relations in Transition: The ED/ESRC/PSI/ACAS Surveys, Aldershot

Mishel, L., Voos, P., (Hg.), 1992: Unions and Economic Competitiveness, Armonk/London

Mitbestimmungskommission (1970): Mitbestimmung im Unternehmen. Bericht der Sachverständigenkommission zur Auswertung der bisherigen Erfahrungen bei der Mitbestimmung. Stuttgart

Morgen, K., 1986: Terminalisierung in einer Großbank, in: Schneider, Muthesius 1986, S. 59-65

Morris, T., 1986: Innovations in Banking. Business Strategies and Employee Relations, London

Morris, T., 1987: Trade Union Mergers and Competition in British Banking, in: Industrial Relations Journal, Vol. 18, S. 129-140

Morris, T., Willman, P., 1986: Trade Unions Strategies in the U.K. Financial Sector, London Business School, London

Morris, T., Willman, P., 1988: Human Resource Management in the U.K. Retail Banks, London Business School, London

Müller, M., 1993: Personnel Management Practices of American, British and Indigenous Banks operating in Germany, Paper presented to the Workshop „Restructuring Financial Services within and across Europe, WZB, Berlin

Müller-Jentsch, W., 1979: Der Arbeitskampf in der Druckindustrie, in: Jacobi, O., Müller-Jentsch, W., Schmidt, E. (Hg.), Arbeiterinteressen gegen Sozialpartnerschaft, Kritisches Gewerkschaftsjahrbuch 1978/79, Berlin

Müller-Jentsch, W. 1994: Über Produktivkräfte und Bürgerrechte, in: Beckenbach, N., van Treeck, W. (Hg.): Umbrüche gesellschaftlicher Arbeit, Soziale Welt, Sonderband 9, S. 643-661

Müller-Jentsch, W., 1995a: Mitbestimmung als kollektiver Lernprozeß. Versuch über die Betriebsverfassung, in: Rudolph, K., Wickert, C. (Hg.), Geschichte als Möglichkeit. Über die Chancen von Demokratie, Essen, S. 42-54

Müller-Jentsch, W., 1995b: Auf dem Prüfstand: Das deutsche Modell der industriellen Beziehungen, in: Industrielle Beziehungen, 2. Jg., S. 11-24

Müller-Jentsch, W., 1997: Soziologie der Industriellen Beziehungen, 2. Aufl., Frankfurt/New York

Müller-Jentsch, W., Rehermann, K., Sperling, H. J., 1992: Socio-Technical Rationalisation and Negotiated Work Organisation: Recent Trends in Germany, in: OECD, New Directions in Work Organisation. The Industrial Relations Response, Paris, S. 93-111

Müller-Jentsch, W., Stahlmann. M., 1988: Management und Arbeitspolitik im Prozeß fortschreitender Industrialisierung, in: Österreichische Zeitschrift für Soziologie, 13. Jg., S. 5-31

Müller-Jentsch, W., Sperling, H.J., 1995: New Technology and Employee Involvement in Banking: A Comparative View of British, German and Swedish Banks, in: Crouch, C., Traxler, F. (Hg.), Organized Industrial Relations in Europe: What Future?, Aldershot, S. 229-248

Murray, F., 1989: Beyond the Negation of Gender: Technology Bargaining and Equal Opportunities, in: Economic and Industrial Democracy, Vol. 10, S. 517-542

Myrdal, H.-G., 1991: The Hard Way From a Centralized to a Decentralized Industrial Relations System. The Case of Sweden and SAF, in: Sadowski, D., Jacobi, O. (Hg.), Employers' Associations in Europe: Policy and Organization, Baden-Baden, S. 191-210

Naschold, F., 1988: Regulierung und Produktivität, in: Österreichische Zeitschrift für Soziologie, 13 Jg., S. 32-46

Naschold, F., 1992: Den Wandel organisieren. Erfahrungen des schwedischen Entwicklungsprogramms „Leitung, Organisation, Mitbestimmung“ (LOM) im internationalen Wettbewerb, Berlin

National Labour Board 1986: New Technology and the Labour Market of the Future, Stockholm

NGA (National Graphical Association) 1978: Report of the Biennial Delegate Meeting, Bedford

Nichols, T., 1986: The British Worker Question. A New Look at Workers and Productivity in Manufacturing, London

Niedenhoff, H.-U., 1994: Die Kosten der Anwendung des Betriebsverfassungsgesetzes; Köln

Niedenhoff, H.U., Pege, W., 1987: Gewerkschaftshandbuch, Köln

Nilsson T., Henmark, E.-B., 1993: Berufe im Wandel - Produktionsnahe Angestellte. Unternehmen und Arbeitsplätze in einer Welt des Umbruchs, hg. v. IMB und FIET, Genf

Nilsson, T., 1992: Rezension von A. Olsson, The Swedish Wage Negotiation System, in: Acta Sociologica, Vol. 35, S. 329-331

Nilsson, T., Sandberg, A., 1988: Rörelse över gränser. Teknisk förändring och facklig organisering, Lund

Noble, D.F., 1979: Social Choice in Machine Design: The Case of Automatically-Controlled Machine Tools, in: Zimbalist, A. (Hg.), Case Studies on the Labor Process, New York, S. 18-50

Nolan, P., 1989: Walking on Water? Performance and Industrial Relations under Thatcher, in: Industrial Relations Journal, Vol. 20, S. 81-92

Nolan, P., Marginson, P., 1990: Skating on Thin Ice? David Metcalf on Trade Unions and Productivity, in: British Journal of Industrial Relations, Vol. 28, S. 227-247

Noon, M., 1991: Strategy and Circumstance: The Success of the NUJ's New Technology Policy, in: British Journal of Industrial Relations, Vol. 29, S. 259-276

Northcott, J., Rogers, P., 1982: Microelectronics in Industry: What's Happening in Britain, London

Northcott, J., Rogers, P., 1984: Microelectronics in British Industry: The Pattern of Change, London

Northcott, J.,, Fogarty, M., Trevor, M., 1985: Chips and Jobs: Acceptance of New Technology at Work, London

Northcott, J., Walling, A., 1988: The Impact of Microelectronics, London

Nowak, R., 1986:Computerunterstützung am Arbeitsplatz - Ein Akzeptanzproblem, in: Schneider, /Muthesius 1986, S. 107-118

NUJ (National Union Journalists) 1978: Journalists and New Technology, London

OECD 1988: New Technologies in the 1990s. A Socio-Economic Strategy, Paris

OECD 1991: Trends in Trade Union Membership, in: Employment Outlook, Ch. 4, S. 97-134

OECD 1994: Collective Bargaining: Levels and Coverage, in: Employment Outlook, Paris, Ch. 5, S. 167-194

OECD: Economic Outlook, verschiedene Jahrgänge

OECD: Wirtschafts-Ausblick, verschiedene Jahrgänge

Oliver, N., Wilkinson, B., 1988: The Japanization of British Industry, Oxford

Oliver, N., Wilkinson, B., 1990: Contemporary Industrial Change: The Implications of the Japanisation of British Industry, in: Stewart, P., Garrahan, P., Crowther, S. (Hg.), Restructuring for Economic Flexibillity, Aldershot, S. 33-51

Olson, M., 1982: The Rise and Decline of Nations. Economic Growth, Stagflation and Social Rigidities, New Haven/London

Olsson, A., 1991: The Swedish Wage Negotiation System, Aldershot

Olsson, A., Burns, T.R., 1986: Collective Bargaining Regimes and their Transformation: The Rise and Decline of the Swedish Model, in: Burns, T.R., Flam, H. (Hg.), The Shaping of Social Organisation: Social Rule System Theory and its Application, London, S. 176-212

Oram, S., 1987: Fleet Street Moves on: a Managerial Perspective, in: Industrial Relations Journal, Vol. 18, S. 84-89

Orth, H., 1993: Schweden verordnet sich eine Roßkur, in: Das Parlament, 43. Jg., Nr. 4, S. 13

Ortmann, G., 1990: Mikropolitik und systemische Kontrolle, in: J. Bergstermann, R. Brandherm-Böhmker (Hg.), Systemische Rationalisierung als sozialer Prozeß, Bonn, S. 101-120

Oscarsson, B. Hammarström, O., Karlsson, G., Lindholm, R., 1990: Eine neue Arbeitswelt, AMFO, Stockholm

Osterloh, M., 1987: Industriesoziologische Vision ohne Bezug zur Managementlehre?, in: Malsch, Seltz, R. 1987, S. 125-154

Osterloh, M., 1993: Interpretative Organisations- und Mitbestimmungsforschung, Stuttgart

Osterloh, M., Weibel, A., 1996: Handlungsspielräume eines multinationalen Unternehmens - Das Beispiel ABB, in: Meil, P. (Hg.), Globalisierung industrieller Produktion, Frankfurt/New York, S. 123-148

Otto, M., 1993: Kurze Geschichte der Internationalen Grafischen Föderation und ihrer Vorläuferorganisationen, Brüssel

Pegge, T., 1986: Hitachi two years on, in: Personnel Management, Vol. 18, October, S. 42-47

Pettersson, G., 1996: Schweden und der Wohlfahrtsstaat. Ein Modell im Umbruch, in: WSI-Mitteilungen, 49. Jg., S. 273-277

Pollard, S., 1982: The Wasting of the British Economy, London

Pollard, S., 1983: The Development of the British Economy 1914-1980, London

Pollert, A. (Ed.), 1991: Farewell to Flexibility?, Oxford

Popitz, H., Bahrdt, H.P., Jüres, E.A., Kesting, H., 1957: Technik und Industriearbeit. Soziologische Untersuchung in der Hüttenindustrie, Tübingen

Porter, M.E., 1991: Nationale Wettbewerbsvorteile, München

Price, R., 1988: Information, Consultation and the Control of New Technology, in: Hyman, Streeck 1988, S. 249-262

Projektgruppe Gewerkschaftsforschung 1979: Tarifpolitik 1978: Lohnpolitische Kooperation und Absicherungskämpfe, Frankfurt/New York

Purcell, J., Gray, A., 1986: Corporate Personnel Departments and the Management of Industrial Relations: Two Case Studies in Ambiguity, in: Journal of Management Studies, Vol. 23, S. 213-223

Rainbird, M., 1990: Training Matters. Union Perspectives on Industrial Restructuring and Training, Oxford

Rajan, A., 1985: New Technology and Employment in Insurance, Banking and Building Societies, Aldershot

Rajan, A., 1987: Services - The Second Industrial Revolution?, London

Ramsay, H., 1977: Cycles of Control: Worker Participation in Sociological and Historical Perspective, in: Sociology, Vol. 11, S. 481-500

Rasmussen, B., 1986: Gewerkschaftliche Technologiepolitik in Skandinavien. Auf dem Wege zu aktiven Strategien und neuer Technikgestaltung?, in: Bartölke, K. et al. (Hg.), Möglichkeiten der Gestaltung von Arbeit und Technik in Theorie und Praxis, Bonn, S. 98-106

Rehn, G., Viklund, B., 1990: Changes in the Swedish Model, in: Baglioni, G., Crouch, C. (Hg.), European Industrial Relations. The Challenge of Flexibility, London, S. 300-325

Reich, R.B., 1996: Die neue Weltwirtschaft. Das Ende der nationalen Ökonomien, Frankfurt

Reitsperger, W., 1986: Japanese Management: Coping with British Industrial Relations, in: Journal of Management Studies, Vol. 23, S. 72-88

Rico, L., 1987: The New Industrial Relations, British Electricians' New Style Agreements', in: Industrial and Labor Relations Review, Vol. 41, S. 63-78

Robak, B., Schlecht, M., 1983: Tarifliche Gestaltung des Einsatzes neuer Technologien - Erfahrungen und Konsequenzen aus der Anwendung des RTS-Tarifvertrags in der Druckindustrie, WSI-Mitteilungen, 36. Jg., S. 133-142

Robak, B., 1992: Schriftsetzerinnen und Maschineneinführungsstrategien im 19. Jahrhundert, in: Wetterer, A. (Hg.), Profession und Geschlecht. Über die Marginalität von Frauen in hochqualifizierten Berufen, Frankfurt, S. 83-100

Robins, K., Webster, F., 1982: New Technology: A Survey of Trade Union Response in Britain, in: Industrial Relations Journal, Vol. 13, S. 7-26

Rose, M., 1975: Industrial Behaviour. Theoretical Development since Taylor, London

Rothstein, B., 1985: The Success of the Swedish Labour Market Policy: The Organizational Connection to Policy, in: European Journal of Political Research, Vol. 13, S. 153-165

Routledge, P., 1979: The Dispute at Times Newspapers Ltd: A View from Inside, in: Industrial Relations Journal, Vol. 10, S. 5-9

Rush, H., Williams, R., 1984: Consultation and Change: New Technology and Manpower in the Electronics Industry, in: Warner, M. (Hg.), Microprocessors, Manpower and Society, Aldershot, S. 171-188

SAF/LO/PTK 1982: Agreement on Efficiency and Participation, Stockholm

Sandberg, A. (Ed.), 1979: Computers Dividing Man and Work - Recent Scandinavian Research on Planning and Computers from a Trade Union Perspective, Stockholm

Sandberg, A., 1984: Über die Möglichkeiten der Gewerkschaften, Entwicklung und Anwendung von Produktionstechniken zu beeinflussen - mit Beispielen aus der schwedischen Arbeitslebensforschung, in: Fricke, W., Schuchardt, W. (Hg.), Beteiligung als Element gewerkschaftlicher Arbeitspolitik, Bonn, S. 147-173

Sandberg, A., 1993: Changing Workplace Industrial Relations in Sweden: On Union Responses to „New Management“, Paper prepared for IREC and European Foundation Workshop, Revised Version, mimeo., Stockholm

Sandberg, A., Broms, G., Grip, A., Sundström, L., Steen, J., Ullmark, P., 1992: Technological Change and Co-Determination in Sweden, Philadelphia

Sandberg, T., 1982: Work Organization and Autonomous Groups, Lund

Sauer, D., Altmann, N., 1989: Zwischenbetriebliche Arbeitsteilung als Thema der Industriesoziologie, in: Altmann, N., Sauer, D. (Hg.), Systemische Rationalisierung und Zuliefererindustrie, Frankfurt, S. 5-27

Sauer, H.-D., 1982: Perspektiven für die 80er Jahre: Neue Technologien und Beschäftigung in Kreditinstituten, in: Die Bank, 22. Jg., S. 502-505

Sauer, H.-D., 1984: Beschäftigungs- und Qualifikationsentwicklung im Kreditgewerbe 1970-1983, in: Die Bank, 24. Jg., S. 252-255

Sauer, H.-D., 1991: Beschäftigungstrend im Bankgewerbe, in: Die Bank, 31. Jg., S. 391-392

Sayer, A., Morgan, K., 1986: The Electronics Industry and Regional Development in Britain, in: Amin, A., Goodard, J. (Hg.), Technological Change, Industrial Restructuring and Regional Development, London, S. 157-187

SBmf (Svenska Bankmannaförbundet) 1986: The Swedish Bank Employees' Union, Stockholm

SBmf 1987: A Guide to Conditions of Employment in Swedish Banks, Stockholm

SBmf 1989: Svenska Bankmännaförbundet Report, Stockholm

Schabedoth, H.J. (Hg.), 1991: Gestalten statt Verwalten. Aktive Mitbestimmung bei Arbeit und Technik, Köln

Scharpf, F.W., 1987: Sozialdemokratische Krisenpolitik in Europa, Frankfurt/New York

Schauer, H., Dabrowski, H., Neumann, U., Sperling, H.J., 1984: Tarifvertrag zur Verbesserung industrieller Arbeitsbedingungen. Arbeitspolitik am Beispiel des Lohnrahmentarifvertrags II, Frankfurt/New York

Schiller, B., 1991: The Swedish Model Reconstituted, in: Hancock, M.D., Logue, J., Schiller, B. (Hg.), Managing Modern Capitalism, New York, 1991, S. 145-171

Schmidt, F., 1981: Demokratie im Betrieb nach schwedischem Muster. Betriebsverfassung durch Kollektivvertrag, Köln

Schmidt, G., 1991: „Wir hatten nicht nur Ahnung von Hardware und Software, sondern auch von Gegenwehr“. Tarifaktivitäten und Struktur im Bankgewerbe 1987, in: Schumm-Garling, K. (Hg.), Angestellte und Gewerkschaften. Neue Trends und neue Antworten, Köln, S. 190-208

Schmidt, R.; Trinczek, R., 1993: Duales System: Tarifliche und betriebliche Interessenvertretung, in: W. Müller-Jentsch, W. (Hg.), Konfliktpartnerschaft. München/Mering, S. 169-201

Schnabel, C., 1989: Zur ökonomischen Analyse der Gewerkschaften in der Bundesrepublik Deutschland, Frankfurt

Schnabel, C., 1996: Arbeitskämpfe. Ein internationaler Vergleich, in: Gewerkschaftsreport 1/96, S. 36-43

Schneider, H., Muthesius, P., (Hg.) 1986: Bankmitarbeiter und die neuen Informationstechniken. Chancen und Aspekte, Frankfurt

Schütte, M., 1986: Moderne Banktechniken und ihre Auswirkungen auf die Qualität der Mitarbeiter, in: Die Bank, 26. Jg., S. 614-619

Schwegler, L., Humml, K., 1983: Ertragsoptimierung und Kostensenkung - wo bleiben die Bankangestellten?, in: Bank und Markt, 12. Jg., S. 16-22

Seelmann, A., 1992: Arbeits- und Betriebsordnungen privater Banken, Universität Köln

Seitz, B., 1997: Tarifierung von Weiterbildung. Eine Problemanalyse in der deutschen Metallindustrie, Opladen

Seitz, K., 1991: Die japanisch-amerikanische Herausforderung, Bonn

SIF (Svenska Industritjänstemannaförbundet) 1992: Medarbetaravtal, Stockholm

Simpson, D., 1983: Managers in workers' trade unions: the case of the NUJ, in: Thurley, K., Wood, S. (Hg.), Industrial Relations and Management Strategy, Cambridge, S. 19-26

Sisson, K., 1975: Industrial Relations in Fleet Street. A Study in Pay Structure, Oxford

SJF (Svenska Journalistförbundet) 1988: Presenting the Swedish Union of Journalists, Stockholm

Slichter, S. H., 1941: Union Policies and Industrial Management, Washington

SMF (Svenska Metallindustriarbetareförbundet) 1985: Det goda arbetet, Stockholm

SMF 1989: Solidarisk arbetspolitik för det goda arbetet, Stockholm

Smith, P., Morton, G., 1990: A Change of Heart: Union Exclusion in the Provincial Newspaper Sector, in: Work, Employment and Society, Vol. 4, S. 105-124

Soete, L., 1985: Electronics, in: Soete, L. (Hg.), Technological Trends and Employment 3: Electronics and Communications, Aldershot, S. 1-89

Sorge, A., 1985: Informationstechnik und Arbeit im sozialen Prozeß, Frankfurt/New York

Sorge, A., Streeck, W., 1988: Industrial Relations and Technical Change: The Case for an Extended Perspective, in: Hyman, Streeck, 1988, S. 19-47

SOU (Statens Offentliga Utredningar) 1991: Drivkrafter för produktivitet och välstand, Stockholm

Sperling, H. J., 1994: Innovative Arbeitsorganisation und intelligentes Partizipationsmanagement, Marburg

Sperling, H. J., 1997: Restrukturierung von Unternehmens- und Arbeitsorganisation - eine Zwischenbilanz, Marburg

Spiegel, Freiherr von, 1986: Personalpolitik in Banken unter dem Einfluß der neuen Technologien, in: Die Bank, 26. Jg., S. 4-10

Sproull, A., MacInnes, J., 1987: Patterns of Union Recognition in Scottish Electronics, in: British Journal of Industrial Relations, Vol. 25, S.335-338

Sproull, A., MacInnes, J., 1988: Trade Union Recognition, Single Union Agreements and Employment Change in the Electronic Industry in Scotland, Glasgow

Statistika Centralbyran 1991: Funktionen för statistik rörande informationsteknologi, Örebro

Steg, T., 1992: Redakteure und Rationalisierung. Betriebliche Strategien bei der Einführung rechnergesteuerter Redaktionssysteme in Tageszeitungsredaktionen, Frankfurt

Steiner, H., 1986: Der Back-Office-Bereich, in: Schneider, Muthesius 1986, S. 81-91

Strauss, A., 1978: Negotiations. Varietes, Contexts, Processes and Social Order, San Francisco

Strauss, A., Schatzmann, L., Ehrlich, D., Bucher, R., Sabshin, M., 1963: The Hospital and its Negotiated Order, in: E. Freidson (Hg.), The Hospital in the Modern Society, New York, S. 147-169

Streeck, W., 1992: Social Institutions and Economic Performance. Studies of Industrial Relations in Advanced Capitalist Economies, London

Streeck, W., Hilbert, J., van Kevelaer, K.-H., Maier, F., Weber, H., 1987: Steuerung und Regulierung der beruflichen Bildung, Berlin

Stützel, W. (Hg.), 1994: Streik im Strukturwandel. Die europäischen Gewerkschaften auf der Suche nach neuen Wegen, Münster

Stymne, B., 1992: Information Technology and Competence Formation in the Swedish Service Sector, IMIT-Working Paper, Stockholm

Swedish Institute 1992: Fact Sheet „Electrical Engineering and Electronics in Sweden“, Stockholm

Swenson, P., 1993: The End of the Swedish Model in Light of its Beginnings: On the Role of Engineering Employers and their Leaders, Discussion Paper, WZB, Berlin

TASS (Technical, Administrative and Supervisory Section) 1979: New Technology - a guide for negotiators, London

Tergeist, P., 1985: Schwedische Arbeitspolitik zwischen korporatistischer Steuerung und gewerkschaftsautonomer Strategie, in: Naschold, F. (Hg.): Arbeit und Politik. Gesellschaftliche Regulierung der Arbeit und der sozialen Sicherung, Frankfurt/New York, S. 433 - 465

Terry, M., Dickens, L., 1991: European Employment and Industrial Relations Glossary: United Kingdom. London/Luxembourg

Thelen, K., 1991: Unions of Parts. Labor Politics in Postwar Germany, Ithaca/London

Thurow, L., 1992: Head to Head. The Coming Economic Battle Among Japan, Europe and America, New York

Töpsch, K., 1991: Neue Arbeitstechniken in der Druckindustrie - Chancen für die qualifizierte Beschäftigung von Frauen?, Arbeitsgruppe für sozialwissenschaftliche Industrieforschung (ASIF), Arbeitspapiere Nr. 28, Bielefeld

Towers, B., 1987: Managing Labour Flexibility. New Feature-Trends and Developments in Industrial Relations, in: Industrial Relations Journal, Vol. 18, S. 79-83

Towers, B., 1989: Running the Gauntlet: British Trade Unions under Thatcher 1979-1988, in: Industrial and Labor Relations Review, Vol. 42, S. 163-187

Tracy, L., Peterson, R.B., 1986: A Behavioral Theory of Labor Negotiations - How well has it aged?, in: Negotiation Journal, Vol. 21, S. 93-108

Trautwein-Kalms, G., 1981, Zur Auseinandersetzung um Bildschirmarbeit am Beispiel betrieblicher Vereinbarungen, WSI-Mitteilungen, 34. Jg., S. 90-99

Trautwein-Kalms, G., 1992: KontrastProgramm Mensch-Maschine - Arbeiten in der HighTech-Welt, Köln

Traxler, F., 1996: Collective Bargaining and Industrial Change: A Case of Disorganization?, in: European Sociological Review, Vol. 12, S. 271-287

Trist, E.I., Higgin, G.W., Murray, H., Pollock, A.B., 1963: Organizational Choice, London

TUC (Trades Union Congress) 1979: Employment and Technology, London

TUC 1981: Quality Circle, TUC Circular No. 311, London

Turnball, P. J., 1989: Trade Unions and Productivity: Opening the Harvard 'Black Boxes', Warwick Papers in Industrial Relations, No. 24, Coventry

Turner, L., 1991: Democracy at Work. Changing World Markets and the Future of Labor Unions, Ithaca/London

Turner, L., Auer, P., 1994: A Diversity of New Work Organization. Human-Centered, Lean, and In-Between, in: Industrielle Beziehungen, 1. Jg., S. 39-61

Twok, I., 1989: Restructuring Local Industry, Aldershot

Ullman, L., 1968: Collective Bargaining and Industrial Efficiency, in: Caves, R. et al., Britain's Economic Prospects, Washington/London, S. 324-380

Van Ruysselveldt, J., Visser, J. (Hg.), 1996: Industrial Relations in Europe, London

Visser, J., 1996: Traditions in Industrial Relations: A European View, in: Van Ruysselveldt, Visser 1996, S. 1-41

Voskamp, U., Wittemann, K.P., Wittke, V., 1989: Elektroindustrie im Umbruch. Zur Veränderungsdynamik von Produktionsstrukturen, Rationalisierungskonzepten und Arbeit. Zwischenbericht, SOFI Göttingen

Walker, C.R., Guest, R.H., 1952: The Man on the Assembly Line, Cambridge/Mass.

Walton, R.E., McKersie, R.B., 1965: A Behavioral Theory of Labor Negotiations. An Analysis of a Social Interaction System, New York

Wassermann, W., 1989: Ein Europa der Berater? Erfahrungen aus der Arbeitnehmerberatung durch externe Sachverständige in einigen westeuropäischen Ländern, Kassel

Webb, B., Webb, S., 1906: Theorie und Praxis der englischen Gewerkvereine (Industrial Democracy), Erster Band, 2. Aufl., Stuttgart

Weber, C., 1987: Frauen in Männerberufen. „Soziale Schließung und Feminisierung", in: Hauser, K. (Hg.), Viele Orte. Überall? Feminismus in Bewegung, Festschrift für Frigga Haug, Berlin/ Hamburg, S. 203-217

Weimer, W., 1994: Für Europas Banken ist das goldene Jahrzehnt vorbei, in: FAZ vom 4.10.1994, S. 20

Weinert, R., 1985: Betriebsräte und technischer Wandel. Kooperation und Konflikt bei technisch-organisatorischen Umstellungsprozessen in Betrieben des privaten Versicherungsgewerbes und der Druckindustrie. Frankfurt/Bern/New York

Weinert, R., 1988: Betriebliche Rationalisierungsschutzpolitik. Ein Beitrag zur „Dezentralisierung" kollektivvertraglicher Regelungen, in: Soziale Welt, 39. Jg., S. 279-291

Weinstein, P., 1964: The Featherbedding Problem, in: American Economic Review, Vol. 54, S. 145-153

Weis, P., 1990: Über den Umgang mit Betriebsräten, in: Niedenhoff, H.-U. (Hg.), Die Zusammenarbeit mit dem Betriebsrat, Köln, S. 56-65

Weitbrecht, H., 1969: Effektivität und Legitimität der Tarifautonomie, Berlin

Weltz, F., 1977: Kooperative Konfliktverarbeitung, in: Gewerkschaftliche Monatshefte, 28. Jg., S. 291-301 u. 489-494

Welzmüller, R., 1992: Branchenanalyse Elektro-, Elektronik- und EDV-Industrie, IG Metall, Frankfurt

Wenningmann, P., Oberbeck, H., 1983: Die Bedeutung neuer Informations- und Datenverarbeitungstechnologien für Qualifikation und Berufsbildung kaufmännischer Angestellter aus Sicht der Tarifparteien, Schlußbericht, SOFI, Göttingen

White, M., Trevor, M., 1983: The Experience of British Workers under Japanese Management, London

Widman, A., 1985: Branch Office - 90. A Study of the New Concept within Banking Service for the Privat Person Market, Stockholm

Wilkinson, A., 1989: From Personnel Management to Human Resource Management? The Case of the Co-operative Bank. Paper for the Employment Research Unit Annual Conference 'A Flexible Future' at Cardiff Business School.

Wilkinson, B., 1983: The Shop Floor Politics of New Technology, London

Willebrand, P., 1990: Ny tecknik integrerar produktionskedjan - praktikfallstudier av tre lokaltidningar, Universitet Uppsala

Willey, B., 1986: Union Recognition and Representation in Engineering, EEF, London

Williams, R., Moseley, R., 1982: The Trade Union Response to Information Technology - Technology Agreements: Consensus, Control and Technical Change in the Workplace, in: Bjorn-Andersen, N., et al. (Hg.), Information Society: for richer, for poorer, Amsterdam, S. 231-245

Williams, R., Steward, F., 1985: Technology Agreements in Great Britain: A Survey 1977-83, in: Industrial Relations Journal, Vol. 16, S. 58-73

Willman, P., 1986: Technological Change, Collective Bargaining and Industrial Efficiency, Oxford

Willman, P., 1987: New Technology and Industrial Relations: A Review of the Literature, London

Willman, P., Holding, M., 1990: Computerization at Trustee Savings Bank, London Business School, London

Windolf, P. (Hg.), 1983: Gewerkschaften in Großbritannien, Frankfurt/New York

Winsbury, R., 1975: New Technology and the Press. A Study of experience in the United States, HMSO, London

Winsbury, R., 1976: Preface in: Cleverley, G., The Fleet Street Disaster, London

Wittke, V., 1989: Elektronisierung und Rationalisierung - Zur Veränderungsdynamik von Produktionsarbeit in der Elektroindustrie, in: Pries, L., Schmidt, R., Trinczek, R. (Hg.), Trends betrieblicher Produktionsmodernisierung, Opladen, S. 129-136

Womack, J. P., Jones, D. T., Roos, D., 1991: Die zweite Revolution in der Automobilindustrie, Frankfurt/New York

Wood, S. (Hg.), 1982: The Degradation of Work? Skill, deskilling and the labour process, London

Wood, S. (Hg.), 1989: The Transformation of Work? Skill, flexibility and the labour process, London

Woodward, J. (Hg.), 1970: Industrial Organization: Behaviour and Control, Oxford

Woodward, J., 1965: Industrial Organization: Theory and Practice, Oxford

Zimbalist, A. (Hg.), 1979: Case Studies on the Labor Process, New York

SCHRIFTENREIHE INDUSTRIELLE BEZIEHUNGEN

herausgegeben von Walther Müller-Jentsch

Walther Müller-Jentsch (Hg.): **Konfliktpartnerschaft. Akteure und Institutionen der industriellen Beziehungen**
Band 1, ISBN 3-87988-046-8, 2. erw. Auflage als Studienausgabe, München und Mering 1993, 334 S., DM 29.80

Josef Hilbert, Hans Joachim Sperling: **Die kleine Fabrik. Beschäftigung, Technik und Arbeitsbeziehungen**
Band 2, ISBN 3-87988-057-3, 2. Aufl., München und Mering 1993, 207 S., DM 36.80

Joachim Bergmann: **Rationalisierungsdynamik und Betriebsgemeinschaft. Die Rolle der japanischen Betriebsgewerkschaften**
Band 2, ISBN 3-87988-002, München und Mering 1990, 107 S., DM 26.80

Ralf Greifenstein, Peter Jansen, Leo Kißler: **Gemanagte Partizipation. Qualitätszirkel in der deutschen und der französischen Automobilindustrie**
Band 4, ISBN 3-87988-061-1, München und Mering 1993, 364 S., DM 52.80

Walther Müller-Jentsch (Hg.): **Profitable Ethik - effiziente Kultur. Neue Sinnstiftungen durch das Management?**
Band 5, ISBN 3-87988-048-4, München und Mering, 1993, 268 S., DM 46.80

Reinhard Bahnmüller, Reinhard Bispinck, Werner Schmidt: **Betriebliche Weiterbildung und Tarifvertrag. Eine Studie über Probleme qualitativer Tarifpolitik in der Metallindustrie**
Band 6, ISBN 3-87988-066-2, München und Mering 1993, 295 S., DM 46.80

Michael Faust, Peter Jauch, Karin Brünnecke, Christoph Deutschmann:
Dezentralisierung von Unternehmen. Bürokratie- und Hierarchieabbau und die Rolle betrieblicher Arbeitspolitik
Band 7, ISBN-87988-123-5, 2. verb. Aufl., München und Mering 1995, 217 S., DM 39.80

Hermann Kotthoff: **Betriebsräte und Bürgerstatus. Wandel und Kontinuität betrieblicher Mitbestimmung**
Band 8, ISBN 3-87988-095-6, München und Mering 1994, 347 S., DM 49.80

Thomas Breisig: **Betriebliche Konfliktregulierung durch Beschwerdeverfahren in Deutschland und in den USA**
Band 9, ISBN 3-87988-185-5, München und Mering 1996, 339 S., DM 49.80

Stephan Voswinkel, Stefan Lücking, Ingo Bode: **Im Schatten des Fordismus. Industrielle Beziehungen in der Bauwirtschaft und im Gastgewerbe Deutschlands und Frankreichs**
Band 10, ISBN 3-87988-193-6, München und Mering 1996, 341 S., DM 49.80

Aida Bosch: **Vom Interessenkonflikt zur Kultur der Rationalität. Neue Verhandlungsbeziehungen zwischen Betriebsrat und Management**
Band 11, ISBN 3-87988-195-2, München und Mering 1997, 218 S., DM 46.80

Walther Müller-Jentsch, Hans Joachim Sperling, Irmgard Weyrather: **Neue Technologien in der Verhandlungsarena. Schweden, Großbritannien und Deutschland im Vergleich**
Band 12, ISBN 3-87988-257-6, München und Mering 1997, 261 S., DM 49.80

Jörg Rosdücher. **Arbeitsplatzsicherheit durch Tarifvertrag** (Arbeitstitel)
Band 12, ISBN 3-87988-258-4, München und Mering 1997, ca. 288 S., ca. DM 52.80

SCHRIFTENREIHE INDUSTRIELLE BEZIEHUNGEN

herausgegeben von Walther Müller-Jentsch

Hermann Kotthoff
Betriebsräte und Bürgerstatus.
Wandel und Kontinuität betrieblicher Mitbestimmung

Band 8, ISBN 3-87988-095-6, München und Mering 1994, 347 S., DM 49.80

Die Studie ist eine Folgeuntersuchung der 1981 vom Autor veröffentlichten Arbeit „Betriebsräte und betriebliche Herrschaft“. Sie untersucht über einen Zeitraum von fünfzehn Jahren den Prozeß des Wandels und der Kontinuität betrieblicher Interessenvertretungsstrukturen und gewährt erstmals Einblick in deren Entstehungsbedingungen.

Die Anzahl der Untersuchungsbetriebe mit einer vertretungswirksamen Mitbestimmung hat sich verdoppelt. Die Ursache dieses bemerkenswerten Wandels waren nicht primär Konflikte um materielle Arbeitsbedingungen, sondern ein Kampf um moralische Anerkennung der Arbeitnehmer als Vollmitglieder im Betrieb. In genetisch-dynamischer Perspektive werden die Gründe, Akteure und Verlaufsformen des Wandels im Kontext der betrieblichen Sozialordnung dargestellt, und die Voraussetzungen des kooperativen wie des konfrontativen Beziehungsmusters zwischen Betriebsrat und Management untersucht. Die Stabilisierung und Intensivierung eines erfolgreich erkämpften Niveaus an Mitbestimmung hängt in hohem Maße von gruppendynamischen Prozessen im Betriebsratsgremium ab.

„Die Lektüre des Buches zeigt, daß Soziologie auch Spaß machen kann.“

(Gewerkschaftliche Monatshefte, Heft 11/1995)

***Thomas Breisig:* Betriebliche Konfliktregulierung durch Beschwerdeverfahren in Deutschland und in den USA**

Band 9, ISBN 3-87988-185-5, München und Mering 1996, 339 S., DM 49.80

Beschwerden von Arbeitnehmer/innen bzw. Verfahren zu ihrer Regulierung spielen in westlichen Industriegesellschaften eine unterschiedliche Rolle. Diese Arbeit beinhaltet eine Analyse des Beschwerdewesens in den USA und in der Bundesrepublik Deutschland. Dabei stellt sich heraus, daß Beschwerden und Beschwerdeverfahren in den USA zu den Eckpfeilern des Systems der Arbeitsbeziehungen und – im nicht-gewerkschaftlichen Bereich – der betrieblichen Personalpolitik gehören. In Deutschland fristen sie demgegenüber in der Praxis ein Schattendasein, obwohl der Gesetzgeber im Betriebsverfassungsgesetz von 1972 beachtliche individuelle Beschwerderechte verankert hat.

In vergleichender Perspektive wird ferner den Gründen und Ursachen dieser Divergenz nachgespürt und unter Einbeziehung aktueller Entwicklungen der Gesamtsysteme der Arbeitsbeziehungen nach Entwicklungstendenzen geforscht. Dabei wird besonders auf die Frage eingegangen, ob und inwieweit die individuellen Beschwerderechte zu einem Ansatzpunkt für die stärkere Einbeziehung der Beschäftigten in die Interessenvertretung im deutschen System der industriellen Beziehungen werden könnten.

Stephan Voswinkel, Stefan Lücking, Ingo Bode
Im Schatten des Fordismus. Industrielle Beziehungen in der Bauwirtschaft und im Gastgewerbe Deutschlands und Frankreichs
Band 10, ISBN 3-87988-193-6, München und Mering 1996, 341 S., DM 49.80

Die Soziologie industrieller Beziehungen hat sich lange Zeit auf das Handeln der Tarifparteien in Branchen konzentriert, die durch Großbetriebe, standardisierte Massenproduktion und Normalarbeitsverhältnis geprägt waren. Mit der Krise des Fordismus sind diese Bedingungen jedoch immer weniger typisch für die Normalität des Arbeitslebens. Diese Studie richtet ihre Aufmerksamkeit daher auf zwei Branchen „im Schatten des Fordismus": die Bauwirtschaft und das Gastgewerbe. Geprägt durch hohe Fluktuation, starke Beschäftigungsschwankungen und kleinbetriebliche Strukturen hat sich unter diesen „atypischen" Bedingungen in beiden Branchen eine eigene Kultur industrieller Beziehungen entwickelt. Besonders ausführlich befaßt sich das Buch mit der Entgelt- und der Arbeitszeitpolitik. Dabei werden auch in diesen Branchen weitreichende Veränderungsprozesse in der Regulierung der Arbeitsbeziehungen identifiziert.

Durch einen Ländervergleich zwischen Deutschland und Frankreich bietet das Buch zugleich die Möglichkeit, über den deutschen Horizont hinauszublicken und Gemeinsames, aber auch Unterschiedliches zwischen den Branchen in beiden Ländern zu erkennen.

Aida Bosch: **Vom Interessenkonflikt zur Kultur der Rationalität. Neue Verhandlungsbeziehungen zwischen Management und Betriebsrat**
Band 11, ISBN 3-87988-193-6, München und Mering 1996, 218 S., DM 46.80

Die Rahmenbedingungen und die interne Struktur von Industriearbeit waren in den letzten 20 Jahren einem tiefgreifeden Wandel unterworfen. In dem vorliegenden Band wird der Frage nachgegangen, in welcher Weise sich die Verhandlungs- und Austauschbeziehungen von Management und Betriebsrat als Kernstück der industriellen Beziehungen in Deutschland verändert haben. In Auseinandersetzung mit gegenstandsbezogenen Ansätzen sowie der interaktionistischen und kulturalistischen Theorieentwicklung wird von der Autorin das Konzept der Interaktionskultur entwickelt, das die historisch gewachsene Form der betrieblichen Austauschverhältnisse einfangen soll. Ausführlich wird dann der Wandel innerhalb des Managements und des Betriebsrats sowie die Veränderung ihrer Verhandlungsbeziehungen beschrieben. Dabei läßt sich ein Trend der Versachlichung und 'Versozialwissenschaftlichung' der Interaktionskultur sowie das Zurückdrängen klassisch moderner Interpretationsmuster des industriellen Konflikts feststellen. Ein neues Rollenverständnis, neue Problemsichten und -definitionen sowie eine neue Form der Arbeitsteilung zwischen Management und Betriebsrat sind die Folge. Diese Entwicklung macht die Verhandlungsbeziehungen flexibler und berechenbarer, enthält aber auch neue Risiken.